L'AFFAIRE DREYFUS

JOSEPH REINACH

TOUT LE CRIME

PARIS
P.-V. STOCK, ÉDITEUR
(Ancienne librairie TRESSE & STOCK)
8, 9, 10, 11, GALERIE DU THÉÂTRE-FRANÇAIS
PALAIS-ROYAL

1900

Tous droits de traduction, de reproduction et d'analyse réservés pour tous les pays,
y compris la Suède et la Norvège.

TOUT LE CRIME

L'auteur et l'éditeur déclarent réserver leurs droits de traduction et de reproduction pour tous pays, y compris la Suède et la Norvège.

Ce volume a été déposé au Ministère de l'Intérieur (section de la librairie) en février 1900.

OUVRAGES DU MÊME AUTEUR

Voyage en Orient	2 vol.
Les Récidivistes, 2ᵉ édition	1 —
Le Ministère Gambetta, 3ᵉ édition	1 —
La Logique Parlementaire	1 —
La Politique Opportuniste	1 —
Les Petites Catilinaires, 6ᵉ édition	3 —
Pages Républicaines	1 —
Léon Gambetta	1 —
Les Manœuvres de l'Est, 4ᵉ édition	1 —
Essai de Littérature et d'Histoire	1 —
Diderot	1 —
Le « Conciones Français », 2ᵉ édition	1 —
Manuel de l'Enseignement primaire	1 —
Mon Compte rendu	1 —
La France et l'Italie devant l'Histoire	1 —
Démagogues et Socialistes	1 —
Histoire d'un Idéal	1 —
Raphaël Lévy	1 —
Vers la justice par la vérité	1 —
Le Crépuscule des traîtres	1 —
Essais de politique et d'histoire	1 —

ÉMILE COLIN, IMPRIMERIE DE LAGNY (S.-ET-M.)

L'AFFAIRE DREYFUS

JOSEPH REINACH

TOUT LE CRIME

PARIS
P.-V. STOCK, ÉDITEUR
(Ancienne Librairie TRESSE & STOCK)
8, 9, 10, 11, GALERIE DU THÉATRE-FRANÇAIS
PALAIS-ROYAL

1900

Tous droits de traduction, de reproduction et d'analyse réservés
pour tous les pays, y compris la Suède et la Norvège.

*De cet ouvrage, il a été tiré à part
dix exemplaires sur papier de Hollande*

A FERNAND LABORI

Mon cher ami,

Vous avez accepté de présenter ma défense, devant le Jury de la Seine, dans le procès qui m'a été intenté à l'instigation de quelques-uns des protecteurs attitrés d'Esterhazy et d'Henry.

J'aurais eu le droit de décliner cette rencontre judiciaire, parce que l'idée de ne pas considérer les fautes comme exclusivement personnelles ne pourrait venir qu'à des sauvages. Il n'y a pas une ligne, sortie de ma plume, qui puisse servir même de prétexte à une pareille calomnie. J'ai respecté toujours, je respecte profondément les malheurs immérités. Cependant, j'ai accepté ce procès, et vous m'avez promis le concours de votre éloquente *parole.* Vous avez, sur les incidents de cette grande Affaire, des idées personnelles qui ne sont pas toujours celles de vos clients; mais vous cherchez avec eux la vérité, et il vous a semblé que de ces débats sortirait une nouvelle lumière qui achèverait d'éclairer la conscience française.

Nous pouvions nous abriter derrière la loi qui n'a pas voulu qu'on mit l'Histoire au greffe de la couronne; nous avons mieux aimé demander à la Justice de devancer les conclusions de l'Histoire.

J'ai laissé s'écouler le flot des injures meurtrières, des dix-huit listes infâmes de la LIBRE PAROLE. Si nous avions consenti, par faiblesse d'âme, par crainte de nouveaux outrages, à engager ces débats avant que la Cour de cassation eût achevé son enquête sur la demande en revision du capitaine Dreyfus, nous aurions commis une lourde faute envers une cause qui n'était pas seulement la nôtre.

Nous avons refusé de tomber dans ce piège.

Un dernier obstacle nous sépare de l'audience : la loi d'amnistie.

N'ayant jamais poursuivi que la victoire du Droit, nous repoussons l'amnistie de toutes nos forces. Nous gardons le ferme espoir que l'obstacle sera renversé, que les Assemblées de la République feront leur devoir. La France, sans la justice, ne serait pas la France. Nous voulons la justice intégrale, toute la France.

En attendant cette grande explication publique,

j'ai réuni les articles où j'ai étudié, depuis plus d'un an, le problème qui m'a valu ce procès. Vous me permettrez d'écrire votre nom à la première page de ce volume, faible témoignage de mon admiration et de mon amitié.

Je reproduis dans ce livre mes articles, avec les erreurs que j'y ai, par la suite, relevées moi-même. Il m'a semblé qu'il y a dans ces tâtonnements successifs une leçon qui ne sera pas sans utilité pour les amateurs des études historiques.

Les vérités historiques, comme les vérités scientifiques, ne se révèlent pas d'un seul coup. On cherche longtemps, on s'égare plus d'une fois, avant d'y atteindre, même en partant d'une idée juste, d'une conception exacte, que l'événement ou le criterium expérimental confirmera.

C'est le cas, souvent, de l'historien des âges écoulés, qui travaille loin des passions troublantes, dans la sérénité des archives, sur les matériaux innombrables que le temps a amassés, classés, passés déjà au crible de la critique. Combien se multiplient les difficultés pour l'historien d'une époque contemporaine, qui travaille au milieu des fumées du combat, dans une atmosphère enfiévrée, n'ayant à sa disposition que de rares matériaux informes, des renseignements d'un contrôle inaccessible, des documents incertains, condamné à suppléer à la science par l'intuition, à interpréter les phénomènes avant d'en avoir une connaissance exacte, exclu des lieux mêmes où la vérité est gardée par des hommes qui croient de leur intérêt, peut-être de leur devoir, de ne pas la laisser approcher par les profanes !

Je n'éprouve ainsi aucun embarras à dire moi-même mes erreurs. Il y en a que j'aurais pu éviter ; je les ai commises parce que, dans la position des termes du problème, j'avais négligé des éléments indispensables du calcul, qui ne m'ont apparu que plus tard. D'autres sont dues à l'ignorance, au surplus intentionnelle, où nous étions laissés, les uns et les autres, de faits qui, depuis longtemps, auraient dû être publics. Jamais la terreur de la lumière n'a été plus grande, en de certaines âmes, que pendant cette longue crise. Non seulement, on ne nous disait pas les choses telles qu'elles s'étaient passées ; mais on nous mentait de parti pris, avec méthode. Cuvier, pour reconstituer son monstre, n'avait qu'une vertèbre. Afin de nous empêcher de reconstituer ce drame, cette vertèbre même nous était refusée. Pour conquérir chaque bribe de certitude, il nous a fallu, chaque fois, livrer des batailles. Aujourd'hui encore, quelques-uns de ceux qui détiennent le secret de la tragédie hésitent, n'osent pas ouvrir les tiroirs, faire en quelques heures les enquêtes nécessaires. Ils tremblent de soulever le voile qui recouvre la divinité de Saïs.

J'avoue donc que je me suis, plus d'une fois, égaré dans la nuit. J'ai cru ainsi, pendant quelque temps, sur la parole de l'État-Major, que le bordereau, déjà déchiré, était venu par le fameux cornet. Erreur qui me paraît, aujourd'hui, un peu naïve :

le bordereau a été pris dans son enveloppe; il a été, ensuite, frauduleusement déchiré. J'ai cru aussi que ce document initial de L'AFFAIRE, ce chiffon de papier qui a causé tant de désastres, n'avait pas été reçu par Henry. Autre erreur. L'Eschyle mystérieux qui a fait ce drame l'a fait beaucoup plus beau : il a voulu que ce fût Henry lui-même qui reçût le bordereau d'Esterhazy et, cependant, ne pût pas le détruire.

Et voici un autre enseignement, très précieux : ces erreurs ne me menaient pas plus vite à la vérité; elles m'en éloignaient. La logique de l'Histoire le voulait ainsi. Alors, je rebroussais chemin; j'attendais, pour repartir, que le clair sommet des faits se dégageât du brouillard des hypothèses.

J'ai le droit de dire de ces pages qu'elles sont de bonne foi.

Encore merci, mon cher ami, et tout à vous.

JOSEPH REINACH.

TOUT LE CRIME

LES COMPLICES D'ESTERHAZY

25 octobre 1898.

I

C'est la certitude, aujourd'hui, qu'Esterhazy a écrit le bordereau, qu'il est l'auteur du crime pour lequel a été condamné le capitaine Dreyfus, qu'il en a commis bien d'autres, qu'il a été, pendant plusieurs années, un traître de profession, un espion à gages.

On connaît les principales preuves de cette longue trahison : le *petit bleu* où Schwarzkoppen enjoint à Esterhazy une besogne restée mystérieuse ; — l'identité entre l'écriture du bordereau et celle d'Esterhazy ; — l'affolement du misérable à la première publication du fac-similé du bordereau ; — sa démarche comminatoire auprès de Schwarzkoppen quand il apprend les intentions de Scheurer-Kestner et qu'il supplie l'attaché allemand d'aller attester à Mme Dreyfus la culpabilité de son mari ; — les lettres à Mme de Boulancy, où apparaît son âme de forban, sa haine de la France ; — ses menaces répétées, par lettres anonymes, à tous ceux qui poursuivent l'œuvre de justice ; — ses mille mensonges devant Pellieux, Ravary et Luxer, l'impudent roman de la Dame voilée, l'affaire du capitaine Brô ; — après son acquittement par le Conseil de guerre, son bas et honteux silence devant tous ceux qui, matin et soir, persistent à l'accuser de trahison ; — son refus de poursuivre devant la Cour d'assises, en pleine lumière, Mathieu Dreyfus, pour dénonciation calomnieuse ; — au procès Zola, sous la torture shakespearienne de l'interrogatoire d'Albert Clemenceau, son mutisme commandé par Pellieux ; — même silence, même impuissance de protester, fût-ce par un cri de comédien, devant les révélations de Casella, la lettre de Frédéric Conybeare donnant le chiffre des appointements mensuels du Uhlan ; — les demi-aveux devant Bertulus, les dénonciations devant le Conseil d'enquête ; — la lettre à Boisdeffre sur les experts, indéniable et reconnue ; — enfin, au lendemain de la démission de Boisdeffre et du suicide d'Henry, la fuite en Angleterre, précipitée, définitive, fuite qui crie plus haut que toutes les preuves écrites et que tous les aveux authentiques le crime, l'interminable série de crimes, la peur atroce du châtiment.

Voilà donc la trahison, évidente, manifeste, et l'on en connaît le mobile : un immense, incessant besoin d'argent. Il serait utile de relever dans quelques maisons de banque les principaux coups de Bourse d'Esterhazy pour retrouver ses principaux coups de trahison. Il recevait de l'attaché prussien deux mille francs par mois, plus, quand il apportait des documents d'une importance exceptionnelle, de grosses, très grosses gratifications. Tout cela prenait le chemin de la Bourse, s'en allait par la spéculation et par le jeu. Il reste cependant une question qu'il faut poser : Esterhazy a-t-il été seul à commettre son crime ? Dans cette série, si longue, de trahisons, n'a-t-il pas eu des complices ?

Et je n'entends point parler des complices moraux, de ceux qui, connaissant ou soupçonnant le crime, ont couvert néanmoins le criminel. Ces complices moraux sont venus *après*, depuis le grand chef qui combinait, ou, tout au moins, laissait perpétrer le coup du décalquage, jusqu'à cet Ezéchiel de mauvais lieu qui ne pouvait ignorer l'écriture de l'un de ses principaux collaborateurs. Je parle des *renseigneurs*, qui savaient ou feignaient d'ignorer où allaient les informations et les copies de pièces qu'ils donnaient, de collaborateurs qui touchaient le prix de leur travail. Il suffit d'apporter un peu de sens critique à l'examen des faits acquis pour être certain qu'Esterhazy n'a point opéré seul.

II

Il y a un mot, singulièrement grave, de Schwarzkoppen : « Si j'avais pu choisir moi-même parmi les documents qu'il m'importait d'avoir, je n'aurais pas pu mieux faire que ne le faisait Esterhazy pour moi. » Or, comment Esterhazy a-t-il pu si bien choisir, pendant toute sa carrière d'espion, et surtout pendant l'année qui a suivi la condamnation de l'infortuné Dreyfus, dans le redoublement d'audace que donnait au traître l'accomplissement de ce crime judiciaire ? Jamais la récolte du colonel prussien ne fut plus riche que dans cette période. Qui pourvoyait Esterhazy ? Aussi bien, le témoignage de Schwarzkoppen n'est-il pas plus nécessaire ici qu'ailleurs. Depuis des mois et des mois, nous multiplions nos efforts pour dégager une lumière purement française. Ici comme ailleurs, avec un peu de la logique de Port-Royal, avec un peu de bonne méthode cartésienne, on fera la lumière sans le concours de l'étranger.

Esterhazy recevait, en outre des gratifications, 2,000 francs par mois. C'est une somme invraisemblable pour un espion qui n'a point d'associés à rétribuer, pour un espion ordinaire. Le chiffre seul de cette somme indique l'importance des services que rendait Esterhazy. Le marquis de Moustier, ministre de France à Berlin, paya tout juste 500 francs, au mois de mai 1855, le document capital qui révélait que la Russie était à bout de ressources, que la garnison de Sébastopol était décimée par le typhus, que le point vulnérable de l'héroïque cité était ce bastion Malakoff que les assiégeants avaient précisément considéré jusque-là comme imprenable et par où, précisément, Pélissier et Mac-Mahon devaient entrer plus tard dans la ville. La valeur vénale de toutes choses a beaucoup augmenté depuis 1855. Il n'en reste pas moins que, pour 2,000 francs par mois, Esterhazy ne devait pas livrer des broutilles.

Parmi les documents vendus par Esterhazy à la Prusse et, sans doute, à une autre puissance, il y en a qu'il pouvait se procurer sans collaboration. Telles les copies de certains dessins confidentiels faits, au printemps de 1896, sur de certains fusils. Telle la copie de certain cours fait à l'école de tir du camp de Châlons. Telles les notes sur la mobilisation du 3e corps d'armée, dont le siège est à Rouen, où Esterhazy tenait garnison. On sait encore de quelle façon, par quel faux audacieux, Esterhazy se procura le projet de manuel de tir de l'artillerie dont il est fait mention dans le bordereau. Le récit, si documenté, de l'*Aurore* à ce sujet, n'a été l'objet d'aucun démenti; un démenti d'ailleurs appellerait une enquête qui ne serait pas stérile. Mais ces documents ne sont pas les seuls qu'Esterhazy ait livrés ; il y en a plus de cent soixante, à Berlin, qui proviennent de lui. Les bureaux du 74e régiment de ligne ne sont pas, ne peuvent pas être la seule source à laquelle il a puisé. Il puisait ailleurs, à l'État-Major. Il était le contrebandier qui a lié partie avec un douanier.

Il faut observer, d'autre part, que l'enquête qui a abouti à l'arrestation du capitaine Dreyfus et à la condamnation illégale de cet innocent avait pour origine la constatation d'une *fuite* dans les bureaux de l'État-Major de l'armée. On recherchait l'auteur de ces trahisons, et diverses pistes avaient déjà été suivies quand le bordereau fut apporté au ministère. Comme par un fait exprès, les documents qui y étaient énumérés étaient de ceux qu'un officier de troupe pouvait se procurer avec plus de facilité qu'un officier d'État-Major. Un raisonnement un peu serré aurait dû, dès le début, conduire à cette conclusion qui eût été la vraie. Notamment, le manuel de tir ne pouvait guère avoir été livré à l'attaché prussien que par un officier de troupe, et c'est ce que l'événement a démontré. Mais le ministère était tellement dominé par la pensée des *fuites* qui s'étaient produites dans les bureaux de l'État-Major qu'il décida *a priori* qu'un officier d'État-Major pouvait seul être l'auteur du bordereau. Or, le capitaine Dreyfus une fois condamné et déporté à l'Ile du Diable, les *fuites* continuèrent à l'État-Major. Comme il est avéré que le colonel de Schwarzkoppen n'a jamais eu de rapports qu'avec Esterhazy, il en résulte donc qu'Esterhazy avait un complice à l'État-Major. On peut admettre que ce *renseigneur* ne savait pas exactement ce qu'Esterhazy faisait des informations et des pièces qui lui étaient communiquées. Mais il est impossible que ce *renseigneur* n'ait pas existé : sinon les fuites, qui continuèrent après la condamnation du capitaine Dreyfus, seraient inexplicables — et inexplicable également la richesse des informations vendues par Esterhazy à la Prusse, *surtout* pendant l'année qui suivit le départ de Dreyfus pour l'île du Diable.

III

Je signale l'existence de ce *renseigneur* avec la certitude d'un astronome qui, apercevant certaines perturbations dans l'orbite d'une planète, en déduit l'existence d'un autre astre dont l'influence est la cause de ces irrégularités. Il m'est d'ailleurs matériellement impossible de préciser davantage. Seul, un magistrat, armé de pouvoirs étendus, pourrait, avec quelques chances de succès, rechercher ce complice inconnu et, pourtant, certain. Il rencontrerait, au surplus, de terribles difficultés sur sa route.

Ah ! si Henry n'avait pas été envoyé au Mont-Valérien, si une négligence savante n'avait point laissé des rasoirs dans sa trousse, que de lumière dans ces ténèbres où la Justice tâtonne encore, où l'Histoire elle-même sera peut-être condamnée à tâtonner pendant des années ! Quand le colonel Picquart fut envoyé en Tunisie, sa succession, à la tête du 2ᵉ bureau, fut dévolue à Henry. Les indices que le colonel Picquart avait réunis contre Esterhazy étaient très graves. On sait combien ils ont été justifiés par l'événement; la fuite du Uhlan ne laisse plus place à aucun doute. D'ores et déjà, ils avaient paru si graves à Gonse et à Boisdeffre qu'ils avaient prescrit au colonel Picquart de poursuivre méthodiquement son enquête, si graves à Billot qu'il autorisa, un certain jour, l'arrestation d'Esterhazy. Or, comment, pourquoi, l'enquête, commencée par Picquart, ne fut-elle pas poursuivie par Henry ? Il avait toute la confiance de Gonse, qui avait toute celle de Boisdeffre, qui semblait avoir toute celle du ministre de la guerre. Il paraît certain que ni Billot, ni le chef, ni le sous-chef de l'État-Major général n'eussent, alors, empêché Henry de continuer à surveiller Esterhazy. Ils n'avaient, alors, aucun intérêt à le sauver. Pourquoi Henry n'en a-t-il rien fait ?

C'est, bien au contraire, pendant cette période où Henry était chef du 2ᵉ bureau, que le dossier secret, qui ne comprenait, au moment du départ du colonel Picquart, qu'une demi-douzaine de pièces, a tout à coup, dans l'espace de quelques mois, enflé d'une manière prodigieuse, et s'est grossi des mille faux, rapports apocryphes et antidatés d'agents, lettres de l'empereur d'Allemagne et de M. de Munster, qui ont fait la conviction de Cavaignac. — J'observe, en passant, que M. Cavaignac, qui s'écriait si fièrement, le 7 juillet : « Nous sommes maîtres de traiter nos affaires chez nous comme nous l'entendons ! » déclare aujourd'hui qu'il est impossible de soumettre ces pièces aux juges de la Cour suprême, comme s'il les soupçonnait de ne pas être dignes d'approcher des secrets qui ont été connus de son cousin Du Paty et d'Henry. — Comment expliquer que les pièces secrètes se soient à tel point multipliées pendant ces quelques mois ? Comment expliquer que l'enquête contre Esterhazy ait été, en même temps et si brusquement, abandonnée ? Ce n'est certainement pas sur l'ordre de Billot ; il disait précisément à un député qu'Esterhazy, qui demandait à changer de garnison, à venir à Paris, était une affreuse canaille.

Henry, sans le coup de rasoir, aurait pu expliquer ces choses, entrer dans la voie des aveux. Il aurait pu dire également si, à l'époque du procès Dreyfus, il y avait, à l'État-Major, des gens qui connaissaient déjà l'écriture d'Esterhazy, cette écriture tellement semblable à celle du bordereau que Bertillon n'hésita pas une minute à la déclarer identique, et que Du Paty, plus tard, quand le colonel Picquart la lui montra, feignit de la prendre pour celle de M. Mathieu Dreyfus, et que M. de Castro, la première fois où son regard tomba sur un fac-similé, n'eut pas un doute ! Si, par hasard, sinon par impossible, il en a été ainsi, ce n'est pas un coin du voile, mais le voile tout entier qui se soulève. Alors on comprend sans peine pourquoi M. Gobert, l'honorable expert de la Banque de France, qui refusait de reconnaître dans l'écriture du bordereau celle du capitaine Dreyfus, a été aussitôt et si violemment dessaisi de son expertise.

Henry aurait pu expliquer encore l'affaire si suggestive du capitaine Bro. On sait qu'Esterhazy avait imaginé cette fable que le capitaine Dreyfus aurait décalqué son écriture pour faire le bordereau ; Dreyfus se serait procuré de son écriture à lui, Esterhazy, en s'adressant à lui, sous la signature du capitaine Bro, pour demander un récit manuscrit du combat d'Eupatoria où le général Esterhazy avait commandé une brigade. Or, comment ce nom de capitaine Bro avait-il pu être avancé par Esterhazy ? Du Paty seul pouvait le lui avoir fait connaître, parce qu'au cours de l'un des interrogatoires qu'il fit subir à Dreyfus, celui-ci avait dit qu'il lui semblait vaguement reconnaître dans le document incriminé l'écriture de cet officier, allégation qu'il avait d'ailleurs, presque aussitôt, retirée. Le nom du capitaine Brô ne figure pas dans le rapport de M. Bexon d'Ormescheville, qui ne mentionne que l'incident. Comment, pourquoi Du Paty avait-il machiné cette histoire avec Esterhazy?

Enfin, Henry aurait pu dire dans quel intérêt mystérieux Du Paty et lui avaient fabriqué tant de faux, fausses pièces et fausses dépêches. Était-ce seulement pour laisser un innocent au bagne, pour empêcher la revision d'un infâme procès, pour sauver le Uhlan? Cela est possible, bien qu'à la réflexion cela paraisse invraisemblable. S'agissait-il pour eux de sauver un autre coupable, le complice d'Esterhazy? Ce n'est peut-être pas vrai, mais combien, si c'était vrai, tout cet abominable roman deviendrait plus plausible! Mais qui? qui voulaient-ils sauver au prix de tant de crimes? pour qui donc risquaient-ils la dégradation et le bagne?

Le rasoir du Mont-Valérien n'a point coupé que la gorge d'Henry; il a coupé aussi le fil qui conduisait à la vérité.

Cependant, on le renouera...

HENRY ET ESTERHAZY

7 novembre 1898.

I

Il ne suffit ni au juge, ni à l'historien, ni au philosophe, de constater seulement les faits. Il leur importe autant de connaître la raison d'être des choses que les choses elles-mêmes. La justice, notamment, ne saurait se prononcer sur les crimes avant d'en avoir découvert le mobile. Le faux Henry est avéré, puisqu'il l'a reconnu lui-même, et, aussi, ses faux témoignages devant le Conseil de guerre qui a condamné le capitaine Dreyfus. Mais pourquoi Henry a-t-il commis ce faux et ces parjures ?

II

Les raisons qui en ont été données jusqu'à présent ne satisfont pas la raison.

On explique les faux témoignages par la fureur antisémitique, par la haine du juif, du premier juif qui était arrivé à l'État-Major. Ils étaient là, dans les bureaux de la rue Saint-Dominique, quelques officiers qui ne pardonnaient pas au général de Miribel d'avoir, malgré l'opposition de Sandherr, introduit un juif parmi eux. A tout prix, il fallait se débarrasser de cet intrus, faire perdre aux juifs le goût d'entrer à l'État-Major et même dans l'armée. Dès qu'ils eurent l'espoir d'en tenir un, de le déshonorer, d'étendre son déshonneur à toute une catégorie de citoyens, tous les moyens leur parurent bons pour arriver à leurs fins. Du Paty se fit bourreau, Henry faux témoin.

Cette explication n'est pas suffisante. La haine a fait commettre de grands crimes; la haine seule a-t-elle fait commettre à Henry son parjure ? Elle suffit à faire comprendre l'acharnement aveugle de quelques-uns des auteurs de ce grand forfait, d'un Sandherr par exemple. J'admets volontiers que ce monomane, déjà atteint de paralysie générale, à peine responsable, ait été de bonne foi. Il croyait que tous les juifs sont des traîtres, comme les paysans du moyen-âge croyaient qu'ils avaient une queue et des cornes et qu'ils égorgeaient, vers les fêtes de Pâques, de petits enfants. Il avait, on peut le supposer, l'infâme loyauté des fanatiques.

Henry, lui, n'avait rien d'un fanatique. C'était un gros homme lourd, d'apparence fruste et grossière, très subtil en réalité et très retors, jouant à merveille, pour surprendre la confiance, d'une rudesse d'apparat qui semblait celle « d'un soldat qui sait mal farder la vérité », — demandez à M. le juge d'instruction Fabre si la parole d'Henry n'était pas pour M. le général de Pellieux parole d'Évangile, — mais capable, comme l'événement l'a montré, de longues dissimulations, de scélératesses savantes et des machinations les plus compliquées. Il ne s'est pas, lui, acharné contre le capitaine Dreyfus, devant le Conseil de guerre, il n'a pas menti, il ne s'est point parjuré à la barre des témoins, pour cela seul que l'accusé était juif. Il avait évidemment une autre raison, d'ordre moins général, pour perdre ce malheureux.

Laquelle ?

III

Et de même pour le faux qui a immortalisé son nom, que M. de Pellieux a produit devant la Cour d'assises, dont M. Cavaignac a affirmé, du haut de la tribune, l'authenticité matérielle et morale. Pourquoi a-t-il commis ce faux ?

On connaît la théorie du « faux patriotique ». Outre que ces deux mots hurlent comme un sacrilège d'être accouplés ensemble, la thèse se heurte à des impossibilités matérielles qui sont tout à fait insurmontables. Les vraies preuves, dit Escobar, de la culpabilité de Dreyfus, ne pouvaient pas être produites publiquement ; il était nécessaire d'opposer à la « campagne » du « Syndicat » une preuve ostensible. Or, il n'y a jamais eu de « Syndicat », et au mois d'octobre 1896, quand le faux fut commis, il n'y avait point de « campagne » en faveur de la revision du procès Dreyfus. Seul alors dans la presse, Bernard Lazare avait élevé la voix. Le faux était si peu fait pour être produit en public qu'il resta longtemps caché aux profanes yeux. S'il avait été ce billet de banque, cette valeur fiduciaire représentative d'une valeur métallique, Billot l'eût montré à Scheurer pour faire taire ses scrupules. Or, Billot, par une méfiance dont il ne se lavera jamais, qui prouve qu'il ne croyait pas à la valeur de la pièce, ne la montra pas à Scheurer. Il fallut, pour la faire sortir de l'armoire aux faux, toute l'inconscience, d'abord de M. de Pellieux, puis de Cavaignac. Encore le général de Pellieux n'en donna-t-il qu'un texte approximatif, et Cavaignac en supprima-t-il une phrase qu'il jugeait dangereuse, impossible à être révélée sans provoquer de graves complications!

Autre explication, sérieuse cette fois, mais incomplète :

Ce n'est pas pour tromper le public, mais pour tromper le ministre de la guerre, qu'Henry fabriqua son faux. Billot avait été troublé, ébranlé par les démonstrations lumineuses de Picquart. Il inclinait, alors, à croire Dreyfus innocent; il ne mettait pas en doute le crime d'Esterhazy. La revision du procès Dreyfus, c'était la ruine des auteurs d'une inique condamnation. Leur procédure scélérate apparaîtrait au grand jour en même temps que l'innocence du condamné de l'île du Diable ; à tout prix, il fallait éviter cette catastrophe. Pour l'éviter, il était indispensable de donner au ministre une preuve irrécusable de la culpabilité de Dreyfus, preuve telle qu'il n'hésiterait pas, après l'avoir connue, à envoyer le justicier en Afrique, à laisser le traître dans l'armée et le martyr au bagne. Henry se dévoua, fabriqua le faux.

Telle quelle, cette version ne satisfait point entièrement l'esprit; elle ne contient qu'une partie de la vérité.

Il est incontestable que le faux a été forgé par Henry pour abuser le ministre, pour empêcher la revision, pour faire disgracier le colonel Picquart, pour sauver

Esterhazy. Cependant, si Henry, comme tel autre, ne s'était rendu coupable, dans le procès de 1894, que d'une erreur de jugement, s'il avait vraiment cru à la trahison de Dreyfus, s'il s'était simplement trompé, avouer une erreur était moins périlleux que risquer un crime. Il ne s'est pas seulement trompé en 1894 ; il a, nous le savons, commis deux faux témoignages. Ces parjures mêmes, s'ils sont découverts, sont-ils suffisants pour expliquer la crainte folle, la terreur qui le poussent à un nouveau crime, cent fois plus grave ?

Une erreur loyalement reconnue n'est pas infamante, pour cruelle qu'elle ait été ; elle devient honorable. — C'est le cas des juges de 1894, qui ont été assez malheureux pour se tromper, dont aucun n'a commis de crime pour empêcher que leur erreur ne soit réparée. — L'amour-propre surexcité, l'orgueil, la passion, tant d'autres sentiments bas ou féroces, peuvent faire commettre des fautes graves, des actes odieux, pour cacher une erreur. — C'est le cas des grands chefs qui disent cyniquement à Picquart : « Ce n'est point vous, après tout, qui êtes à l'île du Diable ! » et qui conforment leurs actes à ces paroles. — Or, Henry seul a commis un crime. Pourquoi donc, sinon pour cacher un autre crime ?

Mais quel autre crime ?

Le crime qu'il s'agit de cacher est-il *seulement* l'attestation mensongère (1), par écrit, dans le rapport violem-

---

(1) Voici le texte de ce rapport :

« Je crois devoir faire ressortir que l'affirmation de M. le capitaine Dreyfus, en ce qui concerne la non-énumération des documents livrés, est absolument inexacte, attendu qu'avant de quitter le ministère, et alors que je me trouvais dans une pièce contiguë où cet officier était interrogé, j'ai parfaitement et très distinctement entendu M. le commandant Du Paty de Clam dire au capitaine Dreyfus : « Vous êtes accusé d'avoir livré à une puissance

ment accusateur du 16 octobre 1894, attestation démentie par la déclaration même de Du Paty, à savoir que Du Paty aurait fait connaître à Dreyfus, quand il l'arrêta, les faits précis de la trahison dont il était accusé? Ou l'attestation, également mensongère, qu'une personne digne de toute confiance, dont il ne pouvait pas dire le nom même à son képi, lui avait affirmé ou démontré la trahison de Dreyfus? Ici encore, la disproportion apparaît entre l'effet et la cause. Ce n'est pas *seulement* pour couvrir ces deux mensonges qu'Henry a fabriqué son faux, risqué la dégradation et le bagne.

Il devait avoir, il avait, pour empêcher la revision du procès Dreyfus, pour sauver Esterhazy, une autre raison. Laquelle?

IV

Il serait inutile de la demander aux déclarations écrites ou verbales, d'Henry, qu'il faut pourtant examiner de très près. Il y eut peu de menteurs plus impudents, plus obstinés.

Il y a des gens, très loyaux d'ailleurs, qui, par on ne sait quoi d'embarrassé et de trop diplomatique, donnent à la vérité l'apparence du mensonge. Henry, par sa rondeur populacière et sa trivialité soldatesque, excellait, au contraire, à donner au mensonge l'apparence

» étrangère une note sur les troupes de couverture, une note » sur Madagascar, un projet de manuel de tir de l'artillerie. » Donc, lorsque le capitaine Dreyfus affirme que le commandant Du Paty de Clam ne lui a pas dit de quoi il était accusé et s'est borné à lui parler de documents secrets et confidentiels, le capitaine Dreyfus viole sciemment la vérité.
» *Signé* : HENRY. »

de la vérité. C'était très bien calculé, et cela réussit longtemps. Le général de Boisdeffre, dans sa lettre de démission, a avoué, à l'heure où l'aveu était le plus pénible, qu'il avait eu en la parole d'Henry « une confiance absolue ». « Leur honorabilité (celle d'Henry et celle de Gribelin), disait pareillement le général de Pellieux, rend leur témoignage inattaquable. » Flaubert et Maupassant ont noté, plusieurs fois, dans leurs histoires paysannes, ce type du fourbe qui inspire confiance. Henry, en fait, mentait toujours, la main sur le côté gauche de la tunique. Il s'est parjuré deux fois au procès Dreyfus, deux ou trois fois au procès Zola, huit fois de suite dans l'interrogatoire que lui fit subir Cavaignac et dont le procès-verbal, tout dramatique qu'il soit, *ad majorem gloriam* du ministre qui confond le coupable, est cependant incomplet. Henry, en effet, a dû dire autre chose après la confession si péniblement arrachée. Il y a une lacune, un trou, entre cette confession et les propos qu'il a tenus, d'après le rapport officiel, quand on l'a conduit au Mont-Valérien : « C'est injustifiable... Que me veut-on ?... C'est à devenir fou... Ma conscience ne me reproche rien... Ce que j'ai fait, je suis prêt à le refaire encore... C'était pour le bien de l'armée et du pays... *Je n'ai jamais rencontré sur mon chemin de pareils misérables ; ils sont cause de ma perte.* »

On sait la valeur des serments et, par conséquent, des propos d'Henry. Il y a toutefois, dans ceux-ci, quelque chose qui donne à réfléchir.

Que sa conscience, d'un genre spécial, ne lui ait rien reproché, cela n'est point fait pour étonner. Mais de quels « misérables » parlait-il en s'en allant à la mort ? Quels étaient ces « misérables » qui avaient causé sa perte ?

Ce qui est certain, c'est qu'il ne pouvait s'agir, dans sa pensée, des hommes qui luttaient, — alors, semblait-il, désespérément, — pour la vérité et pour la justice. Ils n'étaient pour rien dans sa perte. Ce n'était point eux qui avaient fait la conviction de Cavaignac. Les « intellectuels » n'avaient reconnu que le faux. C'était Esterhazy qui avait nommé le faussaire aux juges du conseil d'enquête.

Déjà, au procès Zola, le Uhlan avait mis le général de Pellieux en garde contre la fausse pièce. Il a raconté depuis à un journaliste anglais (*Daily News* du 3 octobre 1898) de quels arguments, très topiques, il avait appuyé son avis. Comme le général de Pellieux sait l'allemand : « Vous n'avez, lui avait dit Esterhazy, qu'à traduire la pièce en allemand, pour découvrir le subterfuge. — Esterhazy croyait que la lettre était de Schwarzkoppen à Panizzardi. — Si ce jargon français a été pensé en allemand, il doit, s'il est traduit en allemand, donner une phrase nette et claire. Or, traduite en allemand, la pièce est plus barbare encore qu'en français. » Et Esterhazy l'avait traduite. Donc le document était apocryphe, il avait été fabriqué par quelqu'un qui ne savait pas l'allemand, qui confondait l'allemand avec le petit nègre. Esterhazy, devant le conseil d'enquête, avait poursuivi sa démonstration. Il est vraisemblable, dès lors, qu'il était l'un des misérables qui arrachaient à Henry, allant vers la mort, un cri de rage. Mais quels étaient les autres?

On est réduit ici aux hypothèses, à se demander, par exemple, si ce ne sont pas les mêmes dont Esterhazy, dans sa dépêche du 26 août à Tézenas, rappelle qu'ils lui avaient fait des déclarations « sur partie liée et devant être gagnée ou perdue ensemble », qu'il n'avait agi que « sur leurs indications précises ». Mais Esterhazy ne les nomme pas davantage que ne l'a fait Henry. Où trouver la piste ? Il y a la lettre de remerciements d'Eterhazy au général qui l'a sauvé. Et l'autre lettre, à un autre général, sur les experts et le genre de mensonges qu'il convient que le Uhlan fasse à la justice. Mais qui sont ces hommes ? Esterhazy a refusé de les nommer. La vérité qui est sortie des potiches japonaises de la fille Pays n'est point toute nue : elle est voilée. Il y a enfin la lettre au procureur général sur l'affaire Christian : « Le colonel Du Paty de Clam me disait toujours qu'à l'État-Major on voulait avoir, de temps à autre, un deuxième intermédiaire pour que Mme Pays ne fût pas brûlée. » Mais tous ces indices sont *encore* bien vagues. Il se peut qu'ils soient, en partie, trompeurs. Il reste cependant ceci qu'Esterhazy et Henry avaient cru pouvoir compter jusqu'au bout sur certains personnages, plus ou moins haut placés, et que ces personnages leur firent défaut à tous deux, dans la même semaine tragique. Si l'on ne veut pas étendre le champ des coupables, on peut admettre que c'étaient les mêmes. Pourtant, encore une fois, il n'y a là qu'une lueur.

Et nul n'oserait dire, du moins aujourd'hui, — aucun de ceux qui ont le souci des preuves exactes et flagrantes, — que cette lueur qui conduirait à de hautes et terribles complicités n'est pas un feu follet décevant.

Il faut donc chercher ailleurs l'explication plausible des crimes d'Henry.

V

On peut, continuant cette recherche, se demander dans quelle mesure ceux qui affirmaient l'authenticité du faux Henry croyaient, dans le fond de leur conscience, à cette authenticité. Il faut distinguer entre eux.

Aucun doute en ce qui concerne le général de Pellieux et M. Cavaignac. Leur manque d'esprit critique a été absolu. C'est le faux d'Henry qui a certainement fait, au début de son enquête sur Esterhazy, le parti pris du général de Pellieux. Cette pièce, qui lui fut communiquée par l'État-Major, lui parut établir d'une façon irréfutable la culpabilité de Dreyfus, par conséquent l'innocence d'Esterhazy. Toute cette enquête, monument d'arbitraire et d'iniquité, s'explique par cette conviction. Il dut croire à une affreuse machination contre Esterhazy. Cela ne justifie point ses actes, mais cela les explique. L'idée d'un faux ne lui traversa point l'esprit. Plus tard, les avis d'Esterhazy durent lui paraître ridicules. Je l'ai vu et entendu le jour où il produisit devant la Cour d'assises le faux d'Henry. Cette déclaration fut un scandale judiciaire, mais le général de Pellieux semblait de bonne foi ; il devait croire à la valeur probante de cette pièce ridicule.

Et de même l'historien des *Origines de la Prusse contemporaine*, M. Cavaignac. Lui aussi, avec son flair spécial, il a cru sincèrement à l'authenticité matérielle et morale du faux inepte qu'il produisait devant la Chambre.

Aucun scrupule, en revanche, n'a-t-il traversé l'esprit

du général Billot et l'esprit du général de Boisdeffre ? S'ils n'avaient eu quelque soupçon dès l'origine, en 1896, au moment où le faux d'Henry arriva si opportunément à l'État-Major, à la veille de l'interpellation Castelin, ils l'auraient montré au colonel Picquart, alors encore chef du bureau des renseignements. Ils lui auraient dit : « Cette pièce est la preuve de la culpabilité de Dreyfus ; vous voyez bien que vous avez fait fausse route. » Pourquoi, s'ils ne se défiaient de la clairvoyance et du bon sens de Picquart, lui auraient-ils caché cette pièce ?

Cela est grave, et non moins grave, plus tard, l'année d'après, le fait que Billot n'a point montré la pièce à Scheurer-Kestner.

Dans cette circonstance encore, Billot se défiait évidemment de la clairvoyance et du bon sens de son interlocuteur. Sinon, il lui eût fait voir la pièce qu'il devait, quelques jours plus tard, faire ou laisser communiquer à M. de Pellieux. Le général de Pellieux lui-même s'étonna que le ministre de la guerre n'eût point fait cette communication au vice-président du Sénat.

On n'a pas le droit de dire que Billot et Boisdeffre savaient que la pièce était fausse : affirmer sans preuve, c'est calomnier. D'autre part, ce que la plus sûre méthode historique permet de dire, c'est qu'ils n'étaient point, au contraire de Cavaignac et de Pellieux, sans quelque vague inquiétude sur la valeur de la pièce. Ainsi Billot ne commit point la faute, que le journal de M. Méline a reprochée, avec une si parfaite immoralité, à M. Cavaignac, de produire cette pièce au grand jour. Il ne la montra que dans la pénombre, à bon escient.

Tous les ministres d'alors déplorèrent et blâmèrent l'incartade du général de Pellieux, qui faillit provoquer un gros incident diplomatique. Enfin, la démission de M. de Boisdeffre, le soir même des aveux d'Henry, ne laisse pas d'être significative. Il parut à tous, quand il la donna, qu'elle était dictée par un sentiment respectable. Pourtant, s'il n'avait été qu'outrageusement trompé, il avait le devoir de ne se retirer qu'après avoir procédé lui-même aux enquêtes indispensables, aux mesures nécessaires de répression. Or, il s'y refusa. Et, lui parti, comme son influence subsiste, l'enquête s'arrête là, à l'aveu d'Henry.

VI

Et ce manque extraordinaire de curiosité vaut la peine qu'on s'y arrête. A en croire le procès-verbal de Cavaignac, s'il n'est ni truqué, ni tronqué, — en tout cas, il tourne singulièrement court, — Henry a affirmé qu'il n'a pas eu de complices. Mais Henry est un menteur avéré, le plus cynique des faux témoins. Et cette affirmation du faussaire ne soulève aucun doute! Comme naguère Boisdeffre et Pellieux, Cavaignac accepte sans réserve sa parole. Il ne vient même pas à l'idée de ce singulier ministre que, si Henry a ordonné le faux, il n'a pu l'exécuter lui-même. Ce n'est pas lui qui sait contrefaire l'écriture de Schwarzkoppen de manière à faire rêver ce colonel prussien.

Et Cavaignac, pendant qu'il tient Henry, néglige de lui demander quel est l'individu qui a confectionné la pièce.

Ou, s'il le lui a demandé, si le procès-verbal a passé sa réponse sous silence, si Henry a nommé Lemercier-Picard, on s'en est tenu là, de crainte, sans doute, de découvrir que cet agent, dont la mort reste si mystérieuse, a été employé par d'autres encore.

Et si le procès-verbal n'a pas été rédigé après coup, si vraiment le général Roget tenait la plume pendant que Cavaignac interrogeait Henry, comment, pourquoi ne l'a-t-il pas fait signer par l'inculpé, avant de l'envoyer au Mont-Valérien? Il est entendu que Cavaignac ne sait pas le premier mot du droit, qu'il a pensé tour à tour à faire des lois pénales qui seraient rétroactives et à dessaisir la Cour de cassation. Un pareil oubli n'en reste pas moins extraordinaire; il permet de supposer qu'Henry en a dit bien plus.

Mais ce n'est pas tout. Au lieu d'envoyer Henry au Cherche-Midi, on l'envoie au Mont-Valérien. Et quand, le lendemain, on l'y trouve mort, baigné dans son sang, aucune enquête. L'autopsie s'impose; elle n'est pas ordonnée. Il y avait, au Mont-Valérien, des officiers, un soldat qui gardait la porte de l'accusé, des médecins. Personne ne les interroge. Par quelle invraisemblable négligence ses rasoirs ont-ils été laissés à Henry? On n'en sait rien; cet austère justicier qu'est M. Cavaignac n'éprouve aucun désir de s'informer. Le bruit se répand qu'une heure avant sa mort un officier est venu s'entretenir avec Henry, seul à seul. La note officielle qui dément cette information ne fait que redoubler les soupçons. Une instruction, large, publique, serait nécessaire rien que pour couper court à la légende, qui s'empare aussitôt de l'âme populaire, qu'Henry ne s'est pas suicidé ou qu'il s'est tué par ordre. Rien de plus dangereux que ces sortes de légendes. Aucune instruction n'est ordonnée. Et les officiers racontent maladroitement qu'Henry s'est coupé les deux carotides, ce qui est impossible.

Ainsi, au ministère de la guerre, après l'arrestation

d'Henry, l'enquête est brusquement arrêtée : ni Cavaignac, ni son successeur, ni Chanoine, ni le général Renouard qui remplace le général de Boisdeffre à la tête de l'État-Major, ne se préoccupent de rechercher dans quelles conditions, avec quel concours, le faux a été commis; c'est une affaire classée. Et, au Mont-Valérien, après la mort d'Henry, pas même un semblant d'enquête. Il en eût été autrement, même en Turquie.

Et j'admets qu'Henry n'ait reçu dans sa chambre aucune visite suspecte et, surtout, qu'il ne se soit pas égorgé par ordre. Et non seulement je l'admets par hypothèse, mais je le crois, je me refuse obstinément à supposer que quelqu'un ait voulu soustraire à la justice cet homme qui savait tant de choses, dont le témoignage était indispensable à la manifestation complète de la vérité, qui eût été appelé à s'expliquer sur tous les autres faux dont est composé le dossier secret, qui aurait dit comment le document libérateur avait pu sortir de l'armoire de fer, être remis à Esterhazy par le propre cousin de Cavaignac. Je tâche à déblayer la voie pour l'histoire, non pour la continuation des Mémoires de Rocambole. Mais alors je ne saurais accepter qu'Henry n'ait fui dans la mort que pour échapper aux conséquences de son faux, du faux que les élèves et associés des jésuites devaient, le lendemain, dans un hideux et savant concert, proclamer un acte patriotique.

Il a fui devant un autre crime. Lequel ?

VII

Il y a dans la lettre de M. le général Zurlinden, alors ministre de la guerre, au ministre de la justice (10 septembre 1898), une phrase qui lui a peut-être échappé, comme une incompressible vérité, qui, intentionnelle ou non, est d'une gravité extrême. « En 1896, écrit le général Zurlinden, éclate dans les bureaux du service des renseignements le conflit Picquart-Henry, le premier travaillant à prouver la culpabilité d'Esterhazy pour le substituer à Dreyfus, *le second défendant Esterhazy.* »

Jamais encore les incidents de 1896 à l'État-Major n'avaient été présentés sous cet aspect. On ne les connaissait que par les récits du colonel Picquart, qui ne pouvait dire que ce qu'il avait fait lui-même. Il ignorait le revers de la médaille, ce qui s'était passé de l'autre côté.

On avait cru jusqu'à présent que l'État-Major, selon une expression inexacte, que les anciens collaborateurs de Sandherr, les auteurs du procès de 1894, n'avaient, en 1896, que défendu leur œuvre, l'abominable condamnation d'un innocent, « l'honneur du bureau ». Il n'en est rien. Le général Zurlinden le dit en termes précis, avec une brutale franchise : ce qu'Henry défendait contre le colonel Picquart, c'était Esterhazy.

Ainsi, Picquart avait découvert un espion à gages, un traître, le plus immonde bandit qui ait jamais sali l'uniforme français. Qui doute aujourd'hui de la trahison d'Esterhazy? Et ce traître, cet espion, il était défendu par Henry, par le sous-chef du bureau des renseignements ! L'avocat volontaire d'Esterhazy, celui qui se portait garant de ce bandit, qui attestait la loyauté, l'honneur, le patriotisme du Uhlan, c'était Henry !

Et pourquoi Henry défendait-il Esterhazy ? Parce que, si Esterhazy avait été reconnu l'auteur de la trahison de 1894, c'était l'innocence de Dreyfus reconnue et l'écroulement de l'inique procès, tombant, comme le temple de Baal, sur ses auteurs qu'il ensevelissait ? Oui, sans doute. Mais aussi parce qu'Esterhazy était, tout au moins, un ami d'Henry. Je cite textuellement le rapport de M. Bard :

« Le lieutenant-colonel Henry était un ancien camarade d'Esterhazy ; ils avaient servi ensemble, autrefois, au ministère de la guerre. »

Étrange amitié que celle d'un traître et d'un officier du bureau des renseignements, de celui qui a été le bras droit de Sandherr, qui aspirait à sa succession, qui s'en est vu frustrer par le colonel Picquart, qui a profité de la disgrâce de Picquart, qu'il avait provoquée par d'odieuses manœuvres et par le faux de 1896, pour s'installer à sa place ! Étrange et suspecte intimité que celle du contrebandier et du douanier, du malfaiteur et du gendarme !

Et, tout de suite, — étant donné que la presse et le public ont admis jusqu'à présent, *sur la parole d'Henry*, que c'est Henry qui reçut et reconstitua le bordereau, ce bordereau qui, par un hasard étrange, comme je l'ai montré dans un autre article, énumérait des documents plus facilement accessibles à un officier de troupe qu'à un officier d'État-Major, — une première question se pose. Puisqu'Henry était un ancien camarade d'Esterhazy et qu'il avait servi avec lui au ministère de la guerre, il connaissait son écriture. Quand donc le bordereau arriva à l'État-

Major, quand Henry le reconstitua — s'il est vrai que ce fut lui qui le reconstitua, — comment n'a-t-il pas reconnu dans l'original cette écriture qu'un passant, M. de Castro, devait reconnaître plus tard, du premier coup d'œil, sur un fac-similé? S'il ne reconnut pas à l'instant l'écriture, pourtant si caractéristique de son ami, comment ne l'a-t-il pas reconnue quand il étudia le bordereau? Car le bordereau fut étudié longtemps au bureau des renseignements avant d'être envoyé à l'examen des autres bureaux. Et ce n'est pas, comme on l'a dit par une erreur bizarre, si elle n'est pas volontaire, ce n'est pas M. Gobert qui fut chargé de la première expertise officieuse. Ce fut Du Paty, qui passait pour le graphologue de la maison, qui était l'ami d'Henry, qui, lui aussi, peut-être, était déjà l'ami d'Esterhazy, qui sera par la suite le plus ingénieux de ses protecteurs, et qui, alors, au bout de vingt-quatre heures d'examen, déclara que le bordereau était l'œuvre du capitaine Dreyfus.

Oui, comment Henry n'a-t-il pas reconnu, dans l'écriture du bordereau, celle, qui lui était familière, de son ami Esterhazy?

VIII

Il faut le dire sans plus tarder : voilà l'objection la plus sérieuse, la plus forte, à l'hypothèse que le complice de la trahison d'Esterhazy, que l'officier d'État-Major qui, tout au moins, le documentait, c'était Henry.

Cette hypothèse qui expliquerait tout, l'acharnement à perdre Dreyfus, les faux serments de 1894, les manœuvres contre Picquart, le faux de 1896, les avertissements à Esterhazy au premier bruit des démarches de Scheurer-Kestner, le concours ouvertement donné à un traître, les dépositions mensongères au procès Zola, et, enfin, le suicide du Mont-Valérien, la mort la plus atroce cent fois préférable à la découverte de l'infâme complicité, — cette hypothèse butte, au premier pas, contre cette objection qu'Henry fut le premier à recevoir le bordereau et à le reconstituer.

Comment, c'est Henry seul qui reçoit les paquets de l'agent! Il y trouve le bordereau. S'il est le complice d'Esterhazy, il reconnaît son écriture. Que va-t-il faire? Jeter le bordereau au feu. Ni vu ni connu. Il avertira Esterhazy d'avoir à déguiser désormais son écriture ou à écrire à la machine.

Voilà l'objection dans toute sa force, et elle est très forte, elle est même irréfutable, elle détruit de fond en comble l'hypothèse de la complicité d'Henry et d'Esterhazy, elle n'en laisse rien subsister.

A une condition cependant, condition préjudicielle, sans laquelle toute l'objection s'écroule : c'est qu'en effet Henry aurait été seul, de tout temps, à recevoir les paquets et que, seul encore, il aurait connu l'agent.

Or, c'est ici où rentre en scène l'auxiliaire providentiel et inconscient de la justice, M. Cavaignac.

IX

On connaît la lettre, si bruyamment exploitée, que M. Cavaignac a adressée, le 30 octobre 1898, au président de la Chambre criminelle de la Cour de cassation. Il y protestait, notamment, contre cette assertion de M. le procureur général Manau que le bordereau aurait été apporté à l'État-Major par un individu « que Henry n'a point nommé et que personne n'a nommé ». Sur quoi, M. Cavaignac : « Le nom de l'agent par l'intermédiaire duquel le bordereau est parvenu est connu de moi et de quelques personnes. Et je ne conçois pas comment M. le procureur général a pu affirmer que personne ne l'avait nommé ; alors que le rapport même du général Roget, auquel il se réfère, indique que le bordereau est parvenu par la voie ordinaire, c'est-à-dire « par un agent dont le nom et la personnalité sont parfaitement connus depuis l'origine par ceux qui doivent le connaître ».

On verra plus loin ce que dit exactement le général Roget ; cette indication que le bordereau est parvenu par la voie ordinaire ne provient pas, comme l'écrit M. Cavaignac, du général Roget, mais d'Henry.

Je ne retiens d'abord, de la lettre de M. Cavaignac, que ceci : c'est qu'il connaît l'agent, c'est que cet agent est connu de diverses personnes.

Et il est manifeste que M. Cavaignac dit vrai, qu'il connaît l'agent, que d'autres encore le connaissent.

Seulement, sur qui tombe la juste rectification de M. Cavaignac ? Elle s'est trompée d'adresse en allant à M. Manau. Elle tombe, de tout son poids, sur le commandant Lauth et sur Henry, que l'éminent procureur général a eu le tort, pour une fois, de croire sur parole.

En effet, le 22 juillet dernier, comme le commandant Lauth venait de déclarer, sous la foi du serment, devant M. le juge d'instruction Fabre, que « le colonel Henry était absolument le seul au ministère qui connût l'agent », entra, à l'instant, relate le procès-verbal,

Henry, déjà entendu, qui dit : « *J'étais le seul, en effet, à recevoir les petits paquets de l'agent que, seul, je connaissais.* » Il s'agissait, il est vrai, dans l'espèce, non du bordereau, mais du *petit bleu*. Mais il a été dit, au procès Zola, que l'agent de 1896 et celui de 1894 n'est qu'un seul et même agent.

Donc, le commandant Lauth, ami intime d'Henry et son confident, s'est trompé — et Henry a menti, une fois de plus, devant M. le juge Fabre, en affirmant que, seul, il connaissait l'agent, puisque l'agent est connu de M. Cavaignac et, selon les termes mêmes de M. Cavaignac, connu aussi de tous ceux qui doivent le connaître.

Et puisque la seconde phrase de la déclaration d'Henry devant M. le juge Fabre est un mensonge, puisqu'il est faux que, seul, il connaissait l'agent, la première phrase de la même déclaration devient, elle aussi, suspecte : est-il vrai que, seul, il recevait les petits paquets de l'agent ?

Henry jure que, seul, il connaissait l'agent. C'est faux ; la riposte de M. Cavaignac est péremptoire. Henry, à la même minute, jure que, seul, il recevait les petits paquets. Cela, encore, doit être faux.

X

Et il y a bien plus, car d'autres déjà, que je ne connais pas, mais qui n'en existent pas moins quelque part, ont dû avoir et exprimer des doutes sur le fait tant de fois allégué, qu'Henry, seul, recevait les petits paquets. Et ce doute résulte du passage même du rapport du général Roget, procès-verbal de l'interrogatoire d'Henry, auquel M. Cavaignac, dans sa lettre, renvoie le président de la Chambre criminelle.

Voici, textuellement, ce passage, sur lequel M. Cavaignac appelle si heureusement l'attention et dont chaque mot vaut d'être pesé :

> Au cours de l'entretien rapporté ci-dessus, le général Roget a été amené à dire au lieutenant-colonel Henry : Savez-vous si on a proposé une forte somme au commandant Esterhazy pour se déclarer auteur du bordereau ? Savez-vous s'il a existé des relations entre le colonel Sandherr et le commandant Esterhazy ?
>
> *Réponse.* — Je crois qu'ils s'étaient connus en Tunisie ; mais je n'ai jamais vu le commandant Esterhazy venir au bureau qu'une fois en 1895 : il venait apporter au colonel Sandherr des documents qu'il avait recueillis par hasard. C'est à moi qu'on a apporté le bordereau saisi en 1894. Il est venu par la voie ordinaire, avec des documents que vous connaissez et dont l'authenticité est indiscutable. Toute autre version est contraire à la vérité et matériellement impossible.

Comment, pourquoi, au cours du long et dramatique interrogatoire qui semblait ne devoir porter que sur le faux Henry, le général Roget a-t-il été « amené » à demander à Henry si une forte somme aurait été, à sa connaissance, proposée au commandant Esterhazy pour qu'il se déclare l'auteur du bordereau, et s'il a existé des relations entre Esterhazy et le colonel Sandherr ?

Il faut, pour expliquer ces deux questions inattendues, qu'Esterhazy ait dit quelque part, probablement devant le conseil d'enquête, quand il dénonça et le faux Henry et la partie liée avec de hautes personnalités, il faut qu'Esterhazy ait dit ou bien qu'il était l'auteur du bordereau, ou qu'il avait été convié, par des arguments sonnants, à le reconnaître, et qu'il avait eu, au surplus, des relations avec Sandherr.

Et que répond Henry ? Qu'en effet Sandherr a pu

connaître Esterhazy en Tunisie, qu'Esterhazy est venu, une seule fois, en 1895, au bureau des renseignements, mais que le bordereau lui a été porté, à lui, à lui seul. Pourquoi cette dernière déclaration? Le général Roget demande à Henry ce qu'il sait d'une tentative de corruption dont Esterhazy aurait été l'objet à l'occasion du bordereau. Et Henry répond que c'est à lui que le bordereau a été apporté. Qu'est-ce que ce *quiproquo*? Quelle pensée est née dans le cerveau d'Henry, à laquelle il répond, non à la question du général Roget? Pourquoi cette attestation, qui ne lui était pas demandée par le général Roget, que « toute autre version est contraire à la vérité et matériellement impossible » ?

Il y a donc eu une autre version au sujet du bordereau, version selon laquelle le bordereau ne serait pas parvenu à Henry!

Et Henry connaît cette version! Et les noms d'Esterhazy et de Sandherr suffisent à la lui rappeler brusquement! Et il jure que cette version est contraire à la vérité et matériellement impossible!

Que n'a-t-il déjà juré sur l'honneur pendant cet interrogatoire! Rien qu'au sujet de son faux, il a déjà prêté huit ou neuf faux serments! Il ne peut ouvrir la bouche sans mentir. Il a juré, devant M. Fabre, que, seul, il connaissait l'agent. Mensonge. Il jure maintenant, devant M. Cavaignac, que, seul, il a reçu le bordereau. Il fait ce serment, que ni M. Cavaignac, ni M. le général Roget ne lui demandent, sur une question qui n'a pas été posée. Pourquoi ce nouveau serment? Quelle est l'angoisse nouvelle qui le prend? Devant quelle nouvelle révélation tremble-t-il? Quelle est cette nouvelle trahison d'Esterhazy?

Il suffira de constater qu'Henry a juré que le bordereau lui est parvenu directement pour en conclure que c'est l'autre version, celle dont ni le général Roget, ni Cavaignac ne lui avaient parlé, mais qui s'est réveillée dans son inquiète mémoire, que c'est celle-là qui est la vraie.

XI

Il est facile de reconstituer cette autre version dont Henry jure qu'elle est « matériellement impossible et contraire à la vérité ». Cette version, la voici. Evidemment, elle est opposée diamétralement à celle qui a été accréditée par Henry, acceptée jusqu'ici, du moins par la presse et par le public, sans discussion ni examen : c'est que le bordereau n'a point été remis par l'agent à Henry, mais à un autre officier qui l'a reconstitué.

Telle est, sans doute, la version contre laquelle Henry proteste spontanément, sans y avoir été provoqué, dans cette crise suprême de son interrogatoire. Il faut savoir gré au général Roget de n'avoir pas supprimé cet incident de son rapport; il n'en est pas moins probable que l'incident a été moins sommaire et autrement grave, que d'autres propos ont été échangés que ceux qui sont simplement résumés dans la note, que ce résumé est singulièrement écourté, enfin que le général Roget devait avoir une raison sérieuse pour être « amené » à interroger Henry sur autre chose que sur le faux.

Eh bien, si cette version est la vraie, — et il y a d'abord cette probabilité pour elle qu'elle est démentie violemment par Henry, et que Henry a vraiment mis trop de soin à répéter partout, à tout propos, qu'il était seul à connaître l'agent et qu'il avait reçu lui-même directement le bordereau, — si donc cette version est la vraie, la grande, la principale, la seule objection à l'hypothèse de la complicité d'Henry dans la trahison d'Esterhazy s'écroule, et l'hypothèse reprend toute sa force.

Or, l'hypothèse explique tout, éclaire tout.

XII

Il n'y a, pour l'observateur impartial qui étudie les faits et les textes, que deux versions posssibles de l'affaire Henry.

Je vais les donner toutes deux.

Première version :

S'il est vrai que le bordereau ait été reçu par Henry, si Henry a dit la vérité sur ce fait, — et ce serait la première vérité qu'il aurait dite, — Henry, par un phénomène qu'il resterait à expliquer, n'aurait pas reconnu l'écriture de son camarade et ami Esterhazy dans le bordereau.

Henry, par la suite, aurait cru à la culpabilité de Dreyfus, par cela seul que Dreyfus était juif.

Il a cru que, contre un juif, tout était permis.

C'est un soldat peu lettré, grossier, ignorant. Il connaît cependant à fond les traités de casuistique, Sanchez et Escobar. La fin justifie les moyens. La fin, c'est la condamnation d'un juif, œuvre pie par excellence. Pour y arriver, il prête, devant le Christ, deux faux serments.

Son attitude, l'éclat sonore de sa parole, sa qualité de représentant du deuxième bureau au procès, ses affirmations solennelles, répétées à la barre et peut-être ailleurs, emportent les scrupules des juges. Ils condamnent, avant de sortir de la chambre du conseil, le camarade qu'en y entrant ils étaient décidés à acquitter.

Plus tard, quand Picquart découvre la trahison d'Esterhazy, Henry ne voit qu'une chose : l'écroulement du verdict qui est « l'honneur » du 2ᵉ bureau, de l'œuvre pie dont il a été le principal instrument. Curtius s'est jeté au gouffre pour sauver Rome; Henry, Curtius des jésuites ou de l'État-Major, se jette dans le crime pour sauver l'honneur du bureau.

De même, pour tous ses autres actes, sa collaboration avec Du Paty, ses démentis mensongers à Picquart, ses autres faux serments au procès Zola.

Quand son faux est dénoncé par Esterhazy, quand le ministre, qu'il a trompé et qui, trompé par lui, a trompé la représentation nationale et le pays, quand Cavaignac l'interroge, il semblerait qu'il dût répondre par une hautaine revendication de son acte. Il n'en fait rien. Il juge, sans doute, que Cavaignac n'est pas mûr encore pour en comprendre toute la beauté. Il nie, il ment, il se parjure encore. Il n'avoue que contraint et forcé.

Il est arrêté. Il pourrait s'attendre, de la part de ses juges, s'il leur dit le mobile de son acte, à quelque indulgence. Il ne veut pas de leur pitié. Il se tue.

Voici maintenant l'autre hypothèse, la seconde version :

XIII

On sait quelles furent, depuis 1893, les relations d'Esterhazy avec l'attaché militaire prussien. Cette date résulte de nombreux indices et, notamment, du fragment de rapport de Schwarzkoppen qui est la première des pièces secrètes produites au procès Dreyfus.

Le colonel Picquart, dans sa lettre au ministre de la justice, la reconstitue ainsi : « Doutes... que faire?... Qu'il montre son brevet d'officier? Qu'y a-t-il à craindre? Que peut-il fournir? Il n'y a pas d'intérêt à avoir des relations avec un officier de troupe. »

Donc, Esterhazy s'est proposé. Mais il est un simple officier de troupe. Schwarzkoppen voudrait un officier d'État-Major. Il hésite à accepter les offres de service du Uhlan.

Il les accepte cependant, car « qu'y a-t-il à craindre? » Or, bientôt après, Esterhazy est promu aux appointements de deux mille francs par mois, plus les gratifications. La Prusse n'a jamais eu d'espion plus précieux à son service. Schwarzkoppen dira de lui : « Si j'avais pu choisir moi-même au ministère de la guerre, je n'eusse pas mieux choisi que ne le faisait Esterhazy. »

Que s'est-il passé? Esterhazy s'est associé un officier d'État-Major.

Ainsi seulement s'expliquent les sommes considérables qui sont versées entre ses mains par Schwarzkoppen : tout n'est pas pour lui.

Ainsi seulement s'explique la valeur de certains des documents qui furent remis contre espèces sonnantes à Schwarzkoppen, dont Schwarzkoppen a parlé et qui sont aujourd'hui à Berlin : un simple officier de troupe n'aurait jamais pu en fournir de tels.

Ainsi enfin s'explique que, dans les premiers mois de 1894, des fuites extraordinaires étaient signalées à l'État-Major et que ces fuites, qui furent attribuées à Dreyfus par la presse à la dévotion d'Henry, continuèrent, après la condamnation de l'infortuné prisonnier de l'île du Diable, jusqu'en octobre 1896, jusqu'à la publication du bordereau par l'*Éclair* et le *Matin*.

Et quel est cet officier ?

Voici en quels termes Dreyfus fut accusé par Henry, devant le Conseil de guerre, d'être cet officier : « Je tiens d'une personne honorable qu'un officier du 2ᵉ bureau trahissait et que c'était Dreyfus. »

On sait quelle est cette prétendue personne honorable ; c'est un agent à qui le colonel Picquart fut chargé, ainsi qu'il l'a relaté dans sa lettre au garde des sceaux, de payer 1,200 francs, pour ce service, de la part du ministre.

Or, Henry était, lui aussi, à la même époque, attaché au 2ᵉ bureau, et il y resta après la condamnation de Dreyfus, *et les fuites continuèrent*.

Henry était sans fortune, aussi besoigneux qu'Esterhazy, tout aussi dépensier. Il vivait dans un milieu de collègues nobles et riches. Par ceux de ses crimes qui sont avérés, on sait de quelle scélératesse il était capable et de quelle hypocrisie. Il était, de longue date, l'ami et le camarade d'Esterhazy.

Au mois de septembre 1894, le bordereau arrive au ministère de la guerre. Il y arrive bien par la voie ordinaire, c'est-à-dire par l'agent qu'Henry prétendait être seul à connaître, qui, en vérité, est connu de toutes les personnes, selon Cavaignac, qui avaient le devoir de le connaître. Mais il n'est pas remis à Henry, ainsi que l'a affirmé Henry. Il est remis, soit à Sandherr lui-même, chef du bureau des renseignements, soit au sous-chef, *qui n'était pas Henry*.

Henry, à cette époque, n'occupait, au 2ᵉ bureau, que la troisième place.

Donc, c'est Sandherr ou X... qui reçoit de l'agent le bordereau, qui le reconstitue (1).

Ni Sandherr ni X... n'étaient liés avec Esterhazy. Ils ne connaissaient pas son écriture. Ils ne la reconnaissent donc pas dans l'écriture du bordereau.

Dès lors, l'enquête est ouverte, irrévocablement ouverte. Le bordereau a pris son vol ; on ne le rattrapera plus.

Henry est informé alors. Si l'écriture d'Esterhazy est reconnue, tous deux sont perdus. Il faut donc qu'un autre soit sacrifié.

Par qui le nom de Dreyfus a-t-il d'abord été prononcé? Le colonel Fabre a revendiqué cet avantage. Par le commandant Bertin, ont dit des gens qui passent pour informés. M. le conseiller Bard, dans son rapport, a cru devoir faire observer que, précédemment, le commandant Bertin avait donné au colonel Fabre des renseignements défavorables sur Dreyfus. Trois notes ont été données sur Dreyfus pendant son séjour à l'État-Major : une note, très sévère, un peu perfide, celle du colonel Fabre, sous l'influence de Bertin ; deux, au contraire, très élogieuses, celles du colonel de Germiny et du colonel de Sancy. On a nommé aussi, comme le dénonciateur de Dreyfus, le marquis de Morès, qui fréquentait plusieurs officiers d'État-Major, et Esterhazy lui-même. Cette dernière version est celle de M. Rochefort, dans l'*Intransigeant* du 5 décembre dernier. Elle lui a été manifestement fournie par Esterhazy.

Voici le passage de l'*Intransigeant* : « C'est aujour-

---

(1) Voir page 178 et page 396 où je rectifie l'erreur que j'ai commise, dans ce chapitre et dans les deux chapitres suivants, en ce qui concerne l'arrivée du bordereau à l'Etat-Major et la version d'après laquelle le bordereau aurait été reçu d'abord par le lieutenant-colonel Cordier.

d'hui le secret de Polichinelle, et surtout des polichinelles de la bande judéo-opportuniste, que le commandant Esterhazy, chargé par l'État-Major du service d'informations et de surveillance », — ce qui est faux, absolument faux, et n'a pu être dit à Rochefort que par Esterhazy ou un ami du Uhlan, — « a contribué pour une forte part à la découverte de la trahison de Dreyfus. »

Si la version de Rochefort était, par exception, vraie, quel trait de lumière !

Quoi qu'il en soit, Dreyfus a été dénoncé, accusé, arrêté. Aussitôt Henry s'acharne contre lui, ne connaît ni trêve ni repos tant qu'il ne l'aura pas fait condamner. Il est manifeste qu'il faut que Dreyfus soit perdu pour qu'Henry soit sauvé avec Esterhazy, qu'il aille au bagne pour qu'ils n'y aillent pas.

Le général Mercier, par un louable scrupule, avait voulu garder secrète l'arrestation de Dreyfus, dont la culpabilité lui semblait encore douteuse. C'est Henry qui, le 30 octobre 1894, pour couper la retraite au ministre de la guerre et ameuter les passions antisémites, jette dans les journaux, ses journaux, l'*Éclair* et la *Libre Parole*, le nom de l'officier juif.

C'est Henry qui alimente ensuite, lui-même, d'infâmes inventions, présentées comme des indiscrétions officielles, toute la campagne de la presse antisémite. Esterhazy l'aide dans cette besogne. Ils lancent les légendes des agents dénoncés par Dreyfus, du plan de mobilisation vendu. Ces légendes s'ancrent dans les esprits.

C'est ensuite le rapport mensonger, démenti par Du Paty lui-même, sur ce que Dreyfus aurait « violé sciemment la vérité » en déclarant, ce qui a été reconnu exact, que Du Paty ne lui avait pas dit de quoi il était accusé.

C'est ensuite les faux témoignages devant le Conseil de guerre, faux témoignages qui sont retenus aujourd'hui par la Cour de cassation, et cette charge furieuse contre le malheureux Dreyfus, si furieuse qu'elle détermina la conviction de l'un des officiers du Conseil de guerre *qui l'a raconté*.

Enfin, Dreyfus est condamné. Henry et Esterhazy respirent. On peut se remettre à l'œuvre, en pleine sécurité. C'est dans l'année qui suivit la condamnation de Dreyfus que Schwarzkoppen envoya à Berlin sa plus riche récolte.

Et tout le reste qui a été déjà rappelé au cours de la précédente hypothèse. Quand Picquart commence son enquête contre Esterhazy, c'est Henry, selon les termes mêmes de la lettre du général Zurlinden, qui défend Esterhazy. Quand Billot semble incliner vers l'opinion de Picquart, c'est Henry qui fabrique la fausse lettre de Schwarzkoppen à Panizzardi, le faux Henry. Quand Picquart est envoyé en mission, c'est Henry qui fait saisir son courrier, qui l'ouvre, qui fabrique, avec Du Paty, la première lettre *Speranza*, destinée à perdre Picquart. Quand Picquart est en Tunisie, c'est Henry qui l'injurie et le menace dans une lettre d'une violence calculée. C'est lui ensuite qui avertit Esterhazy des intentions de Scheurer-Kestner, qui lui fait tenir, par Du Paty, le document libérateur, qui lui prodigue les avis et les moyens de défense, qui renseigne et fait payer sur les fonds secrets une certaine presse pour accabler Dreyfus et présenter le Uhlan comme une victime. C'est lui, au procès Zola, qui accuse Picquart avec le plus d'âpreté, qui l'insulte, qui est l'âme de la bande esterhazyenne. C'est lui qui pratique le grattage sur l'adresse du *petit bleu*, dont il a la garde comme chef du bureau des renseignements, et qui attribue à Picquart son propre faux. Et tout cela s'explique à merveille, — s'il ne cherche pas à sauver qu'Esterhazy, puisqu'il s'agit de se sauver lui-même.

Et, de même, le suicide.

Henry ne se serait pas tué s'il n'avait fait son faux que pour sauver « l'honneur du bureau ». Il s'est trouvé, dès le lendemain, des hommes politiques, des écrivains, des officiers même, hélas! pour l'excuser, pour le glorifier. Il avait donc le droit de penser que le Conseil de guerre accorderait des circonstances atténuantes à son crime. Il pouvait même espérer, et d'autant plus qu'il était envoyé au Mont-Valérien et non au Cherche-Midi, qu'il ne serait l'objet que d'une mesure disciplinaire, tout comme le sera Du Paty pour d'autres faux. S'il n'avait commis ses faux, comme Du Paty n'avait, semble-t-il, commis les siens, que pour maintenir la condamnation de Dreyfus et perdre Picquart, il eût fait comme Du Paty, qui ne s'est pas coupé la gorge. Du Paty attend, on ne sait trop où, inquiet évidemment, très inquiet : il se trouvera peut-être un jour, pour lui demander tous ses comptes, une véritable justice. Mais, enfin, il est en vie. Henry, lui, s'est tué et tout de suite. Pourquoi? Parce qu'il avait un sentiment plus vif de l'honneur? Non ; parce qu'il avait sur la conscience un autre crime que son faux, le crime des crimes, le crime inexpiable. Parce qu'il s'est dit : « Esterhazy a parlé, on sait tout. »

J'ai lieu de croire qu'Esterhazy n'avait point *tout* dit, qu'il n'avait fait que des demi-aveux, d'ailleurs entourés de mensonges, qu'il avait seulement dénoncé le faux d'Henry et raconté à qui avait été vraiment remis le bordereau. Mais Henry, dans la fièvre, dut supposer qu'Esterhazy avait tout dit.

XIV

Voilà les deux hypothèses, les deux versions possibles. Je ne choisis pas entre elles, n'étant pas juge et essayant seulement de faire œuvre de critique. Il est manifeste que l'une et l'autre, selon qu'on adoptera l'une ou l'autre, ont besoin d'être appuyées d'autres faits, d'enquêtes, de contre-enquêtes, de nombreux interrogatoires, de perquisitions. Il est manifeste aussi qu'on n'a le choix qu'entre ces deux hypothèses, qu'une troisième version n'est pas possible.

J'ai dit, et je tiens à répéter, que la seconde hypothèse s'écroule si le bordereau a été remis directement à Henry.

Si Henry a dit la vérité, *rien qu'une fois*, sur ce point, il faut écarter immédiatement, rejeter impitoyablement la supposition qu'il a pu être le complice d'Esterhazy. La retenir, dans ce cas, ce serait défier le sens commun, calomnier. On n'a pas le droit de calomnier même un faussaire et un parjure. Il faut alors, toute pleine d'obscurités qu'elle soit, tout inexplicable qu'elle paraisse, accepter la version de Henry-Curtius.

Mais si, sur ce point encore, sur la remise du bordereau, Henry a menti comme sur tout le reste, alors l'hypothèse d'Henry complice d'Esterhazy a toutes chances d'être la vérité.

Il ne m'est pas possible de vérifier si le bordereau a été remis à Henry ou s'il a été remis à Sandherr. La Chambre criminelle de la Cour de cassation le peut, elle, sans peine. Sandherr est mort, mais X... est peut-être encore en vie. Et il existe, peut-être aussi, d'autres témoins qui parleraient.

Il n'y a point d'enquête qu'il soit plus facile de faire et qui doive être plus décisive.

Henry-Curtius, faussaire et parjure par dévouement à l'État-Major, héros criminel, — ou Henry espion et traître, complice d'Esterhazy, tels sont les deux termes du dilemme.

Devine si tu peux, et choisis si tu l'oses.

Pour moi, je ne devine pas, je ne choisis pas.

C'est à la justice de décider, dans sa conscience et devant l'histoire.

« ARCADES AMBO... »

26 novembre 1898.

M'expliquant, il y a quelques jours, sur le cas du colonel Henry, sur son faux et sur son suicide, j'écrivais que deux hypothèses seulement sont possibles :

Henry-Curtius, faussaire et parjure par dévouement à l'État-Major, héros criminel, — ou Henry espion et traître, complice d'Esterhazy.

La *Gazette de France* et la *Libre Parole* ont continué à soutenir la première hypothèse ; Clemenceau et Jaurès ont accueilli la deuxième avec faveur.

Mais les moines (ni les philosophes) ne sont des raisons. La conclusion de mon article était une pure déduction. Voici des faits :

Il n'y avait à la version de la complicité d'Esterhazy et d'Henry qu'une seule objection, mais formidable : c'est qu'Henry avait toujours affirmé qu'il avait été le premier à recevoir le bordereau et à le reconstituer. S'il est le complice d'Esterhazy, il reconnaît son écriture. Que va-t-il faire? Jeter le bordereau au feu. Ni vu ni connu. Il avertira Esterhazy d'avoir à déguiser désormais son écriture ou à écrire à la machine.

Je ne pouvais objecter à cette raison majeure que ceci : Henry est un menteur. Il avait juré, dans la même phrase, « qu'il était seul à recevoir les paquets de l'agent que seul il connaissait ». Or, Cavaignac a établi et il est notoire que l'agent était connu de tous les ministres de la guerre qui se sont succédé, de leurs chefs et sous-chefs d'État-Major, de vingt autres officiers. Donc, il était vraisemblable qu'Henry avait encore menti sur le premier point et que le bordereau, en 1894, n'avait pas été reçu par lui.

Eh bien, cette hypothèse, c'est la vérité. Je sais aujourd'hui que le bordereau n'a pas été reçu, en 1894, par Henry, qui n'était alors ni chef ni sous-chef du bureau des renseignements. Le bordereau a été reçu par Sandherr et par un autre officier. Henry ne l'a vu que plus tard, quand il était reconstitué. Il ne pouvait plus le détruire. Si l'écriture d'Esterhazy est reconnue, tout est perdu. Il faut donc qu'un autre soit sacrifié. Dreyfus est dénoncé, et Henry, devant le Conseil de guerre, est le principal auteur de sa condamnation.

Il n'y a donc plus d'objection rationnelle à l'hypothèse de la complicité d'Esterhazy et d'Henry. C'est désormais un fait acquis — et la Cour de cassation s'en convaincra quand elle le voudra — que le bordereau n'a pas été reçu par Henry, mais par Sandherr.

Un second fait n'est pas moins certain, et il est capital. C'est qu'Esterhazy était un ami d'Henry. Que le bordereau ait été ou non reçu par Henry, — et il n'a pas été reçu par lui, — Henry a *vu* le bordereau ; s'il était l'ami d'Esterhazy, il a donc reconnu son écriture au cours du procès Dreyfus où il a eu, dix fois, le bordereau entre les mains.

M. Bard, dans son rapport, avait déjà indiqué le fait : « Le lieutenant-colonel Henry, disait-il, était un ancien camarade d'Esterhazy ; ils avaient servi ensemble, autrefois, au ministère de la guerre. »

Or, Henry et Esterhazy ne s'étaient pas rencontrés, par hasard, dans un même bureau du ministère de la guerre ; ils étaient des amis intimes.

Esterhazy le dit, sans ambages, dans ses *Mémoires*. Il dit (*les Dessous de l'affaire Dreyfus*, p. 27) qu'il connaissait Henry depuis plus de vingt ans et (p. 29) qu'ils avaient été lieutenants ensemble. M. Rouff, ancien archiviste au ministère de la guerre, a dit, de son côté : « Henry, Esterhazy et moi, nous étions tous trois camarades de promotion. » (*Aurore*, du 24 novembre 1898.) Ils ne cessèrent jamais de se voir fréquemment, surtout depuis 1891, quand Henry revint d'Oran, où il était capitaine de zouaves, en France, pour y servir comme major au 120e régiment de ligne. Esterhazy était alors capitaine adjudant-major au 18e bataillon de chasseurs, qui tint garnison successivement à Tours et à Paris. Henry fut attaché, en 1893, au 2e bureau de l'État-Major. Esterhazy tint longtemps garnison à Paris à la même époque, et, quand son régiment fut envoyé à Rouen, il était, lui, toujours à Paris. Il eût voulu être affecté à un régiment de Paris ; il fit de nombreuses démarches pour y parvenir ; il essaya même d'entrer à l'État-Major. Les rapports d'Henry et d'Esterhazy furent constants.

De ce qu'Esterhazy et Henry étaient amis et camarades, il n'en résulterait pas, évidemment, qu'Henry ait été le complice de la trahison d'Esterhazy. Mais il en résulte qu'Henry connaissait l'écriture d'Esterhazy, qu'il la reconnut sur le bordereau, qu'il accusa Dreyfus d'en être l'auteur, alors qu'il savait que c'était Esterhazy.

Car il n'y a plus de doute possible en ce qui concerne le bordereau. L'identité de l'écriture d'Esterhazy et de celle du bordereau est incontestée. *Et le papier pelure du bordereau, ce papier qui était introuvable en 1894, est identique à celui des lettres d'Esterhazy qui viennent d'être saisies.* C'est le même papier, avec les mêmes quadrillages, avec le même filigrane. Bien plus, le papier du bordereau et le papier de ces lettres, contemporaines du bordereau, sont de la même cuvée.

Donc, il est certain, démontré, irréfutablement démontré, et que le bordereau est d'Esterhazy, et qu'Henry y a reconnu, du premier coup d'œil, l'écriture de son ami.

Je rappelle d'un mot que le chiffre élevé des honoraires d'Esterhazy suffirait à prouver, si nous n'avions pas d'autres informations, l'importance des documents qu'il vendait à la Prusse ; que nombre de ces documents ne pouvaient provenir que de l'État-Major et, notamment, du 2º bureau ; que les fuites continuèrent après la condamnation de Dreyfus ; que l'ambassade d'Allemagne ne fut jamais plus richement alimentée que pendant l'année qui suivit cette condamnation.

Vous n'avez qu'à rapprocher de ces faits l'acharnement d'Henry contre Dreyfus, après la découverte du bordereau d'Esterhazy ; son acharnement, plus violent encore, contre Picquart, quand celui-ci eut découvert la trahison du Uhlan ; et tous ses faux, et tous ses mensonges, et son désespoir final, et son suicide.

Et, sans doute, je n'ai pas encore, malgré tant d'indices et même de preuves, le droit d'affirmer qu'Henry était le complice d'Esterhazy. Il faudrait d'autres faits encore pour permettre une pareille assertion. Mais j'ai le droit de dire qu'une instruction s'impose. J'ai le droit de dire que, du premier jour où il vit le bordereau, Henry a su que le traître, c'est Esterhazy.

LES DEUX TRAITRES

6 décembre 1898.

M. Paul Déroulède a poussé avant-hier, à Champigny, une fois de plus, son cri de : « Vive l'armée ! A bas les traîtres ! » Ce cri, nous le poussons tous ; il n'a pas cessé d'être le nôtre depuis le début de cette campagne. Il s'agit seulement de savoir qui sont les traîtres.

Or, jusqu'à présent, il n'y en a que deux qui soient avérés : Esterhazy et Henry.

I

Je crois pouvoir dire de mon hypothèse qu'Henry fut le complice d'Esterhazy, qu'elle devient, qu'elle est devenue une vérité. Deux des hommes qui connaissent le mieux l'Affaire, Jaurès et Clemenceau, l'ont trouvée, dès que je l'eus formulée, très vraisemblable. Ils viennent, dans deux nouveaux articles d'une dialectique saisissante, de faire leur mon hypothèse. C'est beaucoup, mais il y a plus encore. La vérité n'a pas seulement une force incomparable de rayonnement; elle excelle aussi, à peine proclamée, à faire jaillir du sol les preuves. Les preuves se terraient; elles sortent de toutes parts.

L'*Annuaire militaire*, le rapport de M. le conseiller Bard, la première livraison des Mémoires d'Esterhazy avaient déjà établi que le Uhlan et Henry étaient de vieux camarades, des amis intimes de vingt ans. Voici M. Jules Roche qui, après avoir déposé sous la foi du serment, remet à la Cour de cassation une liasse de lettres d'où il résulte qu'Henry n'avait point de secrets pour Esterhazy, qu'Esterhazy, dans les années qui suivirent la condamnation de Dreyfus, pouvait recevoir du principal agent, puis chef du bureau des renseignements, tous les renseignements qu'il voulait, et qu'Henry était le débiteur d'Esterhazy. Esterhazy était criblé de dettes. Il était de ceux qu'a marqués l'historien : *Ære alieno obruti et vitiis onusti.*

Un tas d'hommes perdus de dettes et de crimes,

comme traduit le poète. Débiteur de tous, il gardait pourtant un débiteur, un seul. Il le gardait jalousement, Henry. Et pour cause.

II

C'est Henry qui s'est perdu lui-même. N'étant pas vantard de sa nature, mais rusé et retors sous une apparence fruste, il n'aurait pas éprouvé le besoin, s'il n'avait pas eu une terrible arrière-pensée, d'aller dire et jurer partout que lui seul connaissait l'agent qui avait porté le bordereau au ministère de la guerre, que c'était lui qui l'avait reçu. Il n'y avait pas de quoi, si cela eût été vrai, être très fier. Si Henry disait cela à tout bout de champ, s'il en déposait, à tout propos, c'est qu'il avait ses raisons. Lesquelles ? C'est que le fait d'avoir reçu le bordereau devait suffire, le cas échéant, à détruire le soupçon qu'il sentait toujours menaçant, et alors même qu'il n'était encore venu à personne, pas même au colonel Picquart qui ne se doutait de rien. Les scélérats n'ont pas de remords ; ils n'en ont pas moins une conscience. Cette conscience, la crainte tourmentaient Henry. Il parait à tout, pensait-il, en proclamant qu'il avait lui-même, le premier, reçu le bordereau. C'est lui-même, ainsi, qui s'est dénoncé.

Cavaignac s'est flatté d'avoir, en arrachant à Henry l'aveu de son faux, rendu plus de services à la cause de la Vérité et de la Justice que nous tous ensemble. Service d'ailleurs involontaire, imposé par des circonstances plus fortes que lui, par les révélations d'Esterhazy devant le conseil d'enquête. Mais Cavaignac, par sa lettre à M. le président Lœw, a rendu un autre service, non moins important. En prouvant que l'agent qui avait apporté le bordereau était connu d'une vingtaine de personnes, il a détruit la première affirmation favorite d'Henry qui jurait avoir été seul à le connaître. J'en conclus alors que l'autre affirmation de ce menteur invétéré était aussi un mensonge.

Et, en effet, c'était un mensonge.

Le bordereau n'a pas été remis à Henry ; il l'a été au colonel Sandherr et à son sous-chef, le commandant Cordier. Celui-ci l'a dit, raconté, attesté à diverses personnes qui en déposeront au besoin, dont la langue fut déliée par mon article. Le bordereau, qui n'était déchiré qu'en peu de morceaux, fut vite reconstitué par Sandherr et par le commandant Cordier. Et, tout de suite, la folie antisémitique de ce paralytique général, Sandherr, accusa Dreyfus. Sa haine des juifs était telle qu'il avait, précédemment, supplié le général de Miribel de ne pas recevoir Dreyfus à l'Etat-Major, « tous ces juifs étant des traîtres ». Le général de Miribel lui avait sèchement imposé silence. Mais Miribel était mort. C'était Boisdeffre qui tenait sa place.

III

Il ne suffisait pas de crier tout de suite : « C'est Dreyfus ! » Il fallait encore des preuves, des semblants de preuves. Comme il avait tout de suite été admis, érigé en dogme que le traître ne pouvait être qu'un officier d'État-Major, le bordereau fut communiqué à tous les chefs et sous-chefs du bureau, pour qu'ils cherchassent si cette écriture ressemblait à celle de l'un ou de l'autre de leurs officiers. *Tous répondirent négativement.* Mais Henry avait, du premier coup d'œil, reconnu l'écriture de son ami, complice et créancier, Esterhazy. La fureur antisémitique de Sandherr n'eut pas désormais de plus sûre, de plus passionnée auxiliaire que la terreur d'Henry, tremblant pour sa peau.

Du Paty était-il de la bande des traîtres ? Jusqu'à preuve formelle du contraire, je ne le crois pas. Il est, lui aussi, dans son genre, un scélérat. Mais je ne pense pas qu'il ait été le complice des traîtres. En revanche, ce cerveau détraqué voyait des traîtres partout. Il en voyait jusque dans sa propre famille. Il a fait suivre le géographe Schrader, qui était chargé d'une mission dans les Pyrénées. Il a voulu, un autre jour, faire arrêter un de ses parents, ancien officier des plus distingués, par le préfet d'un département montagneux du Sud-Est. Henry, rude et grossier, savait à merveille l'art de jouer de ce lettré décadent, à l'esprit obscur, amoureux des complications ténébreuses, qui met Ibsen et même Maeterlinck dans le même sac que Scribe, « auteurs fâcheusement clairs ». Ce fut, de la part d'Henry, un trait de génie que de livrer Dreyfus à Du Paty.

La preuve de la sincérité de Du Paty, elle est, ou me semble être, dans l'atrocité et dans la puérilité mêmes des moyens qu'il employa pour convaincre Dreyfus de trahison : la scène mélodramatique de la dictée dans une chambre tapissée de glaces, l'épreuve du pied. Graphologue et antisémite, il n'avait pas hésité à déclarer que l'écriture du bordereau était celle de Dreyfus. Pourtant il avait des doutes. De là, ces expériences répétées, folles, quand il faisait écrire Dreyfus debout, couché, assis, la main nue, la main gantée ; quand il découpait ensuite en petits morceaux, mot par mot, les dictées photographiées de Dreyfus, mêlait ces mots à des mots découpés dans une photographie du bordereau, secouait le tout dans un képi, faisait tirer au hasard ces petits carrés de papier par sa victime qui, par miracle, ne se trompa jamais, pas une fois, distingua toujours l'écriture du bordereau de la sienne.

IV

Et, comme toutes ces abominations et toutes ces folies avaient échoué, comme ce malheureux homme, au secret depuis quinze jours, torturé et outragé à plaisir, continuait à affirmer son innocence, comme ni les menaces ni les injures n'avaient pu lui arracher quoi que ce soit qui ressemblât à un aveu, le général Mercier, ministre de la guerre, qui n'était pas encore un malfaiteur, recula devant l'iniquité et allait faire mettre Dreyfus en liberté.

Ce fut alors qu'Henry, pour la seconde fois, se sentit perdu. Comme il avait jugé Du Paty, il jugeait Mercier. Il se dit que Mercier, entre sa conscience et la terreur d'une campagne de presse, n'hésiterait pas. Mercier, déjà battu en brèche de toutes parts pour les preuves innombrables d'incapacité qu'il avait données, à la veille d'être renvoyé du ministère parce qu'il compromettait par son infatuation et sa sottise la défense nationale, Mercier ne résisterait pas à cette douche écossaise, aux injures de la presse démagogique, *Libre Parole* et *Intransigeant*, puis aux caresses de cette même presse qui, en échange du juif, lui promettait la couronne. Et ce fut Henry qui, alors que le secret le plus sévère sur l'arrestation de Dreyfus avait été prescrit par Mercier, alors que Mme Dreyfus, sous le coup des menaces horribles de Du Paty, avait juré de se taire, *ce fut Henry qui porta la nouvelle de l'arrestation de Dreyfus et le nom de l'officier juif à la « Libre Parole »*.

Il déchaîna la tempête. Et, après l'avoir déchaînée, il l'alimenta, sans se lasser, de fausses nouvelles, des plus abominables mensonges. Dreyfus, à peine nommé, fut condamné. Qui ne s'en souvient ? Et Mercier capitula devant Drumont. Pour que Mercier reste ministre, il faut que Dreyfus soit étranglé. Saint-Genest, au jour le jour, a raconté ces choses dans des pages qui resteront.

Enfin Henry, devant le conseil de guerre, où il a réussi à se faire déléguer par Sandherr à la place du commandant Cordier, Henry jure devant le Christ qu'il sait d'une autorité impeccable qu'un officier du 2ᵉ bureau trahissait et que cet officier, c'est Dreyfus.

V

On pourrait croire qu'après une aussi chaude alerte, Henry aurait jugé prudent de renoncer à son métier. Oui, mais Esterhazy est là, qui le tient par sa dette, par sa complicité, par tous les crimes commis pour faire condamner Dreyfus. La déportation de l'innocent, de celui qui est devenu le Traître par excellence, c'est d'ailleurs la sécurité. C'est au moment où le métier va devenir le meilleur, le plus sûr, le plus profitable, qu'on y renoncerait ! Et Henry se remet à l'œuvre avec Esterhazy. C'est pendant cette année que les deux traîtres et Schwarzkoppen firent les plus belles récoltes, Schwarzkoppen de renseignements, Henry et Esterhazy d'écus, près de cent mille francs.

Je sais aujourd'hui, depuis quelques jours, que cette complicité n'a été si longtemps un mystère que pour nous. Il y a des mois et des mois qu'elle est connue à Saint-Pétersbourg, à Berne, ailleurs encore.

Puis, un beau jour, en l'absence d'Henry ou par suite d'une négligence de sa part, le *petit bleu* parvient au colonel Picquart. Et voilà Esterhazy découvert. De nouveau, tout est perdu, si Picquart lui-même n'est pas, à son tour, sacrifié comme l'a été Dreyfus.

Que faire ? Miner Picquart auprès des grands chefs peu désireux de rouvrir l'affaire Dreyfus. Mais cela ne suffit pas. Il faut aussi préparer l'opinion, la mettre en garde contre le justicier, contre la justice. De là, l'article de l'*Eclair*, la révélation des pièces secrètes, la nom de Dreyfus substitué, par un faux cynique, à l'initiale D.

En effet, le coup a porté ; seulement, le bruit qu'il fait a mis d'autres en goût. Sur quoi, quelqu'un, qui n'est ni Henry, ni Du Paty, livre au *Matin* le fac-similé du bordereau. Et voilà l'écriture d'Esterhazy rendue publique. C'est ce jour-là, pendant que le Uhlan courait affolé sous la pluie, que Schwarzkoppen, qui reconnaît l'écriture de son homme, comprend pour la première fois que Dreyfus a été condamné pour le crime d'un autre. Il le dit à Panizzardi, sans nommer cependant Esterhazy. Celui-ci n'ose plus retourner à l'ambassade de Prusse. L'ère de la trahison est finie.

C'est alors qu'Henry risque le tout pour le tout et fabrique son faux, à la veille de l'interpellation Castelin. Billot en est dupe, et Boisdeffre, ou ils feignent de l'être, et l'on sait le reste : toutes les machinations contre Picquart, plus tard contre Mathieu Dreyfus et contre Scheurer-Kestner. Ici, le hasard sert merveilleusement Henry. Du Paty est l'ennemi personnel de Picquart, parce que Picquart sait tout ce dont il est capable, toutes les vilenies qu'il a commises au ministère et ailleurs. Henry, dès lors, n'a presque rien à faire que de laisser faire Du Paty. Puis, d'autres se mettent à l'œuvre, pour d'autres raisons, moins tragiques, mais tout aussi atroces. Il reste dans l'ombre ; quand il en sort, c'est pour jouer au soldat de caserne qui s'emporte et qui sacre. Et, parce qu'il y a une justice immanente, il faut, pour perdre Henry, Esterhazy. Esterhazy n'a dénoncé que le faux. Mais, demain, peut-être, il dénoncera la trahison. Alors, Henry se tue.

Et il n'y a plus de traîtres en France, monsieur Déroulède, depuis qu'Esterhazy est en fuite...

LE BORDEREAU

8 décembre 1898.

Henry choisissait mal ses amis : Esterhazy l'a dénoncé devant le conseil d'enquête ; Drumont le lâche, — comme il a déjà lâché Esterhazy, ancien rédacteur à la *Libre Parole*, — visiblement accablé, sans ressort, sourd au *macte animo* du Père Du Lac ; enfin, sous couleur de le défendre, Alphonse Humbert, rédacteur au *Père Duchêne*, l'accable dans l'*Eclair*.

De toutes les accusations exactes, précises, irréfutables, qui ont été portées ici contre Henry, l'*Eclair* ne dit mot. Le moniteur de l'ancien chef du 2ᵉ bureau ne retient, pour la discuter, qu'une histoire absurde, qu'un de nos confrères a reproduite, *d'ailleurs sous toutes réserves*, et qui, au surplus, vient d'Esterhazy, à savoir que le Uhlan aurait écrit le bordereau *par ordre*, pour perdre Dreyfus, sous la dictée d'Henry.

Esterhazy, pour expliquer la ressemblance, « effrayante », selon sa propre expression, entre son écriture et celle du bordereau, avait d'abord inventé, en même temps que l'histoire de la dame voilée, la fable du décalque. Le capitaine Dreyfus se serait procuré de son écriture; il l'aurait décalquée pour fabriquer le bordereau.

Il a suffi, pour détruire cette invention inepte, de faire observer que, si les choses s'étaient ainsi passées, le premier soin de Dreyfus, quand il fut accusé, eût été de nommer Esterhazy. Or, Dreyfus ne nomma point le Uhlan. Il a été établi, plus tard, comme on sait, que celui-ci se servait habituellement du fameux papier pelure sur lequel était écrit le bordereau. La chambre criminelle a fait saisir plusieurs lettres d'Esterhazy qui sont écrites sur le même papier, sur un papier de tous points identique, qui sort de la même cuvée.

Il fallait donc inventer autre chose, et Esterhazy raconta lui-même qu'il avait écrit le bordereau par ordre. Il a fait ce mensonge à un rédacteur de l'*Observer*; il l'a fait encore à d'autres personnes. C'était accuser ses chefs d'alors, Mercier, Boisdeffre, Gonse, Sandherr, d'avoir joué la plus infâme des comédies judiciaires. Mais Esterhazy n'y regarde pas de si près.

Cette nouvelle fable d'Esterhazy, Alphonse Humbert la déclare stupide. Il a bien raison. Il doit savoir, en effet, comment le bordereau parvint au ministère de la guerre. L'agent du ministère l'avait pris dans l'une des loges de concierge de l'ambassade d'Allemagne; il n'avait pas osé prendre le paquet qui l'accompagnait et qui contenait les documents annoncés par la lettre-missive. Schwarzkoppen était alors absent de Paris. (De là, le fameux : « Sans nouvelles de vous... ») Quand Schwarzkoppen rentra de congé, il ne trouva que le paquet et ne douta point, pour cause, qu'il venait de son « homme ». Les documents qu'il contenait sont aujourd'hui à Berlin. L'agent avait déchiré le bordereau, pour faire croire qu'il l'avait pris dans le légendaire panier à papiers, et il avait mis les morceaux dans le cornet. Donc, le bordereau n'a pas été écrit par ordre.

Mais, de ce que le bordereau n'a pas été écrit par ordre, ce qui est l'évidence, il n'en résulte nullement, comme le voudrait faire croire l'*Eclair*, qu'il ne soit pas l'œuvre d'Esterhazy. Et c'est ici que M. Alphonse Humbert se prend, une fois de plus, à sa propre inexactitude. L'ancien rédacteur du *Père Duchêne* affirme, en effet, que le « bordereau est tombé tout d'abord entre les mains d'Henry, qui le transmit au général Gonse ». D'où cette conclusion que, si le bordereau avait été de l'écriture de son complice, Henry se fût hâté de le détruire. Seulement, cette affirmation de M. Alphonse Humbert est fausse, puisqu'il paraît avéré aujourd'hui que le cornet qui renfermait le bordereau déchiré ne fut pas remis à Henry, mais au colonel Sandherr et au commandant Cordier. Henry n'en connut l'existence que plus tard, trop tard. J'ai raconté le reste. Donc, tout le plaidoyer d'Humbert s'écroule sur Henry pour l'écraser.

Comment, d'ailleurs, Humbert a-t-il pu avancer qu'Henry avait transmis directement le bordereau au général Gonse ? Et le colonel Sandherr, qu'en fait-il ? Alors même que le cornet n'eût pas été remis d'abord au colonel Sandherr et au commandant Cordier, comment M. Humbert pourrait-il expliquer qu'Henry aurait passé par-dessus la tête du chef et du sous-chef du 2e bureau, pour aller directement au sous-chef de l'État-Major ? Il faut s'attendre à ce que M. Humbert nous dise qu'Henry se défiait de Sandherr, dont l'antisémitisme furieux n'était qu'un masque, qui était déjà aux gages du Syndicat et qui, de héros, va passer gâteux.

Comme de juste, l'ancien directeur du *Père Duchêne* dissimule aux lecteurs infortunés de l'*Eclair* qu'Henry et Esterhazy étaient de vieux amis, de vieux camarades, et qu'Henry, dès lors, connaissait l'écriture, si caractéristique, de son terrible créancier. Henry a vu cent fois le bordereau, il l'a eu cent fois entre les mains. Il a donc reconnu l'écriture du Uhlan. Il a cependant accusé Dreyfus, qu'il savait innocent. Pourquoi? Par la raison que j'ai dite. Mais je ne compte pas que M. Humbert en informe les lecteurs de son journal.

Oserai-je cependant demander à M. Humbert de relire certain article de son propre journal, l'article du 9 septembre 1896 qui amorçait le fameux article du 14, celui où fut révélée, agrémentée de quelques faux, la communication de la pièce secrète?

On sait qu'après avoir fait arrêter le capitaine Dreyfus, le général Mercier hésitait à engager, faute de preuves, des poursuites contre cet officier. Il avait exigé sur cet événement le secret le plus absolu. Deux journaux, la *Libre Parole* et l'*Eclair*, jetèrent alors à l'opinion, bientôt affolée, le nom du capitaine Dreyfus, et cela dans l'intention de forcer les poursuites, de couper les ponts derrière le ministre de la guerre. Ce fut Henry qui les informa. La *Libre Parole* s'en est tue, mais l'*Eclair* du 9 septembre a avoué. Je copie textuellement :

Si la nouvelle de l'arrestation de Dreyfus a été connue, c'est que, *prévenu par une personnalité qui avait assisté à toutes les péripéties de ce drame et qui nous en avisa*, nous avons publié dans l'*Eclair* la nouvelle qui révéla à l'opinion ce qu'on lui cachait depuis quinze jours : l'arrestation du traître.

Cette note fut publiée à dessein et pour forcer la main à ceux qui cherchaient le moyen, par crainte du scandale, de simplement envoyer le traître se faire prendre ailleurs.

C'était, remarquez-le bien, l'opinion de certains ministres.

Ceci est un mensonge. M. Poincaré a dit, sans être

démenti, qu'il n'avait connu l'arrestation du capitaine Dreyfus que par les journaux, précisément par la *Libre Parole* et par l'*Eclair*. De même les autres ministres. On voit bien, d'ailleurs, dans quel dessein ce mensonge a été fait par l'*Eclair*. — Je continue à citer :

> Le général Mercier, qui avait vu les dossiers, avait dit : « Si vous en donnez la preuve absolue, irréfutable, je marcherai envers et contre tous. » Il marcha.
> Néanmoins, *on allait neutraliser par le silence son énergie*, quand l'*Eclair* lui rendit le service, *indirectement souhaité*, de faire juger ce procès à peu près au grand jour.

Et alors je demande à M. Humbert : Quelle est « cette personnalité qui avait assisté à toutes les péripéties du drame » et qui avisa l'*Eclair*, « à dessein et pour forcer la main » du ministre de la guerre ?

Qui donc avait intérêt à déchaîner la tempête, à perdre Dreyfus ? Qui donc, sinon l'ami d'Esterhazy ?

Et si M. Humbert me dit que ce n'est pas Henry, je l'avertis qu'il n'a le choix qu'entre quatre autres noms : Boisdeffre, Gonse, Sandherr et Du Paty.

Or, c'est évidemment « la même personnalité » qui, après avoir avisé l'*Eclair* en 1894, quand le ministre de la guerre hésitait à poursuivre Dreyfus, l'avisa encore, le 9 septembre 1896, quand un autre ministre de la guerre, le général Billot, paraissait devoir accueillir les accusations du colonel Picquart contre Esterhazy, quand, une fois de plus, il s'agissait de tromper et d'ameuter l'opinion.

Et qui donc encore, sinon Henry ?

Est-ce clair ?

AUTRES FAUX

11 janvier 1899.

Le 7 juillet 1898, dans le même discours où il affirma avoir « pesé l'authenticité matérielle et l'authenticité morale » du faux Henry, M. Cavaignac produisit à la tribune de la Chambre deux autres pièces dont il avait déclaré, au préalable, qu'elles étaient « fort importantes ». Je cite textuellement :

Voici la première de ces pièces *qui a reçu, lorsqu'elle est parvenue au service des renseignements, l'indication suivante : « mars 1894 »* :

« Hier au soir, j'ai fini par faire appeler le médecin, qui m'a défendu de sortir. Ne pouvant aller chez vous demain, je vous prie de venir chez moi dans la matinée, car D... m'a porté beaucoup de choses très intéressantes, et il faut partager le travail, ayant seulement dix jours de temps. »

La seconde de ces pièces porte la date du 16 avril 1894. En voici le texte :

« Je regrette bien de ne pas vous avoir vu avant mon départ. Du reste, je serai de retour dans huit jours. Ci-joint 12 plans directeurs de... *que ce canaille de D...* m'a donnés pour vous. »

La pièce : « Ce canaille de D... » était bien connue de tous ceux qui avaient étudié l'affaire Dreyfus. C'était la pièce secrète dont l'*Eclair*, dans son fameux article du 14 septembre 1896, avait révélé l'existence en l'aggravant d'un faux, par la substitution du nom de Dreyfus à l'initiale D :

Les attachés militaires à l'ambassade allemande, en septembre — (il s'agit du mois de septembre 1894) — adressaient à leurs collègues de l'ambassade italienne une lettre chiffrée... *Vers le 20 septembre*, le colonel Sandherr, chef de la section de statistique, communiquait au général Mercier cette lettre qui avait été déchiffrée. Elle était relative au service d'espionnage à Paris et contenait cette phrase : « Décidément, cet animal de Dreyfus devient trop exigeant. »

La pièce : « Ce canaille de D... », dont M. Cavaignac déclarait *qu'elle porte la date du 16 avril 1894*, et la pièce : « Cet animal de Dreyfus », dont le collaborateur de l'*Eclair* disait qu'elle avait été écrite au mois de septembre 1894, c'est-à-dire à la veille de l'arrestation du capitaine Dreyfus, c'est évidemment la même pièce, l'une de celles qui ont été communiquées aux juges de 1894 en chambre de conseil. Le colonel Picquart, dans sa lettre du 14 septembre 1898 au ministre de la justice, en parle en ces termes :

La troisième pièce est une lettre authentique de B... à A..., de 1894 ; elle a été déchirée, puis reconstituée. B... dit à peu près : « J'ai vu ce canaille de D..., il m'a donné pour vous douze plans directeurs. »

Je laisse de côté la question de savoir qui est D. Le collaborateur de l'*Eclair*, Du Paty de Clam et Cavaignac déclarent que D..., c'est Dreyfus ; le colonel Picquart démontre que D... ne peut pas être Dreyfus. On doit savoir aujourd'hui qui est « ce canaille de D... ». Passons. Je ne veux examiner aujourd'hui que la question de date.

Le collaborateur de l'*Eclair* écrit que la pièce en question a été échangée, *au mois de septembre 1894*, entre le colonel de Schwarzkoppen et le colonel Panizzardi. Pourquoi cette date ? Après avoir, par un premier faux, remplacé l'initiale D... par le nom de Dreyfus, le collaborateur de l'*Eclair* donne la date de septembre, afin d'appliquer plus sûrement encore à l'innocent, qu'il a intérêt à maintenir au bagne, la lettre de l'attaché militaire allemand. Or, de la déclaration même de M. Cavaignac, il résulte que cette date est un faux. Cavaignac, en effet, produisant la même pièce, dit qu'*elle porte la date du 16 avril 1894*.

De la pièce précédente, Cavaignac, quand il en a parlé, a dit seulement « qu'elle avait reçu, lorsqu'elle était parvenue au service des renseignements, l'indication : mars 1894 ». De celle-ci il dit « *qu'elle porte la date du 16 avril 1894* ». Cela signifie, en français, que la première lettre n'était pas datée, que la seconde était datée du 16 avril 1894.

Or, cette date du 16 avril 1894 que Cavaignac lisait sur la pièce : « Ce canaille de D... », c'était encore un faux. Cavaignac, comme d'ailleurs Picquart, n'avait pas regardé d'assez près ; peut-être aussi le faux avait-il été fait avec tant d'habileté, par le Lemercier-Picard ordinaire du 2ᵉ bureau, qu'il n'était pas possible de distinguer l'écriture réelle de l'écriture contrefaite de Schwarzkoppen.

La pièce, en effet, n'était pas parvenue au ministère de la guerre au printemps de 1894 ; elle n'était pas datée ; et elle avait été saisie *au mois de juin 1893*.

M. Bernard Lazare, dans la 2ᵉ édition de sa brochure,

Une Erreur judiciaire (1896), l'avait déjà indiqué : « La lettre, disait-il, qui a été révélée pour la première fois, malgré le double huis-clos, par l'*Eclair*, *est arrivée au ministère de la guerre, par l'intermédiaire du ministère des affaire étrangères, huit mois environ avant l'affaire Dreyfus, et non vers le 20 septembre 1894.* » J'écrivais de même, dans ma lettre du 14 janvier 1898 au ministre de la justice : « *Quand la pièce fut découverte, en 1893*, les soupçons du ministère de la guerre ne se portèrent pas sur le capitaine Dreyfus, mais sur un malheureux employé dont le nom commençait par un D. » Lorsque Cavaignac donna la date d'avril 1894, j'en fus frappé. Je ne comprenais pas cette substitution soudaine du millésime 1894 à celui de 1893. J'étais bien sûr de mes souvenirs ; je me rappelais, presque mot pour mot, la conversation, contemporaine de la première interpellation Castelin, où cette date de 1893 m'avait été donnée. Mon interlocuteur, bien que depuis longtemps dans la politique, est incapable d'un mensonge. Quel était ce mystère ? Etait-ce un nouveau faux ?

En effet, c'était un nouveau faux, puisque voici M. Philippe Dubois qui écrit, dans l'*Aurore*, et son renseignement ne sera pas démenti : « Le fait vient d'être confirmé par un ancien ministre des affaires étrangères. La pièce est arrivée, *non datée*, au ministère de la guerre, non en 1894, *mais au mois de juin 1893.* »

On comprend, maintenant, pourquoi les instigateurs du procès Dreyfus ne firent communiquer cette pièce aux juges du conseil qu'en chambre du conseil, à l'insu de l'accusé et de son défenseur. Leur forfaiture se doublait d'un faux. Les juges du conseil de guerre ont été deux fois trompés : par l'affirmative solennelle que

D..., c'était Dreyfus ; par la fausse date, qui rendait ce mensonge vraisemblable.

Mais qui a commis le faux ? Assurément le général Mercier a été trompé par la fausse date, comme l'a été Cavaignac, comme l'ont été Boisdeffre et Gonse, comme l'a été Picquart lui-même. Il n'en reste pas moins établi que le faux a été commis : faux aussi abominable et aussi scélérat, *plus* même, parce qu'il était plus habile, que celui qui a immortalisé le nom du colonel Henry.

Qui est le faussaire ?

A M. LE COMTE DE MUN

Paris, 13 janvier 1899.

Monsieur,

Dans une lettre que vous adressez à M. Coppée et que vous avez communiquée aux journaux, vous cherchez à justifier en ces termes votre participation à la souscription de la *Libre Parole*. « Vous avez très bien fait, écrivez-vous, de caractériser en termes précis, non seulement l'hommage de sympathie que nous avons offert à la malheureuse femme odieusement poursuivie dans sa douleur, mais aussi la protestation que nous avons ainsi voulu opposer une fois de plus à l'abominable campagne dirigée contre notre chère armée. »

Je ne vous permets pas, monsieur, de dire soit que j'ai poursuivi une malheureuse femme dans sa douleur, soit que j'ai outragé l'armée.

Le nom de Mme Henry n'a été prononcé par moi dans aucun des articles que j'ai consacrés à Esterhazy et à Henry. Insinuer le contraire, c'est outrager la vérité. J'avais, d'autre part, et j'ai encore, j'imagine, le droit d'écrire l'histoire. La liberté d'écrire l'histoire n'a pas été encore supprimée par les promoteurs de la liberté de l'enseignement.

Je défendrai, en tout cas, cette liberté avec toutes les autres.

Vous auriez mieux fait, monsieur, de réserver vos critiques à ceux de vos amis qui, eux, n'ont cessé d'insulter, avec une grossièreté de cannibales, à la douleur de Mme Dreyfus, dont le mari, officier français et alsacien, est, lui, innocent de tout crime et de toute faute.

Et peut-être aussi, avant de vous donner l'apparence de faire la leçon à un écrivain qui a toujours respecté profondément tout ce qui est respectable, qui a défendu les sœurs de charité, quand on les chassait des hôpitaux, alors que vous n'avez pas encore trouvé une parole pour les juifs algériens traqués et assassinés, — peut-être eussiez-vous dû relire votre déposition devant la commission d'enquête du 18 mars et vos insultes aux morts d'une guerre fratricide, à ces victimes de la folie obsidionale qui était bien une forme du patriotisme, à ces gens, disiez-vous, « qui, lorsqu'on les a fusillés, sont tous morts avec une sorte d'insolence qui, ne pouvant pas être attribuée à un sentiment moral, ne pouvait l'être qu'à la résolution d'en finir avec la vie plutôt que de vivre en travaillant » !

Et je vous interdis de même, monsieur, de dire, contrairement à toute vérité, qu'il est jamais sorti de ma plume une ligne, un mot, qui soit une injure à l'armée. Lisez le livre : *Vers la Justice par la Vérité*, où j'ai réuni mes articles du *Siècle*. Trouvez-y un mot qui soit une injure à l'armée, qui ne soit pas dicté par le plus pur patriotisme, et je brise à jamais ma plume.

Nous avons été, monsieur, pendant huit années,

collègues à la Chambre, et pendant deux ans à la commission de l'armée. Vous savez donc si je l'aime, cette armée, si j'en ai le culte, combien profondément je suis dévoué à ses intérêts. J'ai continué à honorer cette armée, car c'est l'honorer, entendez-vous bien, que de ne pas la solidariser avec des Esterhazy et des Henry dans le présent, dans le passé avec des Bazaine et des connétable de Bourbon. C'est l'insulter au contraire que de confondre sa cause sacrée avec celle des traîtres et des faussaires.

Je vous laisse, monsieur, d'autant plus volontiers le bénéfice d'avoir mêlé cette cause à celle d'Esterhazy et d'Henry, que, naguère encore, vos amis n'avaient pas assez d'invectives pour ces chefs qui furent l'honneur de l'armée et la consolation des jours de défaite, mais qui, collaborateurs de Gambetta, étaient aussi bons républicains que bons soldats, les Denfert, les Farre et les Faidherbe.

Recevez, monsieur, l'assurance de ma considération distinguée.

JOSEPH REINACH.

A M. MAURICE BARRÈS

21 janvier 1899.

Quand le capitaine Dreyfus fut arrêté, le lundi 15 octobre 1894, sous l'inculpation, qui ne lui fut d'ailleurs pas communiquée, d'avoir écrit le bordereau qui était l'œuvre du commandant Esterhazy, M. le général Mercier, alors ministre de la guerre, ordonna, dans les termes les plus catégoriques et les plus précis, que le plus absolu silence serait gardé sur cet événement. Défense au commandant Forzinetti, directeur du Cherche-Midi, d'aviser de cette arrestation, malgré le règlement, le général Saussier, gouverneur de Paris. Défense aux officiers qui avaient été mêlés à l'enquête préliminaire, Sandherr, Du Paty, Henry, d'en laisser transpirer quoi que ce soit au dehors. Défense à Mme Dreyfus, par Du Paty, d'informer quiconque de ce qui s'était passé ; un seul mot prononcé par elle serait la perte de son mari. Enfin, donnant l'exemple, Mercier n'avisa ni M. Casimir-Perier, président de la République, ni la plupart de ses collègues du cabinet Dupuy.

Mercier voulait se donner le temps d'examiner l'affaire plus à fond, — il eût fallu, peut-être commencer par là, — et, à la fois, ce qui était fort sage, éviter un scandale inutile.

L'instruction, confiée à Du Paty, ne fournit aucune preuve contre Dreyfus. Pas un papier suspect à son domicile. Déclaration formelle par M. Gobert, expert de la Banque de France, que le bordereau n'est pas de l'écriture de l'inculpé. Protestations réitérées de Dreyfus au cours des terribles interrogatoires que lui fait subir Du Paty. Impossibilité de découvrir chez lui aucun mobile à une pareille trahison... Le général Mercier n'avait pas encore mis le pied dans le crime. Il hésitait, ayant encore quelque conscience, à poursuivre, sans l'ombre d'une preuve, l'œuvre abominable de déshonorer un officier français.

Il y avait des gens que cette honorable perplexité faisait trembler. Qu'adviendrait-il si Dreyfus, rendu à la liberté, recherchait lui-même les auteurs du crime dont il avait été injustement accusé ?

Un seul moyen de parer à ce danger : livrer la cause de Dreyfus à la presse immonde, déchaîner contre ce juif la tempête antisémite dans toute sa fureur.

L'événement a montré que ce calcul scélérat était judicieux.

Le lundi 29 octobre 1894, la *Libre Parole* annonça l'arrestation d'un individu accusé d'espionnage. Elle posait cette question : « Si la nouvelle est vraie, pourquoi » l'autorité militaire garde-t-elle un silence absolu ? » Une réponse s'impose. » La *Patrie* et l'*Éclair* sont, à leur tour, informés. Enfin, le jeudi 2 novembre, la *Libre Parole* nomme le capitaine Dreyfus, donne son adresse et s'écrie avec orgueil : « Nous avons vu plu- » sieurs officiers qui sont indignés de la partialité » bienveillante dont a bénéficié Dreyfus et dont il

» bénéficierait encore si la *Libre Parole* n'avait, la pre-
» mière, soupçonné la vérité ! »

On sait le reste, que j'ai déjà raconté : la campagne exaspérée des antisémites, le chantage contre le ministre de la guerre, la capitulation de Mercier devant Drumont.

Évidemment, celui qui avait, malgré les ordres du ministre de la guerre, informé la presse de l'arrestation du capitaine Dreyfus, celui-là ne l'avait point fait sans motif. Pour risquer un acte aussi impudent de désobéissance, il devait y avoir les raisons les plus sérieuses. On ne perd pas un innocent pour le plaisir ; on ne sauve pas un coupable, et quel coupable ! sans intérêt. Qui donc, parmi les rares officiers qui étaient au courant de l'arrestation de Dreyfus, avait brusqué le dénouement, averti la *Libre Parole* ?

Il y a longtemps que ce problème n'en est plus un pour moi. Je me contenterai cependant, pour aujourd'hui, de poser cette question à M. Maurice Barrès, qui était, en novembre 1894, directeur de la *Cocarde*. Je demande à M. Barrès qui lui a fourni les éléments de l'article suivant, qui a paru, sans signature, le 4 novembre 1894, dans son journal :

> Nous nous étonnions hier, écrivait le rédacteur anonyme de la *Cocarde*, de la lenteur avec laquelle l'enquête sur le misérable traître Dreyfus avait été menée.
> Cette lenteur a eu pour cause de sérieuses tentatives de sauvetage faites par des personnages influents auprès du ministre de la guerre.

J'observe, en passant, que cette assertion est contraire à toute vérité. Aucune démarche de ce genre n'avait été faite auprès du général Mercier. L'arrestation de Dreyfus était restée ignorée jusqu'à la révélation de la *Libre Parole*. M. Barrès, d'ailleurs, se gardait bien de nommer ces personnages influents.

On avait d'abord décidé au gouvernement, continue la *Cocarde*, de garder le secret le plus absolu sur cette affaire et de se débarrasser du traître Dreyfus en l'expédiant à l'étranger, comme on l'avait déjà fait pour le brave Eyrolles.

Autre inexactitude, intentionnelle au surplus et tendancieuse. Jamais le gouvernement n'avait eu cette intention. M. Dupuy, M. Poincaré, M. Barthou, M. Leygues, M. Guérin, ont démenti, preuves en mains, cette calomnie.

Mais, continue la *Cocarde*, le commandant Henry, chef d'État-Major général (sic), s'y opposa avec énergie et décida le ministre de la guerre à exiger la comparution du coupable devant un conseil de guerre.

« Chef d'État-Major » pour « attaché à l'État-Major » est un *lapsus* qui ne serait plaisant que dans une affaire moins tragique. Il n'a été, d'autre part, jamais dit ailleurs que le colonel, alors commandant Henry, avait *exigé* du ministre de la guerre la comparution de Dreyfus devant un tribunal militaire. Henry n'était qu'un simple attaché au 2e bureau dont le chef était le colonel Sandherr; les chefs de l'État-Major étaient Boisdeffre et Gonse. Henry ne pouvait rien *exiger* du ministre ni « s'opposer avec énergie » à une décision du gouvernement. Tout ce qu'il pouvait faire, c'était de trahir la confiance de ses chefs, de désobéir aux ordres du ministre, de livrer le nom du capitaine Dreyfus à la presse antisémite.

Je demande à M. Maurice Barrès de dire qui lui a donné, le 4 novembre 1894, l'information relative à Henry.

LEURS CONTRADICTIONS

10 février 1899.

On en remplirait dix volumes in-folio. Voici quelques-unes de celles que je relève dans l'enquête Mazeau sur les dénonciations de M. Quesnay de Beaurepaire.

Le 26 décembre 1898, M. de Beaurepaire écrit à M. Bard : « Mon cher Bard, je ne lis pas les journaux. Je ne reçois pas plus que vous les reporters... Je n'en reste pas moins votre vieil et sincère ami. »

Le 15 décembre, le *Journal de Bruxelles* avait publié une lettre de son correspondant parisien, M. Teste, datée du 11 décembre. Cette lettre n'était que le récit d'une longue conversation de M. de Beaurepaire. On y lisait : « On ose dire que la Cour de cassation a été achetée ! Mais, si la Chambre criminelle l'a été, à supposer que ce que tout le monde dit soit vrai, ce n'est pas la Cour de cassation qui a été achetée. »

II

Le 22 janvier 1899, M. le général Roget, parlant du faux Henry, dépose en ces termes : « M. le général de Pellieux n'a connu cette pièce ni au moment où il faisait son enquête — l'enquête Esterhazy — ni au cours du procès. Il n'en a eu communication que bien après l'acquittement d'Esterhazy, peu de jours avant le procès Zola. »

Ou M. le général Roget a inventé cette version, ou il la tient de M. le général de Pellieux.

Or, le vendredi 2 septembre 1898, au lendemain des aveux et de la mort d'Henry, le *Gaulois* publiait un long récit, signé de M. de Maizière, dont on connaît les relations étroites avec M. de Pellieux ; ce récit fut reproduit alors par toute la presse comme ayant été inspiré, rédigé, dicté par M. de Pellieux lui-même.

« Il n'est pas sans intérêt », écrivait le porte-parole de M. de Pellieux, « de savoir comment cet officier général a eu connaissance de la pièce de 1896, fabriquée par M. Henry (sic), et comment il a été amené à s'en servir. »

M. de Maizière rappelle ici le fameux incident du procès Zola ; puis, textuellement :

« *Le général de Pellieux avait eu connaissance de cette pièce au cours de l'enquête qu'il avait été chargé de diriger contre M. Esterhazy, et c'est le général Gonse qui la lui avait communiquée pour mettre sa conscience à l'abri.* »

Plus loin, le général de Pellieux dit « qu'il a été indignement trompé ». « Il s'en est expliqué, continue

M. de Maizière, avec une franchise brutale, dans la lettre qu'il a adressée au gouverneur de Paris, et par laquelle il sollicitait sa mise à la retraite, peu désireux d'être confondu « *avec des gens sans honneur* ».

Ainsi, le 22 janvier 1899, M. le général Roget affirme, sous la foi du serment, que le faux Henry n'a été communiqué au général de Pellieux que bien après l'acquittement d'Esterhazy.

Et le 2 septembre 1898, M. le général de Pellieux, encore dans toute la colère que lui avait causée la découverte du faux dont il avait été victime, affirmait que la pièce lui avait été communiquée, au commencement de l'enquête Esterhazy, par le général Gonse, « pour mettre sa conscience à l'abri » ; il protestait qu'il était peu désireux « d'être confondu *avec des gens sans honneur* ». Quelles gens ?

Du général Roget et du général de Pellieux, quel est celui qui a dit la vérité ?

III

Le 22 janvier 1899, M. le général Roget, déposant sous la foi du serment, s'exprime en ces termes :

Le 30 août 1898, j'avais été chargé par le ministre de la guerre de *garder à vue le colonel Henry qui venait de faire l'aveu de son crime*, en attendant qu'une décision fût prise à son égard. Je fus amené en causant avec Henry à lui dire : « Vous savez qu'on a offert une somme d'argent considérable (600,000 fr.) au commandant Esterhazy pour qu'il se déclare l'auteur du bordereau ? Savez-vous s'il a existé des relations entre le colonel Sandherr et Esterhazy ? » Après m'avoir renseigné sur le point qui me préoccupait, le colonel Henry ajouta : « C'est à moi qu'on a remis le bordereau saisi en 1894. Il est venu par la voie ordinaire avec les documents que vous connaissez et dont l'authenticité est indiscutable. »

Et en note, après ces mots *par la voie ordinaire* :

Le colonel Henry a dit textuellement : « Par qui vous savez. »

Or, si vous vous reportez au procès-verbal officiel de l'interrogatoire du colonel Henry, vous y trouverez un récit singulièrement différent de cette nouvelle version. Le voici :

Au cours de l'entretien rapporté ci-dessus, le général Roget a été amené à dire au lieutenant-colonel Henry :
— Savez-vous si on a proposé une forte somme au commandant Esterhazy pour se déclarer auteur du bordereau? Savez-vous s'il a existé des relations entre le colonel Sandherr et le commandant Esterhazy ?
R. — Je crois qu'ils s'étaient connus en Tunisie, mais je n'ai jamais vu le commandant venir au bureau qu'une fois en 1895 ; il venait apporter au colonel des documents qu'il avait recueillis par hasard. C'est à moi qu'on a apporté le bordereau saisi en 1894. Il est venu par la voie ordinaire, avec des documents que vous connaissez et dont l'authenticité est indiscutable. *Toute autre version est contraire à la vérité et matériellement impossible.*

Ainsi, le procès-verbal officiel du 30 août 1898 porte que ces questions ont été posées au colonel Henry « *au cours de l'entretien rapporté ci-dessus* ». Et, le 22 janvier 1899, le général Roget déclare que ces questions ont été posées par lui à Henry, *après l'aveu de son crime, comme il causait avec lui en le gardant à vue.*

Pourquoi cette *retouche?* C'est bien simple. Parce que ces questions n'ont qu'une importance secondaire dans un entretien à bâtons rompus, mais que le seul fait de les avoir posées *au cours de l'entretien, de l'inter-*

rogatoire officiel, présente une importance capitale. Le procès-verbal ne mentionne d'ailleurs aucune réponse d'Henry « sur ce point qui préoccupait » le général Roget : la somme d'argent qui aurait été offerte à Esterhazy pour qu'il se déclare l'auteur du bordereau.

Et la note : « Le colonel Henry a dit textuellement : « Le bordereau est venu *par qui vous savez!* » est également significative.

En effet, le colonel Henry avait toujours déclaré, également sous serment, que *seul il connaissait l'agent*. (Déposition du 22 juillet 1898 devant M. le juge d'instruction Fabre.)

M. Cavaignac, dans sa lettre du 30 octobre 1898, à M. le président Lœw, avait établi « que le nom et la personnalité de cet agent sont parfaitement connus depuis l'origine par ceux qui doivent le connaître ». Donc, Henry avait, une fois de plus, menti. Et l'on sait les déductions que j'ai tirées de ce mensonge, officiellement constaté par le procès-verbal du général Roget.

C'est pour infirmer ces déductions que M. le général Roget explique aujourd'hui que ces mots « voie ordinaire » signifiaient « une voie connue », qu'il déclare aujourd'hui que « le colonel Henry avait dit textuellement : « Le bordereau est venu par qui vous savez! » et qu'il place ce dialogue *après* l'interrogatoire officiel, alors que le procès-verbal le plaçait *au cours de cet interrogatoire*.

Puis, le général Roget supprime cette phrase : « Toute autre version est contraire à la vérité et matériellement impossible. »

Il résulte, en effet, de cette phrase, qu'Henry connaissait *une autre version de la remise du bordereau* et qu'il avait intérêt à la démentir.

M. le général Roget a évidemment, lui aussi, intérêt,

bien que cet intérêt soit d'une autre nature, à démentir cette autre version.

Du procès-verbal du général Roget ou de son récit du 22 janvier 1899, lequel est conforme à la vérité? Lequel en constitue une grave, une inquiétante altération?

J'ajoute que c'est de cette altération même que le général Roget a cherché à tirer argument pour taxer d'inexactitude le rapport de M. le conseiller Bard.

Je me permets d'appeler toute l'attention de qui de droit sur la critique des textes que je viens d'esquisser.

« Ce n'est pas, dit enfin le général Roget, ce n'est pas le lieutenant-colonel Henry qui a remis le bordereau au général Gonse, mais le colonel Sandherr. »

Cependant Henry a vu le bordereau en 1894, et, l'ayant vu, il y a reconnu l'écriture d'Esterhazy.

La solidarité est une belle chose : Henry était entré à l'État-Major le 12 janvier 1893, le lieutenant-colonel Roget le 19 janvier, et le capitaine Cuignet le 9 février,

HENRY CONTRE PICQUART

4 mars 1899.

S'il était possible de se plaindre jamais d'un trop violent afflux de lumière, en voici l'occasion. Les documents, révélés par l'affaire dite du règlement de juges, inondent de clartés nouvelles, décisives, presque tous les chapitres de cette ténébreuse histoire. Et quelles clartés ! Je dirai toute ma pensée... Quelque force immense qu'apportent tant de documents irréfutables à la cause de la Vérité, c'est d'un sentiment d'amère, de profonde tristesse que m'a rempli cette longue lecture. Quoi ! toutes ces vilenies, tant de mensonges, tant de faux serments, tant d'ignobles manœuvres, ce sont des officiers de notre armée qui en sont les auteurs ! Pauvres gens qui seraient restés de braves gens s'ils avaient été laissés à leur besogne, à leur métier, honorable entre tous ! Une loi absurde, des règlements ineptes, en font des policiers et des magistrats. Les voici perdus. Voilà où ils descendent, quelques-uns, peut-être, sans s'en douter.

Dans ce ramas de choses vilaines et affligeantes, un seul épisode est franchement réjouissant. Parmi toutes les accusations mensongères que la *Libre Parole* avait accumulées contre le colonel Picquart, elle avait insisté, avec une ténacité sauvage, sur les perquisitions illégales que l'ancien chef du bureau des renseignements aurait fait opérer chez Esterhazy. Or, nous savons maintenant, par le menu, l'histoire de ces prétendues perquisitions. Un jour, l'agent chargé de surveiller Esterhazy pénétra dans son logement qui était à louer. Il y constata que les cheminées étaient remplies de papier brûlé; il n'y ramassa qu'une seule carte de visite qui traînait. C'était celle de M. Édouard Drumont. Quelques mots tracés sur cette carte prouvaient qu'Esterhazy ne renseignait pas que Schwarzkoppen, mais aussi Drumont. — Notez que Drumont a toujours juré qu'il était faux qu'Esterhazy eût collaboré à son journal, que c'était une infâme calomnie des juifs. — Et cette carte, que Picquart fit remettre à sa place, Boisdeffre, au préalable, l'avait fait photographier.

De telle sorte que si Drumont tenait Boisdeffre par les indiscrétions d'Esterhazy, Boisdeffre, de son côté, tenait Drumont par la carte annotée que le directeur de la *Libre Parole* avait laissée chez le uhlan. Tragi-comédie en partie double.

Tous les dossiers des chefs, complices et comparses de l'ancien État-Major, ont doublé d'épaisseur depuis hier. Voici d'abord, hors concours, les faits qui s'ajoutent au dossier du colonel Henry:

I

C'est Henry qui est l'auteur principal de l'odieuse calomnie dirigée contre le colonel Picquart au sujet du *petit bleu*. Au procès Zola, plus tard à l'instruction Fabre, il attestait, avec une insistance suspecte, « qu'il était le seul à recevoir les petits paquets de l'agent secret que, seul, il connaissait ». Or, jamais il n'avait vu ni recueilli dans le cornet les fragments du *petit bleu* au nom de son camarade et ami Esterhazy. Donc, c'était Picquart qui les y avait introduits, qui avait fabriqué cette pièce.

J'écrivais, à cette place, le 6 décembre 1898 :

> Un beau jour, en l'absence d'Henry ou par suite d'une négligence de sa part, le *petit bleu* parvient au colonel Picquart. Et voilà Esterhazy découvert. Et, de nouveau, tout est perdu, si Picquart lui-même n'est pas, à son tour, sacrifié comme l'a été Dreyfus.

Or, cette déduction, c'est M. le général Zurlinden qui la confirme aujourd'hui. C'est bien en l'absence d'Henry qu'est arrivé le *petit bleu* que l'ami d'Esterhazy, s'il l'avait reçu dans le cornet, se fût hâté de faire disparaître. Je lis, en effet, dans la note transmise, le 14 septembre 1898, par le général Zurlinden à M. Sarrien :

> *Le capitaine Lauth découvre un jour*, dans un lot de papiers déchirés que lui a remis Picquart, les débris d'une carte-télégramme bleue, adressée au commandant Esterhazy, signée de l'initiale C, et où il était question de relations à reprendre avec une maison R...

Ainsi, par un coup merveilleux de Sa Sacrée Majesté le Hasard, Henry était absent quand arriva au 2e bureau la preuve décisive de la trahison d'Esterhazy. Et Lauth, qui n'est encore ni dans le secret d'Henry ni dans celui des dieux, Lauth, qui n'est point encore, par passion ou par ordre, le plus suspect des témoins

5.

(le général Roget toujours excepté), Lauth voit tout de suite la gravité de la pièce et s'écrie : « C'est inouï ! y en aurait-il encore un ? » C'est-à-dire : y aurait-il un autre traître ?

II

Quand Henry, revenant de congé, reprend son service au 2ᵉ bureau, il s'y trouve donc en présence d'un fait acquis : la découverte du *petit bleu*, reconstitué par Lauth, a mis Picquart sur la trace d'Esterhazy. Alors, tout de suite, il se met à l'œuvre. Il n'ose pas encore contester l'authenticité du *petit bleu* en présence de Picquart. Mais il passe tout l'été de 1896 à en entretenir ses collègues du bureau, derrière le dos de Picquart, et à exciter leur méfiance.

Or, c'est Gubetta, son vieux complice, — j'entends le lampiste Gribelin lui-même, — qui nous l'apprend dans sa déposition du 11 novembre 1898, à l'enquête Tavernier. On y voit, en effet, Henry, Lauth, Junck et Gribelin sortir ensemble du bureau et se livrer à des bavardages sur le *petit bleu* dont Picquart n'a même jamais parlé à Gribelin. Henry s'écrie, au dire, ici visiblement véridique, de Gribelin : « Son *petit bleu* n'a pas de valeur, il n'a pas été envoyé, *il ne porte pas le cachet de la poste.* »

Toute la légende du cachet que Picquart aurait voulu faire apposer sur le *petit bleu*, légende stupide, puisque l'apposition d'un timbre sur le *petit bleu* lui aurait enlevé toute la valeur qu'il tenait exclusivement de son lieu d'origine, elle est en germe dans cette exclamation d'Henry. C'est Henry qui a inventé cette légende, cette calomnie, qui l'a, par la suite, lentement, systématiquement, insufflée à ses camarades, dans l'apparent et obstiné dessein d'infirmer l'authenticité d'un document écrasant contre Esterhazy. Et voici maintenant Henry vendu, trahi par Gribelin.

III

Mais Picquart a communiqué le *petit bleu* à ses chefs, à Boisdeffre et à Gonse dont il serait superflu de raconter, une fois de plus, les louches manœuvres dilatoires, à Billot qui, au contraire, se montre d'abord disposé à faire son devoir. C'est alors qu'Henry joue le grand jeu ; il fabrique la pièce qui immortalise son nom, et ce document, ridiculement apocryphe, le document de Vercingétorix, comme dit Esterhazy, devient, entre les mains habiles de Boisdeffre, l'instrument décisif. Billot se laisse convaincre. Il répondra à l'interpellation Castelin qu'il est convaincu, invinciblement, de la culpabilité de Dreyfus. Il se garde bien, sans doute, de faire savoir à ses collègues du ministère, à Méline, à Hanotaux, à Barthou, que le chef du bureau des renseignements croit avoir découvert le véritable auteur du bordereau. Mais il éloigne Picquart du ministère, l'envoie au loin, comme David fit d'Uri, d'abord dans une mission dérisoire, puis sur la route lointaine où a péri Morès.

Henry, alors, est maître de la place. Officiellement, c'est Gonse qui a pris la direction du 2ᵉ bureau. En fait, c'est Henry. Il prépare, sans désemparer, les réquisitoires, les calomnies de demain. D'abord, le 20 novembre 1896, il intercepte la lettre de Ducasse où il est question du *demi-dieu*; puis, le 15 décembre, il fabrique la lettre, censément adressée, elle aussi, à Picquart, et signée : « Espérance ». Je ne reviens pas sur cette machination qui a été tirée au clair, il y a longtemps déjà. Mais il faut s'arrêter sur celle-ci, qui est non moins scélérate et dont la révélation est capitale :

Afin de faire accroire aux grands chefs, les uns naturellement, les autres volontairement crédules, que le *petit bleu* avait été fabriqué par Picquart, agent du mystérieux Syndicat pour la substitution du brave commandant à Dreyfus, il parut à Henry qu'il était essentiel d'établir que Picquart n'avait point connu le nom du Uhlan par la dépêche de Schwarzkoppen; depuis longtemps déjà, Picquart avait choisi Esterhazy pour bouc émissaire et le faisait surveiller. — C'est seulement plus tard qu'Henry fera faire, suivant son plan avec méthode, une déposition manifestement mensongère, reconnue comme telle, par un agent du nom de Guénée, où qu'il tâchera d'embrouiller les dates, tantôt d'avancer, tantôt de reculer celle où le *petit bleu* aurait été, sinon reçu, du moins reconstitué. — Mais tout d'abord il introduit dans le dossier Esterhazy, que Picquart a laissé au 2e bureau, dont il a seul la garde avec Gribelin, un article de journal découpé et collé sur papier blanc, avec cette mention : « *Eclair* du 5 janvier 1896. » L'article, insignifiant en lui-même, avait ceci d'intéressant qu'il parlait incidemment d'Esterhazy, à propos de la mort et des obsèques de son beau-père. En compulsant le dossier, on voyait donc immédiatement que Picquart aurait menti en affirmant que son intervention avait été attirée pour la première fois, par le *petit bleu*, au printemps de 1896, sur Esterhazy. N'était-il point manifeste que Picquart suivait, depuis

longtemps, Esterhazy, puisqu'il avait jugé utile de dé-
découper, de conserver aux archives, un bout d'article
sur la mort de M. de Nettancourt?

Or, après recherches faites, raconte M⁰ Mimerel dans
sa minutieuse analyse du dossier Tavernier, « il s'est
trouvé que l'article était du *5 janvier 1897* et non du
5 janvier 1896 ».

Et il serait superflu de démontrer longuement que
l'introduction de ce faux dans le dossier Esterhazy ne
peut être que l'œuvre d'Henry, successeur du colonel
Picquart au 2ᵉ bureau. Quand le rapporteur Tavernier
a signalé le fait au général Gonse, celui-ci a reconnu,
aussitôt, ne pouvant nier l'évidence, que la fausse inscription était de la main, de l'écriture d'Henry.

IV

Le fameux grattage sur le *petit bleu* est, de même,
l'œuvre d'Henry ou de l'un de ses sous-ordres.

L'accusation invraisemblable, monstrueusement
bête et scélérate, qui a conduit le colonel Picquart au
Cherche-Midi, repose, pour les trois quarts, sur ce fait
que le *petit bleu* aurait porté primitivement un autre
nom que celui d'Esterhazy, — celui d'un autre traître
demeurant, par un miracle du hasard, au même numéro de la rue de la Bienfaisance, — et que Picquart
aurait gratté ce nom pour y substituer celui du Uhlan.

Or, il résulte formellement des expertises, de l'examen des clichés qui ont servi à Lauth pour photographier le *petit bleu*, que les grattages et les surcharges
sont postérieurs à cette photographie.

Ainsi, le *petit bleu* était encore intact quand Picquart

le remit à Henry, le 16 novembre 1896, au moment de partir en mission. Et il ne l'était plus à l'enquête du général de Pellieux, un an plus tard ! Quand Pellieux le montra à Picquart, celui-ci déclara que, s'il reconnaissait la pièce, « l'écriture lui en avait paru autrefois plus homogène ».

L'expertise prouve que le mot Esterhazy et l'adresse avaient été écrits primitivement de la même main et avec la même encre que le reste du *petit bleu*. Quelqu'un gratta ensuite le mot Esterhazy, ainsi que l'intervalle entre toutes les lettres de ce mot, pour surcharger enfin ce qui restait du nom, de manière à le rétablir dans son intégrité. Ces surcharges sont d'une encre différente de celle qui a servi à écrire le *petit bleu*.

Faut-il répéter que, du 16 novembre 1896, date à laquelle Picquart remit le *petit bleu* à son successeur, jusqu'à l'enquête du général de Pellieux, le *petit bleu* fut placé sous la garde exclusive de Gribelin et d'Henry ?

V

Enfin, — je dis : *enfin*, pour cette fois, car il y aura une suite, — deux autres faux témoignages d'Henry à l'enquête Ravary et au procès Zola sont, aujourd'hui, définitivement constatés. Il y déposa, sous la foi du serment, qu'un soir, à son retour de vacances, étant entré brusquement chez le colonel Picquart, il y aperçut Mᵉ Leblois, avocat, assis auprès de lui et consultant avec lui le dossier secret. Et cette scène, inventée par lui, il la plaçait au commencement d'octobre 1897.

Or, il résulte de l'enquête Fabre que M⁰ Leblois n'est rentré à Paris que le 7 novembre 1897, qu'il a passé tout le mois d'octobre à l'hôtel Pfeiffer, à Guernsbach. (Dépositions Risler, Boutoulier, Heins, Bélier, en date des 10 et 11 août 1898.)

Je puis me dispenser de préciser la cause, la raison d'être, le mobile de tant de faux témoignages et de faux, crimes qualifiés.

LE COMPLOT CONTRE LA JUSTICE

I

5 mars 1899.

Je plaindrais celui, fût-il, selon un affreux vocable, le plus passionné des « dreyfusards », qui ne lirait pas, sans une amère tristesse, la première partie de la déposition d'Esterhazy devant la chambre criminelle.

Qu'Esterhazy, auteur d'une abominable trahison, se sachant découvert, menacé d'aller prendre à l'île du Diable la place de l'innocent qui avait été condamné pour son propre forfait, que ce bandit, sentant sur lui la main de la justice, ait usé de tout pour sauver sa peau : rien de plus simple, rien de plus naturel.

Mais que toute cette longue série de mensonges, de faux, de guet-apens, dont quelques-unes ressemblent à des tentatives de meurtre, soit l'œuvre de l'État-Major général du ministère de la guerre ; que cet affreux complot pour tromper la justice, le gouvernement de la République et la France elle-même, ait été organisé par l'un des plus hauts chefs de l'armée ; que ce grand chef ait employé, pendant des mois et des mois, des officiers à une si odieuse besogne que le traître lui-même, y jouant le rôle qui lui est assigné, finit par ne plus apparaître que comme un comparse; que cet État-Major après avoir intimidé, par les moyens habituels aux maîtres chanteurs, le ministre de la guerre et le chef de l'État lui-même, ait tenu jusqu'au bout, jusqu'à l'accident imprévu qui a tout démoli, le pacte conclu avec un misérable dont le crime lui était connu : un tel ensemble dépasse tout ce que l'imagination la plus violente a pu rêver. Ah! vous pouvez relire aujourd'hui, pauvres dupes d'un patriotisme de café-concert! et la lettre de Zola et tous ceux de nos articles qui vous ont le plus indignés; ils vous paraîtront décolorés et pâles auprès des révélations du bandit qui, selon la bonne règle, avant de confesser son propre crime, confesse quelques-uns des crimes de ses complices!

Sur l'exactitude des faits, aucun doute n'est possible. Non point, évidemment, parce que le directeur du journal anglais, le *Daily Chronicle*, qui les publie, a pris la précaution d'en faire attester judiciairement la sincérité par Esterhazy. On sait ce que vaut la parole de ce forban. Mais parce que, d'une part, Esterhazy appuie toutes ses révélations de preuves matérielles, qui ne sont point contestables; et que, d'autre part, l'aveu *conforme* des principaux acteurs de ce drame a été recueilli, qu'il est et qu'il reste acquis à la justice.

Je n'ai pas le cœur, aujourd'hui, de rechercher, le Code en mains, quels sont ceux de ces actes qui tombent sous le coup de la loi pénale; ce que je sais, en revanche, c'est que, pour les auteurs d'un pareil complot contre la Justice, il n'existe pas de flétrissure assez sévère, de châtiment moral qui ne soit inférieur au crime.

Voici le résumé de cette confession ; je n'ajoute, aux faits révélés par Esterhazy, que le rappel des circonstances où ils se sont accomplis.

II

Esterhazy était à la campagne, au mois d'octobre 1897, quand une lettre, signée *Espérance*, d'une écriture contrefaite, l'avise de l'orage qui se forme sur sa tête et l'appelle à Paris. Cette lettre lui avait été adressée du ministère de la guerre.

Comment le ministre de la guerre avait-il été informé ? Rien de plus simple. Dès que Scheurer-Kestner, le 13 juillet 1897, avait acquis la certitude que le capitaine Dreyfus avait été injustement condamné, il avait annoncé à ses amis son intention de poursuivre, par tous les moyens en son pouvoir, la réparation de cette atroce erreur judiciaire. Le général Billot, alors ministre de la guerre, en fut averti. Intact et pur de toute compromission au moment où il avait reçu, dans le cabinet Méline, le portefeuille de la défense nationale, le général Billot était entré depuis près d'un an, depuis l'envoi du colonel Picquart en mission, dans l'inextricable engrenage des complicités entre Esterhazy et les auteurs de la condamnation de Dreyfus. Il pensa aussitôt qu'il était de son intérêt de détourner son vieil ami Scheurer de son honorable projet. Il lui envoya à cet effet, en Alsace, où Scheurer-Kestner passait ses vacances, des communications répétées. Scheurer ne se laissa pas ébranler. Et Scheurer n'eut pas plutôt renvoyé, avec un refus formel, le dernier émissaire de Billot, que l'État-Major appela Esterhazy à Paris.

Première trahison de l'État-Major. Boisdeffre n'a pu apprendre que de son ministre les intentions obstinées de Scheurer. Aussitôt, Du Paty de Clam, Henry et Gribelin se mettent, par ordre, en campagne.

On savait déjà, par la lettre du diplomate de Berne (*Siècle* du 4 avril 1898), et par le récit de Casella, qu'Esterhazy, averti à Dommartin, était revenu à Paris, qu'il avait fait part de ses angoisses à sa maîtresse et qu'il avait fait alors auprès du colonel Schwarzkoppen, la démarche menaçante où, le revolver au poing, il avait sommé l'attaché militaire allemand d'aller déclarer à Mme Dreyfus que son mari était coupable. Schwarzkoppen avait durement renvoyé Esterhazy. Puis, quelques heures plus tard, Esterhazy était revenu chez Schwarzkoppen, le visage joyeux. Il avait été, disait-il, au rendez-vous que lui avaient donné, pour le même jour, deux officiers, dont un major. Ces officiers lui avaient promis la haute protection des personnages les plus influents du ministère. Il était, désormais, sans crainte.

C'est à ce rendez-vous, au parc de Montsouris, que commence le récit d'Esterhazy qui passe, naturellement sous silence, sa visite chez Schwarzkoppen à la même date.

Donc, Esterhazy était allé au parc de Montsouris où un fiacre n'avait point tardé à amener trois personnes. L'une resta dans la voiture; deux en descendirent, dont l'une cachée sous d'épais vêtements et l'autre ornée d'une fausse barbe; c'était Gribelin et Du Paty. Celui-ci le met sommairement au courant des faits, lui déclare qu'il a des protecteurs très puissants qui le couvriront, qui ne laisseront même pas prononcer son nom. Il lui enjoint en même temps de ne pas quitter Paris et de se rendre tous les soirs, à cinq heures, au Cercle militaire, où il recevra des instructions.

Et, désormais, pendant plusieurs jours, Esterhazy se rencontre régulièrement, soit dans un lieu, soit dans un autre, tantôt avec Du Paty, qui s'est fait connaître et à qui il promet « d'obéir en tout et pour tout », tantôt avec Henry qu'il connaissait, est-il besoin de le rappeler? depuis pas mal d'années et qui lui renouvelle l'ordre d'obéir, d'une manière absolue, aux instructions « que Du Paty serait chargé de lui transmettre ».

« Je répondis à Henry, raconte Esterhazy, qu'il savait de longue date de quelle manière j'obéissais et qu'il pouvait compter sur moi. » — Notez ces paroles ; elles sont grosses, évidemment, de révélations futures. — Plus loin, Esterhazy raconte qu'il avait exprimé à Henry son désir de voir Boisdeffre et qu'Henry lui répondit « qu'il ne fallait pas que le chef d'État-Major général fût engagé, parce que cela lui permettait de rester en réserve et d'entrer en ligne le moment venu ».

« Je compris, ajoute significativement le Uhlan, ce que cela voulait dire. »

III

Dès lors, Esterhazy se conforme strictement aux instructions de Du Paty et d'Henry. Le 23, Du Paty lui remet le texte d'une lettre à copier, mot pour mot, à l'adresse du ministre de la guerre. C'est la fameuse lettre où, après avoir raconté l'invraisemblable histoire du manuscrit d'Eupatoria, Esterhazy menace Billot, s'il ne fait point le nécessaire, de jeter son gant à la face de l'empereur d'Allemagne. Le lendemain, Du

Paty lui demande, *de la part du général Gonse*, de rechercher les moyens de continuer les relations sans qu'elles soient continuellement directes. « J'eus la sottise, dit ici Esterhazy, de faire allusion à mon cousin Christian, sur lequel je croyais stupidement pouvoir compter. » Mais Christian était à Bordeaux. On se contentera, en attendant qu'on le puisse faire venir, de Mlle Pays, qui fut officiellement agréée par le général Gonse et qui, désormais, se rencontrera, deux fois par jour, « avec une dame du monde », chargée des instructions de son mari.

Et l'on pourrait supposer jusqu'ici, on le voudrait du moins, que Du Paty, Henry, Gribelin et même Gonse agissent à l'insu du chef d'État-Major général. Mais quelques jours, à peine, après l'envoi de la lettre du 23 octobre au général Billot, Du Paty déclare ceci à Esterhazy : « Nous croyions tous que le ministre allait remettre de suite votre lettre au général de Boisdeffre ; mais il n'a rien remis du tout ; il va, suivant son habitude, la garder plusieurs jours. Par suite, l'action du général de Boisdeffre est paralysée ; le général ne peut rien faire tant qu'il n'est pas saisi officiellement. Il est décidé que vous allez lui écrire directement ; cela va lui permettre d'intervenir. »

Et Du Paty dicte à Esterhazy cette nouvelle lettre, et Boisdeffre le fait immédiatement informer qu'il a reçu cette lettre et que le ministre, enfin, lui a remis celle qui lui avait été adressée !

Puis, c'est Henry qui rentre en scène. « Il me dit, continue Esterhazy, que, *malgré les efforts du général de Boisdeffre*, cela ne marchait pas ; que le ministre, pris par ses amitiés, ses intérêts avec Scheurer-Kestner, Reinach et autres, n'osait pas se décider à aller de l'avant. Il faut donc leur mettre la baïonnette dans le derrière et écrire au Président de la République ; c'est le parti auquel on s'est arrêté. »

Alors, Du Paty dicte à Esterhazy une première lettre, à la date du 29 octobre, au Président de la République. « Elle était conçue en termes violents. » Et comme l'infortuné Félix Faure ne se décide pas tout de suite à capituler devant les amis de la *Libre Parole*, Du Paty dicte et Esterhazy écrit deux nouvelles lettres, plus violentes encore, au Président.

Ces lettres qu'Esterhazy ne fait qu'analyser, mais qui doivent exister quelque part et qu'il faudra retrouver, sont d'un effroyable cynisme. Esterhazy, sous la dictée de Du Paty, lequel agit par ordre de Gonse et de Boisdeffre, y menace Félix Faure d'une pièce secrète dont la révélation amènerait les conséquences les plus désastreuses et qui, dérobée à l'Etat-Major, serait entre ses mains. C'est le document libérateur, et Esterhazy fait observer qu'à la date où il en menaçait le chef de l'État, il ne l'avait pas encore reçu de ses protecteurs : « Je connaissais ce document, dit Esterhazy, mais quand on me fit dire que je l'avais en ma possession, c'était inexact. » Ce n'est que plus tard que Du Paty le remettra à Esterhazy, dans des conditions convenues d'avance ; Esterhazy le retourna alors au ministère de la guerre et, aussitôt, *par ordre*, le général de Torcy, au nom du ministre, lui en accusera réception par une pièce officielle dont le Uhlan reproduit le texte.

Cependant le Président de la République a pris peur ; c'est Henry qui en vient informer joyeusement Esterhazy. Hanotaux, lui aussi, s'est ému. « C'est à l'initiative personnelle de M. Faure qu'est due une première mesure pour empêcher Picquart de revenir de Tunisie. »

Entre temps, « on avait dit à Esterhazy de feindre

d'être allé en Angleterre » et Du Paty lui avait remis, pour paraître dans la *Libre Parole*, l'article signé *Dixi*. « Le 14 novembre, dit Esterhazy, je le portai chez M. Drumont qui voulut bien accepter de le publier dans le numéro du lendemain, et deux jours après, M. Mathieu Dreyfus faisait sa dénonciation contre moi. » On s'assura, d'autre part, le concours de l'*Intransigeant* par la démarche de M. Pauffin de Saint-Morel, chef du cabinet du général de Boisdeffre.

Alors commence l'enquête Pellieux, « l'enquête scélérate », a écrit Zola, et combien scélérate, en effet! Tous les jours, le général de Pellieux est appelé au ministère de la guerre, pour y conférer avec Gonse et Boisdeffre. Et, tous les jours, Esterhazy est tenu au courant de ce qui se passe au cours de l'enquête, informé de ce qu'il doit dire : tous les jours, il reçoit des avis verbaux ou écrits. Il doit détruire tous ces avis écrits et il le fait, dit-il, en réalité. Seulement, Mlle Pays, elle, se méfie. Elle en a gardé quelques-uns « à l'insu » de son amant. Esterhazy en publie un qui émane de Du Paty. Le cousin de Cavaignac y prévient Esterhazy de ce qu'il dira, étant cité comme témoin, au général de Pellieux. La note se termine par cette phrase étrange : « On pourra prouver que le Roumain ne vous a rien remis ». Quel Roumain? Et c'est toujours du général de Boisdeffre qu'émanent les ordres auxquels Esterhazy obéit sans discuter.

IV

Vers la fin de l'enquête, c'est le général de Pellieux qui donne à Esterhazy l'ordre de demander, dans une lettre héroïque, à n'être pas lavé d'une infâme accusation par un simple non lieu, à passer devant un conseil de guerre. « Le texte en fut soumis au général de Pellieux et corrigé par lui avant d'être remis à la presse. » — Cette belle collaboration se place, il n'est pas inutile de le rappeler, au lendemain même de la publication des lettres à Mme de Boulancy par le *Figaro*. — Esterhazy se plaint d'ailleurs que le brouillon de cette demande, avec les corrections de M. de Pellieux, ne lui ait pas été rendu par M. Bertulus.

Puis, il en va de l'instruction Ravary comme de l'enquête de Pellieux. « Tous les jours, écrit Esterhazy, les résultats de l'instruction étaient communiqués au ministre qui était tenu ainsi, jour par jour, au courant, et, dans la soirée, j'étais prévenu et recevais les instructions en conséquence. » Une fois, pour un fait qui n'était pas bien présent à sa mémoire, Esterhazy dit au rapporteur, à l'excellent Ravary, « quelque chose qui n'avait pas été convenu ». Le soir même, il fut vivement rappelé à l'ordre.

Au procès Zola, c'est Tézenas, avocat d'Esterhazy, « qui dirige toute l'affaire pour le compte du ministère. C'était chez lui que le colonel Thévenet, chef du cabinet particulier de M. le général Billot, que M. Wattine, son gendre, — et substitut du procureur de la République, — venaient se concerter dans des entrevues constantes. » La célèbre déclaration du général de Boisdeffre, affirmant l'authenticité du faux Henry, menaçant les jurés, s'ils ne condamnaient pas Zola, de la démission de tout l'État-Major, c'est Tézenas qui l'a rédigée.

Esterhazy eût voulu déposer au procès Zola. Le général de Pellieux lui donne l'ordre de se taire, de ne répondre à aucune question. Il eût voulu intenter de fructueux procès au *Figaro*, à Mathieu Dreyfus. L'autorisation lui en est officiellement accordée, mais, en même temps, il est invité à n'en rien faire.

En revanche, après le procès Zola, Esterhazy est *invité* à provoquer le colonel Picquart. Il faut citer textuellement : « Le général Gonse le dit à Me Tézenas; M. le général de Pellieux me le dit à moi-même : le colonel Henry me dit que tout le monde au ministère l'entendait ainsi. » Et c'est Henry qui se met en quête de témoins pour Esterhazy, qui lui laisse, à cet égard, des instructions écrites qui sont au dossier de M. Bertulus. Et Henry réfère de tout à Gonse qui donne rendez-vous à Esterhazy. Et Boisdeffre...

Et je me reporte, par la pensée, à la séance du 4 décembre 1897, à la lettre affichée dans les couloirs du Palais-Bourbon, où M. le général de Boisdeffre affirmait sur l'honneur « qu'il n'avait jamais vu ni connu Esterhazy, qu'il ne lui avait jamais fait ou fait faire la moindre communication »; à l'impérieux discours de M. le comte de Mun : « Je demande que M. le ministre de la guerre parle afin que nous ne soyons pas réduits à voir le chef de l'État-Major général de l'armée obligé de sortir de sa réserve militaire pour faire afficher à la porte de nos séances un démenti contre ceux qui l'accusent de pactiser avec des hommes accusés de trahison! » — et à l'enthousiasme de la Chambre, acclamant à la fois de Mun et Boisdeffre, nous flétrissant, nous autres, entraînant Méline et Billot, dans un remous de folie furieuse, à la remorque de l'État-Major.

Vous en souvient-il, monsieur le comte de Mun? Qu'en dites-vous aujourd'hui? Surtout, comment vous expliquez-vous à vous-même ce pacte de l'État-Major et d'Esterhazy?

L'ESTIME DU UHLAN

6 mars 1899.

Les dépositions d'Esterhazy devant la Cour de cassation, dans les audiences du 24 et du 30 janvier 1899, fournissent, sur son camarade et ami Henry, de nouveaux renseignements d'une importance capitale.

Le Uhlan professe pour Henry la plus grande, la plus flatteuse estime : « C'était, dit-il, un officier excellent, sous tous les rapports, d'une discipline et d'un dévouement absolus. » Un pareil certificat, dans la bouche d'Esterhazy, a son prix. Il le connaissait « depuis plus de vingt ans ». De 1878 à 1880, ils avaient appartenu ensemble, raconte Esterhazy, au service des renseignements.

« Nous avions ainsi vécu côte à côte pendant long-

temps et nous ne nous étions jamais perdus de vue. »
Cela, on le savait.

Or, Esterhazy déclare d'abord qu'il n'a jamais eu, en ce qui le concerne, le moindre doute sur la valeur de la fameuse pièce à laquelle le nom d'Henry restera attaché. Cette pièce, dont M. Cavaignac devait déclarer solennellement à la tribune, « qu'il en avait pesé l'authenticité matérielle et l'authenticité morale », Esterhazy, lui, doué d'un sens critique plus pénétrant que celui de l'ancien ministre de la guerre, l'a toujours tenue pour un faux. « Ne fût-ce, dit-il, que par sa rédaction, elle ne pouvait résister à un examen sérieux. »

Il y a des scélérats stupides, il y en a d'intelligents : Esterhazy appartient à la deuxième catégorie.

Il sait, d'ailleurs, et il raconte par le menu comment le faux Henry a été fabriqué :

On avait, dit-il, au service des renseignements, des lettres sans importance, ayant l'origine qu'on voulait attribuer à ce document et écrites sur un papier particulier.

L'agent secret qui apportait les lettres ou les pièces venant de cette source les apportait toujours déchirées en menus morceaux et comme prises dans un panier à papiers. On prit donc une de ces lettres, ou mieux les morceaux d'une de ces lettres, on en mit de côté pour composer la pièce nouvelle, l'en-tête, la signature et quelques mots, puis, sur des bouts de papier pris dans les blancs d'une autre lettre de la même origine, on écrivit, en imitant l'écriture, ce qu'on voulait mettre.

On colla ensuite sur une feuille tous ces bouts de papier soi-disant provenant de la corbeille à papiers de l'agent étranger et on eut ainsi une lettre qui paraissait être reconstituée par le rapprochement et le recollement de morceaux de papier déchirés ayant composé la dite lettre.

Comment Esterhazy est-il au courant de tous ces détails? Il serait curieux de le savoir; il ne le dit pas. On remarquera d'ailleurs qu'Esterhazy ne dit point : « Henry prit une de ces lettres... Henry colla ensuite... » Mais il se sert, lui, d'ordinaire si précis, du mot le plus vague de la langue française : « On prit... On colla... » Cela, en fait, ne prouve rien : c'est, en tout cas, très intentionnel.

Voici, d'autre part, ce qui est d'une gravité extrême : cette connaissance qu'il a du faux Henry, Esterhazy ne la garde point pour lui. Il s'en explique, au contraire, très publiquement. Cette pièce où Dreyfus est nommé en toutes lettres, qui doit accabler sans rémission le prisonnier de l'île du Diable et, par conséquent, sauver Esterhazy, dont Billot menaça Scheurer comme d'un coup de massue, que Cavaignac fera afficher sur les murailles des trente-six mille communes de France, le Uhlan, lui, supplie qu'on ne s'en serve pas; il prévoit que le faux finira par éclater, qu'il se retournera alors, terriblement, contre lui. Il avertit donc ses amis, ses protecteurs, et les met en garde. Au procès Zola, il dit au général de Pellieux, lui démontre, que la pièce est un faux. Il le dit à M. de Boisandré, de la *Libre Parole*, à M⁰ Tézenas, à M⁰ Jeanmaire, à d'autres encore qu'il ne nomme pas. Le bruit de ces propos d'Esterhazy arrive à l'État-Major, au général de Boisdeffre. « Le 1ᵉʳ avril, sur l'invitation de M. le général de Boisdeffre, raconte Esterhazy, M. le colonel Du Paty de Clam me donna, le soir, un rendez-vous. Nous y eûmes une longue conversation dans laquelle je lui parlai de l'inauthenticité de ce document. » Il n'est pas possible que Du Paty n'ait point rapporté cette conversation à Boisdeffre. Et Esterhazy revient à la charge; il prévient, une fois de plus, M. de Pellieux.

Esterhazy s'en est-il expliqué avec Henry lui-même?

Il ne le dit pas, et cette omission est, évidemment, voulue.

Donc, quand Boisdeffre et Gonse remirent à Cavaignac, leur ministre, la pièce Henry comme la preuve irréfutable de la culpabilité de Dreyfus, ils avaient été avertis qu'elle était un faux. Le colonel Picquart l'avait déjà dit, en 1896, et encore au procès Zola ; et M⁰ Labori, et Clemenceau, et moi-même qui écrivais ici, le jour où elle fut produite pour la première fois par le général de Pellieux, « qu'elle puait le faux ». Cette fois-ci, c'est *le principal intéressé* qui les avise. Et ils font la sourde oreille. Ils affirment à Cavaignac, escomptant non sans audace son imbécillité, que le document est authentique.

Alors quoi ? Malgré tant d'avertissements, malgré les circonstances si violemment suspectes où était arrivée la pièce, malgré l'évidence même, Boisdeffre se serait obstiné à croire à l'authenticité du document pour cette raison qu'Henry l'affirmait et qu'il avait en lui « une confiance absolue » !

Cela est bien étrange, bien invraisemblable ; mais possible, après tout. Esterhazy, en tous cas, ne le croit pas ; Esterhazy croit et dit que « Boisdeffre et Gonse savaient toute la vérité, qu'ils ne pouvaient pas ne pas la savoir. » Quelle vérité ? Que la pièce était un faux ? Dès lors, Boisdeffre et Gonse n'auraient pas été trompés par Henry ; ils auraient été ses complices ; ils auraient, de concert avec ce faussaire, trompé Billot, Pellieux, Ravary, Luxer, les jurés du procès Zola, Méline, Brisson, Cavaignac, la justice militaire et la justice civile, le gouvernement de la République et la Chambre !

Cela serait effroyable, horrible au delà de toute expression. Et il convient d'en douter jusqu'à preuve absolue du contraire. Mais le fait est que « l'homme de l'État-Major », le « cher commandant » de M. de Pellieux, le forban qu'embrassa le prince Henri d'Orléans, qu'Esterhazy le dit en propres termes. Voici comment il s'exprime sur l'interrogatoire d'Henry par Cavaignac, en présence de Boisdeffre et de Roget :

Dénoncé par des chefs qui, depuis le commencement, *savaient toute la vérité, — ils ne pouvaient pas ne pas la savoir!* — et dans lesquels il avait toute confiance, *sur l'appui desquels il se croyait en droit absolu de compter,* dont le devoir impérieux était de le couvrir, le malheureux a senti tout s'effondrer autour de lui, et devant cet abandon imprévu et abominable, il n'a pu dire en sortant du cabinet du ministre que ces mots qu'on n'a pas osé nier : « Les misérables! Ce sont eux qui m'ont perdu! »

Et Esterhazy ne s'en tient pas là. Tout lui est suspect dans ce drame, et le procès-verbal de l'interrogatoire, que Cavaignac et Roget ont négligé de faire signer par Henry, et le suicide même de son ami :

Alors, écrit-il, qu'arrêté pour un acte criminel, on aurait dû, aux termes mêmes de la loi, l'écrouer à la prison du Cherche-Midi, voisine du ministère de la guerre, c'est au Mont-Valérien, fort éloigné, où ne doivent être menés que les officiers punis d'arrêts de forteresse, c'est-à-dire de peines disciplinaires, qu'on le conduit. *La raison de cette dérogation à la loi est simple. A la prison du Cherche-Midi, dépendant de la justice militaire, l'écroué eût été au secret, ou, en tous cas, il eût été difficile de pénétrer auprès de lui. Il n'en était pas de même au Mont-Valérien.*

Ainsi l'homme de l'État-Major accuse l'État-Major d'avoir fait assassiner Henry, détenteur de ses secrets! Et ce n'est pas à nous qu'il faut dire ce que vaut la parole de ce misérable quand elle n'est point appuyée par des preuves tangibles, matérielles. Mais quel châtiment, venant de là, que cette accusation!

II

On a vu qu'Esterhazy, comme Mercier et tous les souscripteurs de la *Libre Parole*, a conservé toute son affectueuse estime à Henry, qu'il le tient « pour un officier excellent sous tous les rapports ». Cependant, il se sépare de lui sur un point, dont l'importance est considérable.

Esterhazy, dans sa lettre du 18 janvier 1899 au premier président Mazeau, a avoué ses longues relations avec Schwarzkoppen. Il était, dit-il, un agent du contre-espionnage. Les documents qu'il remettait au colonel prussien, qu'il se faisait payer par lui à beaux deniers comptants, c'était des pièces fausses ou destinées à tromper le représentant de l'Empereur d'Allemagne. Il opérait, selon son récit, d'accord avec Sandherr et selon ses instructions.

Or, comme le général Mercier a déclaré formellement que c'est là un mensonge d'Esterhazy et que le Uhlan n'a jamais appartenu au contre-espionnage, les conseillers de la chambre criminelle invitèrent le témoin à donner des preuves de son affirmation. Si Esterhazy fournit ces preuves, c'est Mercier qui a menti. Si Esterhazy ne les fournit pas, il se condamne lui-même par l'aveu de ses relations avec Schwarzkoppen, il se reconnaît lui-même traître et espion.

Or, Esterhazy ne fournit aucune preuve. Il se borne à affirmer, ce qui ne vaut pas grand'chose, qu'il a fait sa déclaration sous la foi du serment, qu'il a dit la vérité, que rien ne le forçait à la dire, même à y faire la moindre allusion. « Mais, ajoute-t-il, mes chefs savent à quoi s'en tenir, c'est à eux de parler. »

Un conseiller insiste : « Vous avez les preuves de ce que vous avez dit ? — Je ne veux pas dire autre chose, répond Esterhazy. — Le témoin ne me comprend pas, riposte le conseiller ; il ne s'agit pas de le forcer à produire des preuves ; je lui demande seulement s'il les possède. »

Sur quoi Esterhazy : « Je répète que j'ai dit la vérité. J'affirme que je possède de ce que j'ai dit *des preuves que j'estime décisives*, que mes conseils jugent de même. Mais je ne veux pas les produire aujourd'hui. »

Il faut donc attendre qu'il les produise. Seulement, voici ce qu'il ajoute, et cela, avec une préméditation calculée, grosse de menaces :

Lors de l'interrogatoire que lui fit subir M. Cavaignac, qu'on ne pouvait soupçonner de la moindre bienveillance à mon égard, le colonel Henry déclara qu'il m'avait vu une fois au moins apporter des documents au colonel Sandherr. Ces documents, je ne les avais évidemment pas trouvés dans les quatre fers d'un chien.

Cette déclaration confirme donc bien la mission que je tenais de Sandherr et sur laquelle Henry aurait dû être bien plus explicite, car il connaissait les services considérables que j'avais rendus à Sandherr et à mon pays.

Je dis : *Aurait dû être*, et je vais compléter ma pensée, et je dis : *A dû être*. Cet interrogatoire est plus qu'étrange ! On a trouvé moyen de ne pas le faire signer, et, sans commentaires pour aujourd'hui, je ferai remarquer que le colonel Henry disparaissait le jour, au moment même qu'on me frappait et où on cherchait à me faire disparaître moi-même.

Ainsi, Esterhazy prétend qu'Henry *aurait dû* et, même, *a dû* être beaucoup plus explicite sur ce prétendu service de contre-espionnage dont il aurait été chargé par feu Sandherr. « Henry, dit-il, connaissait les services considérables que lui, Esterhazy, avait rendus à Sandherr et à son pays. » Et, dès lors, de deux choses l'une : Ou c'est Esterhazy qui dit la vérité, et Henry aurait été associé par Sandherr à ce bizarre contre-espionnage, inconnu du ministre de la guerre, organisé clandestinement par un simple chef de bureau. Ou c'est Mercier dont il faut tenir le démenti pour bon, et Esterhazy resterait sous le coup de l'aveu qu'il a fait spontanément de ses relations avec Schwarzkoppen, et Henry y resterait avec lui.

Je note, pour mémoire, que j'ai signalé, dans un précédent article, les étranges et suspectes modifications que le général Roget, dans sa déposition devant la commission Mazeau, a fait précisément subir à ce passage capital du procès-verbal des aveux d'Henry.

III

En tous cas, une chose est évidente : c'est qu'Esterhazy, l'homme de l'État-Major, tient par un document inquiétant Boisdeffre, qui devient, selon l'expression de Jaurès, l'homme d'Esterhazy. Ici, Esterhazy doit être cru, car il produit, à l'appui de son dire, le texte et le fac-similé de l'un des documents les plus honteux, les plus abominables qui aient encore paru dans cette sinistre histoire.

Esterhazy raconte, en effet, qu'au mois d'août dernier, quand il parut, par ordre de Cavaignac, — « Robespierre-Gribouille », comme il l'appelle, ou « Machiavel-Jocrisse », — devant le conseil d'enquête, il y annonça, dès la première séance, « qu'il produirait un document établissant ses relations avec l'État-Major général et où était cité le nom du général de Boisdeffre ».

C'est à ce document qu'il faisait allusion dans la fameuse dépêche en clair à M° Tézenas, qui a été produite, le 29 octobre 1898, par M° Mornard, devant la Cour de cassation, (« Partie liée, devant être perdue ou gagnée ensemble »).

Or, à la veille de la deuxième séance du conseil d'enquête, le 26 août 1898, Esterhazy reçut une lettre de l'officier rapporteur, M. le colonel Kerdrain, qui lui « indiquait » que son conseil, M° Tézenas, ne serait entendu *qu'à la condition expresse de remettre préalablement au général président le document en question*, c'est-à-dire la note où était nommé Boisdeffre et qui émanait de Du Paty.

Mais Esterhazy refusa de remettre le document; il consentit seulement à en donner lecture et à en montrer la photographie ; c'est la fameuse note *aux deux écritures*.

Le prudent bandit appprécie ainsi cet incident, qui ressemble si étrangement à un hideux marché, le colonel Kerdrain n'étant d'ailleurs coupable que de l'avoir proposé par ordre de quelque grand chef :

Si je m'étais dessaisi de ce document, dit Esterhazy dans sa déposition, *je ne sais pas ce qui serait advenu de ma mise en réforme; mais je sais bien que je ne pourrais m'en servir, — et c'est ce que voulait M. Cavaignac, — pour établir devant vous, par sa production, que les officiers de l'Etat-Major de l'armée et le général de Boisdeffre qui y est nommé se considéraient comme tenus de me défendre contre les monstrueuses accusations de Picquart, ce qui, si j'avais été coupable à un degré quelconque, en faisait mes complices, hypothèse contre laquelle j'ai à peine besoin de protester.*

Cavaignac croyait qu'Esterhazy avait, selon son

expression, « les ongles rognés ». Esterhazy lui prouve qu'ici encore ce niais solennel se trompe ; il remet à la Cour de cassation le fac-similé photographique de la lettre du colonel Kerdrain :

GOUVERNEMENT MILITAIRE DE PARIS

5ᵉ *Corps d'armée,* 9ᵉ *Division.*
17ᵉ *Brigade,* 82ᵉ *Régiment d'infanterie.*

Paris, le 26 août 1898.

*Le colonel Kerdrain, Rapporteur du conseil d'enquête,
à Monsieur le commandant Walsin-Esterhazy, Paris.*

Mon cher commandant,

Je viens d'être informé par M. le général Florentin, président du conseil d'enquête, que la prochaine séance aura lieu demain samedi 27 août, à 3 heures précises, à la caserne du Château-d'Eau.

Le général désire savoir si la pièce réclamée à Mᵉ Tézenas sera remise avant ou après la séance.

Dans tous les cas, Mᵉ Tézenas ne sera admis à déposer qu'en remettant ladite pièce au président du conseil.

Je vous prie de vouloir bien fixer directement, et aujourd'hui encore, le général sur ces deux points.

KERDRAIN.

Les mots soulignés le sont par le colonel Kerdrain lui-même.

Et cela se passait en la 28ᵉ année de la troisième République, M. Cavaignac étant ministre de la guerre, M. de Boisdeffre chef d'État-Major général et M. le général Roget chef du cabinet du ministre !

Quelle honte ! quelle tristesse !

LA GENÈSE D'UN CRIME

7 mars 1899.

Ce crime, c'est l'accusation dirigée contre le colonel Picquart d'avoir fabriqué ou falsifié le *petit bleu*, accusation mensongère, et plus bête encore, s'il est possible, que scélérate.

Quelques dates, les faits, un peu de psychologie élémentaire, suffiront à établir la genèse et le développement d'une machination qui fera l'étonnement de l'histoire.

I

Le *petit bleu*, adressé par le colonel de Schwarzkoppen à Esterhazy, dérobé par l'un des agents secrets du ministère de la guerre, arrive, au 2ᵉ bureau, à la fin de mars ou dans les premiers jours d'avril 1896. (*Enquête Tavernier.*)

Il fait partie d'un lot de papiers déchirés, renfermés dans un cornet, que le colonel Picquart remet au capitaine Lauth, en l'absence du colonel (alors commandant) Henry. La mère d'Henry venait de mourir (28 mars 1896). Lauth reconstitue le *petit bleu*. En l'apportant à Picquart, il lui dit : « C'est inouï ; y en aurait-il encore un ? » C'est-à-dire : y aurait-il un autre traître ?

A ce moment aucun soupçon sur l'authenticité du document, sur le lieu d'où il vient : il a été apporté par le même agent que le bordereau.

Picquart conserve le *petit bleu* dans son tiroir, pendant quelques jours ; il charge alors le capitaine Lauth de le photographier. S'il avait eu de mauvais desseins, il se serait adressé, selon les errements de Sandherr, à un photographe civil. Comme une photographie est plus claire quand les traces de déchirures n'y apparaissent pas, il recommande à Lauth, après les premiers essais, de faire disparaître ces traces sur les épreuves qu'il tirera de la pièce. (*Instruction Fabre, déposition de Lauth.*)

Lauth se met à l'œuvre, obtient des résultats insuffisants. Il demande l'autorisation, qui lui est accordée, de s'adjoindre pour son travail le capitaine Iunck, plus versé que lui dans la pratique de la photographie. (*Note Zurlinden du 14 septembre 1898.*)

A la même époque (avril 1896), Picquart charge un agent de surveiller Esterhazy. Cet agent remet une note de police, à la date du 17 avril. Picquart se renseigne sur Esterhazy auprès d'un officier de son régiment, le commandant Curé. Curé « croit bien » que c'est fin avril. Picquart est persuadé que c'est plus tôt.

Le détail d'ailleurs importe peu ; il est, en effet, établi, sans conteste, que Picquart a entretenu Curé d'Esterhazy, au mois d'avril, et que le rapport de l'agent est daté du même mois.

Picquart s'est exprimé en ces termes, au procès Zola (t. 1, p. 283), sur sa conversation avec le commandant Curé : « Un agent, dépose-t-il, avait dit qu'un officier, — je ne sais plus si c'est un officier supérieur ou un chef de bataillon, je ne veux pas préciser, n'étant pas tout à fait sûr, — mettons que ce soit un officier supérieur, lequel était âgé d'environ cinquante ans, — fournissait à une puissance étrangère tels et tels documents. Or, *tels et tels documents* étaient précisément ceux dont m'avait parlé le camarade auquel je m'étais adressé, lorsque j'avais découvert la carte-télégramme. »

II

Cependant Henry est revenu au 2ᵉ bureau ; il apprend que le colonel Picquart a saisi une carte-télégramme à l'adresse d'Esterhazy ; aussitôt commence sa campagne d'insinuations, de réticences, de demi-soupçons qui aboutira, deux ans après, à l'accusation formelle, catégorique, de faux.

C'est, dans toute sa beauté, le procédé classique de la calomnie : « D'abord un bruit léger rasant le sol comme une hirondelle avant l'orage ; telle bouche le recueille, et, *piano, piano*, vous le glisse en l'oreille, adroitement ; le mal est fait : il germe, il rampe, il chemine, et *rinforzando*, de bouche en bouche, il va le diable ; puis, tout à coup, on ne sait comment, vous voyez la calomnie se dresser, siffler, s'enfler, grandir à vue d'œil ; elle s'élance, étend son vol, tourbillonne, enveloppe, arrache, entraîne, éclate et tonne, et devient un cri général, un *crescendo* public, un chorus universel de haine et de proscription. »

Tel, ici comme ailleurs, le *crescendo* de la calomnie, et en voici l'origine première, le bruit léger rasant le sol : « La conversation entre Henry, Lauth, Junck et Gribelin roulait sur l'enquête Esterhazy ; à un moment donné, le colonel Henry dit à peu près ceci : « Son *petit bleu* n'a pas de valeur, il n'a pas été envoyé, il n'a pas le cachet de la poste. » (*Déposition Gribelin*).

Et c'est le germe déposé dans l'oreille de Lauth, de Gribelin, le germe qui ne cessera pas de grandir. Et tout y contribuera, l'intérêt personnel, la passion, la haine, la peur, bientôt, de déplaire aux grands chefs qui veulent accabler Picquart, la suggestion, tantôt volontaire, tantôt involontaire, qui a si vite fait de transformer, en de certains esprits, un propos ou une simple hypothèse en un fait réel. On croit ce qu'on veut croire, ce qu'on trouve avantageux de croire soi-même ou d'accréditer.

Prenez, l'une après l'autre, les dépositions de Lauth, de Gribelin et de Junck, dans les enquêtes successives, soit sur les déchirures que Picquart, pour avoir des épreuves plus nettes, avait voulu supprimer sur les clichés photographiques et qui vont devenir des gouffres de perversité, soit surtout sur la légende du cachet que Picquart aurait voulu apposer sur le *petit bleu*. L'invention est niaise, puisque le timbre de la poste aurait enlevé sa principale valeur à la carte-télégramme ; la légende eût dû tomber d'elle-même, puisque le chef du bureau des renseignements a dit à ses supérieurs, à Boisdeffre comme à Gonse, et de l'aveu même de ceux-ci, que le *petit bleu* venait de la même source que le bordereau. Or, les dépositions des officiers du bureau n'ont pas cessé de se préciser ; plus ils s'éloignent des événements, plus leurs souvenirs deviennent rigoureux. Ce que Junck a, par exemple, entendu dire à Gribelin, il finit par l'avoir entendu lui-même. — Il a passé, dans l'intervalle, du 2ᵉ bureau au cabinet du général Roget et de Cavaignac. — Lauth avoue, au procès Zola, qu'il lui a fallu plus d'un an pour se persuader que le *petit bleu* a été introduit par Picquart dans le cornet. Que s'est-il passé ? Quand il a reconstitué le *petit bleu*, il ne connaissait pas Esterhazy, ne lui portait aucun intérêt. Mais, plus tard, il entrevoit que le crime d'Esterhazy, s'il est établi, c'est la revision du procès de Dreyfus. Or, il a lié partie, depuis longtemps, avec Henry ; il jalouse Picquart ; il avait, longtemps avant le procès de 1894, une haine violente contre Dreyfus.

Pour Henry, le cas est tout autre. S'il est l'âme du complot qui se forme contre Picquart, c'est pour d'autres raisons. Et voici une remarque importante. Il est établi aujourd'hui, incontesté, qu'Henry et Esterhazy ont été des amis, des camarades de vingt ans. Quand donc Henry apprend que Picquart soupçonne Esterhazy d'être un espion et un traître, il serait naturel qu'il dise à son chef : « Vous faites erreur, vous vous méprenez : je connais Esterhazy, j'en réponds. » Les attestations solennelles qu'il prodiguera, quelques mois plus tard, en l'honneur d'Esterhazy, voici le vrai moment de les produire, avant que n'éclate le scandale et que le nom de son ami ne soit flétri. Or, il n'en fait rien et, bien au contraire, garde à l'égard de Picquart la plus scrupuleuse réserve. Il craint, avec sa finesse de paysan, qu'un mot de lui, à l'excuse ou en faveur d'Esterhazy, n'éveille d'autres soupçons. Il se tait. Pas un mot, pas un geste, devant Picquart, qui puisse le faire douter de son dévouement. C'est derrière son dos qu'il travaille, excitant les camarades, puis, plus tard, les grands chefs eux-mêmes. Après le départ de Picquart, c'est-à-dire après l'arrivée de la fausse pièce Panizzardi-

Schwarzkoppen qu'il a fabriquée et qui a convaincu Billot, et pendant les premiers temps de sa mission, il entretient encore avec lui une correspondance amicale, s'occupe de son cheval, de ses petites affaires. Il ne se démasque, dans une lettre provocatrice, qu'au dernier moment, quand il a fini de dresser ses batteries.

III

Picquart a poursuivi son enquête. Il a demandé à Gribelin le dossier Dreyfus. Il a constaté l'identité entre l'écriture d'Esterhazy et celle du bordereau. Alors, sûr de tenir la vérité, il avertit le ministre de la guerre; il avait déjà avisé Boisdeffre (5 août 1896) de ses soupçons au sujet d'Esterhazy.

Et l'authenticité du *petit bleu* ne fait encore doute pour personne. Cette carte-télégramme a une histoire si nette, si claire, si simple, que ni Billot, ni Gonse, ni Boisdeffre lui-même ne songent, fût-ce un instant, à en contester, soit l'origine, soit l'inquiétante adresse. Les objections qui vont être faites à Picquart ne portent que sur l'attribution du bordereau à Dreyfus. C'est parce qu'il s'obstine à ne pas vouloir laisser un innocent au bagne, à refuser de descendre au tombeau avec un pareil secret, c'est pour cela, du moins en apparence, qu'il est écarté, disgracié, envoyé en Afrique. Mais le *petit bleu* reste insoupçonné. On le croit si terriblement authentique qu'on refuse de faire usage de la signature qu'il révèle pour tendre à Esterhazy un piège où il serait certainement tombé, se perdant du premier coup.

Seulement, ici encore, une remarque s'impose :

Esterhazy prétend qu'il a été un agent secret de Sandherr, l'un des chefs du contre-espionnage. Henry, dit-il, le savait et, aussi, ses chefs, qui ne peuvent être ici que Gonse et Boisdeffre. Admettons, quelque étrange que cela soit, que les chefs de l'État-Major aient laissé dans l'ignorance d'un fait aussi grave leurs ministres successifs, Mercier, Zurlinden, Cavaignac, Billot. Mais voici le chef du bureau des renseignements qui découvre la preuve de la trahison d'Esterhazy. Et ni Henry, qui savait, au dire d'Esterhazy, que Sandherr l'avait employé, ni Boisdeffre qui aurait continué à l'employer, n'arrêtent Picquart, au premier mot, par la révélation du genre de services que l'État-Major aurait reçus, depuis deux ans, de l'homme que ce naïf croit avoir surpris en flagrant délit de trahison, de ce chef de bataillon, chevalier de la Légion d'honneur, porteur d'un grand nom historique, dont ils auraient fait un espion. A qui donc, sinon au chef du 2ᵉ bureau, cette révélation devait-elle être faite? Quand donc, sinon alors, aurait-elle dû être faite sous le sceau du secret professionnel? Or, Boisdeffre, après Henry, n'en dit rien. Donc, Esterhazy a menti. Donc, il n'a point fait partie du contre-espionnage. Donc, en avouant ses relations avec Schwarzkoppen, il s'est condamné lui-même.

IV

Et l'affaire Dreyfus éclate, et le *petit bleu* continue à être tenu, pendant plus de six mois, pour authentique, du moins officiellement. L'accusation de faux, en effet, n'ose encore que se produire avec toutes sortes de restrictions, et comme pour tâter le terrain. C'est Lauth, au procès Zola, qui insinue que Picquart a bien pu introduire cette pièce dans le cornet. Et, avant Lauth, c'est l'auteur des fameux télégrammes *Blanche* et *Speranza* qui a essayé d'intimider Picquart, c'est Du Paty qui, d'une part, écrit dans la *Libre Parole* l'article *Dixi* et, de l'autre, télégraphie à Tunis : « On a des preuves que Georges a fabriqué le *petit bleu*. »

Grave imprudence, d'ailleurs, que ce mensonge qui prend, par les dernières révélations, une importance singulière. Le *petit bleu*, en effet, à l'heure où ces télégrammes ont été expédiés, où Drumont publie l'article de Du Paty, n'est plus intact. Il l'était quand Lauth l'a photographié, ainsi qu'en témoignent les photographies. Il l'était encore quand Picquart, à son départ en mission, l'a remis à Henry. Et maintenant, à l'enquête Pellieux, il ne l'est plus. Quand Pellieux le montre à Picquart, il semble à celui-ci que « l'écriture lui en avait paru autrefois plus homogène ». Que s'est-il donc passé pendant le temps que le *petit bleu* a été confié à la garde exclusive d'Henry et de Gribelin ? Le grattage a été opéré, mal opéré il est vrai, de manière à laisser apparaître, sous le nouveau nom d'Esterhazy récrit, avec une encre fraîche, par le faussaire, la première adresse, originale, authentique. Mais, quoi qu'il en soit, la fraude a été tentée. Et voilà pourquoi quelqu'un a pu télégraphier « qu'on a des preuves que Georges avait fabriqué le *petit bleu* » !

Toujours le même système : accuser les autres de ses propres méfaits !

Seulement, parce que ceux qui ont opéré le grattage ont conscience de l'insuccès de leur maladroite tentative, parce qu'ils savent, mieux encore que tous les autres, que la pièce est authentique, ils n'osent pas lancer ouvertement l'accusation de faux. Ils en avaient eu cependant plus d'une occasion. Ils avaient tenu Picquart, entre leurs griffes, à dix reprises. Billot l'avait traduit devant un conseil d'enquête pour des fautes imaginaires. Cavaignac l'avait jeté en prison pour ces mêmes fautes qui étaient devenues subitement des crimes. Pourquoi n'ont-ils pas glissé, dans le tas des accusations scélérates ou ineptes, celle d'avoir fabriqué le *petit bleu* ?

Rien ne permet de dire que Gonse ait été consulté par Henry, quand ce gardien du *petit bleu* lui fit subir l'opération du grattage. Ce crime a dû être commis à son insu. Cependant il n'est pas moins certain que le jour où, nouveau venu dans l'affaire, le général Roget signala à Gonse, au mois de mai 1898, les grattages relevés sur le *petit bleu*, Gonse n'en voulut rien entendre; il chercha à écarter Roget de cette voie pleine de périls. Il savait donc que l'auteur du grattage n'était point Picquart, que c'était un autre qui l'avait fait ! Il le savait comme Esterhazy savait que la pièce Pellieux-Cavaignac était un faux du même Henry.

Alors, pour que l'abominable accusation puisse être lancée, il faut qu'Henry, au préalable, ait avoué le plus illustre de ses faux, qu'il ait entraîné dans sa perte et Boisdeffre et Gonse, et que ces grands chefs aient été remplacés par d'autres qui, pour être imbus du même esprit de haine contre l'œuvre de vérité, étaient bien moins renseignés qu'eux sur les actes des défenseurs de l'Iniquité. Ces hommes nouveaux ne voient qu'une chose, aussi stupides en cela que criminels : l'opportunité d'opposer au faux avoué d'Henry le faux présumé de Picquart. C'est le système des compensations. Et voilà Picquart au Cherche-Midi.

C'est tout cet édifice de mensonges et de calomnies qui vient de s'écrouler sur la tête de ses auteurs.

DEUX AMIS

19 mars 1899.

Le *Matin*, depuis deux jours, publiait le procès-verbal d'une longue conversation que l'un de ses rédacteurs déclarait avoir eue, à Londres, avec Esterhazy. Ces imprécations d'Esterhazy n'étant appuyées d'aucun document, d'aucune pièce, ces canailles d'intellectuels n'y avaient attaché aucune importance. Rochefort, au contraire, et Drumont s'étaient repris d'une tendre sympathie pour le Uhlan. Il aurait, en effet, affirmé de nouveau au rédacteur du *Matin* que Dreyfus était l'auteur du bordereau et Picquart celui du *petit bleu*.

Sur quoi, dépêche d'Esterhazy : « Londres, 7 heures soir. Proteste contre interview mensongère. »

On s'en doutait ; M. Ribon — c'est le rédacteur du *Matin* — a noté, certainement, avec beaucoup d'exactitude, les propos d'Esterhazy. Ce sont ces propos mêmes qui sont, pour la plupart, mensongers.

Il y avait toutefois un passage, un seul, de cette *interview* qui n'était pas dénué de tout intérêt, bien qu'il ne fit que confirmer d'autres « aveux ». C'est la réponse qu'Esterhazy aurait faite à cette question : « Vos relations avec Henry dataient de loin? — De très loin, aurait dit le Uhlan, depuis notre commune entrée au service des renseignements. Nous étions très liés et *nous n'avions rien de caché l'un pour l'autre, rien!* »

On peut négliger l'éloge funèbre d'Henry par Esterhazy. « Un vrai soldat, Henry! incapable de la moindre pensée basse et de toute action déshonnête! » Les faux avérés et les parjures, cela s'appelle, dans la langue d'Esterhazy et de Drumont, de belles actions. Il ne s'agit que de s'entendre sur la définition des mots. On peut, de même, n'attacher qu'un intérêt très relatif à la protestation réitérée qu'Henry ne se serait pas suicidé, qu'il aurait été assassiné. Mais cette phrase : « Henry et moi, nous n'avions rien de caché l'un pour l'autre ! » était significative. Il serait dommage qu'elle n'eût pas été prononcée. Esterhazy a déjà dit, sans doute, et écrit l'équivalent. Il existe d'autres preuves encore, plus décisives, que ces deux amis ou associés se disaient tout. Pourtant, on aimerait à savoir si ce propos a été tenu tel que le rapporte le rédacteur du *Matin*.

La *Libre Parole* paraît s'être réconciliée, après une petite querelle d'amoureux, avec son cher commandant. M. de Boisandré devrait lui demander d'écrire, pour la *Libre Parole*, le récit — mensonger ou véridique, on le débrouillera, — de ses rapports avec Henry.

DU PATY, HENRY ET ESTERHAZY

I

2 avril 1899.

De M. Paul de Cassagnac, dans l'*Autorité* : « QUELLE HIDEUSE COMPLICITÉ LIAIT DONC CET ESTERHAZY AUX MINISTRES BILLOT ET MERCIER? » — Ces deux ministres ont eu le même chef, le même sous-chef d'État-Major, Boisdeffre et Gonse. — « Le rôle de Du Paty de Clam est plus que louche; il est plein de cyniques réticences, de sous-entendus compromettants. On se demande, avec effroi, *quelle affreuse besogne* fut donc la sienne. » Et, un peu plus loin : « Si le ministre de la guerre faisait son devoir, Du Paty de Clam serait arrêté ce soir même. » — Le ministère Dupuy nous en a réduits là, à regretter que M. de Cassagnac ne soit pas, au moins pour une journée, ministre de la guerre. Car, je le répète, on aurait pu croire à un *lapsus* de ma part : ces citations, qu'on vient de lire, ne sont ni de Ranc, ni de Jaurès, ni d'Yves Guyot, ni de Clemenceau, ni de Mirbeau, ni de Pressensé, ni même de *Junius*. C'est à

l'*Autorité* que je les emprunte ; elles sont signées de
M. Paul de Cassagnac.

II

Il y a une gradation bien curieuse, très éloquente,
entre les deux dépositions de Du Paty, celles des 24 et
25 août 1898 devant le conseil d'enquête, celles des 12
et 13 janvier 1899 devant la Cour de cassation.

Dans la première, il ne sait trop que dire, pris à la
gorge à la fois par les serments qu'il veut tenir et les
parjures qu'il craint de dévoiler, cherchant à concilier
les inconciliables, à ne mécontenter ni Cavaignac, qui
est surtout un imbécile, ni Boisdeffre. Il hésite, il refuse
de s'expliquer devant Esterhazy ; quand il n'a rien dit,
il balbutie qu'il a dit tout ce qu'il avait à dire ; il n'ose
dire au grand Uhlan national, au « cher commandant »
de M. de Pellieux, encore tout chaud des embrassades
du prince Henri d'Orléans, au bon patriote de lupanar,
ni qu'il en a menti, ni qu'il n'a allégué que la vérité ; il
retire, avec précipitation, le peu qui lui a échappé ; il
termine en offrant à Esterhazy son témoignage personnel « qui est tout à son honneur » ; — la caution
est bourgeoise ; — le monocle à l'œil et la main sur le
côté gauche de son dolman, il atteste que « rien de la
part d'Esterhazy » — associé d'une proxénète — « ne
mérite la flétrissure de la réforme ».

Dans la seconde, au contraire, — malgré les promesses qu'il a faites au ministère de la guerre et malgré
celles que lui a faites l'État-Major, — il se dégage un
peu du marais limoneux où il s'est embourbé. Il
ment encore, à plusieurs reprises, et de façon outra-

geante. Mais il commence à pratiquer, non encore sans quelque maladresse, le grand art d'Esterhazy qui est de faire de la vérité un moyen de chantage. C'est, pour un balzacien, la plus intéressante des lectures.

Il commence par se couvrir en déclarant que « tous ses actes ont été connus de ses supérieurs hiérarchiques ». Cela me paraît, comme à M. de Cassagnac, vraisemblable. Il confirme, en bloc, la confession partielle d'Esterhazy. Il est bien allé, « avec des conserves et une barbe noire », au rendez-vous du parc de Montsouris. Mais il prend bien soin d'affirmer que ce n'est que sur les ordres de Gonse, lequel, apparemment, avait pris ceux de Boisdeffre. Il a tantôt écrit lui-même les canevas des lettres de menaces et des articles d'Esterhazy, tantôt revu et corrigé ces mémorables documents. Il allègue, cependant, que les phrases les plus infâmes des lettres à Félix Faure ont été écrites à son insu. Ainsi, il n'a connu qu'après coup l'appel « à mon chef de blason, au suzerain de la famille Esterhazy, à l'Empereur d'Allemagne ». De même le couplet sur le document libérateur, « qui est un danger pour mon pays parce que sa publication, avec le fac-similé de l'écriture, forcera la France à s'humilier ou à faire la guerre ». C'est en ces termes, en effet, qu'écrivait au Président de la République le collaborateur de la *Libre Parole*, l'associé de la tenancière du quartier Saint-Lazare. Et ce misérable Félix Faure, qui savait que Dreyfus est innocent, tremblait dans sa peau devant ces rodomontades d'un bravache de mauvais lieu.

Mais, surtout, Du Paty nie formellement qu'il ait remis le document libérateur à Esterhazy et qu'il soit l'auteur des télégrammes « Blanche » et « Speranza ».

III

Et ce qui n'est pas le moins curieux, c'est tantôt l'âpreté hautaine de grand seigneur, tantôt la souplesse de littérateur décadent, avec lesquelles il charge Henry et se dégage de toute compromission trop intime avec cet homme de basse extraction. Il ne l'a admis qu'une fois, — il a tenu à le préciser, — qu'une seule fois à sa table de marquis. En dehors de cette unique invitation, Henry n'est venu chez Du Paty que pour affaires de service. Mme Henry n'a jamais été *priée* par la marquise.

Du Paty commence par établir que les fonctions d'officier de police judiciaire dans l'affaire Dreyfus lui ont été, en 1894, *imposées* par Boisdeffre. Voir la lettre de Boisdeffre à Cavaignac sur l'absolue confiance qu'il avait dans le colonel Henry.

Un témoin a attesté, dans une des séances précédentes de la Cour, le 30 décembre 1898, que « c'est Du Paty qui, à l'insu de ses chefs, a fait connaître à la presse » — à la *Libre Parole* — « l'arrestation de Dreyfus, tenue cachée par le gouvernement pendant quinze jours. Du Paty a voulu ainsi forcer la main au gouvernement et avoir son procès ». Et Du Paty proteste que c'est un roman, que ce n'est pas lui qui a commis cette trahison. Mais, si ce n'est pas lui, c'est donc Henry.

J'insiste sur cet incident. On m'a apporté, un jour, la copie de la lettre suivante qui a été reçue, à la veille de la révélation de l'affaire Dreyfus, par un rédacteur de la *Libre Parole* :

Mon cher ami,

Je vous l'avais bien dit : C'est le capitaine Dreyfus, celui qui habite 6, avenue du Trocadéro, qui a été arrêté le 15 (octobre) pour espionnage, et qui est en prison au Cherche-Midi.

On dit qu'il est en voyage, mais c'est un mensonge parce qu'on veut étouffer l'affaire. Tout Israël est en mouvement.

A vous,

Henry.

Faites compléter ma petite enquête au plus vite.

Faut-il faire observer que « Tout Israël est en mouvement » est un mensonge d'une belle impudence? A la date où se place ce billet, Mme Dreyfus était seule à connaître l'arrestation du capitaine Dreyfus. Mais il s'agissait de gratter le rédacteur de la *Libre Parole* au bon endroit, de hâter la révélation qui empêcherait le général Mercier de ne pas commettre un crime et déchaînerait l'horrible tempête pour perdre un innocent et sauver les vrais coupables.

Or, cette lettre, — dont, encore une fois, je n'ai qu'une copie — les amis d'Henry prétendent qu'elle est un faux, qu'elle serait l'œuvre de Du Paty. — Henry victime d'un faux, cela s'appelait, naguère, un comble. — Pourtant, un jour ou l'autre, il faudra que l'on s'explique sur cette lettre, que l'on sache quel en est l'auteur, que des experts autres que « cet idiot de Belhomme », comme disait le tenancier Esterhazy, l'examinent et se prononcent. Henry ou Du Paty?

IV

Voilà donc un premier « désaccord », selon une formule de Delegorgue, entre Henry et Du Paty. En voici un autre. Le capitaine Cuignet a déposé, devant la Cour de cassation, que Du Paty aurait été le complice d'Henry dans la fabrication du faux dont Cavaignac avait si bien pesé l'authenticité matérielle et l'authenticité morale. Or, Du Paty déclare que cette pièce lui a inspiré, dès l'abord, les plus graves soupçons ; qu'il a fait part de ses doutes au général Gonse, lors du procès Zola, et en présence d'Henry ; qu'Henry, aussitôt, lui a tendu des pièges et des embûches, et que Cavaignac, enfin, mais après son discours, a été prémuni par lui, Du Paty, contre cette pièce qu'on affichait, à la même heure, sur les murs des 36,000 communes de France.

Et, sans doute, on a déjà vu, et dans l'affaire Dreyfus, des complices se dénoncer l'un et l'autre. Cette contradiction flagrante entre Cuignet et Du Paty vaut, cependant, qu'on l'examine de près. Qu'en dit Gonse ? Qu'en pense Boisdeffre ?

V

Autre conflit : Du Paty affirme, une fois de plus, qu'il n'est ni l'auteur ni l'inspirateur des fameuses dépêches « Blanche » et « Speranza ». Et c'est un grand menteur devant l'Eternel que Du Paty, un des fourbes les plus audacieux de ce drame. Et l'on a dit et redit, imprimé cent fois, que l'écriture de l'une, au moins, de ces dépêches ressemble singulièrement à une écriture que Du Paty connaît. Mais, enfin, de qui avons-nous su, ou cru savoir, que ces dépêches émanaient de Du Paty? C'est Esterhazy et Mlle Pays qui l'ont dit à Christian Esterhazy. Notre déduction, à nous, logique, invincible, nous avait amené à cette seule conclusion formelle que ces dépêches, attribuées par la *Libre Parole*, avant même que Picquart ne les ait reçues, soit à une amie du colonel, soit à Scheurer-Kestner, étaient l'œuvre de quelque faussaire de l'État-Major, complice ou protecteur du Uhlan. Cela, c'est l'évidence. Cela, c'est acquis. Mais voilà tout. Et il n'est pas moins manifeste que Du Paty, accusé par Esterhazy, et Henry, accusé, avec des réticences, par Du Paty d'être l'auteur de ces deux faux, étaient également capables de ce crime.

VI

Même conflit dans l'affaire du document libérateur, remis mystérieusement à Esterhazy, restitué par lui au général Billot. Que ce document, avec lequel Esterhazy faisait chanter Félix Faure, ait été restitué par lui à Billot, cela ne fait pas de doute. Nous avons le fac-similé de la lettre par laquelle, au nom du ministre de la guerre, le général de Torcy accusait réception de ce document au bandit qu'il eût dû faire coffrer de ce seul fait. Il est daté du 16 novembre 1897, écrit sur papier officiel du ministère de la guerre, ainsi conçu :
« Commandant, j'ai l'honneur de vous accuser réception de votre lettre du 14 novembre par laquelle vous

m'avez fait parvenir la photographie d'une pièce qui vous aurait été remise par une femme inconnue, comme provenant du ministère de la guerre. P. O. *Le chef de cabinet*, TONCY. » Mais que disent, du document lui-même, Esterhazy et Du Paty?

« Esterhazy, dit Du Paty dans sa déposition, n'a jamais eu de document secret entre ses mains ; les enquêtes Pellieux et Ravary ont montré qu'il ignorait le contenu du document dit libérateur. »

Et sur ce premier point, Du Paty et Esterhazy sont à peu près d'accord :

« La première lettre, dit Esterhazy dans sa déposition, que j'avais écrite au Président de la République, étant demeurée sans réponse, *on* me fit écrire la seconde dans laquelle *on* me faisait faire allusion au document libérateur. Je connaissais ce document, mais quand on me fit dire que je l'avais en ma possession, c'était inexact. »

Donc, Esterhazy et Du Paty conviennent, l'un et l'autre, qu'au moment où furent écrites les lettres de chantage à Félix Faure, le Uhlan n'était même pas détenteur du document dont il menaçait le Président de la République. Seulement, Esterhazy prétend l'avoir eu plus tard entre les mains, — et Du Paty affirme qu'il ne l'a jamais eu, — en avoir connu le contenu, — et Du Paty le nie.

Mais qui a restitué le document au ministre de la guerre?

Esterhazy prétend, dans sa déposition, que c'est lui :

« Je ferai, a-t-il dit, remarquer à la Cour que, le 31 octobre (1897), j'annonce au gouvernement que je suis en possession d'un document secret dont la garde est confiée à l'État-Major, dont l'un des sous-chefs d'État-

Major et, par extension, le chef d'État-Major, sont personnellement responsables ; que, pendant quinze jours, je me prétends détenteur de ce document dont on me fait jouer, et qu'aucune démarche sérieuse n'est faite pour contrôler mes dires, et que, *quand enfin on me le fait adresser au ministre*, c'est pour m'en délivrer un reçu rédigé de façon à confirmer mes dires. »

Qui est cet « On » ? Esterhazy ne l'a point dit à la Cour de cassation. Mais il avait raconté, précédemment, à Christian que c'était Du Paty. Je cite textuellement :

« Enfin le colonel Du Paty s'exécute. L'entrevue a lieu, le soir, à une heure assez avancée. Les trois personnes (Du Paty, Esterhazy, Mlle Pays) sont là. Le colonel tend un pli à Esterhazy. Il lui en dit le contenu, mais lui défend de l'ouvrir et l'invite à le porter de ce pas au ministère de la guerre. C'est ce que fait Esterhazy. Il prend congé du colonel et de Mlle Pays, et se rend en voiture rue Saint-Dominique. Il était trop tard. La porte était fermée, le concierge couché. Le commandant jette dans la boîte aux lettres du ministère le document qui fut remis le lendemain aux officiers, puis il rentre rue de Douai. Le commandant a ignoré le texte exact de cette pièce, car, à l'interrogation du général de Pellieux, il n'a pu répondre par quelle phrase il débutait. » (Interview de Christian Esterhazy, *Siècle* du 6 août 1898).

On remarquera que cette dernière allégation de Christian, qui semble toujours un narrateur très fidèle, confirme l'assertion de Du Paty sur ce fait qu'Esterhazy aurait ignoré le contenu *exact* du document. Mais tout le reste du récit est démenti formellement par Du Paty qui s'exprime ainsi : « Esterhazy n'est pas venu au ministère le matin où ce document a été apporté au cabinet du ministre. » — Esterhazy prétend l'avoir remis la veille au ministère. — « J'ignore, conclut Du Paty, qui y a apporté ce document. »

Plus loin, il insiste avec une aggravation : « Personne, dit-il, n'a jamais remis le document à Esterhazy. » — Alors, ce serait une comédie supplémentaire, la comédie dans la comédie, la restitution, au nom d'Esterhazy, puisque c'est à lui que réception en est accusée, d'un document qu'il n'aurait jamais eu entre les mains, dont il aurait seulement joué ! — « Esterhazy, continue du Paty, n'a rapporté aucun document au ministère ; j'ignore le nom de la personne qui a apporté ce document au cabinet du ministre. »

Et je comprends fort bien l'intérêt qu'a Du Paty à nier qu'il ait joué un rôle dans cet épisode. Seulement le fait même des promenades nocturnes du document libérateur est constant. Si Du Paty n'a pas été la dame voilée, c'est un autre qui l'a été. Au surplus, le document, qui était confié à la garde d'Henry, n'a pu sortir du ministère sans la complicité d'Henry.

Enfin, en ce qui concerne les fameux articles de l'*Eclair*, au mois de septembre 1896, Du Paty affirme qu'il n'en est pas l'auteur ; il se trouvait alors, dit-il, aux manœuvres, dans la Charente. Et, si ce n'est pas lui, c'est donc, encore, Henry.

VII

Ainsi, d'une part, Du Paty accumule contre Henry les insinuations les moins déguisées, et, de l'autre, Esterhazy a chargé systématiquement Du Paty, l'a mis incessamment en scène, pendant qu'il accable, au contraire, de son estime et de ses regrets, Henry pour lequel il n'avait, dit-il, rien de caché et qui, de même, n'avait rien de caché pour lui.

Une dernière remarque : Esterhazy ne nomme pas Henry comme étant l'un des trois officiers qu'il rencontra au parc Montsouris ; il ne nomme que Du Paty. Mais Du Paty, qui avoue être allé au rendez-vous du 20 octobre 1897, nomme, expressément, et Gribelin et Henry.

En résumé, Du Paty ne perd pas une occasion de compromettre Henry, à tort ou à raison ; Esterhazy, lui, ne parle d'Henry que pour louer ses vaillantes qualités, mais il donne, partout et toujours, la première place à Du Paty.

A lire le récit d'Esterhazy, c'est Du Paty qui a été le grand metteur en scène. Du Paty, lui, dépose en ces termes : « Lorsque l'affaire Esterhazy a été sur le point d'éclater, on a établi une sorte de résumé des préliminaires de cette affaire au service des renseignements. C'est le colonel Henry, je crois, qui a fait ce résumé. »

VIII

L'on n'attend pas de moi que j'essaye de départager ces malandrins aux prises : le premier qui est l'auteur du bordereau, les deux autres, ce mort qui sort du tombeau et ce vivant plus mort que vif, qui l'ont fait attribuer à l'infortuné Dreyfus. J'expose seulement la querelle. Dans ce drame extraordinaire, c'est encore une scène shakespearienne que celle-là. Et elle ne fait que commencer.

LA « LIBRE PAROLE » HENRY ET ESTERHAZY

4 avril 1899.

I

J'ai publié, avant-hier, le texte de la lettre par laquelle le colonel Henry livrait à un rédacteur de la *Libre Parole* le nom du capitaine Dreyfus, alors que le ministre de la guerre tenait encore cachée son arrestation et afin de forcer la main au gouvernement. Je reproduis ce texte :

> *Mon cher ami,*
>
> *Je vous l'avais bien dit : C'est le capitaine Dreyfus, celui qui habite 6, avenue du Trocadéro, qui a été arrêté le 15 (octobre) pour espionnage, et qui est en prison au Cherche-Midi.*
>
> *On dit qu'il est en voyage, mais c'est un mensonge parce qu'on veut étouffer l'affaire. Tout Israël est en mouvement.*
>
> *A vous,*
>
> HENRY.
>
> *Faites compléter ma petite enquête au plus vite.*

J'écrivais que je n'avais en main qu'une copie de cette lettre. Je ne nommais pas le rédacteur de la *Libre Parole* auquel elle était adressée. J'ajoutais qu'il m'avait été rapporté que certains amis d'Henry traitaient cette lettre de faux et l'attribuaient à Du Paty, qui aurait contrefait l'écriture d'Henry. Du Paty, accusé devant la Cour de cassation, sinon d'avoir écrit cette lettre, du moins d'avoir fait connaître à la presse l'arrestation de Dreyfus « pour avoir son procès », avait protesté que c'était une calomnie et un roman.

Le rédacteur de la *Libre Parole* s'est nommé hier ; c'est M. Papillaud. Il a gardé l'original de la lettre qui est exactement conforme à la copie ; il en reproduit le texte dans son journal ; il déclare avoir reçu cette lettre le 28 octobre 1894.

« Pour une fois, écrit M. Papillaud, pour une fois, Joseph Reinach n'a pas commis de faux. » Je remercie de cette appréciation le panégyriste ordinaire du colonel Henry. J'étais certain qu'il ne pourrait pas démentir l'exactitude de la lettre que j'ai publiée. « Je l'ai montrée, écrit-il, à tous ceux qui voulaient la voir. » Je savais cela.

M. Papillaud ne conteste pas que la lettre soit l'œuvre d'Henry ; il ne le reconnaît pas non plus. Il est, visiblement, très embarrassé, tiraillé entre les récits qu'il a faits, précédemment, de l'incident, et l'attitude actuelle de Drumont qui, très nettement, dans le même numéro de la *Libre Parole*, hier matin, prend parti pour Du Paty : « L'État-Major, écrit Drumont, a cherché à défendre Esterhazy. Dans ces négociations, Du Paty apparaît *comme le type admirable du soldat*. On lui dit : « Par le flanc droit ! » il va à droite ; on lui dit : « Par le flanc gauche ! » il va à gauche. On lui dit : « Marche ! » il marche ; on lui dit : « Halte ! » il s'arrête. »

Il est tout naturel que Drumont, qui a eu pour collaborateur et client M. le commandant Esterhazy, associé d'une proxénète, trouve que Du Paty est « le type admirable du soldat ». Observez, d'ailleurs, avec quelle habileté il met en cause les chefs, les grands chefs, à qui Du Paty n'a fait qu'obéir. Toutes les turpitudes de Du Paty, ses faux, ses parjures, ses déguisements ignobles, les lettres immondes de chantage qu'il a dictées à Esterhazy, les mensonges et les calomnies de l'article *Dixi*, les fausses dépêches, la collusion, tout cela, Du Paty l'a fait par ordre. On lui a dit : « Par le flanc droit ! » Qui, *on* ? Gonse et Boisdeffre. Je ne suis point fâché de l'entendre proclamer par Drumont.

Donc, Papillaud, lui, est fort gêné. Il n'ose plus accuser Du Paty d'avoir fabriqué la lettre que j'ai publiée, qu'il a reconnue exacte. D'autre part, si cette lettre n'est pas un faux de Du Paty, elle est nécessairement l'œuvre d'Henry. C'est Henry qui a voulu « forcer ainsi la main au gouvernement et avoir son procès », Henry, l'ami intime d'Esterhazy, qui n'avait rien de caché pour le Uhlan, pour lequel ce commanditaire d'une maison de prostitution n'avait, lui non plus, rien de caché. Et pourquoi Henry a-t-il voulu forcer la main au ministre de la guerre, avoir son procès ?

Alors, Papillaud écrit ceci : « Cette lettre n'avait pour moi que la valeur d'une lettre anonyme, puisque je n'en connaissais pas le signataire. »

Quoi ! Papillaud ne connaissait pas celui qui lui écrivait : « Mon cher ami, je vous l'avais bien dit... », ce qui indique, ce semble, des relations antérieures et assez intimes, et qui signait : « A vous, *Henry* », ce qui indique aussi quelque cordialité. Cela est bizarre. Et cette lettre n'avait pour lui que la valeur d'une lettre anonyme ! Etrange, étrange !

D'autant plus étrange et d'autant plus bizarre que Papillaud, au lieu de jeter la lettre au panier, comme on fait d'ordinaire des lettres anonymes, en tire, bien au contraire, et aussitôt, profit pour son journal. Le soir même où, d'après lui, il a reçu cette lettre, il rédige la note suivante qui passe, le lendemain, lundi 29 octobre, dans la *Libre Parole* et qu'il a reproduite lui-même, hier, dans la même *Libre Parole* : « Est-il vrai que, récemment, une arrestation fort importante ait été opérée par ordre de l'autorité militaire? L'individu arrêté serait accusé d'espionnage. Si la nouvelle est vraie, pourquoi l'autorité militaire garde-t-elle un silence absolu? Une réponse s'impose. »

Donc, Papillaud n'accordait pas à la lettre signée « Henry » la valeur d'une lettre anonyme. Il tenait l'information qui lui parvenait pour si sérieuse qu'il se hâtait de « l'amorcer » dans son journal.

Et c'est tout, selon Papillaud. « Non seulement, écrit-il, je ne citais pas le nom de Dreyfus, mais je ne disais même pas que l'individu arrêté fût un juif. On peut prendre la collection de la *Libre Parole*. Dans le numéro du 29 octobre, on trouvera la note que je viens de reproduire, puis plus rien jusqu'au 1er novembre, alors que, le 31 octobre, l'*Eclair* racontait en détail l'arrestation de Dreyfus. »

J'en demande bien pardon à Papillaud, mais la mémoire lui fait défaut.

Il est bien curieux, d'abord, de voir que la *Libre Parole*, qui s'est tant vantée, et avec raison, pendant quatre années, d'avoir forcé la main au gouvernement dans l'affaire Dreyfus, décline aujourd'hui toute responsabilité et se fait apporter, à son tour, la cuvette de Ponce Pilate. Cela prouve, tout au moins, que les affaires vont mal. Mais j'ai suivi le conseil de Papillaud, j'ai pris la collection de la *Libre Parole* et j'ai le regret de constater qu'il ne rend pas à César ce qui est à César.

Il est exact, en effet, que l'*Eclair* du 31 octobre, au matin, et la *Patrie*, le soir, ont annoncé l'arrestation d'un officier pour espionnage. Mais l'*Eclair*, se référant à la note Papillaud, dans la *Libre Parole* du 29 octobre, disait seulement que cet officier n'était pas un officier supérieur; l'*Eclair* ne nommait pas Dreyfus. Et la *Patrie* ne le nommait pas davantage, tout en précisant qu'il s'agissait, d'après une version, d'un officier de la Triplice pris en flagrant délit, et, d'après une seconde d'un officier israélite.

Mais il est inexact que ce n'est pas la *Libre Parole* qui a nommé, la première, Dreyfus. J'ai sous les yeux, en écrivant ces lignes, le numéro de la *Libre Parole* du 1er novembre. La manchette, en caractères d'affiches, est ainsi rédigée : « Haute Trahison; arrestation de l'officier juif A. Dreyfus. »

Le rédacteur, qui signe cette fois « C¹ Z. » — est-ce Papillaud? est-ce le capitaine Biot? — reproduit, d'abord, les citations de l'*Eclair* et de la *Patrie* sur la mystérieuse affaire, puis une note de l'*Agence Havas* confirmant « l'arrestation *provisoire* d'un officier de l'armée française soupçonné d'avoir communiqué à des étrangers quelques documents peu importants, mais confidentiels ». Il raconte ensuite qu'il a reçu, la veille, confirmation « de ce crime inouï ». Son informateur lui a dit : « L'affaire sera étouffée parce que cet officier est juif. Cherchez parmi les Dreyfus, les Mayer et les Lévi, et vous trouverez. »

Et le rédacteur a cherché et a trouvé. « Nous savions, du reste, à quoi nous en tenir. » — Il le savait par la lettre d'Henry à laquelle Papillaud prétend aujourd'hui n'avoir attaché que la valeur d'une lettre anonyme. — « Nous nous étions rendus, poursuit-il, au domicile de l'officier. » — C'est le domicile qu'avait indiqué la lettre d'Henry, 6, avenue du Trocadéro. — « La concierge, surprise, nous répond, très troublée, que le capitaine Dreyfus demeure au deuxième au-dessus de l'entresol, qu'elle ignore s'il y a du monde. » — Point par point, Papillaud a donc suivi, en se faisant accompagner d'un témoin, les indications de la lettre d'Henry. — Il constate, ensuite, la présence d'un personnage qui semble appartenir à la police dans la loge du concierge. Il monte au domicile du capitaine. « Une jeune bonne, à l'accent alsacien très prononcé, nous reçoit et nous répond que le capitaine est absent, que madame dîne chez ses parents, rue..., etc. La pauvre fille est navrée, cela se voit. » Papillaud (ou Z...) remarque sur la table, dans le fumoir, un indicateur des chemins de fer : « Tout est en ordre et on sent que la police a passé par là ; il n'existe pas un seul papier sur la table qui devait servir de bureau de travail au capitaine. »

Papillaud n'insiste pas : « Nous comprenons combien notre mission est délicate. » En s'en allant, il aperçoit dans un coin de l'antichambre, « un de ces petits ballons de bébé dont la vue nous serre le cœur », — Je copie textuellement. — Et, le cœur ainsi serré, Papillaud s'en va causer avec Gauthier de Clagny qui lui dit : « Il n'est pas possible, d'après tous les Codes et toutes les lois, de condamner à mort un tel misérable. Nous avons pourtant une consolation ; c'est que ce n'est pas *un vrai Français* qui a commis un tel crime. »

Donc, la *Libre Parole* de 1894 prouve et suffirait, à elle seule, à prouver que la *Libre Parole* de 1899 ne dit pas la vérité. Papillaud s'est religieusement conformé aux indications d'Henry. C'est la *Libre Parole* qui, la première, a nommé Dreyfus « pour forcer la main au gouvernement ».

Voilà ce que constate la *Libre Parole* de 1894. Mais il y a plus encore. D'abord, cette visite au domicile du capitaine Dreyfus, Papillaud ne l'a pas faite au 31 octobre, veille du jour où parut l'article : « Arrestation de l'officier juif A. Dreyfus. » Il l'a faite dès le lundi, le lendemain même du jour où il a reçu la lettre d'Henry. C'est ce que raconte, en effet, la *Fronde* d'hier et ce qui pourra être certifié par d'autres témoins encore que Mme Yvonne Leclaire. « Dès le lendemain, écrit la *Fronde*, M. Papillaud se rendit, en compagnie du capitaine Biot, au domicile du capitaine Dreyfus. » Suit, dans la *Fronde*, un récit tout à fait conforme à celui de la *Libre Parole* du 1ᵉʳ novembre 1894, avec, en plus, ce détail : « Nos confrères se retirèrent en constatant que l'antichambre était garnie de drapeaux tricolores et de trophées d'armes, singulier luxe pour un traître. »

Aussitôt, « le jour même, continue la *Fronde*, M. Papillaud se rend au ministère de la guerre, où Henry fait quelques difficultés pour le recevoir ». Il le reçoit cependant. Papillaud lui montre la lettre qu'il a reçue, qui porte sa signature, dont les informations viennent d'être, par lui et le capitaine Biot, reconnues exactes. « La vue de cette lettre, dit la *Fronde*, eut l'air de causer à Henry une grande surprise. Il insista pour la garder, mais M. Papillaud, la jugeant intéressante, refusa l'original et ne laissa qu'une copie. »

Je suis certain que, jusqu'en ces derniers jours du moins, Papillaud ne s'est pas dessaisi de son document libérateur. Le jour de mon procès, à la Cour d'assises, il l'a montré à des confrères qui en pourront témoigner.

« Henry, raconte la *Fronde*, déclara vouloir procéder

à une enquête minutieuse, afin, disait-il, que l'auteur du faux fût connu. Bien entendu, l'affaire en resta là. »

Ai-je besoin d'insister sur les conséquences capitales de l'aveu de Papillaud et des révélations de la *Fronde*? Est-il nécessaire de démontrer que la lettre, arguée de faux par Henry, était certainement son œuvre? Et alors?

Les amis d'Henry disent aujourd'hui que la lette révélatrice est l'œuvre de Du Paty. Je crois avoir dénoncé, avec la même énergie, les crimes de Du Paty et ceux d'Henry. Il m'est donc fort indifférent que cette lettre soit l'œuvre de l'un ou de l'autre de ces malfaiteurs. Mais cela n'est pas indifférent à la justice, à la vérité. Il faut que Papillaud produise sa lettre, qu'elle soit communiquée à Du Paty, soumise à des experts autres que « cet idiot de Belhomme », comme disait Esterhazy. Si la lettre est reconnue comme étant de Du Paty, l'arrestation immédiate de ce « type admirable de soldat », selon Drumont, s'impose plus que jamais. Si la lettre est d'Henry, deux crimes de plus pèseront sur la mémoire de ce misérable : celui d'avoir, une fois de plus, trahi la confiance de ses chefs en avisant la *Libre Parole* d'une arrestation « provisoire » qui devait rester secrète ; celui d'avoir calomnié, ce qui paraissait impossible, Du Paty. De cette double accusation, il me sera permis, peut-être, de tirer alors quelques conclusions.

II

Après l'aveu forcé de Papillaud, l'aveu involontaire de Cavaignac. Nietsche avait imaginé le *Sur-homme*; voici le *Sur-imbécile*.

Je ne connais pas de monument de stupidité qui soit comparable à la déposition de Cavaignac devant la Cour de cassation. Impossible d'entasser, avec plus de sotte infatuation, plus d'âneries sur plus de mensonges. C'est une gageure. L'homme qui attestait solennellement, devant la Chambre, « qu'il avait pesé l'authenticité matérielle et l'authenticité morale » du faux Henry, et qui le faisait afficher sur les murs des trente-six mille communes de France, a réussi, ce qui tient du prodige, à se surpasser devant la Cour de cassation. La phrase est déjà universellement célèbre où, dans l'audience du 9 novembre 1898, il déclare, avec une inconscience d'aliéné, « qu'alors même qu'il lui serait démontré que le bordereau a été matériellement écrit par Esterhazy, il persisterait à juger impossible qu'Esterhazy ait écrit en parlant de lui : « Je pars en manœuvres », et qu'il soit l'auteur de l'acte de trahison ». Il n'y a point de pensionnaire de Charenton qui raisonnerait ainsi. Sa déposition était à peine publiée que M. Degouy lui offrait une lettre d'Esterhazy, datée du 20 mai 1894, où se trouve cette phrase : « Je vais partir demain en manœuvres. » Selon Cavaignac, Esterhazy ne parlait jamais que de « manœuvres *de cadres* ». Voilà donc Cavaignac pris, une fois de plus, en flagrant délit de niaiserie, et Esterhazy, une fois de plus, pris, grâce à Cavaignac, la main dans le sac, Esterhazy, convaincu par Cavaignac d'être l'auteur du bordereau. J'entends d'ici les hurlements du Uhlan « contre ce crétin », comme il l'appelle. Et « ce crétin » a été ministre de la marine et, deux fois, ministre de la guerre !

Et il n'y a pas quelque chose de plus stupéfiant dans l'audience suivante du 10 novembre 1898; mais ceci n'est pas moins beau :

Cavaignac analyse la première des pièces secrètes

du procès Dreyfus, la lettre de Schwarzkoppen qui paraît être de fin 1893 ou des premiers mois de 1894, pièce déchirée en morceaux et reconstituée. Le colonel Picquart, dans sa lettre à M. Sarrien, en avait donné, de mémoire, un texte incomplet. Cavaignac le donne plus complet : « Doute... Erreur... Lettre de service... Danger pour moi de relations avec un officier français... Ne pas conduire personnellement les négociations... Apporter ce qu'il a... Absolu... Bureau de renseignements... Aucunes relations... Corps de troupes... Importance seulement venant du ministère. »

Sauf ces mots : « Absolu... Bureau de renseignements... », dont il avait perdu le souvenir, Picquart avait interprété cette note avec sa netteté habituelle. « Le simple bon sens, écrit-il, dit que l'auteur de ces canevas avait reçu des propositions d'un individu se disant officier ; qu'il avait des doutes sur l'opportunité qu'il y avait à entrer en relations avec lui et qu'il s'agissait de quelqu'un qui était dans la troupe. »

Du Paty, au contraire, avait traduit comme suit : « Schwarzkoppen trouve qu'il n'y a pas d'intérêt à avoir des relations avec les officiers de troupes, il choisit un officier d'État-Major et le prend au ministère. » Donc, Dreyfus.

Naturellement, puisqu'elle est inepte et abominable, Cavaignac adopte l'interprétation de son cousin. Mais Du Paty a négligé de s'expliquer sur ces mots : « Absolu... Bureau des renseignements. » Voici comment Cavaignac traduit : « Il faut une discrétion absolue parce que le bureau des renseignements nous surveille. »

« On ne répond, disait Gambetta, à de pareils propos que par un médecin aliéniste. »

Je ne ferai donc pas l'injure à ceux qui me lisent de

discuter une aussi effroyable calembredaine. C'est l'évidence que l'interprétation de Picquart est la bonne, qu'il s'agit, dans la note de Schwarzkoppen, d'un officier de troupes qui offrait ses services et que l'attaché militaire prussien hésitait à s'engager avec Esterhazy, précisément « parce qu'il avait le physique de l'emploi ». Mais à supposer qu'un doute quelconque fût possible, quel trait de lumière que ces trois mots : « Bureau des renseignements ! »

Quoi ! Henry était alors employé au bureau des renseignements, sous Sandherr, — Henry, l'ami intime et fraternel d'Esterhazy, qui lui disait tout, et à qui Esterhazy disait tout, — et, dans cette note où Schwarzkoppen discute sur l'opportunité d'accepter les offres d'un officier de troupes, ces trois mots : « Bureau des renseignements », ne crieraient pas : « Cet officier qui s'offre dit avoir un complice au bureau des renseignements ? »

Telle est, en effet, la vérité, l'horrible, mais exacte vérité. J'écris, sous ma responsabilité, et je ne serai pas démenti par un seul des personnages ayant autorité pour le faire, que Schwarzkoppen a dit et répété qu'Esterhazy lui avait déclaré tenir les renseignements, qu'il lui vendait, d'Henry et d'une deuxième personne que je me refuse, provisoirement, à nommer.

Esterhazy avait inspiré d'abord une telle défiance à Schwarzkoppen que l'officier allemand refusait de croire que ce rastaquouère appartînt à l'armée française. Pour prouver qu'il était officier, Esterhazy dut offrir à Schwarzkoppen de passer, sous ses yeux, en uniforme, à cheval, à côté d'un général. Schwarzkoppen accepta. Esterhazy défila, sous ses yeux, à cheval, en uniforme, à côté d'un général, également à cheval et en uniforme,

Je tiens, notamment, ce fait d'un des témoins que j'avais cités au procès Henry.

Et Esterhazy désigna Henry comme étant l'officier d'État-Major, l'officier du deuxième bureau, S. S. (service de statistique), qui le renseignait.

C'est ce que Schwarzkoppen notait dans le papier qui a été produit, au procès Dreyfus, en chambre du conseil, avec le commentaire — aujourd'hui disparu — de Du Paty. Cavaignac, sinistre bouffon, traduit : « Il faut une discrétion absolue parce que le bureau des renseignements nous surveille. »

Le bureau des renseignements, c'était, sous Sandherr, déjà atteint de paralysie générale, le colonel, alors commandant Henry.

LA GRANDE LUMIÈRE

7 avril 1899.

Les charges s'ajoutent aux charges, les preuves aux preuves. Hier, quelques éclairs, illuminant la nuit d'une lueur brusque et rapide, rien de plus. Aujourd'hui, la grande lumière monte, tranquillement, dans tout le ciel.

Cette complicité d'Henry et d'Esterhazy est le nœud de toute l'affaire. Elle explique tout ; elle conduit à tout. Je ne veux prendre dans les dépositions de M. le général Roget et de M. le juge d'instruction Bertulus que ce qui y est relatif. Celle de M. Bertulus est dramatique, accablante. Celle de M. le général Roget, par les aveux involontaires qui lui échappent, par les confirmations qu'il apporte, souvent malgré lui, aux hypothèses les plus redoutables, même par ses ruses de mots et ses sophismes qui sont aussi des aveux, est plus grave encore et plus décisive.

I

Vous avez déjà remarqué qu'il n'y a plus une scène, une seule, de cette terrible tragédie où n'apparaisse

Henry. Non pas au premier plan où s'agitent les autres héros de la pièce. Il n'en aime pas la lumière crue. Il n'y monte que contraint et forcé, quand il lui est devenu impossible de faire autrement. Deux fois en tout. Au procès Dreyfus, à la fin de la dernière audience des témoins, quand, devant le néant de l'accusation, après l'effondrement des dépositions à charge, l'acquittement se dessine et qu' « on voyait, comme a écrit Picquart, que l'affaire s'annonçait assez mal ». Il faut, de toute évidence, pour emporter la condamnation de l'innocent, c'est-à-dire le salut des coupables, frapper un grand coup. Alors Henry s'avance à la barre, jure son grand serment, devant Dieu et les hommes, qu'il tient d'une personne honorable « qu'un officier du 2ᵉ bureau trahissait et que cet officier, le voilà, Dreyfus ». Pour les juges du Conseil de guerre, cette « personne honorable » qu'évoque ainsi, avec cette solennité, le délégué du service de statistique, ce détenteur de toute la vérité dont Henry n'oserait même pas « dire le nom à son képi », c'est l'un des grands chefs, encore honorés, intacts, Mercier ou Boisdeffre. C'était, en réalité, un agent secret du ministère de la guerre, le « monsieur de B... » dont parle le général Roget dans sa déposition, espion mondain, le rastaquouère à qui, pour ce service, Picquart versa 1,200 francs et qui, d'ailleurs, n'avait point nommé Dreyfus, avait dit seulement qu'un officier du 2ᵉ bureau trahissait. L'information, recueillie par M. de B..., dans quelque salon ou dans l'antichambre de quelque ambassade, visait peut-être Henry lui-même, employé dans cette section du 2ᵉ bureau qui est le service de statistique. Cela rendrait son audace plus extraordinaire encore. Quoi qu'il en soit, il lance son serment au bon moment, comme Napoléon sa garde. Freystætter et Gallet, d'autres aussi, diront un jour de quel poids a pesé cette parole dans leur verdict.

Et, l'autre fois, c'est au procès Zola. Il s'y est traîné, à ce procès, malade ou jouant la maladie. Son état de santé paraît le priver d'une partie de ses moyens de défense. Mais, tout à coup, quand la franche parole de Picquart l'accule à l'aveu de ses calomnies, alors il a l'intuition, qui est à la fois d'un auteur dramatique et d'un stratégiste, que quelque chose de violent, d'éclatant, peut seul le tirer d'affaire. Et il jette son fameux : « Le colonel Picquart en a menti ! » Il donne ainsi au public, à tout le monde, sauf à quelques balzaciens, l'impression d'un rude soldat, grossier, qui sait mal farder la vérité, d'une nature fruste et simple au milieu de la bande des habiles et des intrigants.

Mais, tout le reste du temps, il demeure dans l'ombre, au second plan, à celui où circulent les Narcisse et les Iago. Nul, plus que lui, ne craint et ne fuit la publicité. Il se fait modeste, tout petit. On l'entrevoit à peine, dans son rang subalterne, alors qu'Esterhazy, qui aime le bruit, et Du Paty, qu'il a poussé en avant, occupent tout le devant de la scène et fixent l'attention. C'est lui cependant qui tient les ficelles, qui fait mouvoir tous les pantins. Visiblement, Du Paty ne s'est pas rendu compte, pendant longtemps, qu'il était un instrument entre ses mains; Picquart, non plus, ne l'a pas soupçonné, dans l'affaire du *petit bleu*, alors qu'Henry, qui ne lui fit jamais en face, pendant tout l'été de 1896, la moindre objection, préparait derrière lui la révolte de Gribelin et de Lauth, excitait les grands chefs, avertissait Esterhazy du danger et forgeait la fausse pièce qui fit la conviction de Billot et, plus tard, celle de cet imbécile de Cavaignac. Je ne dis point qu'il n'était pas conseillé, guidé, stylé lui-même par quelqu'un de plus fort ou de plus haut placé. Cela, on le saura, peut-être, plus tard. Cependant, il était partout, rien n'échappait à son inquiète vigilance, il dressait de loin ses batteries, noire araignée tissant des fils inextricables. Aucune vanité d'auteur chez ce paysan silencieux et madré. Quelque chose de plus angoissant le préoccupe, son salut, le salut d'Esterhazy. Il faut que Dreyfus soit et reste le traître.

II

Comme je ne veux tirer argument que des faits acquis, dûment établis, je ne chercherai pas à montrer Henry, bien que je l'y voie clairement, dans la période qui va de la saisie du bordereau à l'arrestation de Dreyfus. Par les moyens souterrains qui lui étaient familiers, il a contribué à faire dévier les soupçons sur l'infortuné capitaine. Boisdeffre, dont il est le confident, a désigné Du Paty comme officier de police judiciaire. Choix merveilleusement habile. Ce scélérat est un détraqué. Il n'y aura pas besoin de le pousser beaucoup pour qu'il attire sur lui, d'avance, par ses procédés de tortionnaire décadent, les haines qui couvent dans l'avenir. C'est Du Paty que dénonceront, en première ligne, Bernard Lazare, dans sa brochure, et Zola, dans sa lettre au Président de la République. Aujourd'hui, c'est Du Paty qui est chargé par Roget de « tous les agissements répréhensibles, ignorés de ses chefs », tant au procès Esterhazy qu'au procès Dreyfus.

Cependant la lumière a pénétré dans l'ombre où se tapissait Henry. Dès le 15 octobre 1894, jour où il fut chargé d'écrouer Dreyfus au Cherche-Midi, il a commis le premier de ses faux, le premier qui soit avéré. Dans le rapport qu'il a adressé au ministre sur la conversation qu'il aurait eue avec Dreyfus dans la voiture cellulaire, Henry raconte que le capitaine lui a dit ne rien comprendre à l'accusation dont il était l'objet, qu'il ne savait de quels documents secrets il s'agissait. Mais, affirme-t-il, Dreyfus mentait, « attendu qu'avant de quitter le ministère et alors que je me trouvais dans une pièce contiguë à celle où cet officier était interrogé, j'ai parfaitement et très distinctement entendu le commandant Du Paty de Clam lui dire : « Vous êtes accusé d'avoir livré à une puissance étrangère une note sur les troupes de couverture, une note sur Madagascar, un projet de manuel de tir de l'artillerie. » (*Bard, p. 106.*) Or, cela est démenti formellement par un document contemporain, le rapport même de Du Paty, qui s'était borné à parler à Dreyfus de documents secrets et confidentiels.

Cette pièce « contiguë » d'où il entend ce qui n'a pas été dit, où il fabrique ses plans, il ne faut jamais la perdre de vue ; c'est le cadre d'Henry.

On saura plus tard comment et par qui, sur quelles indications, ont été fabriquées les fausses lettres de l'Empereur d'Allemagne, vraisemblablement à cette même époque, pendant l'instruction du procès Deyfus. On sait déjà comment et par qui a été révélée l'arrestation de Dreyfus, alors que le général Mercier la voulait encore tenir secrète, hésitant à accuser et à déshonorer sans preuves un officier sur lequel Zurlinden a écrit, dans sa lettre à Sarrien, « qu'aucun soupçon n'avait plané jusqu'à ce moment », — dont Roget déclare, dans sa déposition, « qu'il était un officier remarquable sous tous les rapports ». Si Dreyfus est relaxé, il ne se contentera pas, évidemment, d'avoir retrouvé sa liberté ; il cherchera quel est le misérable dont le crime a pu lui être imputé, il trouvera. Donc, à tout prix, il faut perdre Dreyfus, jeter ce juif en pâture aux haines des cannibales antisémites. Et Henry écrit la lettre à Papillaud, que j'ai publiée, que Papillaud a reconnue, que j'ai signalée à M. le premier président Mazeau qui, sans doute, a déjà ordonné l'enquête nécessaire, indispensable.

Notez que, dès lors, Henry se dérobe, qu'il dit à Papillaud que la lettre est un faux, qu'il voudrait bien la lui reprendre pour en chercher l'auteur, en réalité, pour la détruire. Papillaud, malin, garde son document libérateur. Et c'est Du Paty qu'on accuse, que le général Roget rendra responsable de la divulgation qui est l'œuvre d'Henry.

III

Voici maintenant autre chose :

Toute l'argumentation du général Roget, pour attribuer le bordereau à Dreyfus, repose sur ceci : que cette lettre-missive a été écrite au mois d'août 1894.

Il déclare, d'abord, s'en référant au témoignage du général Zurlinden, que le bordereau est parvenu au ministère de la guerre du 20 au 25 septembre. C'est un fait. Et si Roget s'était contenté d'affirmer ce fait, il n'y aurait qu'à lui demander d'expliquer pourquoi, jusqu'au procès Zola, il a été affirmé unanimement que le bordereau était d'avril, et non d'août. Mais Roget tire de cette date les plus vastes conséquences ; il s'applique à démontrer longuement qu'en dehors de la déclaration du général Zurlinden, « l'on peut arriver à fixer aussi cette date par la nature des documents énumérés au bordereau ». Le frein hydraulique du 120, parce que les écoles à feu des premiers régiments qui ont tiré ce canon, le 32ᵉ et le 29ᵉ d'artillerie, ont eu lieu du 28 avril au 12 mai, du 28 avril au 25 mai. La note sur les troupes de couverture, « parce qu'il s'agit ici de travaux réellement faits à l'État-Major au mois d'août ». La note sur une modification aux formations de l'artillerie, parce que la loi sur les pontonniers a été promulguée le 29 juin et que l'organisation de l'artillerie, en vue de plan à l'étude, a été faite au mois de juin, par le premier bureau de l'État-Major. La note sur Madagascar, parce que le plan de l'expédition a été fait au mois d'août. Le projet du manuel de tir et les mots : « Je vais partir en manœuvres », parce que ces mots indiquent le départ pour les grandes manœuvres, fin août ou commencement de septembre, que Dreyfus, sans doute, n'est pas allé aux manœuvres, mais « qu'il a dû y aller et a cru, jusqu'à la fin d'août, qu'il irait ».

C'est fort ingénieux, bien qu'assez niais, parce que ce raisonnement pourrait s'appliquer, sans y changer un mot, à tous les stagiaires de l'État-Major et même à tous les officiers du ministère de la guerre. Mais reportez-vous maintenant à l'acte d'accusation de Bexon d'Ormescheville, *celui sur lequel Dreyfus a été condamné*, et vous y constaterez, qu'au contraire de l'acte d'accusation de Roget, *celui sur lequel Dreyfus aurait dû être condamné ou devrait être condamné une seconde fois*, toute la démonstration repose sur ceci : que le bordereau serait du printemps, et non de l'été de 1894.

Le frein hydraulique du 120 : « Il a suffi à Dreyfus de se procurer, soit à la direction de l'artillerie, soit dans des conversations avec des officiers de son arme, les éléments nécessaires pour être en mesure de produire la note en question. » La note sur les troupes de couverture : « Il nous paraît impossible que Dreyfus n'ait pas eu connaissance des modifications apportées au fonctionnement des troupes de couverture au mois d'avril dernier. » Les formations de l'artillerie : « Il doit s'agir de la suppression des pontonniers et des modifications en résultant. Il est inadmissible qu'un officier d'artillerie, ayant été employé au premier bureau de l'État-Major de l'armée, ait pu se désintéresser des suites d'une pareille transformation au point de l'ignorer *quelques semaines avant qu'elle ne devienne officielle.* » La note sur Madagascar : au mois de février, le caporal Bernolin fit une copie d'un travail d'environ vingt-deux pages sur Madagascar, dans l'antichambre contiguë au cabinet du colonel de Sancy. « Ce gradé nous a déclaré, mais sans préciser de dates, que Dreyfus, qu'il connaissait, était venu quatre ou cinq fois dans cette antichambre pour voir le colonel de Sancy. Ce document a encore pu être lu par Dreyfus quand il a réintégré la section anglaise, qui s'occupait alors de Madagascar, en raison de ce qu'il a été placé temporairement dans un carton d'un casier non fermé. » Le projet de manuel de tir : Dreyfus a reconnu s'en être entretenu à plusieurs reprises avec un officier supérieur du deuxième bureau. D'Ormescheville ne parle pas de la fameuse phrase : « Je pars en manœuvres. » On l'appliqua, à l'audience, au voyage d'État-Major dont Roget parle dans sa déposition, 27 juin au 4 juillet, où Boisdeffre eut avec Dreyfus la longue conversation qui dut valoir à l'infortuné tant d'âpres jalousies.

Donc, en premier lieu, toute l'argumentation de Roget vaut celle de d'Ormescheville qui ne vaut rien. Quand on veut noyer son chien, il suffit de l'accuser de la rage. Mais l'une et l'autre démonstration reposent sur une question de dates : avril ou août, sinon elle s'écroule.

Mais, atteste Roget, « personne n'a jamais dit, au bureau, que le bordereau était du mois d'avril ».

J'ai le regret de devoir écrire que le général Roget, ici encore, ne dit pas la vérité, bien qu'il ait juré de la dire.

D'abord, au procès Zola, le colonel Picquart a indiqué, à plusieurs reprises, cette date, non pas « comme la sachant de lui-même, mais parce qu'il l'a toujours entendu dire au bureau ». (T. II, p. 112-113.)

En effet, on l'a si bien toujours dit au bureau qu'Esterhazy, en janvier 1898, acceptait sans discussion cette opinion, avril ou mai 1895, mais de préférence avril.

C'est même sur cette version, acceptée également par Ravary et par le général de Luxer, qu'Esterhazy s'appuyait pour démontrer qu'il n'était pas l'auteur du bordereau. (Voir, dans le *Rappel* du 22 décembre 1898, l'article : *La date du bordereau*.)

Il faut citer textuellement :

En 1894, j'ai été aux écoles à feu. M. Mathieu Dreyfus prétend que le bordereau fut écrit en mars ou avril 1894. » — Je ne sais pas où M. Mathieu Dreyfus a prétendu cela, mais peu importe. — « Or, continue Esterhazy, ce n'est qu'au mois d'août que j'étais aux écoles à feu. Je ne pouvais donc pas livrer les documents en question. (*Procès Esterhazy, Ed. Guyot, p. 129.*)

Plus loin, au sujet du 120 :

Je n'ai été aux manœuvres qu'en juin, — mensonge, c'est en mai; peu importe, d'ailleurs. — Comment aurais-je pu donner des renseignements *en avril?*

Plus loin, au sujet de la mobilisation et des troupes de couverture :

> Je ne m'en suis occupé que quand mon régiment a quitté Evreux, mais non tant que nous avons été à Rouen. Mais ce fait s'est passé en septembre 1894, par conséquent je n'étais pas à même, *en avril*, de fournir ces renseignements.

Et encore :

> Le plan 13 ne pouvait, en mai 1894, être connu dans aucun corps de troupes. Comment moi, petit major à Rouen, aurais-je pu savoir quelque chose en *mai* 1894 ?

Enfin :

> *Demande* : Il y a une note relative à Madagascar ?
> *Esterhazy* : En avril 1894 !

Ainsi, la date d'avril 1894 est bonne, en 1894, pour condamner Dreyfus ; elle est bonne encore, en janvier 1898, pour acquitter Esterhazy. Puis, tout à coup, Esterhazy une fois acquitté, le général de Pellieux et le général Gonse sortent la date de septembre au procès Zola.

> Le bordereau, dit de Pellieux, est certainement antérieur au 1er septembre, ou aux environs, époque à laquelle il a été saisi. — Le bordereau, dit Gonse, est arrivé à la fin de septembre 1894. (*Procès Zola, t. II, p. 111.*)

Et c'est cette date qu'évoque maintenant Roget pour faire maintenir la condamnation de Dreyfus et ratifier l'acquittement d'Esterhazy, — condamnation et acquittement qui, l'un et l'autre, ont été fondés sur la date d'avril.

Il faut observer ici qu'Esterhazy ne dit jamais, à

aucun moment, qu'il ne pouvait pas connaître les documents énumérés au bordereau. Ce moyen saugrenu, que ressasse sans fin Roget en d'énormes pages, Esterhazy, lui, ne s'est point abaissé à l'employer. Il ne songe pas un instant à soutenir qu'officier de troupe, il n'aurait pu avoir connaissance des documents visés. Il prétend seulement qu'il n'aurait pu les connaître que pendant l'été, c'est-à-dire après le mois d'avril, époque où, selon lui, le bordereau aurait été envoyé. Donc, si le bordereau est d'août ou de septembre, comme le déclarent, *mais seulement depuis le procès Zola*, Gonse, Pellieux, Zurlinden et Roget, il en résulte qu'Esterhazy, de son propre aveu, aurait pu en connaître alors tous les éléments qu'il ne pouvait, dit-il, ignorer qu'en avril. Esterhazy, au surplus, avec une logique bien supérieure à celle de Roget, n'exagère pas la valeur de ces documents inavouables. « Les renseignements, dit-il (p. 129), que j'aurais pu avoir sur le frein hydraulique sont de ceux que tout le monde peut se procurer pour 1 fr. 75. » Roget croit « qu'il serait facile d'établir qu'Esterhazy ne savait même pas ce que c'était que la couverture ». Et, ici encore, Esterhazy dément Roget : « Je n'étais pas à même, *en avril*, de fournir ces renseignements. Je ne m'en suis occupé qu'en *septembre*. »

Ainsi Esterhazy démolit, il a démoli par avance, et précisément pour se faire acquitter, tout l'argument de Roget tendant à établir que Dreyfus, seul, pouvait avoir les renseignements énumérés au bordereau. Il avoue qu'il eût pu, lui, officier de troupes, petit major, les avoir *tous*, en septembre, époque où Roget place aujourd'hui le bordereau. Mais en avril, il ne pouvait pas les avoir.

Dès lors, la question se pose : Pourquoi la date de septembre n'a-t-elle été sortie qu'au procès Zola, pour devenir, entre les mains de Roget, une arme contre Dreyfus?

J'ai détruit cette arme ou, plutôt, Esterhazy l'a détruite lui-même, puisqu'il reconnaît qu'aux environs de cette date il aurait pu rédiger le bordereau. Mais la question se pose quand même, et elle est fort importante :

Pourquoi Roget dit-il septembre? Pourquoi d'Ormescheville, *sans indiquer formellement aucune date*, a-t-il, au contraire, *impliqué la date d'avril dans son acte d'accusation*? Pourquoi Ravary, le général de Luxer et Esterhazy ont-ils accepté cette date? Pourquoi, dès lors, Roget ment-il quand il affirme « qu'on a toujours dit au service que le bordereau était d'août » ?

Je dis que le rapport de d'Ormescheville se borne à impliquer la date, mais qu'il s'abstient soigneusement de la préciser. Il l'implique puisque, de toutes les identifications proposées par lui entre les notes énumérées au bordereau et des documents ayant date certaine, résulte l'impression nécessaire, forcée, qui sera reçue par Ravary et Luxer, exploitée par Esterhazy, que le bordereau est du printemps de 1894. Mais, d'autre part, il ne précise pas. Seulement, pourquoi ne précise-t-il pas? « Parce que, dit Roget, il n'y avait aucun intérêt à le faire. » C'est bien cela, il n'y avait *alors*, en 1894, aucun intérêt à le faire. Bien au contraire.

Pourquoi? C'est bien simple. Parce que le bordereau est réellement arrivé, comme l'a dit Zurlinden, au mois de septembre. Parce qu'il a été réellement écrit, comme le dit Roget, quelques semaines avant d'arriver au ministère de la guerre. Parce que d'Ormescheville n'a pas voulu donner une fausse date. Parce qu'il n'a consenti qu'à créer une équivoque. Parce que la date du printemps de 1894, bonne en décembre 1894 pour faire condamner Dreyfus, serait bonne également, plus tard, car il faut tout prévoir, pour faire acquitter le véritable auteur du bordereau.

J'ai montré, en effet, quel parti Esterhazy avait tiré, à son procès, de la fausse date pour démontrer qu'il n'aurait pu avoir, en avril 1894, les renseignements énumérés au bordereau. Qu'on relise toutes les citations que j'ai reproduites, qu'on se reporte au compte rendu sténographique du procès : c'est l'évidence que cette argumentation d'Esterhazy a dû faire impression sur les juges. Esterhazy laisse à Roget et à Cavaignac le ridicule de prétendre qu'un officier de troupes n'aurait pas pu se procurer ces renseignements, « que le commentaire du bordereau permet d'exclure absolument Esterhazy ». Le Uhlan, fier de ses connaissances militaires, ne veut pas être exclu. Il établit seulement, et victorieusement, qu'il n'aurait pu avoir ces renseignements qu'au cours de l'été, mais non au printemps de 1894. Et, ce faisant, il joue sur le velours, puisqu'il sait bien, à la fois, qu'il a écrit le bordereau en août et que les juges sont persuadés que le bordereau est d'avril.

Mais, dira-t-on, comment supposer que d'Ormescheville ait prévu Esterhazy ?

Certes non, ce n'est pas Bexon d'Ormescheville qui a prévu Esterhazy !

Il était, dit Roget, fort peu au courant des travaux qui se font à l'État-Major de l'armée.

Est-ce pour cela qu'on l'a choisi, qu'il a été désigné pour rédiger un acte d'accusation contre un officier d'État-Major ?

Mais qui donc a documenté d'Ormescheville pour la construction de l'acte d'accusation ?

Qui? Du Paty. L'acte d'accusation d'Ormescheville est copié, calqué sur le rapport de Du Paty agissant en qualité d'officier de police judiciaire. Et qui a renseigné, à la fois, d'Ormescheville et Du Paty?

Il est impossible, après les citations que je viens de faire, de contester que l'acte d'accusation de d'Ormescheville, en ne précisant pas la date du bordereau, mais en faisant adroitement « et par des identifications *tendancieuses*, naître dans l'esprit des juges et, par contre-coup, dans tout le corps d'officiers, l'impression, bientôt la conviction que le bordereau était d'avril et non d'août 1894 » (*Le Rappel, article cité plus haut*), préparait d'avance un alibi à Esterhazy. Le jour où quelque Picquart ou quelque Scheurer viendrait découvrir l'identité de l'écriture d'Esterhazy avec celle du bordereau, au premier mot, on lui fermerait la bouche, en disant : « Comment voulez-vous qu'en avril 1894 Esterhazy ait pu connaître tel document, prendre part aux écoles à feu ? » Cela s'est, en effet, passé ainsi au procès Esterhazy.

Le Uhlan acquitté, le tour joué, l'État-Major a rendu au bordereau sa véritable date pour la retourner contre Dreyfus. Et Roget a marché.

Et voilà le chef-d'œuvre d'Henry !

IV

Ce qui caractérise cette machination d'Henry, c'en est la profondeur, le calcul à longue date. Mais Henry n'a pas toujours été aussi prudent. Son amitié pour Esterhazy, ou la terreur qu'il avait de ce forban, l'a conduit parfois à de terribles imprudences. Si la complicité de ces deux hommes n'était révélée que par l'incident de « l'agent R. C. », pour employer la désignation adoptée par Roget, elle serait déjà manifeste, évidente. Cet épisode, à lui seul, la démontrerait.

Picquart a découvert, par le *petit bleu*, la trahison d'Esterhazy. Au début de ses recherches, quand il a fait reconstituer le *petit bleu* par Lauth, celui-ci n'a fait entendre aucune objection. « Y en aurait-il encore un ? » s'est-il écrié, « un autre traître ». Henry, absent au moment de la découverte, est revenu au bureau. Il apprend tout. Il ne dit rien. Il est l'ami, le camarade, depuis vingt ans, d'Esterhazy. — Observez, en passant, que Roget proteste sans cesse, dans sa déposition, qu Esterhazy et Henry n'étaient point « en relations ». L'effronterie de cette affirmation suffirait à ruiner toute la déposition de Roget. Il sait, quand il produit ce mensonge, qu'Henry a été, avec Du Paty et Gribelin, au rendez-vous du parc de Montsouris, qu'il a eu vingt autres conférences avec le Uhlan, pour le sauver, pour tramer avec lui l'organisation du complot contre la justice. Cela lui est égal. Il affirme, il ment quand même et toujours. — Donc, Henry se garde bien d'intervenir auprès de Picquart en faveur d'Esterhazy, d'essayer de lui montrer qu'il fait fausse route, que l'homme à qui est adressé le *petit bleu* ne peut pas être un traître. Ce serait risquer de se rendre suspect, de tarir la source des précieuses confidences. Il est le second de Picquart. Il se tient modestement, convenablement, à sa place, et, plus que jamais, lui fait bon visage. C'est derrière lui qu'il ourdit sa trame, verse lentement à ses camarades le poison des insinuations calomnieuses, médite le faux qui immortalisera son nom.

La preuve que le *petit bleu* fournit à Picquart est

grave et décisive. Pourtant, Picquart ne veut pas se jeter à la légère dans une aventure.

Le général Roget raconte l'incident en ces termes :

M. Picquart, dit-il, a donné comme autre charge contre Esterhazy qu'un agent lui aurait dit qu'un officier supérieur trahissait ; cet officier supérieur, dont on n'a pas donné le nom, aurait été, pour lui, Esterhazy.

Voici ce qui s'est passé à ce sujet :

On pourrait croire, d'après l'assertion de M. Picquart, que c'était un agent à nous. Il n'en est rien.

Un nommé R. C., agent d'une puissance étrangère qu'on avait essayé en diverses circonstances de gagner, sans succès d'ailleurs, fit des ouvertures de lui-même en 1896.

Picquart désira envoyer deux officiers de son service s'aboucher avec cet agent. Il leur donna des instructions avant leur départ, dans lesquelles était marquée d'avance la préoccupation d'obtenir de cet agent le renseignement concernant l'officier supérieur qui trahissait. Ce furent Henry et Lauth qui furent désignés dans cette mission.

L'entrevue eut lieu dans une ville étrangère.

Malgré toutes les instances que firent Henry et Lauth, ils ne purent rien obtenir de R. C. qui fût pratiquement intéressant pour le service des renseignements français.

Ils obtinrent seulement le nom d'un agent de la puissance (agent brûlé dont on voulait se débarrasser, comme on le sut plus tard) ; mais R. C., si discret sur ce qui concernait les choses qui nous intéressaient, entama de lui-même la conversation sur Dreyfus, disant qu'on s'était trompé en France, et que le traître était un officier supérieur. Il ne donna aucun renseignement, du reste.

Cette première entrevue eut lieu, je crois, en août 1896.

Ainsi, telle est, en août 1896, la confiance de Picquart en Henry, qu'il le charge de la mission la plus secrète et la plus confidentielle. Il s'agit d'Esterhazy, dénoncé cette fois, non par une dépêche surprise ou dérobée, mais par un agent « d'une puissance étrangère » qui, ayant faim, veut manger à deux râteliers. Il y a, dans la vie, d'extraordinaires ironies. C'est Henry que Picquart envoie aux renseignements, avec Lauth, à Bâle, où ils se rencontrent avec l'agent R. C.

L'agent R. C. n'a-t-il dit aux deux compères que ce qu'ils ont rapporté à Picquart? Leur a-t-il dit, seulement, qu' « on s'était trompé en France sur Dreyfus » et que « le vrai traître était un officier supérieur »? Picquart, dans son admirable loyauté, a pu le croire. Il n'en était rien. *L'agent R. C. avait dit à Henry que le traître, c'était Esterhazy.* Et cette confirmation des soupçons de Picquart, Henry, naturellement, la laissa ignorer à son chef. Comment obtint-il le silence de Lauth? Quel conte fit-il à Gonse et à Boisdeffre? Ou ne leur a-t-il rien dit? On le saura, peut-être, un jour. Ce qui est avéré, aujourd'hui, c'est qu'il avisa Esterhazy.

La preuve de cette confidence, Esterhazy l'avait précieusement gardée, autre document libérateur.

Lorsque M. Bertulus, en effet, arrêta, le 12 juillet 1898 Esterhazy et la fille Pays, il ne trouva pas, dans la potiche japonaise, que les fameux brouillons qui ont été publiés dans le rapport Bard, la lettre de remercîment à un général, la lettre à un autre général sur les ordres à donner aux experts et sur les mensonges à débiter à Ravary et à Luxer. On connaît aujourd'hui, par la déposition de M. Bertulus, le nom de l'un de ces généraux. Quand le juge d'instruction lui présenta, fixée à la colle, la première de ces trois lettres : « C'est, dit tranquillement Esterhazy, la lettre que j'ai écrite au général de Boisdeffre. » On s'en doutait; je me borne à rappeler que le général de Boisdeffre avait juré sur l'honneur, à la même époque, le 4 décembre 1897, qu'il ne connaissait pas Esterhazy, qu'il ne l'avait jamais vu, qu'il n'avait jamais eu avec lui des rapports, ni directement ni indirectement. Qu'en dites-vous, monsieur de Mun? Et vous, Méline?

Mais ces lettres, la lettre à Boisdeffre, les deux autres dont Esterhazy refusa de nommer le destinataire, (Gonse ou Pellieux?), n'étaient pas les seuls documents qu'avaient conservés précieusement le Uhlan et sa maîtresse. Il y en avait encore d'autres, un surtout, qui échappa aux recherches de Bertulus. Esterhazy l'avait caché dans le cartonnage de son képi. Bertulus avait tenu le képi à la main, il en avait même ouvert la coiffe. Mlle Pays, faillit, alors, se trouver mal. La *garde impériale* était là. Bertulus n'alla pas plus loin. La pièce décisive, celle qu'Esterhazy appelait la *garde impériale*, celle qu'on fait donner à la suprême minute, avait échappé au juge. Il n'en connut l'importance que, plus tard, certain jour où, par ordre de Cavaignac ou de Boisdeffre, Henry et Junck étaient venus vérifier les pièces qu'il avait saisies. Ils n'en avaient revendiqué aucune, après une recherche minutieuse. « Quelles pièces peuvent-ils bien chercher? avait dit Bertulus. — Oh! goguenarda le Uhlan, je sais bien ! Ils cherchent la « garde impériale », mais ils ne l'auront pas ; elle est en lieu sûr. »

Seulement, si « la garde impériale » avait échappé, une autre pièce avait été saisie, écrite en français de la main d'Esterhazy, sous forme de note, avec, entre autres indications, ces deux mots : « Bâle — R. C. »

R. C., c'était l'agent étranger ; Bâle, le lieu où Henry et Lauth étaient allés le trouver.

Si l'agent R. C. n'avait point nommé Esterhazy comme étant le véritable traître, l'auteur du bordereau, du crime d'autrui qu'expiait Dreyfus, en quoi cette indication pouvait-elle servir le Uhlan ?

Et qui donc, sinon Henry, avait pu aviser Esterhazy?

Et qui donc, sinon Henry, avait intérêt à l'aviser?

Et pourquoi, au lieu de garder cette indication dans sa mémoire, Esterhazy l'avait-il notée sur un papier, autre document libérateur, arme terrible, effroyable, souveraine contre Henry, chiffon qu'il n'avait qu'à brandir pour être aussitôt obéi?

Si cela n'est pas une preuve, je ne sais plus ce que ce mot veut dire.

Bertulus montra cette pièce à Henry. — J'ai dit que le délégué de Cavaignac et de Boisdeffre auprès de Bertulus, pendant l'instruction Esterhazy, c'était toujours Henry. — Le misérable pâlit. « C'est la preuve, lui dit Bertulus, qu'Esterhazy avait trouvé des concours coupables au bureau des renseignements. » Henry supplie Bertulus de sauver l'honneur de l'armée, de ne rien faire avant qu'il ait tout raconté à Roget. « Ce n'est pas tout », lui dit Bertulus. Il lui dit avoir eu encore en mains une lettre d'Esterhazy à Jules Roche, lettre où le Uhlan fait de lui, Henry, « le plus détestable tableau », dit qu'il n'est « qu'un besoigneux et son débiteur ». Bertulus observe que l'ensemble de ces pièces tend à démontrer que celui qui documentait Esterhazy, c'était lui, Henry. Alors Henry s'effondre dans un fauteuil, éclate en sanglots, supplie Bertulus : « Sauvez-nous ! » crie-t-il. — Il ne crie pas seulement : « Sauvez-moi ! » — Et encore : « Esterhazy est un bandit ! » Bertulus, qui ne perd pas le nord, riposte : « Esterhazy est l'auteur du bordereau ! » Henry ne dit ni oui ni non. Il répète : « N'insistez pas ! n'insistez pas ! Avant tout, l'honneur de l'armée ! »

Quelques jours après, Henry avait repris son calme. Quand il revint chez Bertulus, il se contenta d'observer que, « réflexion faite, tout ce qu'il avait dans son dossier était insuffisant ».

Il faut rapprocher de ces cris : « Sauvez-nous! Avant tout, l'honneur de l'armée ! » ceux que devait pousser, quelques semaines après, le même homme quand il eut avoué à Cavaignac et à Roget, devant Gonse et Boisdeffre atterrés, le plus illustre de ses faux. Il criait : « Quel malheur d'avoir rencontré de pareils misérables ! » — « De qui a-t-il voulu parler ? » demande à Roget, qui fait ce récit, un des conseillers de la Cour. « J'imagine, dit Roget, que c'est de Picquart et de Du Paty. »

Non, général, je n'imagine point cela. Et ce n'était encore ni à Picquart, ni à Du Paty, qu'il pensait quand il écrivait, du Mont-Valérien, à sa femme : « Je vois que tout le monde, sauf toi, va m'abandonner, et, cependant, *tu sais dans l'intérêt de qui j'ai agi.* »

Billot, quand il parlait d'un autre traître encore, aurait-il eu raison ?

ESSAI DE PSYCHOLOGIE

9 avril 1899.

Il est fort curieux que tous les grands chefs qui disent aujourd'hui qu'ils ont été trompés, ou qui ont été trompés réellement par Henry, ajoutent aussitôt qu'Henry était un soldat grossier, inculte, inintelligent, une lourde bête. Le général Roget, qui paraît être un ennemi aussi systématique de la concision que de la vérité, y insiste avec une belle obstination. « Henry n'avait qu'une instruction primaire. » — « Henry n'avait aucune connaissance des travaux faits à l'État-Major de l'armée. » — « Henry était dans l'impossibilité absolue d'inventer une pièce comme le bordereau. » — « Henry était incapable de parler des documents dont il était question au bordereau. » — « Le général Gonse était aussi *naïf* qu'Henry, » etc.

I

J'observe, en premier lieu, qu'en faisant d'Henry un officier aussi ignare, M. le général Roget fait une critique bien sévère des ministres successifs et de M. le général de Boisdeffre qui n'ont pas cessé d'employer ce prétendu lourdaud aux plus délicates missions.

C'est d'abord Mercier et Boisdeffre qui, désignent Henry pour représenter le bureau des renseignements au procès Dreyfus. « Il était incapable, affirme Roget-le-Véridique, de parler des documents dont il était question au bordereau. » Donc, il était l'homme désigné pour en parler, avec autorité et compétence, aux juges du Conseil de guerre. Il parlait au nom du ministre lui-même. Il est vrai que Boisdeffre et Mercier avaient été servis merveilleusement par le hasard. Ce Conseil de guerre, qui était chargé de juger un officier d'artillerie, ne comprenait aucun officier d'artillerie parmi ses membres.

C'est ensuite le même Boisdeffre et Billot qui mettent Henry à la tête du bureau des renseignements. Il n'y a point, au ministère de la guerre, de service plus délicat ni plus difficile que celui de la statistique. Il n'en est point, d'ailleurs, ainsi que l'a montré M. Jules Develle, qui soit plus pitoyablement organisé. « Henry, dit Roget, n'avait qu'une instruction primaire ; il n'avait aucune connaissance des travaux faits à l'État-Major. » De plus, il ne savait pas l'allemand. Donc, le choix de Billot et de Boisdeffre, quand il s'agit de remplacer le colonel Picquart, tombe, naturellement, sur Henry.

Faut-il s'étonner outre mesure que M. le général Roget, soldat loyal et discipliné, donne, en passant, ces coups de patte à ses chefs ?

Il leur en donne bien d'autres. Il dit ailleurs que « le général de Boisdeffre ne voyait pas les services de près ». Que faisait-il donc ? Une autre insinuation est plus perfide encore. Roget affirme qu'Henry a commis son faux, le plus fameux de ses faux, « *pour rasséréner ses chefs* ». Et, cette flèche une fois lancée, il cite la lettre d'Henry : « *Tu sais dans l'intérêt de qui j'ai agi.* »

Mais M. le général Roget, en dénonçant ainsi ses chefs pour avoir employé Henry, se frappe aussi lui-même. Car enfin, lui aussi il a employé Henry, et dans les circonstances, précisément, où Henry aurait dû être tenu à l'écart avec le plus de soin. Quand M. Bertulus arrête Esterhazy et la fille Pays, Cavaignac écrit au garde des sceaux pour qu'un officier soit chargé de vérifier si, dans les papiers du Uhlan, il ne s'en trouverait pas qui « intéresseraient la sûreté de l'État ». Puis Roget ajoute : « C'est moi qui fus chargé de désigner ou de faire désigner l'officier. *On* me proposa le colonel Henry qui était habituellement chargé des missions de cette nature. » Qui *on* ? Le colonel Beauvieux avait coutume de dire : « *On* est un j...-f... » « Henry vint me trouver pour recevoir les instructions. » Ainsi Roget tient Henry pour un officier ignorant et incapable, aussi *naïf* que Gonse, et c'est lui qu'il désigne. Il ajoute foi à ses moindres dires. La déposition de Roget est émaillée, comme un gazon de fleurs, de ces mots : « Henry m'a dit... Henry a affirmé... Henry a déclaré... » Et tout ce qu'Henry a dit, affirmé, déclaré, c'est, surtout quand il s'agit de Dreyfus et de Picquart, parole d'Évangile pour Roget. Après l'aveu du faux, quand « Henry recommence à regarder Roget en face, dans les yeux », la confiance de Roget en Henry est aussi « absolue » que celle de Boisdeffre.

II

Et voici ma seconde observation :

Si Henry avait été la lourde bête qu'il était selon Roget, tous ceux que ce misérable a trompés pendant de longues années, ou qui allèguent aujourd'hui qu'ils ont été trompés par lui, seraient, de leur propre aveu, parfaitement stupides. Être trompé par un fourbe de grande envergure, par Machiavel, Scapin, *fourbum imperator*, ou Bismarck, c'est toujours fâcheux et humiliant. Il y a, toutefois, des circonstances atténuantes. Nul n'est tenu d'être l'égal de Bismarck, de Scapin ou de Machiavel. Mais être trompé par un rustre, sans intelligence ni culture, et, au surplus, « aussi naïf que Gonse », cela est exorbitant. On ne se dit point de pareilles choses à soi-même. Or, Roget les dit à Boisdeffre, à Billot, à Mercier, à Cavaignac et à Roget lui-même.

III

Le portrait d'Henry, tel que le tracent aujourd'hui ses chefs et surtout Roget, est donc aussi faux qu'une pièce d'état-major. Comme, d'ailleurs, M. le général Roget ne dit point, sans motif, le contraire de la vérité, il faut chercher une raison à ce refrain perpétuel sur la sottise d'Henry, à cette psychologie de fantaisie qu'on cherche à accréditer, à cette excuse qui, comme tous les mensonges de ces gens-là, se retournera terriblement contre eux.

J'ai déjà dit, et je ne me lasserai pas de redire, ce qu'était réellement Henry : un paysan madré, le plus madré des paysans, qui sait à merveille l'art de couvrir sa fourberie d'une apparence de franchise et d'une rudesse qui ressemble à de la loyauté. J'ajoute qu'un avocat intelligent aurait conseillé à l'État-Major, dans son intérêt le plus évident, de lui donner cette physionomie, qui est la vraie, et, même, de l'exagérer. L'idée de faire passer Henry pour un sot, et cela pour excuser l'État-Major, est tout à fait imbécile. Si Henry avait été ce sot, ce n'est point des dupes qu'il aurait faites à l'État-Major : il y aurait eu des complices.

Est-ce cela que veut faire entendre M. le général Roget ? Alors qu'il le dise. Moi, je veux bien, à la condition, toutefois, que cela soit la vérité. Je me refuse, pour ma part, à calomnier qui que ce soit, même ou surtout Gonse, Boisdeffre, Roget. Il est inutile de leur en prêter. Je n'accuse pas sans preuves. Il est détestable d'accuser sans preuves. Cela serait surtout détestable, et, aussi, très maladroit, de la part des défenseurs de la Vérité et de la Justice.

Dans quelle mesure Mercier et Billot, Gonse et Boisdeffre, ont-ils été les dupes d'Henry ? C'est ce qu'il n'est point facile de déterminer exactement. Ceux d'entre ces grands chefs qui n'auraient point été, comme Henry le donne à entendre dans sa lettre du Mont-Valérien, les complices effectifs de ce faussaire, ont été, du moins, ses complices moraux. Cela est certain. Il est manifeste qu'ils étaient prédisposés à accueillir favorablement, avec joie, sans examen, ses plus audacieuses impostures. Les preuves palpables, les plus évidentes que leur apportait Picquart, ils les mettaient en doute, chicanant sur une virgule, contestant la claire lumière du soleil. C'est que ces preuves les gênaient, soit dans leurs convictions, soit dans leurs petites affaires. Ils appliquaient, dès lors, toute leur science, toute leur rouerie, toute leur force, à rendre suspect le témoignage de ce grand honnête homme. Henry, au contraire, versait de l'eau sur leur moulin. C'était une eau nauséabonde, immonde, puante. Mais elle faisait, tout de même, tourner la roue. Donc, ils n'y regardaient pas de près. Les faux les plus grossiers, les mensonges les plus impudents d'Henry, ils les acceptaient tout de suite. La petite voix intime, qu'on n'étouffe jamais tout à fait, les avertissait. Ils ne l'écoutaient pas. Ils remerciaient Henry avec effusion, faisaient afficher sur les murailles des 36,000 communes de France les pièces qu'il avait fabriquées, le document de Vercingétorix dont le père Chasles lui-même, qui achetait à prix d'or à Vrain Lucas des lettres d'amour de Marie-Madeleine à Jésus, n'aurait pas voulu.

Voilà — toutes réserves faites sur la possibilité des complicités effectives — la complicité morale. Cette complicité morale, en tous cas, se transformait, dans l'esprit d'Henry, en une complicité effective. Il savait, lui, qu'il était un menteur, un faux témoin, un faussaire. Il savait encore que ses faux et ses mensonges étaient d'une espèce grossière. Du strass ? non, des diamants de Bluze. Il en concluait tout naturellement que les chefs, ceux qui ne lui avaient pas donné d'ordres, savaient de quoi il en retournait. Ils n'étaient pas dupés, ils feignaient de l'être. Donc, ils étaient, comme on dit dans son argot, celui des malfaiteurs, ils étaient « de mèche ». Cela l'enhardissait ; il les tenait, par là, ceux qu'il ne tenait pas autrement.

IV

Et cela, déjà, n'est pas d'une bête. Mais Henry n'eut pas affaire, dans sa carrière, qu'à des Gonse, des Boisdeffre et des Billot. Il rencontra aussi un vrai soldat français, loyal, sincère, juste, irréprochable. Celui-là, il le trompa aussi.

Quand il fut informé du *petit bleu*, Henry, s'il avait été l'homme que décrit Roget, aurait essayé de détourner Picquart de la piste où il s'était engagé. Il lui eût dit : « Esterhazy est mon ami de vingt ans, mon camarade; c'est un viveur, un joueur, une canaille; ce n'est pas un traître. » Mais Henry est un autre homme; il a pénétré la psychologie de Picquart ; il se rend compte, tout de suite, que le moindre mot dit par lui en faveur d'Esterhazy éveillera des soupçons ou, en tous cas, le décidera à tenir son sous-chef en dehors de l'affaire. Or, il faut qu'il reste dans l'affaire, au cœur de l'affaire; il le faut à tout prix, pour être informé de tout, pour parer aux coups soudains, pour sauver le Uhlan, pour se sauver lui-même.

Par conséquent, il ne fait aucune objection à Picquart. Tout son concours, au contraire, lui est acquis. Il n'y a point de subordonné plus docile, en apparence, plus obéissant. C'est lui, dès lors, que Picquart enverra à Bâle pour interroger l'agent R. C.

Il le trompe si bien, que Picquart, après son départ du ministère, au cours de la mission de comédie qui lui est donnée par Boisdeffre, pour l'éloigner de Paris, et même en Tunisie, croit en Henry, lui confie ses petites commissions. Et pendant qu'Henry trompe ainsi cet admirable soldat, en même temps, de l'autre côté de la toile, il ameute Lauth et Gribelin, inquiète Boisdeffre, excite Gonse, avertit Esterhazy, écrit l'article de l'*Eclair*, fabrique son faux.

V

Voyons, monsieur le général Roget, cela est-il d'un rustre imbécile ou d'un parfait scélérat? Les scrupules ne vous étouffent pas, vous n'éprouvez aucun embarras à altérer la vérité, vous avez la calomnie abondante et facile : songez pourtant à ce qu'il a fallu d'art, de persévérance, d'ingéniosité, d'intelligence toujours en éveil à Henry pour jouer, tous les jours, pendant de longs mois, ce rôle en partie double! C'est un chef-d'œuvre de fourberie, de scélératesse, d'infamie. Enfoncé Iago, enfoncé Richard III, dépassés de cent coudées les imposteurs les plus fameux de l'histoire! Que Du Paty, avec ses machinations de Gaboriau décadent, Esterhazy lui-même, avec ses lourds et épais chantages, sont médiocres à côté! Je crois vous connaître, vous aussi. Quand vous aurez compris, si vous n'avez compris déjà, vous admirerez. *Non equidem invideo, miror magis.* (Demandez la traduction à Rambaud.) Gonse, lui aussi, est un menteur peu ordinaire : tenant en main le décret qui prononçait la mise en réforme de Picquart, il lui faisait dire de compter sur lui, qu'il ne lui voulait que du bien. Boisdeffre, d'ailleurs, avait fait naguère le même mensonge au colonel Allaire : le jour où il jurait à Allaire, dans son cabinet, que personne n'oserait le toucher tant qu'il serait, lui, Boisdeffre, à la tête de l'État-Major, il avait sur sa table, signé de Billot, contresigné de lui, le papier qui mettait son « vieux camarade » hors de l'armée. Et vous, non plus, vous n'êtes pas banal, monsieur le général Roget, vous qui avez affirmé sur l'honneur n'avoir rien entendu des provocations criminelles de Déroulède, qui ne parle pourtant pas à voix basse; vous qui, après avoir prêté serment de dire la vérité, avez attesté qu'Esterhazy ne connaissait pas Henry, mais qu'il est un agent du « Syndicat », et que Picquart a falsifié le *petit bleu*, lequel était intact, — ainsi que le prouve la photographie, le divin soleil, — quand ce justicier a été exilé du ministère, et qui n'a été gratté que par qui vous savez ! Cependant, tous tant que vous êtes, et Lauth, et Mercier, et Gribelin, vous n'êtes que des comparses et des élèves en comparaison d'Henry.

VI

Un dernier mot, encore, et un dernier avertissement. S'il est manifeste que, vous et vos pareils, vous méconnaissez Henry en essayant de le faire passer pour un imbécile, d'autre part, je vous le dis dans votre intérêt, vous le ménagez trop. Vos justes sévérités pour Du Paty s'accordent mal avec votre indulgence pour Henry, ce brave soldat « dont le moral, avez-vous dit, n'avait jamais été atteint ». Vraiment, cela est louche, suspect. C'est trop habile pour ne pas être maladroit. C'est de la peur, cela, de la peur mal dissimulée. Evidemment, vous tenez Du Paty qui, sous vos coups de cravache, ne bondit point, ne bouge pas, se laisse cracher à la face, est flagellé, vilipendé, déshonoré par vous, comme aucun de nous n'aurait jamais osé le faire. Vous le tenez ce vivant. Mais, du fond de son tombeau, le cadavre d'Henry vous tient.

LE FUSIL BOUSQUET

19 avril 1899.

Ce n'est pas seulement dans sa lettre du 13 janvier 1899 à M. le premier président Mazeau qu'Esterhazy a avoué ses rapports avec Schwarzkoppen. Il s'est contenté, dans cette lettre, de les reconnaître en deux courtes phrases, ajoutant que ces rapports avaient eu lieu, pendant dix-huit mois, de 1894 à 1895, à la demande du colonel Sandherr et qu'ils avaient été autorisés par ses chefs.

Invité, dans l'audience de la chambre criminelle en date du 23 janvier 1899, à fournir des preuves de son dire, Esterhazy s'y était obstinément refusé.

Les chefs, qui étaient censés avoir autorisé ces rapports, ont tous démenti, avec une extrême énergie, l'allégation d'Esterhazy.

Mercier, Gonse et Boisdeffre ont été également catégoriques : aucun d'eux n'a connu ces rapports d'Esterhazy et de Schwarzkoppen; aucun d'eux, dès lors, ne les a autorisés.

Si donc Esterhazy n'a point fait partie du contre-espionnage, ainsi que cela résulte de la déclaration unanime de ses anciens chefs, il ne reste de son témoignage que l'aveu de ses rapports avec Schwarzkoppen, c'est-à-dire de son crime.

Mais Esterhazy a parlé, ailleurs encore que dans sa lettre à M. Mazeau, de ses rapports avec Schwarzkoppen : c'est dans la deuxième et dans la troisième livraisons de son livre, si injustement méconnu, méprisé à tort par la plupart des défenseurs de la revision, redouté à bon droit par les avocats de l'État-major qui ont organisé contre cette publication la conspiration cynique du silence.

Il y persiste, cela va de soi, dans son affirmation que ses chefs avaient connu ces rapports ; mais, au contraire de ce qu'il a fait dans sa lettre, il multiplie les détails. Il n'y a jamais eu d'agent plus outrageusement trompé, dupé, berné, que le colonel de Schwarzkoppen. Esterhazy l'appelle gaiement : *Stock-fish*, « morue ». Et, dans une audacieuse bravade, il énumère quelques-uns des faux documents qu'il aurait, d'accord avec Sandherr, vendus au colonel prussien.

Or, parmi ces documents, — car il faut que fourbe toujours se laisse prendre par quelque endroit, — Esterhazy cite (*les Dessous de l'affaire Dreyfus*, p. 159) « la description du fameux nouveau fusil qui n'a jamais existé que dans son imagination ».

« Je voudrais, ajoute-t-il, la lui voir produire, et surtout le voir tirer une cartouche avec ce fusil réalisé ! »

Il serait très plaisant, s'il ne s'agissait du plus horrible des drames, de constater avec quelle ingénuité ce scélérat s'est livré ici lui-même.

Il résulte, en effet, de la déposition de M. Georges Ecalle et de celle de M. Bousquet devant la chambre criminelle, qu'Esterhazy a fait dessiner un fusil qui

10.

n'était point du tout un fusil de fantaisie, *mais le nouveau fusil Lebel.*

C'est au mois de mars 1896, — *donc à une époque où Sandherr n'était plus directeur du bureau des renseignements, où il était remplacé, depuis neuf mois, par Picquart, où, dès lors, il ne peut plus, même d'après la version du Uhlan, être question de contre-espionnage,* — c'est en mars 1896 qu'Esterhazy fit venir chez lui, rue de la Bienfaisance, M. Ecalle, dessinateur en bijouterie, alors soldat au 74ᵉ régiment de ligne, en garnison à la caserne de la Pépinière.

Esterhazy montra à Ecalle « deux planches où se trouvaient représentées les diverses pièces d'un fusil, et, en réduction, le fusil lui-même. » Il lui fit connaître « que les dessins de ces planches représentaient un fusil autrichien, auquel il avait apporté une amélioration »; il se disait « très pressé, craignant une chute très prochaine du cabinet, de soumettre son travail à M. Cavaignac, ministre de la guerre ».

Ecalle ayant fait observer qu'il ne connaissait que le dessin d'ornement et non le dessin linéaire, Esterhazy lui demanda s'il ne pourrait recommander pour ce travail, l'un de ses anciens camarades de l'École des Arts décoratifs.

C'est dans ces conditions que Bousquet fut amené par Ecalle chez Esterhazy. Il fit le dessin d'une des planches et le lavis de l'autre.

Ecalle et Bousquet ont reconnu l'un et l'autre que le prétendu fusil autrichien « avait l'apparence du fusil Lebel ».

La chambre criminelle a négligé de demander à M. Cavaignac et à son successeur, le général Billot, si Esterhazy leur a remis ce travail.

C'est là une question, bien qu'elle soit résolue

d'avance, qu'il importera à la Cour de cassation, toutes chambres réunies, de poser, lors de l'enquête supplémentaire, à MM. Cavaignac et Billot.

Il est manifeste que le fusil copié par Bousquet ne fait qu'un avec le fusil dont Esterhazy parle dans son livre.

Comme il résulte des témoignages de Mercier, de Gonse, de Boisdeffre et de Roget lui-même, qu'Esterhazy n'a jamais fait d'amorçage pour le compte du ministère de la guerre, la trahison se trouve ainsi, une fois de plus, établie et prouvée.

L'ARRIVÉE DU BORDEREAU

21 avril 1899.

Le colonel Cordier a déposé, le 27 décembre 1898, devant la chambre criminelle de la Cour de cassation.

Cette déposition, avant d'être connue dans son texte — et, comme on va voir, parce que le texte n'en était pas connu, — avait provoqué, chez les adversaires de la revision, de furieuses colères.

Elle fournit, notamment, à M. Quesnay de Beaurepaire le cinquième des faits articulés contre la chambre criminelle, dans sa note du 12 janvier 1899.

Je lis dans cette note, — reproduite à l'appendice du rapport de M. Renault-Morlière sur la loi de dessaisissement (*p. 15, septième pièce*), certifiée conforme par la personne qui signe : « Le garde des sceaux, ministre de la justice, Georges Lebret », — le paragraphe suivant :

5° Au nombre des témoins a figuré un ancien officier mis en réforme (pour intempérance) et qui a donné libre cours à sa rancune en attaquant vivement l'État-Major. A la suspension d'audience qui a suivi, M. le président Lœw n'a-t-il pas exprimé sa satisfaction et son approbation dans des termes qui ont profondément affligé certain magistrat de sa chambre?

M. Lœw, dans sa lettre du 24 janvier 1899 à M. le premier président Mazeau (*Appendice, p. 55, cinquante-et-unième pièce*), a répondu, en ces termes, à cette allégation de M. de Beaurepaire :

5º Je n'ai exprimé ni approbation ni satisfaction à la déposition du témoin dont il est fait mention sous ce numéro. Ce témoin nous a paru malade et, à deux reprises différentes, il a fallu suspendre son audition à raison de l'incohérence de ses réponses et de sa parole.

Ce qui est confirmé par M. Sevestre. (*App., p. 67, soixantième pièce.*)

D'autre part, depuis plus de cinq mois, la *Libre Parole*, l'*Intransigeant*, etc., ne tarissaient point en diatribes injurieuses contre le colonel Cordier. Le bruit était venu aux rédacteurs de ces journaux que Cordier se répandait en d'inquiétants récits sur les grands chefs, sur l'organisation du service des renseignements, sur le bordereau qui n'aurait pas été reçu par Henry. Cette dernière allégation les irritait et les inquiétait particulièrement. Pourquoi? On le saura plus tard, parce qu'on saura tout. Ils accusaient donc le colonel Cordier de plusieurs crimes et de tous les vices, ils l'accusaient d'être aux gages du « Syndicat »; ils le traitaient surtout de gâteux, d'ivrogne et d'alcoolique.

A lui tout seul, à en croire Drumont, le lieutenant-colonel Cordier absorbait la moitié de l'eau de feu qui ravage la France après avoir décimé les Indes occidentales.

Mais voici le compte rendu de sa déposition. Cordier n'y médit point des grands chefs; il « tient à dire à la

Cour que, au service des renseignements, tout se passait comme dans une famille » ; il a commencé son témoignage, *ex-abrupto*, par cette déclaration : « Le bordereau a été apporté au colonel Sandherr par le commandant Henry. »

Dès lors, je connais d'avance le prochain numéro de la *Libre Parole* et le prochain numéro de l'*Intransigeant*. J'y vais être traité, une fois de plus, d'imposteur et de menteur. Mais Cordier aura toutes les vertus, il aura refusé les présents d'Artaxerxès, il sera une lumineuse intelligence et sa sobriété sera celle du chameau.

II

Je suis, cependant, bien tranquille. Quand j'ai écrit mon premier article sur Henry et Esterhazy, qui a paru dans le *Siècle* du 7 novembre 1898, quand j'y esquissais pour la première fois l'hypothèse, qui est devenue une certitude, de la complicité de ces deux hommes, je ne connaissais même pas de nom M. le colonel Cordier. Cet article reposait exclusivement sur la critique des textes, sur des déductions.

J'avais été conduit à l'une de ces déductions par le passage suivant du procès-verbal des aveux d'Henry :

Au cours de l'entretien rapporté ci-dessus, dit ce procès-verbal, le général Roget a été *amené* à dire au lieutenant-colonel Henry : « Savez-vous si on a proposé une forte somme au commandant Esterhazy pour se déclarer auteur du bordereau ? Savez-vous s'il a existé des relations entre le colonel Sandherr et le commandant Esterhazy ? »

Sur quoi Henry :

Je crois qu'ils s'étaient connus en Tunisie; mais je n'ai jamais vu le commandant Esterhazy venir au bureau qu'une fois, en 1895.

Esterhazy a prétendu depuis qu'Henry *a dû dire autre chose encore* que Cavaignac et Roget auraient supprimé dans le procès-verbal, truqué et tronqué, qu'ils ont négligé de faire signer par le patriotique faussaire.

Henry continue :

Esterhazy venait apporter au colonel Shandherr des renseignements qu'il avait recueillis par hasard.

« Par hasard », qui est un petit chef-d'œuvre, a indigné Esterhazy. « Serait-ce, s'est-il écrié dans son livre, sous les quatre fers d'un chien ? »

Puis, brusquement, tout à coup, sans répondre à la question relative à l'argent qui aurait été offert à Esterhazy, mais répondant soit à une question qui lui aurait été posée réellement par Roget ou Cavaignac et qui aurait ensuite disparu du procès-verbal, soit à une pensée angoissante que l'évocation du bordereau aurait fait naître dans son cerveau, Henry, d'après le procès-verbal de Cavaignac et de Roget, s'exprime ainsi :

C'est à moi qu'on a apporté le bordereau saisi en 1894. Il est venu par la voie ordinaire, avec des documents que vous connaissez et dont l'authenticité est indiscutable. Toute autre version est contraire à la vérité et matériellement impossible.

Sur quoi j'écrivais :

Le général Roget demande à Henry ce qu'il sait d'une tentative de corruption dont Esterhazy aurait été l'objet à l'occasion du bordereau. Et Henry répond que c'est à lui que le bordereau a été apporté. Qu'est-ce que ce *quiproquo*? Quelle pensée est née dans le cerveau d'Henry, à laquelle il répond, non à la question du général Roget? Pourquoi cette attestation, qui ne lui était pas demandée par le général Roget, que « toute autre version est contraire à la vérité et matériellement impossible »?

Il y a donc eu une autre version au sujet du bordereau, version selon laquelle le bordereau ne serait pas parvenu à Henry?

Et Henry connaît cette version! Et les noms d'Esterhazy et de Sandherr suffisent à la lui rappeler brusquement! Et il jure que cette version est contraire à la vérité et matériellement impossible!

Que n'a-t-il déjà juré sur l'honneur pendant cet interrogatoire! Rien qu'au sujet de son faux, il a déjà prêté huit ou neuf faux serments! Il ne peut ouvrir la bouche sans mentir. Il a juré, devant M. le juge d'instruction Fabre, que seul, il connaissait l'agent. Mensonge.

Je rappelle que ce mensonge avait été dénoncé par M. Cavaignac lui-même. Dans sa lettre du 30 octobre 1898 à M. Mazeau, il avait affirmé que « le nom et la personnalité de l'agent sont parfaitement connus depuis l'origine par ceux qui doivent le connaître ». Affirmation qui est conforme à l'évidence et qui a été confirmée par Picquart, Billot, Mercier, Boisdeffre et Gonse.

Je reprends la suite de la citation :

Et il jure maintenant, devant Cavaignac, que, seul, il a reçu le bordereau. Il fait ce serment, que ni M. Cavaignac, ni M. le général Roget, ne lui demandent, sur une question qui n'a pas été posée. Pourquoi ce nouveau serment? Quelle est l'angoisse nouvelle qui le prend? Devant quelle nouvelle révélation tremble-t-il? Quelle est cette nouvelle trahison d'Esterhazy?

Il suffira de constater qu'Henry a juré que le bordereau lui est parvenu directement pour en conclure que c'est l'autre version, celle dont ni le général Roget, ni Cavaignac ne lui avaient parlé, mais qui s'est réveillée dans son inquiète mémoire, que c'est celle-là qui est la vraie.

J'en préviens les panégyristes d'Henry : je reste convaincu que, d'une manière ou de l'autre, la version d'Henry est mensongère.

Or, le lendemain du jour où j'avais écrit cet article et l'avant-veille de celui où il a paru dans le *Siècle*, comme je causais avec un ami de ces déductions, une autre personne, *qui en déposera*, intervint dans la conversation pour dire que le bordereau, en effet, n'avait point été reçu par Henry. Celui-ci n'était, en 1894, qu'un agent secondaire du bureau. Le chef était Sandherr avec, comme sous-chef, Cordier, dont j'entendis alors le nom pour la première fois. L'autorité particulière de cet interlocuteur me confirma dans mes conclusions. Puis, le jour même où parut mon article, un autre de mes amis vint me dire : « Vous connaissez donc le colonel Cordier ? — Moi, pas du tout, je ne l'ai jamais vu. — C'est qu'il m'a fait, le 30 avril dernier, le jour de l'ouverture du Salon, devant témoin, le récit même où aboutit votre déduction, à savoir que le bordereau n'a pas été reçu par Henry. »

Je pris d'autres informations. Je ne nommai le colonel Cordier qu'un mois plus tard, dans mon article du 6 décembre 1898, comme étant l'officier qui aurait, avec Sandherr, reçu et reconstitué le bordereau.

III

Ai-je été induit en erreur par des hommes qui sont, d'ailleurs, au-dessus de tout soupçon et d'une irréprochable loyauté, dont la mémoire n'aurait pas été entièrement fidèle et qui auraient brouillé les choses?

Cela est parfaitement possible, mais ne ferait, en tout état de cause, qu'ajouter aux flagrantes contradictions qui existent entre tous les récits relatifs à l'arrivée du bordereau.

Quoi qu'il en soit, le colonel Cordier fut appelé le 17 décembre 1898 au ministère de la guerre. C'était la première fois, depuis de longs mois qu'il y était convoqué. Il en fut assez étonné; son entourage immédiat s'en inquiéta. Cordier se rendit, en uniforme, je crois, au ministère. Il y fut reçu par le ministre, M. de Freycinet.

J'ignore assurément ce qui se passa dans cette audience. Cordier, que je ne connais toujours pas, ne me l'a point dit ni fait dire. Il me sera permis, cependant, de demander quel motif, si pressant, faisait appeler le colonel Cordier par M. de Freycinet, le 17 décembre, dix jours avant sa première déposition, du 27, devant la chambre criminelle.

L'affaire était-elle si exceptionnellement urgente que le ministre de la guerre n'eût pu ajourner cette convocation de douze jours? M. de Freycinet, qui est le plus fin des hommes, n'a-t-il pas compris ce qu'il y avait de grave à appeler dans son cabinet un officier qui allait déposer, qui n'était plus seulement le lieutenant-colonel, mais le témoin Cordier?

Je suis certain, ai-je besoin de le dire? qu'aucune subornation de témoin n'a été commise ni même tentée par un homme comme M. de Freycinet. Mais qui ne sait aujourd'hui de quel poids pèse, sinon sur la conscience, du moins sur la mémoire d'un soldat, la moindre parole tombée de la bouche d'un supérieur en grade?

Ici, les deux interlocuteurs sont le ministre de la guerre et un officier, en non activité, qui se laisse aisément troubler. La chambre criminelle a dû suspendre, à deux reprises, son audition. « A raison, écrit le président Lœw, de l'incohérence de son souvenir et de sa parole ». M. le conseiller Sevestre, qui n'est point suspect à l'État-Major, a dit de lui, dans sa lettre du 26 janvier 1899, au président Mazeau :

Il est exact que le témoin Cordier était en état d'ivresse la première fois qu'il s'est présenté devant la Cour. (*Appendice, soixantième pièce, p. 67.*)

Je cite, je n'apprécie point ; je suis même porté à croire que ces appréciations sont trop sévères.

Je fus informé, dès la seconde quinzaine de décembre, que mes renseignements étaient contredits : Cordier avait déposé que le bordereau avait été apporté à Sandherr par Henry.

IV

Telle est, en effet, la déposition de Cordier devant la chambre criminelle. Il commence en ces termes, réponse directe au bruit qui courait que le bordereau n'avait pas été reçu par Henry, à la déduction que j'avais exposée à ce sujet, aux furieuses polémiques qui mettaient Cordier en jeu.

Le bordereau, dit Cordier, a été apporté au colonel Sandherr par le commandant Henry. En voici la preuve : le commandant Henry, qui avait éliminé l'ancien agent qui apportait directement à la section de statistique les pièces de même origine que le bordereau, recevait directement les pièces d'une autre personne. L'élimination de l'ancien agent avait eu lieu à la suite de l'affaire Millescamps.

Le commandant Henry était seul en relation avec cette personne dont l'existence était connue, du reste, de ceux qui, au bureau, devaient le connaître.

A cette époque, le commandant Henry recollait lui-même les papiers et faisait généralement cette besogne à son domicile. Quand les papiers à recoller étaient en langue étrangère, le commandant Henry avait recours aux bons offices de l'un des capitaines de la section. Le colonel Sandherr, ni moi, n'avons jamais recollé un seul papier.

Par conséquent, le bordereau est arrivé de la façon habituelle et remis, recollé par Henry, au colonel Sandherr.

« Par conséquent » est, peut-être, excessif. Car, enfin, dans le récit même de Cordier, rien ne prouve que le bordereau soit arrivé « de la façon habituelle » au ministère de la guerre. Je montrerai tout à l'heure que le contraire a été affirmé, et notamment par Esterhazy. C'est donc, tout simplement, un récit qui a été fait à Cordier et que celui-ci répète.

Cordier, en effet, du moins aux termes de sa déposition, n'a pas été un témoin oculaire de la remise qui aurait été faite du bordereau par Henry à Sandherr. A l'époque (fin septembre) où ce bordereau arriva au ministère, Cordier était en congé ; il en revint le 8 octobre.

Je reprends, textuellement, sa déposition :

Ce dernier (Sandherr) m'a dit, *à la date du 8 octobre matin, que l'affaire était tenue complètement secrète, que dix ou douze officiers généraux ou supérieurs de l'Etat-Major seuls la connaissaient et que les deux capitaines de la section eux-mêmes 'ignoraient.*

Du reste, ces capitaines ne l'ont apprise eux-mêmes que vers la fin d'octobre, au moment où l'affaire commençait à s'ébruiter.

C'est le colonel Sandherr et moi qui, après en avoir conféré ensemble, les avons prévenus.

Ces capitaines sont le capitaine Lauth et le capitaine d'artillerie Matton.

Puis, sur interrogation :

Je serais fort étonné d'apprendre que le bordereau a été recollé par le capitaine Lauth et, dans ce cas, je ne m'expliquerais pas pourquoi cet officier m'aurait laissé croire, pendant plus de quinze jours, qu'il ignorait l'affaire Dreyfus.

Voilà tout ce que dépose Cordier au sujet du bordereau.

Il est clair que l'ancien État-Major et ses journaux vont accueillir avec joie ce que Cordier dit au sujet de la réception du bordereau par Henry. Mais que diront-ils de ces affirmations, non moins formelles, au sujet du secret absolu qui aurait été gardé, au bureau, par Sandherr? Lauth et Matton n'auraient été mis au courant, par Sandherr ou par Cordier, qu'après que le chef et le sous-chef en avaient conféré ensemble vers la fin d'octobre...

V

De Cordier, de Lauth et de Gribelin, je ne sais pas encore qui dit, sous la foi du serment, la vérité. Ce qui est certain, c'est que leurs dépositions sont violemment contradictoires, que Lauth est un faux témoin (sans parler de Gribelin) si c'est Cordier qui ne ment point, ou inversement.

Le début de la déposition de Lauth est identique, il est essentiel de le constater, au début de la déposition de Cordier. Le voici :

Le commandant Lauth. — Le bordereau dont il est question a dû arriver dans les bureaux dans les derniers jours de septembre 1894.

Le commandant Henry était en ce moment absolument le seul officier du bureau qui connût l'agent qui nous fournissait des documents de ce genre et qui fût connu de lui.

Il avait ses rendez-vous avec cet agent à peu près exclusivement le soir, après dîner, vers huit ou neuf heures, tantôt en un point, tantôt en un autre, de sorte qu'il lui était impossible de remettre, le soir même, les papiers touchés à notre chef, le colonel Sandherr, et qu'il les gardait chez lui pendant la nuit pour ne les apporter au bureau que le lendemain matin.

Très souvent, en raison du peu de liberté dont disposait l'agent, les rendez-vous avaient lieu à la fin de la semaine, c'est-à-dire le samedi soir et j'incline beaucoup à croire, sans toutefois pouvoir l'affirmer absolument, que le ou les papiers dans lesquels se trouvait le bordereau ont été donnés au commandant Henry le samedi 22 septembre et qu'il a dû les apporter au bureau le lundi 24 au matin.

Rapprochez du récit de Cordier le récit de Lauth. C'est le même développement, presque les mêmes mots. C'est évidemment la version officielle du bureau, comme l'était en 1894, au procès Zola, la version relative à la date du même bordereau.

Mais l'identité s'arrête ici. Pendant que Cordier raconte que c'est lui qui a informé, fin octobre, Lauth et Matton de l'événement, Lauth dépose qu'il l'a connu le jour même, ainsi que Matton.

Un matin, raconte Lauth — est-ce le 24 ou une autre date? mais il ne doit pas y avoir grand écart, — je suis arrivé au bureau, et immédiatement, avant que je pusse entrer dans la pièce où je travaillais d'ordinaire, le commandant Henry, qui circulait dans un couloir intérieur à nos bureaux, m'appela et me fit entrer dans la pièce où il travaillait d'ordinaire.

En même temps que moi arrivait le capitaine Matton, aujourd'hui chef d'escadron au 16e régiment d'artillerie, à Clermont-Ferrand.

A peine fûmes-nous entrés dans la pièce du commandant qu'il nous montra des papiers dont il avait pris possession la veille ou l'avant-veille et, nous montrant quelques fragments, recollés par lui, il nous dit : « C'est effrayant. Voyez donc ce que j'ai trouvé dans les paquets. »

Nous nous mîmes près de la fenêtre, écartant les rideaux qui donnent sur la rue de l'Université ; et tous trois nous nous mîmes à lire le contenu de cette pièce qui n'était autre que le bordereau.

Diverses réflexions furent échangées au sujet de celui qui pouvait en être l'auteur, en raison de la nomenclature des pièces qui y étaient indiquées et de la possibilité, pour des officiers de telle ou telle arme, de telle ou telle fonction, de se les procurer.

J'ajoute que, soit pendant que nous étions près de la fenêtre, soit au moment où le commandant Henry nous a appelés, M. Gribelin, l'archiviste du bureau, est également entré dans la pièce et a eu connaissance, à peu près en même temps que nous trois, de l'existence de cette pièce.

Le bordereau n'a été montré au chef du service, le colonel Sandherr, qu'une demi-heure ou trois quarts d'heure plus tard, dès son arrivée au bureau, attendu qu'il ne venait que vers dix heures, et notre chef de service a dû en rendre compte à ses chefs, soit dans la matinée, soit dans l'après midi.

Quant au sous-chef de bureau de cette époque (le lieutenant-colonel Cordier) qui, par l'organisation même du service, ne venait au bureau qu'à midi, il n'aurait pu en avoir connaissance qu'au retour au bureau, l'après-midi, du chef de service, c'est-à-dire vers trois heures ; mais il n'en a pas eu connaissance du tout, attendu qu'à ce moment-là il était en permission, qu'il n'est rentré que le 8 octobre et, par conséquent, si le lieutenant-colonel Cordier a déposé de la même façon qu'il a voulu l'avancer dans les journaux (que c'est lui qui au rait vu le bordereau l'un des premiers), je déclare qu'il en a menti.

Ainsi, dans cette seconde partie, Lauth et Cordier ne s'accordent que sur un seul point, à savoir que Cordier est revenu de congé le 8 octobre ; encore Cordier dit-il avoir entretenu Sandherr le matin ; Lauth affirme que cette conversation n'a pu avoir lieu que vers trois heures de l'après-midi.

Mais, sur tout le reste, le « désaccord », comme disait Delegorgue, est flagrant, et tellement flagrant qu'il est impossible de n'y pas voir, de la part de l'un ou de l'autre des narrateurs, un faux témoignage dans toute la force du terme.

VI

Est-ce Cordier ? est-ce Lauth qui est le faux témoin ? Il faut que ce soit l'un ou l'autre.

Il y a, d'une part, contre Cordier, les appréciations, peut-être trop vives, mais concordantes du président Lœw et du conseiller Sevestre, sur son incohérence et son manque de mémoire.

Il y a, d'autre part, contre Lauth, les cent inexactitudes qui ont déjà été relevées, au sujet du *petit bleu*, de l'entrevue de Bâle, etc.

Je dois, d'ailleurs, faire observer à Lauth que son récit ne s'accorde même pas avec celui du fidèle Gribelin.

En effet, Lauth prétend qu'il a eu, le premier, connaissance, avec Matton, du bordereau, et ce serait un joli tableau que celui où l'on verrait ces deux officiers lisant à la fenêtre, dont le rideau a été écarté, la pièce qui a arraché cette exclamation à Henry : « C'est effrayant ! »

« Il y a une ressemblance effrayante, a dit plus tard Esterhazy, entre l'écriture du bordereau et la mienne. »

Mais Gribelin dispute l'honneur de cette priorité à Matton et à Lauth. Il dépose en ces termes :

> Vers la fin de septembre 1894, au moment de mon arrivée au bureau, vers neuf heures du matin, le commandant Henry m'appela et me dit, en me présentant un papier recollé : « Voyez donc ce qui m'a été remis. C'est fort, et j'espère bien qu'on va le pincer. »
>
> Je pris connaissance du bordereau et, comme lui, je fus convaincu qu'il ne pouvait émaner que d'une personne appartenant à l'État-Major de l'armée et ayant des connaissances techniques en artillerie.
>
> Je m'absentai quelques instants du bureau du commandant Henry, et, quand j'y rentrai, j'y trouvai les capitaines Lauth et Matton, à qui il avait également montré le bordereau.
>
> Je n'ai revu cette pièce que plus tard, lorsque j'en ai été constitué en quelque sorte le gardien comme greffier de l'officier de police judiciaire.

C'est un détail, assurément, mais c'est toujours d'un simple détail que les vrais juges d'instruction savent faire jaillir la vérité.

J'ajoute enfin que le colonel Cordier a fait photographier par l'agent Tomps, dans la période qui a précédé l'arrestation de Dreyfus, soit le bordereau, soit une pièce importante du dossier. C'est Tomps qui en a déposé. Cordier avait donc été associé étroitement par Sandherr à la conduite de l'affaire, ce qui semble contesté par Lauth.

VII

Il faut se reporter maintenant à la déposition du général Roget, en date du 21 novembre 1898.

Roget dit que le bordereau a été reçu par Henry, mais il ajoute, après avoir rappelé la composition du bureau de statistique : « On trouva qu'il était imprudent de n'avoir qu'un seul officier connaissant l'agent et on en désigna un second; ce furent, en ce temps-là, Henry et Lauth. »

Or, cette affirmation est contredite formellement par Lauth qui dit : « Henry était, *à ce moment, absolument le seul officier du bureau qui connût l'agent.* »

Contradiction étrange entre ces deux véridiques personnes, mais nullement inexplicable. Si Roget, en effet, dit vrai, si Lauth, dès 1894, connaissait l'agent, on en pourrait conclure, hâtivement sans doute, que le bordereau aurait pu être reçu par Lauth. Lauth, lui, ne connaissait pas, en 1894, l'écriture d'Esterhazy, ni Esterhazy lui-même.

Henry, ami et camarade d'Esterhazy, avait été, au dire d'Esterhazy, au courant de ses rapports, censément autorisés par les chefs qui le nient, avec Schwarzkoppen; il eût reconnu, du premier coup d'œil, sur le bordereau, l'écriture si caractéristique du Uhlan.

Ayant reconnu cette écriture, s'il avait été seul à recevoir le bordereau, *ou s'il l'avait reçu dans des conditions où il lui eût été impossible de le faire disparaître,* Henry l'aurait tout simplement jeté au feu. C'est l'un des arguments que j'avais fait valoir dans l'article où la déduction m'amenait à poser l'hypothèse de la complicité d'Henry et d'Esterhazy. Cet argument n'est pas opposable à Lauth.

C'est ainsi que j'avais admis les propos attribués à Cordier, d'après lesquels le bordereau aurait été reçu par Sandherr.

Il est avéré que le *petit bleu* a été reconstitué, en 1896, par Lauth, en l'absence d'Henry. Que fit Lauth ? Il porta, fort tranquillement, à Picquart la dépêche au nom d'Esterhazy, demandant : « Y en aurait-il encore un ? » Si Henry n'avait pas été en congé, s'il avait trouvé, lui, le *petit bleu* dans le cornet, eût-il fait de même ?

La question eût pu se poser il y a six mois ; elle ne se pose plus.

La divine Némésis aurait-elle voulu que l'aventure se renouvelât deux fois, ou, tout au moins, que le cornet eût été dépouillé à la fois par Lauth et par Henry, qu'Henry eût été, par deux fois, dans l'impossibilité de faire disparaître la preuve du crime de son ami ?

Je n'avance pas que les choses se seraient ainsi passées ; j'observe seulement que l'affirmation de Roget permet de dire qu'elles auraient pu se passer ainsi.

VIII

Maintenant, pourquoi Lauth est-il, sur ce point, en contradiction avec Roget ?

C'est bien simple. Si Lauth, en 1894, n'était point intéressé à sauver Esterhazy, il est, tout au contraire, fort intéressé aujourd'hui à sauver Henry, son compagnon de voyage de Bâle, le complice de ses manœuvres contre Picquart. Tout réservé qu'il soit, Picquart semble indiquer que Lauth n'aurait pas été étranger au plus fameux des faux d'Henry. Lauth a donc aujourd'hui intérêt à faire croire que le bordereau n'a pu être reçu que par Henry, qu'Henry seul l'a reconstitué, qu'Henry l'a fait voir aussitôt — ce qui est formellement nié par Cordier, — à lui, Lauth, à Matton et à Gribelin. La complicité d'Henry et d'Esterhazy résulte assurément de cent autres faits non moins importants. Elle se heurterait toutefois à une objection sérieuse si Henry, libre de détruire le bordereau, ne l'avait pas détruit. C'est pour créer cette objection que Lauth affirme, contrairement à Roget, qu'Henry était seul à être en rapport avec l'agent. C'est pour la fortifier qu'il raconte, avec une si grande abondance de détails, la scène où Henry lui fit voir le bordereau et, *surtout, qu'Henry avait reçu l'avant-veille, un samedi soir, les documents, qu'il les avait dépouillés et reconstitués chez lui.*

Il faut s'arrêter à cette partie de la déposition de Lauth; c'en est vraiment la pointe. Relisez le passage où Lauth expose que l'agent, « en raison du peu de liberté dont il disposait », donnait souvent ses rendez-vous le samedi soir. Pour quelqu'un qui affirme qu'Henry était absolument le seul à connaître l'agent, Lauth est bien au courant des habitudes de ce personnage mystérieux. L'affirmation de Roget, que Lauth connaissait l'agent, s'en trouve singulièrement fortifiée. Tout l'effort de Lauth consiste à faire entendre qu'Henry aurait eu le bordereau entre les mains, pendant trente-six heures, du samedi soir au lundi matin, avant de le porter au bureau. Il l'aurait eu à sa disposition chez lui, seul chez lui.

Or, cette insistance est, par elle-même, suspecte. Le

désaccord, je ne dis pas entre Cordier et Lauth, mais entre Roget et Lauth, la rend plus suspecte encore. Quoi! Roget affirme que Lauth connaissait l'agent, et Lauth déclare qu'Henry était absolument seul à le connaître. Lauth épouse ainsi, avec trop de passion, partant avec trop de maladresse, la cause d'Henry. Il a reconnu lui-même, au procès Zola, qu'il aidait Henry dans le travail de reconstitution des papiers. A Henry, les papiers écrits en français; à Lauth, ceux qui étaient écrits en langue étrangère. Cordier, sur ce point spécial, confirme Lauth. « Petit à petit, dit-il, Lauth aida beaucoup plus complètement Henry qui avait fini par absorber une bonne partie de son temps. » Il déclare lui en avoir même fait l'observation. Mais ce triage des papiers ne se faisait-il pas en commun?

Lauth, croyant que Cordier réfuterait la version du bordereau reçu par le seul Henry, dit, d'avance, qu'il en a menti. Par le fait, le démenti de Lauth ne s'adresse plus qu'à la seconde partie de la déposition de Cordier, celle où Cordier raconte qu'il a appris lui-même, à Lauth et à Matton, et seulement fin octobre, l'affaire du bordereau. Mais Lauth n'est pas démenti que par Cordier; il l'est aussi par Roget. Donc, si Cordier dit vrai, Lauth a été un faux témoin quand il a prétendu avoir connu le bordereau dès son arrivée, et tout le reste de son récit s'effondre. Et si Roget dit vrai, Lauth a été encore un faux témoin quand il a prétendu que Henry seul connaissait l'agent, et son récit s'effondre encore.

IX

Mercier, dans sa déposition, dit seulement : « Le bordereau avait été remis, *je crois*, à Henry. » Zurlinden le croit aussi ; il insiste surtout, ce qui est plutôt inattendu, sur ce « qu'Henry eût été incapable d'écrire le bordereau », méfait dont ce faussaire n'a jamais été accusé. Gonse dit que le bordereau a été reçu par Henry, montré par lui à Gribelin, à Matton, et « autant qu'il m'en souvienne », à Lauth. Boisdeffre est muet. Picquart s'exprime en ces termes : « Il a toujours été admis que le bordereau est arrivé comme toutes les pièces du même genre, c'est-à-dire remis au commandant Henry par un agent ; le document se trouvait à l'état de déchirures et mêlé à d'autres dans un ou plusieurs cornets. »

Mais cela dit, Picquart ajoute :

Il est cependant nécessaire de vous faire part de mes doutes au sujet de la régularité avec laquelle ce service pouvait se faire, notamment en 1894. Je ne doute pas qu'en 1893 les choses se soient passées ainsi, ce serait à vérifier ; mais à la fin de 1893 et au commencement de 1894, ce service des papiers fut dénoncé aux intéressés par la maîtresse d'un agent, la femme Millescamps.

On prétendit que l'agent s'était suicidé ; je ne sais si c'est un bruit qui a couru dans le public, ou s'il a été officiel ; toujours est-il que l'agent a parfaitement vécu ; seulement, je crois que ce n'est plus lui qui a été chargé de cela ; il conviendrait de rechercher à quelle époque Henry a cessé de se servir de l'amant de la femme Millescamps comme intermédiaire et à quel moment il s'est adressé directement au producteur.

Quoi qu'il en soit, les gens étaient avertis, et il me paraît difficile qu'à partir du procès Millescamps ils n'aient pas pris des précautions.

Je me demande donc si un document comme le bordereau a été jeté au panier comme une pièce sans valeur, ou s'il n'a pas été pris par d'autres moyens, que l'agent n'a pas cru devoir révéler.

On n'accusera certainement pas le colonel Picquart de s'être entendu avec Esterhazy ; voici la version de l'ami d'Henry :

La première révélation que j'ai à faire est celle-ci :
Le bordereau n'est pas arrivé au service des renseignements déchiré en morceaux, comme on l'a prétendu.
Cette fable du bordereau, déchiré en mille pièces, a été inventée pour donner de la vraisemblance à une autre fable, celle de la découverte du bordereau dans la corbeille à papiers d'un attaché militaire étranger.
Et ceci, c'est la seconde révélation que je ferai, dès maintenant :
Le bordereau n'a pas le moins du monde été dérobé dans une ambassade ; il n'est nullement arrivé au service des renseignements par le cornet. Il y est venu par une tout autre voie. (*Dessous de l'affaire Dreyfus*, p. 136.)

Esterhazy appuie sa révélation sur cette déclaration de Schwarzkoppen que le bordereau n'a pas été pris dans le panier à papiers. Mais il ne dit pas que le bordereau a été apporté à Henry et reconstitué par lui.

Or, pourquoi ne le dit-il pas ? Ce n'est pas, évidemment, pour enlever cette gloire à Henry. Il a écrit, sans doute, à M. Jules Roche, « qu'on est terrifié de penser que la réputation, l'avenir, les intérêts des bons officiers sont à la merci des délations sans appel d'un homme dont l'abject métier devrait être, avant tout, sujet à défiance, qui colle ses épaulettes d'officier sur la défroque d'un argousin ». Mais, partout ailleurs, il a célébré Henry comme le type du loyal soldat. Henry, selon lui, en 1894, précisément à l'époque où le bordereau arriva au ministère de la guerre, était au courant de ses relations avec Schwarzkoppen.

Ici, il faut encore citer textuellement :

Lors de l'interrogatoire que lui fit subir Cavaignac, Henry déclara qu'il m'avait vu, une fois, au moins, apporter des documents à Sandherr.

Ces documents, je ne les avais évidemment pas trouvés sous les quatre fers d'un chien.

Cette déclaration confirme donc la mission que je tenais de Sandherr...

On sait à quoi s'en tenir.

... et sur laquelle Henry aurait dû être bien plus explicite, car il connaissait les services considérables que j'avais ainsi rendus à Sandherr et à mon pays.

Je dis : *aurait dû être;* je vais compléter ma pensée et je dis : *a dû être.*

(*Déposition,* p. 201 des *Dessous de l'affaire Dreyfus.*)

X

Ainsi, par un chemin ou par un autre, il faut revenir à l'interrogatoire d'Henry par Cavaignac et se demander pourquoi, sans que la question lui ait été posée, à la seule évocation des noms d'Esterhazy et de Sandherr, Henry s'écrie : « C'est à moi qu'on a apporté le bordereau de 1894! Toute autre version est contraire à la vérité et matériellement impossible. »

Quelle est cette autre version?

De jour en jour, le rôle d'Henry apparaît avec une clarté croissante. Il était, tout au moins, l'ami le plus zélé d'Esterhazy : pour le sauver, il a perdu Dreyfus et il s'est perdu lui-même. (Voir l'aveu de Papillaud, au sujet de la lettre qui livrait à la *Libre Parole* le nom de Dreyfus, les révélations de M. Bertulus et de Tomps sur l'affaire de Bâle, celles de M. Paléologue sur la dépêche du 2 novembre 1894, celles de Freystætter sur le procès Dreyfus, celles de Du Paty, de Gribelin et d'Esterhazy sur le complot de 1897 contre la justice.) Cela étant, il n'y a qu'une version qui soit matériellement impossible : c'est la version officielle du 2ᵉ bureau, accréditée mensongèrement par les uns, répétée inconsciemment par les autres ; c'est que le bordereau a été reçu par Henry dans des conditions où il aurait pu le supprimer sans danger. Henry n'a pas pu ne pas reconnaître l'écriture d'Esterhazy, cette écriture que M. de Castro reconnaissait, en passant, sur un fac-similé. Henry, si cela lui avait été possible, eût jeté la pièce au feu.

Pourquoi Esterhazy ne dit-il jamais que le bordereau a été reçu par Henry et affirme-t-il, au contraire, qu'il n'est point venu par le cornet? On commence à être très fixé sur l'origine du bordereau. Il est établi qu'Esterhazy est resté, en août 1894, au moins une quinzaine de jours à Châlons et au château voisin de Dommartin. S'il n'a pas copié dans les journaux les documents énumérés au bordereau, il a pu les connaître tous à Châlons, ceux qui sont relatifs à l'artillerie comme la note même sur Madagascar, attendu que le plan de cette expédition a été élaboré, à Châlons, par le général, alors colonel, de Torcy, et par l'intendant Fauconnet. Le fameux : « Je pars en manœuvres » s'expliquerait alors, soit des manœuvres de septembre, dont Esterhazy aurait ainsi laissé entendre à Schwarzkoppen qu'il les suivrait, soit d'une reprise des écoles à feu. Esterhazy a reconnu, au surplus, qu'il emportait toujours des provisions de papier pelure : « Aux manœuvres, dit-il, et aux exercices. » (*Déposition du 24 janvier 1899.*) L'on comprend qu'Esterhazy hésite encore à confesser publiquement sa trahison. Mais on comprend moins, si ce n'est pas la vérité, dans quel intérêt il s'acharne à dire que le bordereau n'est point venu par le cornet.

Et les affirmations de tous ces témoins se valent ! Evidemment, sauf, toutefois, quand l'un ou l'autre d'entre eux n'a pas intérêt à mentir. Que le bordereau soit, d'ailleurs, venu ou non par le cornet, il y a un fait qui n'est pas contestable, c'est celui que Jaurès a mis l'autre jour en lumière, avec sa vigueur habituelle et le *procès Zola* en mains : à savoir que « la reconstitution des pièces se faisait par les soins de plusieurs officiers ». Dès lors, « Henry ne pouvait plus, sans le plus grand danger, faire disparaître une pièce vue par plusieurs témoins. Il aurait ainsi appelé les soupçons sur lui-même ». Donc Henry devait laisser aller les choses, puisqu'il ne pouvait pas les arrêter, quitte à avertir Esterhazy, et assez rassuré au surplus sur les conséquences, — « car il savait que l'écriture d'Esterhazy n'était connue que de lui, au bureau des renseignements ». « De fait, ajoute Jaurès, s'il n'y avait pas eu, par un hasard extraordinaire, une certaine ressemblance entre l'écriture du bordereau et celle de Dreyfus, le bordereau aurait été enfoui dans les dossiers, et Henry n'aurait pas été condamné aux effroyables machinations qu'il dut organiser pour que l'affaire, engagée contre Dreyfus, ne déviât pas vers Esterhazy et vers lui-même. »

Ainsi, les contradictions de Lauth et de Roget, de Lauth et de Gribelin, de Lauth et de Cordier, de Lauth et d'Esterhazy ne servent qu'à dégager, avec plus de force encore, la vérité des choses, qui ne saurait être en contradiction avec la logique des faits.

AUTRES FAUX

LA PREMIÈRE PIÈCE CAVAIGNAC

23 avril 1899.

I

M. Cavaignac, dans son discours du 7 juillet 1898, a appuyé sa conviction de la culpabilité de Dreyfus sur trois pièces. La première est le plus fameux des faux Henry; que valent les deux autres? Ce sont, comme on sait, deux lettres de Schwarzkoppen à Pannizzardi, relatives toutes deux « à une personne, dit Cavaignac, dont le nom est désigné par l'*initiale D...* ».

L'emploi du mot *initiale* constitue, de la part de M. Cavaignac, une déloyauté. L'initiale est la première lettre d'un nom. Or, « les pays étrangers ne gardent pas pour leurs espions l'initiale ordinaire ». C'est un fait qui est connu de tous, qui ne pouvait pas être ignoré du ministre de la guerre. « J'ai connu, a dit Picquart, un espion qui s'appelait réellement C...; il s'est présenté à des étrangers sous le nom de L... et ils l'ont baptisé N... » Mais Cavaignac, qui voulait appliquer la lettre D... à Dreyfus, l'appelait « initiale ».

Cavaignac étaye ces deux lettres l'une par l'autre, comme ayant été échangées dans un espace de temps très court, mars-avril 1894. Il dit de la première : « Lorsqu'elle est parvenue au service des renseignements, *elle a reçu l'indication suivante : mars 1894.* » Mais il ne dit point, pour cause, à quelle date elle est parvenue au service des renseignements. Il dit, ce qui est exact, qu' « elle a reçu l'indication mars 1894 ». Mais il cherche à faire entendre qu'elle est réellement de cette date. Sanchez ou Escobar ne procèderaient pas autrement. « La seconde de ces pièces *porte*, dit-il, la *date du 16 avril 1894.* » La nuance y est, mais qui s'en est aperçu ?

Cette seconde lettre est la fameuse pièce : « Ce canaille de D... ». Celle qui la précède a disparu dans sa gloire et dans la gloire du faux Henry. C'est une injustice qu'il importe de réparer.

II

Cette première des pièces où il est question de D... est ainsi conçue :

Hier, au soir, j'ai fini par faire appeler le médecin qui m'a défendu de sortir. Ne pouvant aller chez vous demain, je vous prie de venir chez moi dans la matinée, car D... m'a porté beaucoup de choses intéressantes, et il faut partager le travail ayant seulement dix jours de temps.

La seconde de ces pièces, celle qui porte la date du

16 avril 1894, paraît la suite de celle-ci. Elle est conçue en ces termes :

Je regrette bien de ne point vous avoir vu avant mon départ. Du reste, je serai de retour dans 8 jours. *Si-joint 12 plans directeurs de... que ce canaille de D... m'a donnés pour vous.* Je lui ai dit que vous n'aviez pas l'intention de reprendre les relations. Il prétend qu'il y a eu un malentendu et qu'il ferait tout son possible pour vous satisfaire. Il dit qu'il s'était entêté et que vous ne lui en voulez pas. Je lui ai répondu qu'il était fou et que je ne croyais pas que vous voudriez reprendre les relations avec lui. Faites ce que vous voudrez.

Comme on voit, *la lettre qui est datée du 16 avril 1894*, lettre écrite à la veille d'un départ de Schwarzkoppen, apparaît comme la suite de la précédente, *celle qui a reçu l'indication mars 1894* et qui annonce ce départ. Cela se tient. Cela se tient trop.

Il est déjà assez surprenant que, la première lettre ayant été, selon la version officielle, interceptée, Schwarzkoppen continue dans la seconde, qui le sera également, à parler à Panizzardi comme si celui-ci avait reçu la première. Ces attachés, surtout l'attaché allemand, parlaient donc à la cantonade ! On peut supposer, il est vrai, que Schwarzkoppen n'aurait pas envoyé la première lettre, qu'il l'aurait, pour une raison ou pour une autre, déchirée après l'avoir écrite et qu'elle aurait été prise dans le panier à papiers, lequel, d'ailleurs, depuis l'affaire Millescamps, ne donnait plus.

Mais il est inutile d'échafauder des hypothèses, car voici qui est décisif :

La lettre *qui a reçu l'indication mars 1894* étaye la seconde, qui est datée du 16 avril 1894. Or, pourquoi la seconde seule a-t-elle été produite dans la chambre du conseil, au procès Dreyfus ?

Cavaignac, le 7 juillet 1898, donne lecture de la première lettre où il est question de D... pour renforcer la seconde où il est question de ce « canaille de D... ». Cela est logique, tout à fait rationnel. Mais pourquoi Mercier, pourquoi Du Paty n'ont-ils pas fait de même au procès Dreyfus, en décembre 1894?

Il est certain qu'ils ne l'ont pas fait. Le commentaire de Du Paty, qui a été dérobé par Mercier, ne mentionne et ne commente que la pièce « ce canaille de D... ». Il n'y est point question de l'autre. Picquart, dans sa lettre du 14 septembre 1898 au garde des sceaux, analyse ce commentaire de Du Paty. Ce commentaire porte sur quatre pièces : la lettre dite « Davignon », la lettre « ce canaille de D... », la lettre : « Doute? Que faire? Apporter ce qu'il a... Bureau des renseignements... », et la lettre relative au voyage de l'attaché militaire E... en Suisse. Mais la pièce *qui a reçu l'indication mars 1894* n'y figure pas. Elle eût cependant corroboré aussi bien en 1894 qu'en 1898, dans le rapport de Du Paty que dans le discours de son cousin Cavaignac, la pièce « ce canaille de D... ».

Et je pose de nouveau la question : pourquoi cette pièce n'a-t-elle pas été produite au procès Dreyfus, en chambre du conseil, par Du Paty?

La raison en est simple : *C'est qu'elle n'existait pas en 1894 au ministère de la guerre.*

Elle n'y a pas existé davantage en 1895 et en 1896, tant que Picquart a été à la tête du bureau des renseignements. Le dossier secret a été remis par Gribelin à Picquart, à la fin du mois d'août 1896. Picquart a étudié ce dossier avec sa conscience habituelle. La pièce n'y était pas.

Donc, la pièce n'est arrivée au ministère de la guerre qu'à la fin de 1896, après le départ de Picquart, quand Picquart a été remplacé au service de statistique, nominalement par Gonse, effectivement par Henry, c'est-à-dire au début de la grande période des faux.

Elle a été fabriquée pour corroborer la pièce : « ce canaille de D... » et par quelqu'un qui avait celle-ci sous les yeux.

Cavaignac savait-il que cette pièce n'était arrivée au bureau des renseignements qu'à la fin de 1896 ? En tous cas, il aurait dû le savoir. Ce qui permet de croire qu'il l'a su, c'est que, s'il dit de la pièce « ce canaille de D... » *qu'elle porte la date du 18 avril 1894*, il dit de l'autre *qu'elle a reçu, lorsqu'elle est parvenue au service des renseignements, l'indication : mars 1894.*

Il ne mentait pas, mais il trompait tout de même la Chambre. Peut-être se trompait-il lui-même ?

En tous cas, le fait certain, c'est que la pièce étiquetée *mars 1894* n'est arrivée au ministère que fin 1896, alors que la pièce qui est datée du 16 avril 1894 y était arrivée avant la fin de ce même mois ou dans les premiers jours de mai ; c'est que celle-ci a été produite, en chambre du conseil, au procès Dreyfus, et que celle-là n'y a point paru.

On ne saurait alléguer, sans impudeur, que la pièce étiquetée *mars 1894* a mis deux ans à arriver au ministère de la guerre et qu'elle y est arrivée, précisément en 1896, après le départ de Picquart, au moment où la valeur du verdict de 1894 était en cause, pour étayer la pièce « ce canaille de D... ».

Cette pièce est donc un faux.

AUTRES FAUX

CE CANAILLE DE D...

24 avril 1899.

I

Je passe à la pièce « Ce canaille de D... ». C'est une lettre déchirée, puis reconstituée.

Esterhazy, dans sa déposition devant la chambre criminelle, est entré dans tous les détails de la fabrication du plus fameux des faux Henry :

L'agent secret, dit-il, qui apportait les lettres ou les pièces venant de l'ambassade d'Allemagne les apportait toujours déchirées en menus morceaux *et comme prises dans un panier à papiers.* On prit donc une de ces lettres, ou, mieux, les morceaux d'une de ces lettres, *on* en mit de côté pour composer la pièce nouvelle, l'en-tête, la signature et quelques mots. Puis, sur des bouts de papier pris dans les blancs d'une autre lettre de la même origine, *on* écrivit, en imitant l'écriture, ce qu'on voulait mettre.

C'est, avec plus de précision, une précision d'ailleurs qui en dit long, ce qu'Henry a avoué à Cavaignac et à Roget.

Il me semble probable que la pièce : « Ce canaille de D... » n'a point été fabriquée autrement. Je tiens pour authentiques les deux premières phrases de la lettre et toute la fin qui est relative au refus qu'oppose Panizzardi de reprendre ses relations personnelles avec l'agent dont il y est question. Mais je tiens pour interpolée la phrase : « *Si*-joint douze plans directeurs de Nice que ce canaille de D... m'a donnés pour vous. »

Une première raison est que Schwarzkoppen a toujours affirmé à Panizzardi, quand la pièce a été rendue publique en 1896, qu'il n'avait jamais écrit la phrase : « Ce canaille de D... », et je ne vois pas pourquoi il eût fait cette déclaration mensongère à son ami qui l'a cent fois répétée. Ni Schwarzkoppen ni Panizzardi ne nient qu'ils aient eu un agent *civil* qui leur remettait des cartes, des plans et des documents militaires imprimés. Ils attestent seulement que cet individu n'était ni Dreyfus, qu'ils ne connaissaient pas, ni Esterhazy qui occupait, dans la hiérarchie de l'espionnage, un rang plus élevé. Je ne m'explique donc pas, pour quelle raison Schwarzkoppen nierait seulement avoir écrit la phrase : « Ce canaille de D... » Il avoue ses relations avec l'individu en question, parce que ces relations ont existé. S'il conteste la phrase, c'est qu'il ne l'a point écrite.

Une seconde raison, c'est que les « plans directeurs de Nice », qui auraient été « joints » à la lettre de Schwarzkoppen à Panizzardi, étaient à leur place, au premier bureau, quand on a vérifié, et qu'il est vraiment impossible de comprendre par quel procédé un aussi énorme paquet eût pu être « joint » à une lettre.

C'est Du Paty, lui-même, qui dit, dans son commentaire des pièces secrètes, « qu'on a vérifié si les plans directeurs de Nice étaient à leur place et qu'ils y étaient ». Alors comment auraient-ils été livrés à l'agent étranger ? Cette difficulté n'embarrassa point Du Paty : « Il est permis, écrit-il, de croire que Dreyfus avait pris ceux du premier bureau, où il avait travaillé, et les avait prêtés momentanément à l'agent étranger. »

Picquart, dans sa lettre du 14 septembre, a réduit à néant cette hypothèse stupide :

Cette accusation, écrit-il au garde des sceaux, *est monstrueuse pour qui connaît le fonctionnement des bureaux de l'État-Major.* D'abord, douze plans directeurs forment un paquet considérable, et à la section des places fortes, premier bureau, on se fût aperçu immédiatement de leur disparition. Comment admettre que Dreyfus, qui depuis un an n'appartenait plus au premier bureau, aurait pu y pénétrer, s'emparer d'un paquet semblable, acte d'autant plus dangereux que la place forte dont il s'agit est une de celles dont on a le plus souvent à s'occuper ? Comment admettre que, toujours sans être vu, il ait pu emporter ce paquet, alors qu'il avait sous la main une quantité d'autres documents autrement intéressants pour A... ?

Picquart dit avec raison qu'il est inadmissible que Dreyfus ait pu, sans être vu, emporter ce paquet. Dans le même système de Du Paty, Dreyfus aurait dû aussi le rapporter, toujours sans être vu, puisqu'il n'aurait prêté les douze plans directeurs que momentanément !

Certes, il n'est plus question, même à l'État-Major, d'appliquer l'initiale D... à Dreyfus. Henry a déclaré, lui-même, au procès Zola, que cette pièce n'avait jamais fait partie du dossier Dreyfus. C'était, d'ailleurs, un mensonge, puisque la pièce avait été au nombre des pièces secrètes, qu'elle avait été commentée par Du Paty. L'objet spécial de cette déclaration d'Henry était de contester le fait même de l'illégalité de 1894. Mais, aussi, la pièce avait joué son rôle. Au procès Dreyfus, elle avait contribué à perdre un innocent. Devenue, en 1897, document libérateur, elle avait aidé à sauver le traître. Elle ne servait plus à rien. Henry la mettait au rancart.

Toutefois, il ne saurait suffire à la justice que l'arme soit brisée, après avoir servi, par ceux qui en ont fait usage. Il est nécessaire de montrer encore que la phrase : « *Si*-joint 12 places directeurs que ce canaille de D... » n'est pas qu'un faux par attribution. Il est reconnu que D... n'est point Dreyfus. C'est bien. Mais que « ce canaille de D... » soit Dupuy, comme une légende, qui ressemble à de l'histoire, le fait dire à M. Casimir-Perier, ou Dupont, ou Durand, ou Dubois, ou, selon toute vraisemblance, un individu dont le véritable nom ne commence pas par un D, il n'en est pas moins intéressant de savoir si la phrase qui le vise est authentique — ou si elle a été interpolée.

Or, sans insister sur la faute d'orthographe, assez inattendue, dans *Si-joint*, il reste inexplicable que l'auteur de la lettre ait écrit qu'il y « joignait » douze plans directeurs. Puisqu'il avait ces douze plans, il savait « quel paquet considérable » ils constituaient.

La phrase ne peut avoir été écrite que par quelqu'un qui ne savait pas ce qu'est un plan directeur.

Enfin, comme il est notoire, — demandez à M. de Boisdeffre, — que Schwarzkoppen parle et écrit très correctement en français, comment admettre qu'il ait écrit : « Ce canaille de D... » ?

Les étrangers confondent souvent le genre des mots français ; un Allemand pourra dire : *la* masque, *la* cigare, *la* carrosse, parce que ces mots, les mêmes en allemand qu'en français, y sont du genre féminin.

Mais jamais il ne lui viendra à l'idée de mettre, en français, au masculin, un mot qui, étant le même en allemand qu'en français, y est du genre féminin.

Or, tel est le cas précisément du mot *canaille*. Il est, en allemand, du féminin. « DIE *canaille wirft man in's Hundeloch.* » (Freiligrath.) « DIE *canaille soll man an den næchsten besten Galgen knüpfen.* » (Schiller.)

Si Schwarzkoppen n'avait su que médiocrement le français, il aurait donc écrit tout de même : « cette canaille » et non « ce canaille ».

Mais j'ai déjà dit qu'il écrit un français très correct.

Au surplus, voici deux phrases extraites de la lettre que Schwarzkoppen remit à Casella pour Panizzardi, le 3 janvier 1898 : « Comment cette canaille d'Esterhazy pourra-t-il se tirer d'affaire ? Comment pourra-t-il continuer à vivre en France, même s'il est acquitté ? »

Que si les avocats de l'État-Major, renouvelant l'opération qui a consisté à changer en 1898 la date attribuée en 1894 au bordereau, prétendent maintenant que la lettre n'est *plus* de Schwarzkoppen, mais de Panizzardi, qui affirme d'ailleurs ne l'avoir pas plus écrite que reçue, la remarque grammaticale est aussi forte, sur ce point spécial, en ce qui concerne un Italien qu'un Français. On dit, en effet, en italien : *la canaglia*.

J'en conclus qu'il y a de grandes chances que la pièce : « Ce canaille de D... » a été fabriquée d'après la même recette et par les mêmes procédés que le faux Henry. C'est le même Vercingétorix qui a, sans doute, interpolé, entre des fragments authentiques, une phrase écrite dans le même auvergnat ou le même petit nègre que le fameux : « Si on vous demande, dites comme ça. »

II.

Voilà les trois pièces sur lesquelles Cavaignac, le 7 juillet 1898, appuyait sa conviction, et qu'il faisait afficher sur les murs des 36,000 communes de France.

L'une est un faux avoué.

L'autre est un faux certain.

Et il y a quatre-vingt-dix-neuf chances sur cent que la phrase principale de la troisième soit un faux.

Cavaignac, le 7 juillet 1898, tenait ces pièces pour si fortes qu'il ne parlait plus du bordereau.

Aujourd'hui il ne parle plus des trois pièces et revient au bordereau. Il reste seul, avec Alphonse Bertillon, à l'invoquer contre Dreyfus. Mais ce n'est point Alphonse Bertillon qui a dit que, alors même qu'il serait démontré que le bordereau est de l'écriture et de la main d'Esterhazy, il continuerait à affirmer la culpabilité de Dreyfus.

La folie d'Alphonse Bertillon ne va pas si loin.

AUTRES FAUX

LA LETTRE GONSE

25 avril 1899.

A M. Yves Guyot, Directeur du SIÈCLE.

Il faut, mon cher ami, que je vous chante pouille. Je commence, dans le *Siècle*, une série d'articles, sous ce titre : *Autres Faux*. Au bas du premier, où je démontre que la pièce qui a été portée par Cavaignac à la tribune de la Chambre avec cette indication : *Mars 1894*, est un faux, vous écrivez : *la fin à demain!* Et, en tête du second, où je démontre que la fameuse phrase : « Ce canaille de D... » est, elle aussi, un faux, vous écrivez : *Suite et Fin!* Vous imaginez donc qu'il y a une fin aux faux de l'État-Major et de ses complices! Vous êtes un économiste et, même, un statisticien : avez-vous compté les grains de sable de la mer? Quoi! vous supposeriez que cette usine à faux, le 2ᵉ bureau, le bureau des renseignements, n'a fonctionné que pendant quelques heures ! Oh ! Guyot ! Je trouverais l'emploi de cette formule tout à fait naturel dans l'*Intransigeant*, ou dans la *République* de M. Méline, ou dans la *Libre Parole*, mais dans le *Siècle !*

Et la preuve que les faux de l'État-Major sont infinis, c'est qu'en voici un nouveau. Nous avons notre faux quotidien. Cette fois-ci, c'est Gonse qui en est l'auteur. Ce n'est point, selon votre heureuse formule qui restera, une simple « *Gonserie* ». C'est un faux dans toute la force du terme.

A vrai dire, vous l'aviez déjà soupçonné. Votre soupçon doit se changer en certitude. Il s'agit de la lettre par laquelle Gonse aurait, à la date du 6 janvier 1895, porté les aveux de Dreyfus à la connaissance de Boisdeffre. Il va de soi que Cavaignac a donné lecture de cette lettre à la tribune de la Chambre et qu'elle a été affichée sur les murailles de nos 36,000 communes. C'est une spécialité. Le faux attire Cavaignac, comme le cytise attire la chèvre.

Or, il est aujourd'hui manifeste que cette lettre, datée par lui du 6 janvier 1895, Gonse l'a écrite en octobre 1897. Le colonel Bertin venait d'aviser l'État-Major que Scheurer-Kestner était décidé, irrévocablement, à entreprendre la campagne pour la revision du procès Dreyfus. Gonse prend aussitôt ses précautions. Il fait avertir Esterhazy par Henry, Du Paty et Gribelin. Il invite le général Leclerc à envoyer à l'extrême frontière tunisienne le colonel Picquart que Boisdeffre, l'année précédente, avait voulu, de l'aveu de Billot, qui ne s'y prêta point, expédier au Tonkin. Il fait venir Lebrun-Renault, qui l'a reconnu dans sa déposition, et lui demande un récit des prétendus aveux de Dreyfus.

Gonse avait raconté qu'il avait retrouvé, en 1897, la lettre qu'il avait adressée, au lendemain de sa dégradation, le 6 janvier 1895, à Boisdeffre. Vous aviez fait observer qu'il était assez bizarre que cette lettre de Gonse à Boisdeffre se trouvât, non dans les papiers de Boisdeffre, mais dans ceux de Gonse. Et encore qu'il était fort étrange que Gonse, s'il avait réellement retrouvé alors cette lettre, ne l'eût pas montrée à Lebrun-Renault, en 1897, pour le prier d'en confirmer les termes. Nous savons, en outre, par l'enquête, que Lebrun-Renault n'avait rien dit, le 6 janvier 1895, des prétendus aveux, ni à Casimir-Perier, ni à Dupuy, ni à Risbourg; — qu'ayant l'habitude de détruire, chaque année, son carnet de l'année précédente, il avait gardé, jusqu'au mois de juillet 1898, *la feuille détachée* de son carnet du 5 janvier 1895 ; — puis, que l'ayant communiquée à cette date à Cavaignac qui l'avait copiée, il l'avait aussitôt brûlée.

Il s'élevait déjà de tout cela une odeur asphyxiante de faux ! Mille questions se pressaient à l'esprit. Pourquoi Lebrun-Renault n'avait-il pas parlé des aveux, ni le 5 janvier 1895, au soir, au Moulin-Rouge, ni le 6 janvier, au matin, à l'Élysée? Pourquoi, au procès Zola, avait-il baissé la tête devant les accusations véhémentes de mensonge que lui adressait Forzinetti? Pourquoi Gonse avait-il essayé, ce jour-là, de calmer Forzinetti au lieu de prendre contre lui la défense de Lebrun-Renault? Pourquoi, surtout, le 5 janvier 1895, en revenant de la dégradation, Lebrun-Renault avait-il inscrit dans son rapport officiel : *Rien à signaler?*

Or, voici qu'une nouvelle pièce sort du fond du passé pour accabler Lebrun-Renault et Gonse. C'est l'état signalétique de Dreyfus, qui l'accompagna au bagne. Cet état porte, selon l'usage, des indications et des appréciations sur le condamné, ses habitudes et les mobiles de son crime. Le *Matin*, qui l'avait publié le 5 janvier 1895, l'a republié hier. L'état signalétique porte, *in fine* la « recommandation » que voici : « *Dreyfus n'a exprimé aucun regret*, FAIT AUCUN AVEU, *malgré les preuves irrécusables de sa trahison; en conséquence, il doit être traité comme un malfaiteur endurci, tout à fait indigne de pitié.* »

Sans doute, cet état signalétique est antérieur à la dégradation. Mais, comme Dreyfus n'est parti que le 18 janvier, soit treize jours après la dégradation, pour le dépôt de l'île de Ré d'où il fut embarqué pour l'île du Diable, il est évident que, s'il avait fait des aveux, l'auteur de l'état signalétique, qu'on croit avoir été Du Paty, y eût ajouté un *post-scriptum* édifiant et décisif.

En résumé, à la veille de la dégradation, l'état signalétique portait : « Dreyfus n'a exprimé aucun regret, *fait aucun aveu* ». Le 5 janvier, au retour de la parade d'exécution, Lebrun-Renault inscrit sur son rapport officiel : « *Rien à signaler* ». Le 6 janvier, au matin, ce même gendarme ne dit rien qui, de près ou de loin, ressemble à la légende des aveux, ni au Président de la République, ni au président du conseil, ni même à son colonel, M. de Risbourg.

Donc, Gonse n'a pas pu écrire, le 6 janvier 1895, à Boisdeffre, la lettre que Boisdeffre lui aurait aussitôt rendue et que Cavaignac a lue à la tribune. Donc, cette lettre a été fabriquée après coup. Donc, c'est un faux de plus.

HENRY OU DU PATY?

I

28 avril 1899.

L'Orient lumineux a les Guèbres, adorateurs du feu. Notre Occident gris a les nationalistes, adorateurs du faux. Cette honorable confrérie est, depuis trois jours, plongée dans la plus lamentable inquiétude. La déposition du capitaine Cuignet l'a frappée dans ses plus chères affections. Elle ne sait plus à quel saint se vouer.

Son saint, depuis huit mois, c'était l'auteur du faux Henry, — Henry. Or, Cuignet affirme, et il dépose au nom du ministère de la guerre, que l'auteur du plus illustre des faux d'Henry, c'est Du Paty. Ainsi l'Amérique, qui aurait dû recevoir le nom du génois Colomb, a reçu celui d'un navigateur florentin.

Et le chœur des faussaires : « Qui de nous va devenir un dieu ? qui va cesser de l'être ? » Cruel embarras, cruelle énigme.

Henry, selon Cuignet, n'aurait été que l'instrument de Du Paty, comme Lemercier-Picard le fut d'Henry, pour la fabrication matérielle du faux, l'imitation de l'écriture de l'attaché étranger. Quelle déchéance !

II

L'aveu, la mort d'Henry avaient provoqué une immense révolte d'honnêteté chez les adversaires loyaux de la revision, illuminé, d'un éclair éblouissant, leurs ténèbres. Il avait frappé de stupeur les adversaires conscients de la justice.

Au lendemain de l'aveu, c'était leurs journaux surtout qui débordaient de colère, de fureur contre Henry. Quelqu'un eût bien soin de les recueillir, de les mettre, tous, pour le désespérer, sous les yeux du misérable. Le désarroi était partout. Un Murat, garde des sceaux, un Lasalle, homme d'État, aurait enlevé alors, d'une seule charge, la revision.

Les chevaux restèrent au piquet. L'ennemi se reforma. Déjà, au seizième siècle, l'audace des apologistes de Jacques Clément et de Ravaillac avait paru grande. Renouveler cette tentative à la fin du dix-neuvième, au seuil du vingtième siècle, semblait impossible. On la tenta. Elle réussit. Les circonstances atténuantes auraient été plaidées en vain. La glorification, énorme, monstrueuse, passa. Précisément en raison de sa masse. Toute la profonde psychologie des jésuites, toute leur science de la politique sont dans ce coup.

Nous eûmes « le faux patriotique »; Henry, type du soldat français; saint Henry, — et, plus tard, pendant trois semaines, ces listes de la *Libre Parole*, les « listes rouges », comme les appelle Pierre Quillard, où brillent, encadrés dans les appels au meurtre et à l'assassinat, les noms de l'élite de l'aristocratie, le comte de Mun, le prince de Broglie, le duc de la Rochefoucauld...

Et ce piédestal s'écroulerait! Si Henry n'est pas le faussaire, il y a maldonne. Déboulonnez la colonne. L'ingénieur, qui déboulonna celle de la place Vendôme, est au nombre des souscripteurs de la *Libre Parole*. Il a l'expérience de ces sortes d'opérations. Adressez-vous à Yrrib.

III

Déboulonnez la colonne Henry. Et après?

Evidemment, en bonne logique, si Du Paty est le faussaire, pour élever une statue à Du Paty?

Eh bien! point du tout! Si Du Paty est le faussaire, le faux cesse d'être patriotique. Voici le faux. C'est le même. Avec la même interpolation. Avec la même discordance entre les quadrillés bleus et les quadrillés lie de vin. Si les quadrillés avaient concordé, ce qui eût pu être, il n'y aurait jamais eu de faux pour Cuignet et pour Cavaignac. Fermez les rideaux, Roget! Gribelin allume la lampe. C'est bien cela : les quadrillés ne concordent pas. C'est la même pièce. Le même faux. Mais, s'il est d'Henry, il est patriotique ; s'il est de Du Paty, il est infâme.

Pourquoi? C'est un fait. Lisez les journaux de la bande.

Il y a, d'ailleurs, des raisons à ce fait et je vais les dire.

IV

L'État-Major, l'*ancien* État-Major, *croyait* tenir Du Paty.

Ce n'avait pas été l'une des moindres habiletés d'Henry, héros modeste et ennemi de la réclame et du bruit, de mettre toujours Du Paty en avant, de le pousser au premier plan, d'offrir ce marquis décadent aux coups des protagonistes de la revision. Et Du Paty recevait les coups. Il restait chez lui, peignant des aquarelles, faisant de la musique, lisant Mœterlinck et Marc-Aurèle. L'effroyable réquisitoire de Cuignet est du 30 décembre 1898. Freycinet l'a connu, au moins à cette date. Il n'a pas bronché. On sait sur quel infime et misérable soupçon Picquart est en prison depuis dix mois. La devise, où figure le mot *Égalité*, est inscrite jusque sur les murs de sa prison. O Égalité, tu n'es qu'un mot! Du Paty reste libre. Non seulement il reste libre, mais *on* lui fait dire que, s'il est bien sage, il va rentrer, prochainement, demain, dans l'armée d'où il n'a été exilé que pour un jour. On lui tait la déposition de Cuignet. On le tient par ces promesses, par ces mensonges, par son amour du galon, parce qu'on le croit désarmé.

Il paraît qu'on s'était trompé, ici encore, et que Du Paty a des armes. On comptait que l'enquête resterait secrète, que la déposition de Cuignet ne sortirait pas des arcanes, que Du Paty ne la lirait point dans le *Figaro*. Mais Du Paty ne lit point que les pensées de Marc-Aurèle; il a lu aussi le *Figaro*. Et il s'est cabré.

Ce mécréant ne se sert de ses rasoirs que pour se

raser. Il refuse de se couper la gorge. Quel service il eût rendu s'il avait compris cette « cause finale » des rasoirs ! Mauvais soldat ! Cet accusé se dresse en accusateur. Il ne sera pas, lui, le rasé par persuasion. Il a déjà parlé dans les journaux ; il parlera encore. Il demande à être entendu par la Cour de cassation. La Cour de cassation, toutes chambres réunies, a décidé, à une immense majorité, de l'entendre.

V

Voilà pourquoi le faux de Du Paty n'est point patriotique. Celui d'Henry, au contraire, l'était, parce que, dès le surlendemain de ses obsèques, on avait su qu'il laissait derrière lui des gens qui savaient de « quels misérables » il parlait, quand on le menait au Mont-Valérien et à la mort.

Ainsi le mort les tenait, les « misérables » et leurs complices, du fond de son tombeau — et, dès lors, on lui tressa des couronnes ; il fut le soldat loyal, le Curtius du faux ; tous les grands chefs, qui déposèrent devant la Cour, le couvrirent de fleurs, rendirent hommage à ses vertus, à sa simplicité, à sa sottise, à son ignorance crasse (qui ne l'avait pas empêché d'être colonel, officier de la Légion d'honneur, chef du service des renseignements) ; enfin, Beaurepaire écrivait hier encore : « Le bon serviteur n'avait reculé devant rien pour empêcher un Picquart de réhabiliter le traître. Pas d'homme moins suspect que Henry. »

Or, les voici pris entre deux feux, le mort qui les tient et le vivant qui les tient aussi. Catastrophe inattendue.

VI

Rassurez-vous, bonnes gens ! Et l'on entend bien à qui je m'adresse : ce n'est pas aux *autres* coupables, encore voilés de ténèbres, qui claquent des dents, tremblent de peur et qui ont bien raison de trembler ; c'est aux sincères et naïfs admirateurs d'Henry. Car c'est bien lui qui est le faussaire, le roi des faussaires.

Certes, je ne dis point que Du Paty n'ait pas, lui aussi, commis des faux : j'ai raconté ses crimes en plus de deux cents pages ; je suis certain qu'Henry a eu d'autres complices que Lemercier-Picard. Mais, quel que soit le nombre et quelle que soit la qualité ou de ses collaborateurs ou de ses émules, Henry n'en reste pas moins le grand homme de la bande, celui qui pouvait dire, quand il était arrivé jusqu'au soir sans avoir commis un faux nouveau : « J'ai perdu ma journée. »

Depuis trois jours seulement, de combien de crimes s'est enrichie cette gloire !

VII

Il y a, d'abord, celui que j'avais soupçonné l'autre jour, qui a été confirmé par Cuignet ; — car Cuignet est capricant, et tantôt disculpe, tantôt accable ; — c'est la pièce que Cavaignac a portée à la tribune comme ayant reçu, lorsqu'elle est parvenue au service, l'indication : *Mars 1894*, et qui a été affichée sur les murailles de nos trente-six mille communes.

J'avais déduit d'une très simple constatation que cette pièce : « *D... m'a porté beaucoup de choses intéressantes* », est un faux. De ce que, portant l'indication : *mars 1894*, elle n'avait pas été produite au procès Dreyfus, parmi les pièces secrètes, avec la pièce du 16 avril 1894 : « *Ce canaille de D...* » qu'elle eût cependant appuyée alors, dans le commentaire de Du Paty, aussi bien que le 7 juillet 1898, dans le discours de Cavaignac. J'en concluais que, pour n'avoir pas figuré au procès de 1894, et pour avoir été ignorée de Du Paty, à cette date, et de Picquart, pendant qu'il dirigeait le service de statistique, elle avait dû arriver au ministère de la guerre, vers la fin de 1896, au début de la grande période des faux.

Or, c'est ce que Cuignet a confirmé. Il dit, en propres termes, « que cette pièce, bien que portant la date d'entrée de mars 1894, n'a été présentée au général Gonse qu'au mois d'août ou de septembre 1896, et quelques semaines avant la production du faux Henry ».

Présentée par qui? Par Henry. Et quand? « Au mois d'août ou de septembre 1896 », dit Cuignet. Donc, à une époque où Picquart était encore chef de bureau des renseignements. J'avais cru qu'elle était arrivée plus tard, car je suis décidément naïf : malgré l'expérience que je commence à avoir de l'infamie de ces gens-là, je ne pouvais pas supposer que la pièce fût venue au ministère pendant que Picquart y était encore. Erreur, dit cet enfant terrible de Cuignet, c'est au mois d'août ou de septembre 1896 qu'elle est venue, quelques semaines avant la production du faux Henry. O Gavarni ! tu n'avais pas prévu Cuignet !

VIII

Et Gonse, l'éternel Gonse, à qui « la pièce, raconte Cuignet, a été alors présentée », Gonse n'en a rien dit à Picquart ! Mais pourquoi ne lui en a-t-il rien dit ? Cette pièce : « *D... m'a porté beaucoup de choses intéressantes* », dont Cavaignac devait si fortement étayer la pièce : « *Ce canaille de D...* » pour l'appliquer à Dreyfus, c'eût été cependant l'occasion de la montrer à Picquart pour le ramener au bercail, pour lui faire abandonner sa chimère de l'innocence de Dreyfus. Eh bien ! Gonse ne la montre pas à Picquart, — Gonse qui, selon Cuignet, n'avait pas été insensible aux arguments de Picquart, — Gonse à l'usage duquel, selon Cuignet « parce qu'il était soumis aux objurgations de Picquart et pour le mettre en garde », Henry fabriquera, quelques jours plus tard, le plus fameux de ses faux, celui qui porte, par excellence, son nom.

Ce n'est pas, en effet, « pour faire marcher Billot », dit Cuignet, « mais pour faire marcher Gonse qu'Henry, abandonné par le général de Boisdeffre, auquel il avait eu recours et qui lui avait répondu assez brutalement qu'il se désintéressait de la question, fabriqua son faux ». Et ainsi tombe encore sous les coups de Cuignet, avec tant d'autres légendes, la si belle invention, chère à M. Charles Maurras, qu'Henry forgea ce faux célèbre pour avoir une pièce ostensible à produire aux yeux du public trompé par les juifs, « un billet de banque, d'une valeur fiduciaire, représentant des pièces d'une authenticité absolue ».

Non, ce n'est point pour cela que « ce bon citoyen,

ce brave soldat, ce soutien héroïque des grands intérêts de l'État, ce grand homme d'honneur » (*Gazette de France* du 6 septembre 1898), commit son crime. Mais, seulement, — avec ou sans le concours de Du Paty, après l'étrange conversation avec Lauth qui fut surprise par Picquart, — seulement, « pour faire, selon Cuignet, marcher Gonse. »

IX

Pas plus que Gonse ne montrera à Picquart, encore en fonctions au 1ᵉʳ novembre 1896, la pièce : « *Si on vous demande, dites comme ça!* » — il ne lui montre, en août ou en septembre, la pièce : « *D... m'a apporté beaucoup de choses intéressantes.* » Pourquoi ne la lui montre-t-il pas?

J'ai le regret d'écrire que Cuignet n'a point aperçu cette face du problème ; il se contente d'expliquer que la pièce a été encore plus outrageusement falsifiée que je ne l'avais cru, dans ma naïveté dont je m'accuse encore. Ce n'est pas un simple faux, mais un double. Cuignet, qui a regardé la pièce à la loupe, a découvert que l'initiale D, suivie de trois points, « beaucoup plus gros que les points de ponctuation que l'on trouve » dans le reste de la pièce, « recouvre des lettres dont il m'a paru, dit Cuignet, voir quelques éléments sans que j'aie pu les reconstituer ».

Ainsi, selon Cuignet, l'auteur de la lettre, Schwarzkoppen, écrivait à Panizzardi qu'un espion, qu'il nommait, dont il écrivait le nom en toutes lettres, lui avait porté beaucoup de choses intéressantes. La lettre tomba entre les mains d'Henry, qui recevait alors le cornet. Il effaça à la gomme ce nom. C'est le premier essai, à l'État-Major, du système de grattage qui sera appliqué, plus tard, au « petit bleu », pour faire croire à un faux de Picquart. Et sur ce nom, mal gratté, mal effacé à la gomme, Henry écrit l'initiale de Dreyfus, suivie de trois points.

Quel était cet autre nom? Je ne me charge pas de le deviner. Je me permets seulement de dire que, si la Cour de cassation veut le retrouver, elle le peut. Elle n'a qu'à s'adresser aux hommes de science. De pareils grattages ont été déjà pratiqués, il y a des siècles, sur les palimpsestes. On y retrouve, après des siècles, le nom qui a été gratté.

X

Puis, cette opération faite, — et avec quels concours? — Henry, au lieu de porter la pièce à son chef, à Picquart, la porte à Gonse. Et Gonse la garde par devers lui, ne la montre point à Picquart, en août ou septembre 1896! Et l'on sait les raisons d'Henry; mais quelles étaient celles de Gonse?

Gonse, il faut parler; Gonse, il faut répondre, ô « homme profondément honnête et loyal! » — comme dit Cuignet que je ne me lasse pas de citer. Pourquoi, ô Gonse! n'avez-vous pas montré cette pièce à Picquart? Vous aviez donc bien peur ou de le détromper ou qu'il découvrît le faux? Pourquoi, ô Gonse, l'avez-vous réservée si précieusement pour Cavaignac qui se trouve ainsi, l'imbécile, n'avoir porté à la tribune, où il en attesta l'authenticité morale, comme l'authenticité matérielle, et n'avoir fait afficher sur les murailles de nos trente-six mille communes, que des pièces ou fausses, ou falsifiées ?

O Gonse ! ô profond calculateur ! serais-tu, toi aussi, du Syndicat ?

HENRY, GUÉNÉE PÈRE ET FILS ET Cⁱᵉ

29 avril 1899.

I

Encore lui. Toujours lui. Il est attentif à tout, surveille tout, ne laisse rien échapper. Il est partout. Derrière tous les faux, toutes les substitutions de pièces, tous les grattages, toutes les embûches. Quelles que soient les complicités qu'il ait eues en haut, il devient manifeste que, sans lui, il n'y aurait pas eu d'Affaire. Sans lui, Dreyfus n'aurait pas été condamné. Sans lui, Esterhazy eût été pris depuis longtemps, aurait avoué par la fuite ou par la mort. Et cette activité, incessante, inlassable, parant à tout, se dérobe toujours. Il opère dans l'ombre protectrice, comme les dieux de l'Iliade dans les nuages. Et quelle audace ! Il sait l'insondable stupidité des uns, les mobiles secrets des autres, lâcheté, haine, ambition, — ou pire, — qui leur font fermer les yeux et accepter tout ce qui vient de lui, tout ce qui est présenté par lui, sans objection, comme Gonse, avec une absolue confiance, comme

Boisdeffre. Et, sans doute, cela lui facilite la tâche. Mais belle audace, quand même. Scapin-Cartouche, aurait dit Hugo, ou le Napoléon des Faux.

On ne connaîtra jamais trop l'histoire de la falsification de la dépêche du 2 novembre 1894. On ne connaît pas encore assez celle de la substitution des rapports de Guénée à ceux du préfet de police. Voici cette histoire :

II

Le rapport de l'honorable Bexon d'Ormescheville est sévère sur la moralité du capitaine Dreyfus. « La conduite privée du capitaine Dreyfus, dit l'acte d'accusation, est loin d'être exemplaire ; avant son mariage, on le trouve en relations galantes avec une femme X... » — La mentalité de certains officiers paraît avoir prodigieusement changé depuis quelques années. Avoir des maîtresses n'avait jamais constitué un crime pour un officier français ; du moins, depuis Brennus jusqu'au duc d'Aumale. Il en est autrement depuis que nous sommes entrés dans la période des faux. Forger des documents à la douzaine, prêter des faux serments à bouche-que-veux-tu, ce sont des titres à l'avancement. Être l'associé et le rabatteur d'un proxénète, cela n'entache pas l'honneur. Mais faire l'amour, c'est infâme. Le refrain du bivouac n'est plus le vin, le tabac et l'amour. Les jésuites et Cavaignac-le-Chaste ont passé par là et ont changé le cœur de place.

D'Ormescheville affirme ensuite que « Dreyfus qui était, avant son mariage, ce qu'on peut appeler un coureur de femmes, n'a point changé ses habitudes, depuis son mariage, à cet égard ». En voici la preuve. « Dreyfus a déclaré avoir arrêté la femme Y..., dans la rue, en 1893, et avoir fait connaissance de la femme Z..., au concours hippique, en 1894. » La femme Y... « parle très bien plusieurs langues », ce qui est visiblement suspect; « c'est une femme galante, quoique déjà âgée ». D'Ormescheville ajoute cependant que « Dreyfus s'est retiré parce qu'elle ne lui a pas paru catholique et qu'il l'a traitée de sale espionne ». Pour la femme Z..., on ne nous dit pas si elle savait plusieurs langues, mais seulement « qu'elle était mariée ou passait pour l'être ». Dreyfus prétend « n'avoir jamais eu avec elle que des relations passagères ». Mais, déclare d'Ormescheville, « il est permis de croire le contraire », car : 1° Dreyfus avait proposé de lui louer une villa, « à condition qu'elle serait sa maîtresse »; — donc, elle ne l'avait pas été auparavant et ne le fut point, puisque la villa ne fut pas louée; — et 2° elle lui avait écrit « une lettre se terminant par ces mots : A la vie, à la mort »!

Tout cela serait horrible, si c'était vrai, et il est bien glorieux pour la justice d'avoir ramassé de pareils ragots. Bexon d'Ormescheville, évidemment, n'a point lu les lettres d'Henri IV à Corisandre d'Andouins : « Je te baiseray, mon cœur, un million de fois les mains, la bouche et les yeux. » Et du même à une autre, ô scandale! à Gabrielle : « Ne baisant que vostre belle bouche, encores m'en fairey prier. »

Voici maintenant pour le jeu : « Bien que le capitaine Dreyfus nous ait déclaré n'avoir jamais eu le goût du jeu, il appert, cependant, des renseignements que nous avons recueillis, à ce sujet, qu'il aurait fréquenté plusieurs cercles de Paris où l'on joue beaucoup. Il nous a bien déclaré être allé au cercle de la Presse, mais comme invité, pour y dîner; il a affirmé n'y avoir pas joué. Les *cercles-tripots* de Paris, tels que le Washington-Club, le Betting-Club, les cercles de l'Escrime et de la Presse n'ayant pas d'annuaire et leur clientèle étant en général peu recommandable, les témoins que nous aurions pu trouver auraient été très suspects ; nous nous sommes par suite dispensés d'en entendre. »

M. d'Ormescheville oublie ici de dire que les noms de divers membres de ces cercles ont été cités, à l'instruction, au capitaine Dreyfus ; on lui a demandé s'il les connaissait ; il répondit que non. Il eût été facile d'interroger au moins l'une de ces personnalités qui se trouve être un membre de l'Institut, commandeur de la Légion d'honneur. Bexon d'Ormescheville avait reçu des ordres ; il se garda bien de faire venir ce membre de l'Institut.

III

Il est manifeste que cet acte d'accusation ne fut pas sans produire quelque impression sur les juges du Conseil de guerre. Des rapports plus détaillés, délayant le résumé de d'Ormescheville, y étaient joints. D'où provenaient ces renseignements qui avaient pour objet d'indiquer le motif du crime : les femmes et le jeu ? Évidemment, de la préfecture de police. Tous les membres du Conseil de guerre en furent convaincus.

Il y eut même quelqu'un pour le leur affirmer, mais en chambre du conseil, hors de la présence du capitaine Dreyfus et du préfet de police, qui assistait à l'audience.

Or, on sait aujourd'hui de qui provenaient ces notes immondes ; leur auteur s'est nommé lui-même, dans la séance du 18 janvier 1899, à la chambre criminelle ;

c'est un des mouchards du bureau des renseignements, au service d'Henry, le sieur Guénée.

Il raconte, tout au long, dans sa déposition, que le S. S. le chargea « de faire un rapport relativement aux femmes qu'avait fréquentées Dreyfus ». Il nomme, en toutes lettres, l'une d'elles, Mme Y... « Dreyfus s'y serait rencontré avec un commandant allemand. » Guénée ne le sait point par lui-même ; mais, « il le sait d'après des déclarations d'autres femmes qu'il ne peut nommer ». Ce sont, évidemment, des duchesses, ou, pour le moins, des marquises. Il ignore, d'ailleurs, le nom de l'officier allemand. Quelqu'un, qui est renseigné, me fait observer que Guénée aurait pu connaître, sans difficulté, le nom d'un ambassadeur de la République qui fréquentait chez Mme Y... Encore un traître !

Puis, le Guénée précise « qu'il a su que Dreyfus fréquentait *les tripots*, tels que le Betting-Club, 2, rue Mogador, aujourd'hui fermé par autorité de justice ; le cercle Washington, 4, place de l'Opéra, également fermé ; le New-Club, 3, rue de la Chaussée-d'Antin, et le cercle des Capucines, 6, boulevard de ce nom ».

Il y a quelqu'un qui devrait bien avoir l'élégant et facile courage de se nommer lui-même !

Le président de la chambre criminelle demande à Guénée « s'il a pu vérifier lui-même si Dreyfus fréquentait ces établissements ». Le mouchard répond : « Non, monsieur. C'était un bruit qui courait parmi les habitués des tripots. » Il a cependant interrogé Joseph, le sommelier du Betting-Club ; mais « celui-ci répondit d'une façon évasive et se déroba ».

L'homme « des grands bars », Guénée, n'en est pas moins affirmatif : « Le mobile de l'acte de trahison est, d'après mon avis, le besoin d'argent. » A quoi il ajoute cette autre turpitude : « Dreyfus avait épousé une femme dotale qui faisait d'assez fortes dépenses de toilettes. »

Tels sont les renseignements sur lesquels d'Ormescheville bâtit son acte d'accusation. L'individu a tenu cependant à se couvrir ; il déclare spontanément : « C'est le lieutenant-colonel Henry qui me donnait directement l'ordre de procéder à ces investigations, au point de vue du jeu et des relations féminines. »

Je m'excuse de faire descendre le lecteur dans cette fange ; mais il faut qu'on sache tout.

IV

Or, ces rapports de Guénée, faits par ordre d'Henry, les juges du Conseil de guerre pensaient, puisque cela leur fut affirmé, que c'étaient des rapports officiels de la préfecture de police.

La préfecture de police, invitée directement par le ministère de la guerre à faire établir un rapport sur le capitaine Dreyfus, avait, en effet, établi un double rapport. Seulement, ces rapports, « au point de vue du jeu et des relations féminines », comme dit Guénée, étaient formels : ils étaient absolument négatifs. Ils signalaient bien une « relation féminine » de Dreyfus, mais antérieure à son mariage. Ils déclaraient que la présence du capitaine Dreyfus n'avait jamais été constatée dans aucun cercle : il s'agissait d'un homonyme.

Aucune police plus renseignée et plus documentée que celle de la police des jeux ; l'enquête était catégorique.

Mais qu'étaient devenus ces rapports ? M. Lépine, qui était à l'époque préfet de police, a déclaré, il y a trois jours, devant la Cour de cassation, toutes chambres réunies, que les rapports de ce genre étaient remis d'ordinaire par son administration au lieutenant-colonel Henry.

La Cour de cassation se reporta au dossier judiciaire de l'affaire Dreyfus. Elle y chercha les rapports officiels de la préfecture de police. Elle ne les y trouva pas. Rien que les notes de Guénée, faites par ordre d'Henry.

Me Demange avait eu, en 1894, communication de ce même dossier ; il n'y avait trouvé aucune trace des rapports officiels de la préfecture de police, qui n'y avaient jamais été annexés.

M. Lépine a indiqué à la Cour que les copies des rapports de la préfecture, quand les originaux en ont été délivrés à une administration publique, restent aux archives de la préfecture. La Cour n'a qu'à les demander, elles lui seront aussitôt présentées.

Ai-je besoin de dire ce que les originaux étaient devenus entre les mains d'Henry ? Il les avait détruits. (*Crime prévu par l'article 169 du Code pénal, puni des travaux forcés.*) Puis il leur avait substitué, à l'usage du ministre, peut-être, et, certainement, des juges, les notes de Guénée qui furent présentées comme étant les rapports officiels. (*Crime de faux.*)

Encore un fait nouveau.

La *Gazette de France* trouvera, sans doute, que ce sont là des crimes patriotiques. Mais les imbéciles eux-mêmes ne douteront plus du mobile qui fit agir Henry ; les coquins resteront seuls à le contester.

V

Un dernier mot au sujet de Guénée qui fut, avec feu Lemercier-Picard, l'un des principaux agents d'Henry.

Ce Guénée est particulièrement expert à imiter les écritures, à faire des faux. Il a un fils qu'il a instruit dans son art. Il disait de lui, un jour : « Mon fils est incomparable. Donnez-lui une lettre quelconque. Au bout d'une heure il vous en remettra une, toute pareille. Impossible de s'y reconnaître. »

« Mes petits sont mignons. »

Schwarzkoppen reçut une fois la visite de Lemercier-Picard. Il l'avait vu, souvent, rôder rue de Lille. Lemercier-Picard, après quelques salutations, remit à Schwarzkoppen une lettre de quatre pages. Stupeur du colonel prussien. La lettre était de son écriture, merveilleusement imitée. « C'est un faux abominable ! » s'écria le patron d'Esterhazy. « Parfaitement, reprit Lemercier avec une belle tranquillité; je vous ferai toutefois, et très respectueusement, observer que vous ne le dénoncerez pas. » La lettre, en effet, renfermait un nom que Schwarzkoppen n'avait pas le droit de laisser produire en public. « Et nous pouvons en faire de semblables, dit Lemercier en se levant, autant que nous voudrons. A bon entendeur, salut ! »

Lemercier-Picard est mort, le diable sait comment. Mais Guénée reste. La Cour de cassation ferait, peut-être, sagement de commettre quelques professeurs de l'École des Chartes à l'examen des pièces du dossier secret. Quant à l'individu qui signe encore, pour quelques jours : « Le garde des sceaux, ministre de la justice », il est certain qu'il ne fera pas son devoir. Son successeur fera le sien.

LA CHRONOLOGIE DU CRIME

3 mai 1899.

Le crime, c'est le complot contre la justice organisé par l'État-Major pour sauver Esterhazy, perdre le colonel Picquart, empêcher la revision du procès Dreyfus.

La seule énumération des faits, du 16 octobre au 16 novembre 1897, dans le simple ordre chronologique, démontre l'entente entre les auteurs de ce complot qui sont les généraux de Boisdeffre et Gonse, les lieutenants-colonels Henry et Du Paty de Clam, l'archiviste Gribelin.

Deux de ces hommes, Du Paty et Gribelin, allèguent qu'ils n'ont agi que par ordre. Boisdeffre et Gonse ont affirmé, sous la foi du serment, qu'ils ont tout ignoré. La corrélation étroite entre les manœuvres qui se produisaient à Paris et les ordres qui étaient expédiés à Tunis suffirait à prouver que cette affirmation est, du moins partiellement, mensongère. Le hasard ne produit pas de telles coïncidences.

Il faut observer qu'il y a contradiction, en ce qui concerne la date initiale du complot, entre Esterhazy, d'une part, Cuignet, Gribelin et Du Paty, de l'autre.

Esterhazy a déposé : « J'étais fort tranquillement à la campagne, quand je reçus, le 18 octobre 1897, — *on m'a fait dire le 20, mais c'est en réalité le 18* — une lettre signée *Espérance*, me dénonçant ce qui se préparait contre moi et me pressant de prendre des mesures pour me défendre. » Toutes les dates données par Esterhazy, pour octobre, se trouvent, dès lors, en avance de *deux jours* sur celles qui sont données par Du Paty et Gribelin, adoptées par Cuignet et Roget.

Ainsi, Esterhazy fixe au jeudi 21 l'entrevue du parc de Montsouris que Cuignet, Du Paty et Gribelin indiquent comme ayant eu lieu le samedi 23.

La date du 18 octobre, donnée par Esterhazy, est exacte : une recherche facile, faite à Dommartin, a constaté qu'il en était parti ce jour-là pour Paris ; il dîna le soir chez Mlle Pays qui en a déposé. Mais c'est la chronologie de l'État-major qui est exacte pour les dates postérieures au 20. On peut en donner deux preuves décisives :

1° Il résulte de la déposition de l'agent Desvernine qu'Esterhazy s'est rendu, le samedi 23, à l'ambassade d'Allemagne, d'où il se fit conduire en voiture rue de Médicis, à proximité du parc de Montsouris. Or, nous savons par Esterhazy lui-même qu'il fit à Schwarzkoppen sa fameuse visite, où il le supplia d'aller trouver Mme Dreyfus, avant de se rendre à l'entrevue avec les ambassadeurs de l'État-Major. Esterhazy l'a avoué à Du Paty. (*Enquête Renouard.*) D'autre part, Schwarzkoppen l'a raconté, le soir même, à Panizzardi.

2° Les dates des lettres d'Esterhazy à Félix Faure correspondent aux dates indiquées par Du Paty et retardent de deux jours sur celles qui résultent de la chronologie d'Esterhazy. La première de ces lettres (du 29 octobre) commence en ces termes : « J'ai l'honneur de vous adresser le texte d'une lettre anonyme qui m'a été envoyée le 20 octobre. » D'après le récit d'Esterhazy, cette lettre, envoyée et reçue le 29, et dont la Cour de cassation possède l'original, serait du 27 ; le Uhlan se coupe.

Cette contradiction entre Esterhazy et ses protecteurs les plus haut placés, s'explique très facilement. C'est Henry qui lui a fait donner la date du 20, au lieu du 18, afin de dissimuler à l'Etat-major, que le traître, informé directement et tout de suite par lui, était à Paris depuis deux jours, alors que Gonse et Du Paty cherchaient encore le moyen de l'aviser. Si Du Paty avait su qu'Esterhazy était à Paris depuis le 18, ayant déjà conféré avec Henry, ses soupçons se seraient éveillés. De même ceux de Gonse, qui proposait à Billot l'envoi d'une lettre anonyme à Esterhazy, quand celui-ci était, depuis la veille, chez Mlle Pays. Or, selon son habitude, Henry, s'effaçait, avec plus de prudence que jamais, au second rang, derrière ceux qu'il faisait agir, Gribelin, Du Paty. A l'entrevue de Montsouris, il restera dans la voiture pendant que les camarades s'abouchent avec Esterhazy. Donc, nécessité de faire dire par Esterhazy à Du Paty, qu'il n'avait été avisé que le 20 et que par la lettre signée : *Espérance*.

Voici l'énumération chronologique des faits :

Samedi 16 octobre. — Scheurer-Kestner déclare au colonel Bertin, à Belfort, qu'il est résolu à entreprendre la campagne de revision du procès Dreyfus. Bertin, au nom de Billot, demande à Scheurer de n'en rien faire sans avoir vu le ministre de la guerre. Scheurer-Kestner s'y engage.

Date à laquelle Du Paty serait allé, selon Roget, demander au bureau des renseignements l'adresse d'Esterhazy. Cette allégation est démentie par Du Paty, reprise par Cuignet.

Dimanche 17 ou lundi 18 octobre. — Arrivée au ministère de la guerre d'une lettre anonyme, signée P. D. C., a noçant le complot tramé contre Esterhazy ». (*Dép. Lauth, Roget, Du Paty, etc.*)

Il doit y avoir aussi, quelque part, une lettre officielle, et même plusieurs, de Bertin.

Lundi 18 octobre. — Esterhazy, avisé à Dommartin, part aussitôt pour Paris, « Il m'est arrivé, le 18, de Dommartin, a déposé Mlle Pays, sans m'avoir prévenue, ce qui n'était pas dans ses habitudes. Il a dîné chez moi ; il me paraissait soucieux. »

Mardi 19 octobre. — Réunion au ministère de la guerre « dans laquelle on agite la question des moyens de prévenir Esterhazy et, parmi ces moyens, celui d'une lettre anonyme dont la rédaction a été modifiée deux fois. » (*Dép. Du Paty.*)

« L'une de ces lettres, continue Du Paty, était la copie presque textuelle d'une lettre anonyme écrite à l'adresse du ministère. L'autre était beaucoup plus brève et a été rédigée par le colonel Henry. »

Le général Roget attribue la rédaction de cette lettre à Du Paty.

Assistaient à cette réunion le général Gonse, Henry, Du Paty et Lauth. (*Dép. Du Paty.*)

Lauth prétend qu'il n'y a jamais eu de réunion, au sens propre du mot, « mais que Gonse serait venu causer de l'affaire avec Henry », en présence des officiers désignés par Du Paty, au bureau des renseignements. Cuignet ne parle pas de la réunion.

Gonse reconnaît seulement (*Note du 10 septembre 1898*) avoir indiqué à Billot « qu'on pourrait peut-être faire parvenir à Esterhazy une lettre anonyme dont le texte fut préparé ». Refus de Billot. « Je transmis verbalement et directement cette défense à Du Paty ; il me fit quelques objections. » (*Dép. Gonse.*)

« Je prévins de cet incident le général de Boisdeffre. » (*Dép. Billot.*)

» Le général Gonse transmet la défense du ministre, avec ordre formel de l'exécuter, *et le dit avis ne fut jamais envoyé.* » (*Dép. Boisdeffre.*)

Il faut fixer à cette date (ou au jour précédent) *l'ordre envoyé par le général de Boisdeffre au général Leclerc, à Tunis, de faire continuer à Picquart sa mission sans interruption.* L'ordre arriva le 23 à Tunis. (*Déposition Picquart.*) Le calcul est facile.

Mercredi 20 octobre. — Date à laquelle Esterhazy a été invité à dire qu'il avait reçu, à Dommartin, la lettre «Espérance». (*Dépos. Ester.*) La lettre était écrite en caractères d'imprimerie. (*Procès Esterhazy : le général de Luxer constate que la lettre est écrite de la même main que les lettres de la dame voilée.*)

Esterhazy écrit à Autant : « Pour des raisons majeures, je ne puis rester votre locataire. Reste à ma place Mme Pays. » (*Dép. Autant.*)

L'État-Major procède à un nouveau classement du dossier Dreyfus, revu et augmenté.

« Gonse fait appeler Lebrun-Renault et lui demande quelles avaient été les paroles dites par Dreyfus le jour de la dégradation. » (*Dép. Lebrun-Renault.*) — Lebrun-Renault ne précise pas, du moins dans sa déposition, la date de cette convocation de Gonse ; il dit seulement : « En octobre, un peu avant que la campagne en faveur de la revision fût commencée, Gonse, etc. » Gonse dit : « Vers la fin d'octobre... » — La date du 20 a été donnée par M. Paul Desachy; *l'Année de l'affaire Dreyfus.*

Gonse rend compte à Billot qu'il a reçu de Boisdeffre confirmation des ordres du ministre au sujet d'Esterhazy. (*Dép. Billot.*)

Jeudi 21 octobre. — Esterhazy dépose que Gribelin (l'homme aux lunettes bleues) se serait rendu deux fois au domicile de Mlle Pays sans l'y trouver.

Gribelin déclare n'être venu que le lendemain matin chez Mlle Pays.

Vendredi 22 octobre. — Henry charge Gribelin, « en présence de Du Paty », selon Cuignet, de remettre une lettre à Esterhazy en personne. Gribelin se rend au cercle militaire; il n'y trouve pas Esterhazy. Il rend compte à Henry qui le charge alors de porter la lettre au domicile de Mlle Pays. Il achète des lunettes bleues et se rend rue de Douai. Le concierge lui répond qu'Esterhazy est absent. (*Dép. Gribelin.*)

Esterhazy remet à l'*Alibi Office* une lettre contenant des menaces de mort contre M. Hadamard et Mathieu Dreyfus; cette lettre est expédiée à Lyon pour être, de là, réexpédiée à Paris. (*Dép. Mathieu Dreyfus.*)

Mlle Pays demande à M. Autant de passer d'urgence le bail du commandant Esterhazy à son nom, annonçant que le commandant voulait se suicider. « Il faut, disait-il, que je disparaisse de suite, à toute force. » (Lettre de M. Autant à M. Stock.)

Roget attribue à Du Paty une lettre et une dépêche anonymes qui furent reçues à cette date par Boisdeffre « au sujet de ce qui se préparait contre Esterhazy ».

Samedi 23 octobre. — Gribelin remet la lettre d'Henry à la concierge de la rue de Douai.

D'après Esterhazy, Gribelin l'aurait fait prier par la concierge, à sept heures du matin, de descendre au square Vintimile, où il lui aurait donné rendez-vous pour le même jour, cinq heures, au parc Montsouris.

Esterhazy ne parle pas de la lettre d'Henry que Gribelin déclare lui avoir fait remettre par la concierge, lettre qui est mentionnée par Cuignet.

D'après Mlle Pays, Gribelin serait monté lui-même à l'appartement. La concierge, femme Choinet, prétend avoir porté elle-même la lettre à Esterhazy, qui aurait répondu qu'il allait venir. Quoi qu'il en soit, « Gribelin transmet la réponse affirmative d'Esterhazy à Henry. » (*Dép. Cuignet.*)

« Henry dit à Gribelin que cette entrevue était voulue par Du Paty et qu'elle était nécessaire pour prévenir de la part d'Esterhazy un acte désespéré, fuite ou suicide, qui pourrait être interprété comme un aveu de culpabilité. » (*Dép. Cuignet.*)

A trois heures, visite d'Esterhazy à Schwarzkoppen. Il en sort à quatre heures, pour se rendre de là au *Crédit Foncier*, au journal la *Patrie* et rue de Médicis, à hauteur du jardin du Luxembourg. (*Dép. Desvernine.*) — La visite d'Esterhazy à Schwarzkoppen est confirmée par le récit du comte Tornielli. (*Dép. Trarieux.*)

A cinq heures, entrevue d'Esterhazy, au parc Montsouris, avec Du Paty, qui s'est affublé d'une fausse barbe, et Gribelin, à qui Henry a donné l'ordre de mettre des lunettes. (*Dép. Gribelin.*) Henry reste dans la voiture qui l'a amené avec Gribelin et Du Paty. (*Dép. Esterhazy.*)

D'après Du Paty, cette entrevue aurait été organisée par Henry dans une réunion tenue au bureau des renseignements. « L'entrevue dura à peu près une heure. »

Gonse déclare n'avoir connu l'entrevue qu'au mois de juillet suivant, par Cavaignac qui venait de confesser Du Paty et Gribelin. Il déclare avoir toujours formellement défendu à Du Paty « toute démarche auprès d'Esterhazy ».

Esterhazy retourne chez Schwarzkoppen ; il lui dit qu'il est rassuré et lui recommande de dire, le cas échéant, qu'ils se sont connus à Karslbad.

Date assignée par Esterhazy, devant le Conseil de guerre, à sa première entrevue avec la *dame voilée*, au Pont Alexandre III, sur le carré des Invalides. Il a fait écrire plus tard, en caractères d'imprimerie, par Christian Esterhazy, la lettre qui lui aurait fixé ce rendez-vous et qu'il remit au général de Pellieux.

Ce même jour, le général Leclerc reçoit à Tunis « l'ordre de faire continuer à Picquart sa mission sans interruption ». « On avait, sans doute, appris au ministère que je m'apprêtais à prendre mon congé annuel. » (*Dépos. Picquart.*)

Dimanche 24 octobre. — Nouvelle entrevue entre Du Paty (qui se nomme) et Esterhazy, au cimetière Montmartre. Esterhazy dépose qu'il n'avait rencontré Du Paty qu'une fois, en Afrique, « il y a seize ou dix-sept ans ». Cette allégation concorde avec celle de Du Paty : « Le 23 octobre 1897, je ne connaissais Esterhazy que pour l'avoir vu deux fois, sans lui parler, en Afrique, il y a dix-huit ans ; je n'en avais pas entendu parler depuis et je n'avais eu aucune relation ni directe ni indirecte avec lui. » Elle est confirmée par Cuignet.

Du Paty dicte à Esterhazy une demande d'audience au ministre de la guerre.

Dans la soirée, nouvelle entrevue d'Esterhazy, d'abord avec Gribelin, puis avec Du Paty, enfin, rue de Douai, avec Henry. (*Dép. Esterhazy.*)

M. Hadamard reçoit de Lyon-Terreaux une lettre anonyme, écrite avec des lettres majuscules, le menaçant de mort ainsi que Mathieu Dreyfus.

Lundi 25 octobre. — Esterhazy est reçu par le général Millet : « Il lui fait le récit qu'il avait reçu l'instruction de faire. » Le général Millet l'engage à rédiger ce récit et à l'adresser au ministre.

Le soir, Du Paty donne à Esterhazy le texte d'une lettre à adresser au ministre de la guerre C'est la lettre où Esterhazy raconte les histoires d'*Espérance*, du capitaine Brô, etc. « Mon premier mouvement a été de rechercher le colonel Picquard (sic) dont je lisais le nom pour la première fois, et de le tuer. » La faute d'orthographe dans le nom de Picquart se trouve dans le fac-similé, de la main de Du Paty, qui a été publié par Esterhazy. La faute est visiblement intentionnelle. (*Dép. Est.*)

Esterhazy intercale entre son interview avec Du Paty, au cimetière Montmartre, et son audience chez le général Millet, une journée où il aurait été avisé par Du Paty de cette audience. Il se serait plaint à lui de ne pas être reçu par Billot ou par de Boisdeffre. Sur quoi, Du Paty aurait répondu que Boisdeffre devait rester en réserve, etc.

Comme Esterhazy raconte qu'il a écrit au général Billot le soir même de cette audience et que sa lettre est, en effet, datée du 25, il en résulte qu'il a dû inventer l'emploi de cette autre journée, ainsi que celui du jeudi 24 octobre, pour parfaire la différence entre les deux dates du 18 au 20. La conversation relative à Boisdeffre et à Billot a dû avoir lieu le 25, au soir, Esterhazy se plaignant de n'avoir été reçu « *que par le général Millet* ».

Mardi 26 octobre. — Entrevue avec Henry au bureau de poste de la *rue du Bac*.

Henry prévient Esterhazy que le général de Boisdeffre n'a pas reçu encore du général Billot communication de sa lettre. « Si le colonel Henry, dit Esterhazy, était informé que le général de Boisdeffre n'avait pas été prévenu par le ministre de la lettre que j'avais écrite à ce dernier, il n'avait pu en être averti que par le général de Boisdeffre, attendant donc l'effet de ma lettre et, par conséquent, en connaissant l'emploi. »

C'est d'une logique irréfutable.

Le soir, sur l'esplanade des Invalides, entrevue avec Du Paty — selon Cuignet, l'homme de confiance de Boisdeffre, — qui lui annonce *qu'il est décidé* qu'Esterhazy écrira directement à Boisdeffre pour lui permettre d'intervenir en personne.

Lettre d'Esterhazy, sur papier du Cercle militaire, donnant congé à M. Autant.

Mercredi 27 octobre. — *Le général de Boisdeffre donne l'ordre au général Leclerc d'envoyer le colonel Picquart à la frontière tripolitaine.*

Jeudi 28 octobre. — Entrevue d'Esterhazy avec Henry : « Si on ne met pas la baïonnette dans le derrière de tous ces gens-là... Sabre à la main ! Nous allons charger. »

Du Paty dicte à Esterhazy le texte de sa première lettre au Président de la République. Du Paty prétend que le canevas qu'il donnait à Esterhazy ne contenait pas l'appel à l'empereur d'Allemagne.

Esterhazy, dans les *Dessous de l'affaire Dreyfus*, fixe à cette même date la conversation où du Paty lui aurait demandé, de la part « des grands chefs », de vouloir bien indiquer quelqu'un de sûr qui pourrait servir d'intermédiaire entre lui et l'Etat Major. « Le général de Boisdeffre a pensé au marquis de Nettancourt, votre beau-frère. » Esterhazy répond que son beau-frère est à la campagne et propose Mlle Pays.

Ranc déclare à plusieurs journalistes que Scheurer-Kestner est convaincu de l'innocence du capitaine Dreyfus.

Vendredi 29 octobre. — Première lettre à Félix Faure : « J'ai pris mes précautions pour que mon appel parvienne à mon chef de blason, au suzerain de la famille Esterhazy, à l'Empereur d'Allemagne. Lui, est un soldat... »

Date assignée par Esterhazy, devant le Conseil de guerre, à sa deuxième entrevue avec la *Dame voilée* qui lui remet le document libérateur : « Si le torchon brûle, il n'y a qu'à publier cette pièce dans les journaux. » Ce rendez-vous aurait eu lieu « à six heures, rue Sainte-Eleuthère, au coin de la vieille église de Montmartre ». La lettre, fixant le rendez-vous, a été écrite, plus tard, comme la précédente, en caractères d'imprimerie, par M. Christian Esterhazy, pour être remise au général de Pellieux.

Esterhazy écrit au capitaine Brô pour lui demander s'il ne se souvient pas d'avoir reçu de lui, en février 1894, une notice sur Eupatoria.

Entrevue avec Du Paty qui annonce que Mlle Pays est agréée comme intermédiaire par Boisdeffre et Gonse. — Tous ces faits sont niés par Gonse et par Boisdeffre.

Déclaration de Scheurer-Kestner à un rédacteur du *Matin* : « Je suis convaincu de l'innocence de Dreyfus. »

Samedi 30 octobre. — Du Paty dicte à Esterhazy le texte de sa deuxième lettre à Félix Faure. (*Dép. Est.*) Le fait est contesté par Du Paty.

Première entrevue de Scheurer-Kestner et de Billot. Le ministre de la guerre promet au vice-président du Sénat d'ouvrir une enquête et lui demande quinze jours de silence.

Commencement de la campagne de presse contre Scheurer-Kestner.

Dimanche 31 octobre. — Deuxième lettre, dite du *document libérateur*, à Félix Faure. Menace de publier un document *compromettant* qu'Esterhazy n'avait point, d'ailleurs, entre les mains.

Le général Leclerc reçoit, du général de Boisdeffre, « l'ordre d'étendre la mission du colonel Picquart jusqu'à la frontière tripolitaine ». (*Dép. Picquart.*) Le général Leclerc convoque Picquart à Tunis.

Lundi 1er novembre. — Date assignée par Esterhazy à sa troisième entrevue avec la *dame voilée*.

Rochefort dénonce Forzinetti.

« *Le général Leclerc, après avoir reçu les explications du colonel Picquart, lui dit qu'il va demander de nouvelles instructions, qu'il ne doit pas se presser de partir et qu'en tous cas, il ne devrait pas dépasser Gabès.* » (*Dép. Picquart.*)

Mardi 2 novembre. — Le général Leclerc reçoit un télégramme chiffré du général de Boisdeffre l'avisant « que le gouvernement a reçu des lettres l'informant que le lieutenant-colonel Picquart s'est laissé voler par une femme la photographie d'un document de la plus haute importance ». Picquart écrit une déclaration par laquelle il démontre l'impossibilité du fait allégué. Il rentre ensuite à Sousse.

Nouvelle entrevue de Scheurer-Kestner et de Billot.

Jeudi 4 novembre. — La correspondance de Picquart est saisie à partir de cette date jusqu'à son retour en France. (*Dép. Picquart.*) L'administration de la guerre ne laisse plus passer que des imprimés, une ou deux lettres insignifiantes, une lettre d'Esterhazy et une lettre qui est un faux. — Cuignet fixe la première saisie au 6 novembre.

Déclaration du gouvernement au sujet de l'affaire Dreyfus : « Le capitaine Dreyfus a été *régulièrement* et *justement* condamné. »

Vendredi 5 novembre. — Troisième lettre à Félix Faure. Menace réitérée de publier le document « qui serait un danger pour le pays, parce que la publication avec le fac-similé forcera la France à s'humilier ou à faire la guerre ». Esterhazy déclare que « ses lettres sont entre les mains d'un de ses parents qui a eu l'honneur, cet été, de recevoir deux empereurs ». Appel en *crescendo* au *snobisme* de Faure : « Haro à moi, mon prince, à ma rescousse! »

Samedi 6 novembre. — Henry prévient Esterhazy qu'il sera reçu par le général Saussier. (*Dép. Esterhazy.*)

Le ministre de la guerre a connaissance de deux dépêches privées adressées au colonel Picquart en Tunisie. La dernière est ainsi conçue : « *Ecrivez désormais avenue de la Grande-*

Armée. » Aussitôt, « *le bureau des renseignements* fait saisir les lettres de Picquart venant de Sousse et de Tunis». (*D. Cuignet.*)

Le bureau des renseignements, c'est Henry. Ici, Cuignet accuse Du Paty d'avoir, grâce à ces dépêches et à ces lettres, falsifié les télégrammes *Blanche* et *Speranza*. Il a fallu, en tous cas, qu'Henry, au préalable, ait communiqué ces lettres et ces dépêches à Du Paty. « Ces télégrammes *Blanche* et *Speranza* émanent certainement de Du Paty. » (*Dép. Cuignet.*) C'est également l'avis de Roget.

Dimanche 7 novembre. — Esterhazy est reçu par le général Saussier qui lui aurait dit : « Qu'est-ce que toute cette histoire ? » (*Dép. Est.*)

Il adresse à Picquart une lettre « où il l'accuse à peu près des mêmes faits qui ont été reproduits plus tard dans l'article *Dixi* ». (*Dép. Picquart.*)

Lundi 8 novembre. — L'acte, transférant le bail d'Esterhazy à Mlle Pays, est signé par les contractants, chez Me Agnellet, notaire.

Annonce d'une interpellation de M. Mirman sur l'affaire Dreyfus.

Mardi 9 novembre. — Réponse négative du capitaine Brô au sujet de l'étude sur Eupatoria.

Nouvelle note officielle sur l'affaire Dreyfus affirmant que la condamnation a été juste et régulière.

Mercredi 10 novembre. — Esterhazy fait envoyer par l'*Alibi-Office* une lettre, datée de Londres, à Mme Esterhazy. (*Dép. Mathieu Dreyfus devant le Conseil de guerre, confirmée par Esterhazy.*)

Expédition des deux dépêches, *Speranza* : « Arrêtez le demi-dieu... » et *Blanche* : « On a des preuves que Georges a fabriqué le *petit bleu*. »

La dépêche *Blanche*, bien qu'expédiée après la dépêche *Speranza*, est reçue le jour même par Picquart, parce qu'elle a été adressée directement à Sousse; la dépêche *Speranza* a été adressée à Tunis.

Picquart reçoit en même temps la lettre d'Esterhazy du 7 novembre.

Nouvelle lettre, mais anonyme, d'Esterhazy à Picquart : « A craindre. Toute l'œuvre découverte. Retirez-vous doucement. Suivez-moi. » Picquart ne reçoit cette lettre que le 16 ou le 19. (*Dép. Picquart.*)

Jeudi 11 novembre. — Picquart reçoit à Sousse la dépêche *Speranza*, réexpédiée de Tunis. Il télégraphie aussitôt pour être autorisé à aller à Tunis.

Vendredi 12 novembre. — Du Paty remet à Esterhazy « ce qu'on appelait la *plaquette* ». C'est l'article qui paraîtra, dans la *Libre Parole*, sous la signature *Dixi*. (*Dép. Esterhazy.*)

La « plaquette », d'après Du Paty, aurait été préparée au service des renseignements et rédigée par Henry. — Du Paty reconnaît y avoir apporté des corrections.

Lettre de Picquart au ministre de la guerre ; il lui envoie la copie des deux télégrammes *Blanche* et *Speranza*, et la lettre d'Esterhazy.

Samedi 13 novembre. — Du Paty dicte à Esterhazy la lettre au ministre de la guerre « pour lui remettre le document libérateur : « Ce canaille de D... » — « Je n'avais pas matériellement ce document, mais je le connaissais. » (*Dép. Esterhazy.*)

Du Paty l'invite à faire paraître « la plaquette, modifiée » dans la *Libre Parole*. La plaquette était « d'une main que Du Paty a reconnue au Conseil d'enquête ». (*Dép. Esterhazy.*)

Date à laquelle, d'après ses premiers récits, Esterhazy serait allé chercher à Londres le document libérateur qu'il y aurait mis en sûreté. (*Libre Parole* du 17 novembre.)

Le colonel Picquart arrive de Sousse à Tunis pour saisir le général Leclerc des affaires *Blanche* et *Speranza*.

Dimanche 14 novembre. — Article *Vidi* dans le *Figaro*.

Dans la matinée, Esterhazy se rend chez Drumont et lui remet « la plaquette qu'il a reproduite textuellement dans la forme de l'article *Dixi* ». (*Dép. Est.*)

Le soir, à une heure avancée, à l'esplanade des Invalides, Du Paty remet à Esterhazy (*Dép. Est.*) le document libérateur pour être inclus à la lettre à Billot. Esterhazy scelle de son cachet la lettre, préparée d'avance, et la porte au ministère de la guerre. Mlle Pays assistait à l'entrevue.

Du Paty de Clam nie avoir remis aucun document à Esterhazy ; il prétend « qu'Esterhazy n'a jamais eu le moindre document entre les mains et que *la personne qui a déposé le document libérateur au cabinet du ministre n'est pas Esterhazy* ».

« Le 14 novembre, dit Ravary, l'inculpé, *conseillé en ce sens*, n'hésitait pas à se démunir du document libérateur en l'envoyant au ministre de la guerre, *s'en remettant loyalement* à ses chefs du soin de défendre son honneur menacé. »

Lettre de Scheurer-Kestner à Ranc ; il y relate son entrevue du 30 octobre avec Billot, la promesse d'une enquête qui lui a été faite et qui n'a pas été tenue, sa propre promesse de garder le silence pendant quinze jours.

Lundi 15 novembre. — La *Libre Parole* commence sa polémique, qui sera continuée le 16 et le 17, au sujet des dépêches adressées à Picquart. Le journal de Drumont les attribue à Scheurer-Kestner.

Mathieu Dreyfus dénonce Esterhazy au ministre de la guerre comme l'auteur du bordereau.

Mardi 16 novembre. — Le général Billot fait accuser réception du document libérateur à Esterhazy, par une lettre signée (P. O.) du général de Torcy.

Esterhazy est présenté au député Bazille par Vervoort. Il lui annonce son intention de brûler la cervelle à Mathieu Dreyfus. Bazille l'engage à le poursuivre, plutôt, en Cour d'assises. Esterhazy se rend dans divers bureaux de rédaction où il raconte l'histoire de la dame voilée et du document libérateur.

Billot communique au conseil des ministres la dénonciation de Mathieu Dreyfus et la lettre d'Esterhazy demandant une enquête.

A midi, visite de Pauffin de Saint-Morel, chef du cabinet de Boisdeffre, à Rochefort.

A la Chambre, interpellation du comte d'Alsace sur l'affaire Dreyfus.

Le général de Pellieux est chargé de l'enquête sur l'affaire Esterhazy.

Boisdeffre défend à Du Paty de revoir Esterhazy. (*Dép. Du Paty.*)

Ce tableau est nécessairement encore incomplet. Il sera complété par la suite. Tel quel, il me paraît avoir déjà le double avantage de montrer à la fois l'ensemble, très harmonieux, des manœuvres criminelles, qui constituent le complot le plus audacieux contre la justice, et les contradictions significatives, presque aussi éloquentes que les faits, des témoins de l'État-Major qui se déchirent entre eux.

LA DÉPÊCHE DU 2 NOVEMBRE 1894

4-12, mai 1899.

On connaît maintenant, dans ses grandes lignes, l'histoire de la dépêche du 2 novembre 1894. C'est pour Mercier un crime de plus. C'est, pour Hanotaux, la tache, la petite tache qu'aucun parfum d'Académie n'effacera jamais. C'est l'un des beaux exploits d'Henry. Mais nous n'avons connu cet épisode que morceaux par morceaux. Il a plusieurs couches, comme un terrain a plusieurs strates. Je voudrais essayer d'en reconstituer l'ensemble et d'en tirer, peut-être, quelques conclusions nouvelles.

I

Le 1ᵉʳ novembre 1894, la *Libre Parole*, informée par Henry, en violation des ordres du ministre de la guerre, annonçait l'arrestation du capitaine « juif » Alfred Dreyfus, pour crime de « haute » trahison. Les journaux reproduisent et commentent la nouvelle qui devient le sujet passionné de toutes les conversations.

Comme la plupart des journaux disaient que Dreyfus avait trahi en faveur de l'Italie, — trois seulement rapportaient qu'il était aux gages de l'Allemagne, — le colonel Panizzardi envoie le soir même un rapport au commandant en second de l'État-Major italien : « Je m'empresse de vous assurer, écrit-il après avoir annoncé la nouvelle, que cet individu n'a jamais rien eu à faire avec moi. Mon collègue allemand n'en sait rien, de même que moi. J'ignore si Dreyfus avait des relations avec le commandant d'État-Major. »

Puis, le lendemain, 2 novembre, Panizzardi télégraphie en chiffrés : « Si le capitaine Dreyfus n'a pas eu de relations avec vous, il conviendrait de charger l'ambassadeur de publier un démenti officiel, *afin d'éviter es commentaires de la presse.* »

Le général Marsilli répond aussitôt : « L'État-Major se trouve dans les mêmes conditions, ce corps et tous les services qui en relèvent n'ayant jamais eu de rapports directs ou indirects avec Dreyfus. »

L'ambassadeur italien publie aussitôt un démenti officiel.

Rien de plus probant que cette dépêche du 2 novembre. Ainsi que le fera observer M. Maurice Paléologue à Henry, le colonel Panizzardi ne pouvait pas savoir à cette date, au lendemain du jour où l'arrestation de Dreyfus avait été connue, si l'accusé avait fait des aveux. Il ne se serait pas exposé à voir infirmer par l'accusé l'affirmation formelle qu'il adressait, dès la première heure, à son chef. La dépêche était *chiffrée, confidentielle;* elle n'a pas été écrite pour tromper le gouvernement français ; elle est l'expression sincère, loyale de la vérité.

II

La dépêche de Panizzardi est interceptée, comme le peuvent être toutes les dépêches, par le gouvernement français. Le service de la traduction, au ministère des affaires étrangères, entreprend de la déchiffrer. C'était la première fois que Panizzardi se servait du chiffre, nouveau, employé pour ce document.

Travail difficile, particulièrement délicat. M. Paléologue, déposant « d'ordre du ministre des affaires étrangères », devant les trois chambres réunies de la Cour de cassation, l'a fort bien expliqué. Il ne s'agissait pas seulement de *traduire* le texte chiffré ; il fallait, au préalable, *découvrir* la clef même du système, c'est-à-dire reconnaître la clef du système appliqué, reconstituer le vocabulaire et fixer toutes les combinaisons.

Au bout de peu de jours, le télégramme était déchiffré, avec certitude pour les deux premières phrases, sauf le mot *officiel* que le traducteur fit suivre, sur la copie comme sur l'original qui a été conservé, d'un point d'interrogation ; hypothétiquement pour la dernière phrase à laquelle le cryptographe attribua, mais en la faisant suivre d'un point d'interrogation, le sens que voici : *notre émissaire est prévenu.*

Le colonel Sandherr reçoit, à titre personnel, communication de cette ébauche. Le service de la cryptographie appelle son attention sur le caractère conjectural des derniers mots.

Quelques jours après, aux environs du 11 novembre, — du 10 au 13, — le sens du télégramme est déterminé avec une certitude absolue. Panizzardi n'a point écrit :

« Il conviendrait de charger l'ambassadeur de publier un démenti officiel ; notre émissaire est prévenu. » Les groupes qui forment, dans la version conjecturale, les derniers quatre mots, doivent être ainsi traduits : « *Afin d'éviter les commentaires de la presse.* »

Ce texte *définitif* fut aussitôt *communiqué* comme *authentique* au service des renseignements.

Grave différence assurément, qui modifiait entièrement le sens de la dépêche italienne ; mais version absolument certaine. Le colonel Sandherr avait contribué, d'ailleurs, par un ingénieux stratagème, à faciliter et à contrôler le travail des cryptographes.

Au moment où l'on s'appliquait à déchiffrer la dépêche du 2 novembre, il prescrivit à un agent du contre-espionnage de faire tenir à Panizzardi une information dont le sens général et les termes principaux avaient été arrêtés par lui-même, mais tus aux cryptographes du quai d'Orsay. Aussitôt parvenue à Panizzardi, cette information fut transmise par lui au chef d'État-Major. Ce télégramme, du 13 novembre, fut déchiffré intégralement, au ministère des affaires étrangères, à l'aide de la clef qui avait été appliquée au télégramme du 2. Il est porté au colonel Sandherr qui reconnaît aussitôt l'exactitude de la traduction.

La démonstration était faite ; la seconde version du télégramme du 2 novembre était seule et rigoureusement exacte, exclusive de toute autre.

M. Paléologue a refait cette démonstration devant les chambres réunies, sur seize documents authentiques, originaux et concordants, qu'il plaça sous les yeux des conseillers.

III

Il faut préciser ici quelle fut, au moment du procès Dreyfus, la conduite des divers personnages qui eurent connaissance du télégramme du 2 novembre 1894.

D'abord, M. Hanotaux, ministre des affaires étrangères, s'exprime ainsi dans sa déposition : « Cette dépêche ne m'a pas frappé ; elle ne m'a pas paru avoir une sérieuse importance. » C'est tout.

Voici un homme, à la fois historien et diplomate, qui lit dans une dépêche interceptée, d'une sincérité évidente, que l'attaché militaire italien déclare n'avoir jamais eu de rapports avec un officier français accusé de trahison. D'autre part, l'ambassadeur d'Allemagne lui a affirmé que son attaché n'a jamais eu de rapports, ni directs ni indirects, avec cet officier. Il a fait entendre lui-même au ministre de la guerre les protestations les plus énergiques, selon son propre récit, contre un procès qui lui paraît imprudemment engagé ; il sait, puisqu'il en a eu connaissance, que l'accusation repose exclusivement sur une expertise douteuse. Et cette dépêche, qui lui permettrait de tenter encore un effort pour sauver un homme qui est peut-être innocent, dont le crime est inexplicable, elle ne le frappe pas, il n'y attache aucune importance, il ne la communique même pas au conseil des ministres.

Il est vrai qu'il voit se déchaîner, des fenêtres de son cabinet, la furieuse tempête antisémite ; il redoute, s'il intervient, d'en être atteint. Son intervention pourrait être connue, dénoncée à Rochefort et à Drumont. Il serait injurié dans les journaux. On n'en meurt pourtant pas, Hanotaux ! Il se tait donc, prétexte une indisposition diplomatique et s'en va, chez Bourget, sans remords, le cœur léger, contempler l'azur de la Méditerranée et préparer sa candidature à l'Académie.

IV

Pendant que M. Hanotaux part ainsi pour la Côte d'Azur, laissant, au surplus, le Président de la République dans l'ignorance des difficultés diplomatiques qui surgissaient déjà autour de l'affaire Dreyfus, voici, d'après les dépositions de Gonse, de Boisdeffre et de Mercier, ce qui se passait au ministère de la guerre. Je tiens leurs dépositions pour bonnes, malgré le précepte : *Nemo auditur propriam suam turpitudinem allegans.*

Sandherr a soumis successivement au général Gonse, au général de Boisdeffre et au général Mercier les deux versions de la dépêche interceptée, la première qui lui a été communiquée comme hypothétique, la seconde, définitive, dont il a reconnu l'exactitude.

Gonse dépose que « le ministre a prescrit de n'en pas faire état dans le dossier Dreyfus ». Il ajoute : « Postérieurement, nous ne nous sommes plus occupés de cette dépêche et nous n'avions pas à nous en occuper. »

Boisdeffre dépose que Sandherr, en lui communiquant la première version, se serait écrié : « Eh bien ! mon général, voilà une preuve de plus de la culpabilité de Dreyfus ! » En lui remettant la deuxième version celle qu'il sait, au lendemain de son expérience si probante, être exacte, Sandherr se serait borné, d'après Boisdeffre, à dire : « La personne qui m'avait apporté la traduction du télégramme vient de revenir ; elle me déclare qu'on s'est trompé dans la traduction, qu'il y a eu erreur de chiffres ; elle apporte une nouvelle version qui n'a plus la signification de la première et qu'elle déclare être la version exacte. »

La première version, qui était défavorable à Dreyfus, était une preuve. — Il en était ainsi, à l'ancien Etat-Major, de tout ce qui était faux. — La deuxième, qui est favorable à l'accusé, est, dès lors, négligeable.

« En raison de la divergence et de l'incertitude des documents, dit, en effet, Boisdeffre, il n'en a été, à ma connaissance, tenu aucun compte ni dans l'instruction ni dans le procès. »

Enfin, Mercier : « Je donnai l'ordre de ne tenir aucun compte de ce télégramme et de n'en faire aucun usage dans le cours du procès. »

Sandherr avait-il ou non relaté à ses chefs la ruse ingénieuse qui lui avait démontré l'exactitude absolue de la deuxième version ? Les chefs n'en disent rien.

C'est l'évidence que si le télégramme, bien ou mal déchiffré, avait présenté un sens accusateur, Mercier, Boisdeffre et Gonse l'auraient versé au dossier. Mais il y a encore une autre raison à l'ordre, donné par Mercier, de ne faire aucun usage de la dépêche dans le cours du procès ; c'est qu'elle aurait ôté toute sa valeur à la plus importante des pièces secrètes. Le ministre de la guerre avait déjà mûri sa forfaiture dans son esprit ; il avait déjà décidé, avec ses complices, de faire communiquer aux juges, en chambre du conseil, des documents inconnus de l'accusé et de la défense.

V

On connaît la principale de ces pièces et, surtout, la phrase la plus importante, authentique ou interpolée, de cette pièce fameuse. C'est cette phrase : « Si-joint 12 plans directeurs de Nice que ce canaille de D... m'a donnés pour vous. » Il est reconnu aujourd'hui, par tous, même par Cuignet, que D..., dans cette pièce, ne désigne pas Dreyfus. Mais, en 1894, Du Paty de Clam affirmait, au contraire, que D... désignait Dreyfus et il le démontra, tout au long, dans le commentaire que Mercier a fait disparaître du ministère et qu'il faudra bien produire, avant la fin de l'enquête, devant la Cour de cassation.

Si donc le texte exact de la dépêche du 2 novembre avait été versé au dossier, même secret, les juges auraient reconnu, même en dehors de l'accusé et de la défense, la contradiction entre ce télégramme et l'attribution de l'initiale D... à Dreyfus. Dès lors, la principale des pièces secrètes cessait de pouvoir être invoquée contre Dreyfus ; l'accusation secrète s'effondrait.

Et cela, dans tous les cas, que la lettre soit de Schwarzkoppen à Panizzardi, ou de Panizzardi à Schwarzkoppen. Il faut noter, en effet, que cette lettre a été successivement attribuée par l'État-Major à l'un et à l'autre de ces attachés. Pourquoi ces variantes ? Ces changements d'attribution cachent-ils quelques ténébreuses arrière-pensées ? Il ne faut pas faire le diable plus noir qu'il ne l'est ; je ne veux constater que des faits. Voici ces faits :

1° A l'époque où la lettre est interceptée (avril-mai 1894), elle est transmise, en copie, au ministère des affaires étrangères, avec une *note de service*, émanant du ministère de la guerre, qui débute ainsi : « *La lettre ci-dessus est de la main de Panizzardi.* » Cette copie, et cette note, ont été lues par les membres des trois chambres réunies de la Cour de cassation.

2° La pièce, signée *Alexandrine*, — mais les deux attachés usaient alternativement de ce nom, — était encore attribuée à Panizzardi quand Picquart, en 1896, se fit remettre le dossier secret par Gribelin. Dans sa lettre du 14 septembre 1898 au garde des sceaux, Picquart, se reportant à ses souvenirs d'ancien chef de bureau de statistique, dit en propres termes : « La troisième pièce est une lettre authentique de B... à A..., de 1894; elle a été déchirée, puis reconstituée. D... dit à peu près : J'ai vu ce canaille... ». Etc.

3° C'est l'auteur du fameux article de l'*Éclair*, du 15 septembre 1896, qui, révélant, comme on le sait, pour la première fois, l'existence de la pièce et en faisant d'ailleurs une dépêche chiffrée, l'attribua, non plus à Panizzardi, mais, formellement, à Schwarzkoppen, à l'attaché allemand, à A... Mais de qui émanait cet article? Ni de Picquart, a dit l'*Éclair*, ni de Du Paty, ni d'Henry. Du Paty a paru l'attribuer à Pauffin de Saint-Morel; cependant, il ne l'a point affirmé et l'*Éclair* ne l'a point avoué.

4° La version de l'*Éclair* devient, à partir de 1897, celle de l'État-Major et de sa presse. Roget, devant la chambre criminelle, reproche au colonel Picquart, comme *une grande inexactitude*, d'avoir dit que la pièce est une lettre de B... à A... Roget déclare catégoriquement que c'est une lettre de A... à B... Et l'État-Major, — à l'exception toutefois de Gonse qui continue (*Dép. du 27 janvier 1899*) à dire que c'est une lettre de B... à A...

— l'État-Major atteste cette nouvelle attribution avec une assurance formelle. Dès lors, Picquart, devant la Cour de cassation, après avoir dit : « J'ai toujours cru que cette pièce était de B... à A... », c'est-à-dire de Panizzardi à Schwarzkoppen, accepte la version de Roget et de l'*Éclair*.

Il y a là un problème dont je ne me pique pas encore d'avoir découvert la solution.

VI

Quoi qu'il en soit, en ce qui concerne du moins le Conseil de guerre de 1894, il importe peu ; car, de deux choses l'une :

Ou la pièce a été communiquée, en chambre du conseil, comme étant une lettre de Panizzardi à Schwarzkoppen, de B... à A..., ce qui semble avoir été l'attribution courante de 1894 à 1897. Et alors on aperçoit tout de suite l'infâme raison à laquelle Mercier a obéi, en ne produisant pas la dépêche du 2 novembre. La dépêche émanée de Panizzardi eût démenti, avec la clarté de l'évidence, l'attribution à Dreyfus de l'initiale D... dans la lettre, signée Alexandrine, émanée également de Panizzardi.

Ou la pièce a été communiquée comme étant, selon la version postérieure de l'*Éclair* et de Roget, une lettre de Schwarzkoppen à Panizzardi. Mais alors la lettre, dont il suffit de relire le texte, démontre encore, quand même, comme l'a fort bien expliqué Jaurès, que « ce canaille de D... était en relation avec l'un et avec l'autre, travaillait pour l'un et pour l'autre, allait chez l'un et chez l'autre ». Cela ressort du passage : « Je lui ai dit que vous n'aviez pas l'intention de reprendre les relations; il prétend qu'il y a eu un malentendu et qu'il ferait tout son possible pour vous satisfaire ». Donc, les misérables qui appliquaient la pièce : « Ce canaille de D... » à Dreyfus auraient dû être arrêtés, ou tout au moins inquiétés, par la dépêche Panizzardi, *qui établissait que Panizzardi au moins ne connaissait pas Dreyfus »*.

Ainsi, d'une façon ou d'une autre, à quelque attribution qu'on se rallie, quel que soit le vrai auteur de la pièce signée : *Alexandrine*, et que cette pièce soit ou non agrémentée d'une interpolation, Mercier avait donné l'ordre de ne pas verser la *dépêche Panizzardi* au procès afin de faire déclarer aux juges, en chambre du conseil, où il produisit la lettre « *ce canaille de D...* », que Dreyfus, accusé contradictoirement, à l'audience, d'avoir été un espion aux gages de la Prusse, avait trahi aussi en faveur de l'Italie.

Il n'y a jamais eu de juges plus indignement, plus systématiquement trompés que ceux qui siégeaient, en décembre 1894, au deuxième Conseil de guerre.

VII

Dreyfus condamné, dégradé et déporté, il se produisit, au ministère de la guerre, un incident qui est l'aveu même du crime qui venait d'être commis. Les grands chefs cherchèrent à faire disparaître la preuve matérielle de l'illégalité et de l'injustice dont Dreyfus avait été la victime; mais leurs complices, moins galonnés, ne s'y prêtèrent pas. Non point, sans doute, par respect de l'article 173 du Code pénal, qui punit des travaux forcés la destruction des actes ou des titres dont les fonctionnaires de tout ordre sont dépositaires, mais comme s'ils avaient voulu conserver, pour l'avenir, des moyens de défense et peut-être de chantage.

Ainsi le général de Boisdeffre avait recommandé de détruire le dossier secret, de le brûler, et le dossier était resté intact. Nous avons à ce sujet le témoignage du colonel Picquart dans sa lettre du 15 septembre 1898 au garde des sceaux : « Quand le colonel Sandherr, écrit Picquart, m'a parlé, en juillet 1895, de ce dossier, — celui qui fut remis sous pli fermé entre les mains du président du Conseil de guerre, — il m'a dit : « Le petit dossier qui a été communiqué aux juges du Conseil de guerre est dans l'armoire de fer. » Quand je l'ai demandé à Gribelin, je lui ai dit : « Donnez-moi le dossier qui a été communiqué aux juges du Conseil de guerre et qui est dans l'armoire du commandant Henry. » Il m'a remis immédiatement, et dans une enveloppe spéciale, les quatre pièces avec le commentaire. *Quand j'ai montré ce dossier au général de Boisdeffre, il l'a parfaitement reconnu et a demandé pourquoi il n'avait pas été brûlé, comme il avait été convenu.* » Il était trop tard pour le brûler maintenant qu'il avait été vu et étudié par Picquart !

Ainsi, encore, le général Mercier s'était fait remettre par Sandherr le rapport de Du Paty sur les pièces secrètes ; mais un double en avait été conservé, au bureau des renseignements, dans l'armoire de fer du colonel Henry, précisément dans le dossier que Gribelin en tirera, au mois de juillet 1896, à la demande de Picquart. On saura peut-être, un jour, à quelle époque *postérieure*, et dans quelles circonstances, ce double du commentaire de Du Paty, qui fut remis par Gribelin à

Picquart, et montré par Picquart à Boisdeffre, a disparu ou a été mis, par un intéressé, en lieu sûr.

Je vais chercher à déterminer les circonstances où furent opérées la destruction et la falsification de la dépêche du 2 novembre 1894.

VIII

M. Paléologue a raconté, dans sa première déposition, que le colonel Henry était venu lui demander au ministère des affaires étrangères, « d'un air un peu embarrassé », dans les derniers jours d'avril ou les premiers jours de mai 1898, s'il ne pouvait lui donner une copie du télégramme Panizzardi. « Mais vous l'avez, reprit M. Paléologue, après avoir fait réitérer à Henry sa question ; je l'ai vu entre les mains de Sandherr : qu'est-il donc devenu ? — Je ne sais, répliqua Henry ; nous ne le retrouvons pas. Les pièces du dossier ont été disséminées entre plusieurs coffres-forts. Bref, je ne l'ai plus. »

Ainsi, selon le dire d'Henry, recueilli par M. Paléologue, la traduction définitive de la dépêche du 2 novembre 1894, qui avait été remise à Sandherr, aurait été égarée, au printemps de 1898, par le ministère de la guerre. La traduction provisoire, l'ébauche, avait été restituée par Sandherr lui-même, après qu'il en eût pris connaissance, au ministère des affaires étrangères où elle a été conservée. J'établirai plus loin que l'Etat-Major en avait gardé une copie. C'est un fait, en tout cas, que la dépêche ne figure pas au dossier officiel qui a été produit devant la Cour de cassation par le capitaine Cuignet.

Henry s'était contenté de dire à Paléologue qu'il ne retrouvait plus la dépêche du 2 novembre 1894. On a essayé par la suite d'insinuer que la copie authentique et l'ébauche, ou la copie de l'ébauche, auraient été déjà détruites du temps de Sandherr.

« Le général Mercier, a écrit M. de Freycinet à M. Viviani (lettre du 4 mai 1899), n'ayant pas retenu *les deux traductions de la dépêche du 2 novembre*, les a rendues au colonel Sandherr qui ne les a pas fait figurer dans son dossier. »

Ne pas faire figurer deux ou plusieurs pièces dans un dossier, et les détruire, cela fait deux opérations bien distinctes. Le colonel Picquart, qui succéda au colonel Sandherr à la tête du service des renseignements, ne parle nulle part de ces deux pièces qui, cependant, s'il les avait vues, l'auraient frappé au cours de son enquête sur l'affaire Dreyfus. Il y aurait cependant quelque témérité à conclure de ce seul indice qu'elles avaient été détruites par Sandherr. On verra, d'ailleurs, par la suite, qu'il n'en a rien été et que la dépêche avait été simplement classée dans un autre dossier qui fut caché aux profanes yeux du justicier.

IX

Quoi qu'il en soit, il est certain, incontesté, même par Cuignet, que la traduction de la dépêche Panizzardi, qui avait été remise par le ministre des affaires étrangères à Sandherr, puis rendue au même Sandherr par Mercier, a disparu du dossier Dreyfus. Et il est non moins certain que le plus fameux des faux d'Henry, celui que Cavaignac a fait afficher et que le misérable a avoué avant de mourir, n'a pas été fabriqué seulement pour faire marcher Gonse (selon la version de Cuignet) ou Billot en démontrant la culpabilité de Dreyfus. Il l'a été encore, avec une admirable perversité, pour ôter toute valeur probante à la dépêche Panizzardi. C'est l'évidence, quelque hypothèse qu'on adopte : soit qu'à la date où fut fabriqué le faux (1er novembre 1896), la traduction existât encore quelque part au ministère de la guerre et qu'Henry redoutât de la voir surgir au secours de Picquart, pour l'aider à faire la conviction de Billot ; — soit qu'elle eût été déjà détruite, mais qu'Henry, dans sa prévoyance, craignît que quelque ministre des affaires étrangères, autre que M. Hanotaux, l'opposât un jour, dans un élan de conscience, aux allégations de l'État-Major sur la complicité de Panizzardi et de Dreyfus.

Panizzardi a télégraphié, le 2 novembre 1894, qu'il ne connaissait point le capitaine Dreyfus. Henry fait écrire, le 1er novembre 1896, par Panizzardi à Schwarzkoppen : « Si... je dirai que jamais j'avais des relations avec ce juif. C'est entendu. Si on vous demande, dites comme ça, car il ne faut pas qu'on sache jamais personne ce qui est arrivé avec lui. » Donc, le 2 novembre 1894, Panizzardi a menti.

Et il paraît aujourd'hui inconcevable qu'un faux aussi impudent, aussi grossier, ait pu faire une seule dupe. Mais, comme il n'y a pas encore un an que M. Cavaignac en affirmait à la tribune l'authenticité matérielle et l'authenticité morale et que des millions et des millions de braves gens y virent la preuve décisive d'une horrible trahison, cela prouve, tout au moins, qu'Henry n'était pas une bête, puisqu'il savait jusqu'à quel point il est permis à un audacieux de spéculer sur l'humaine bêtise.

On s'est demandé pourquoi Henry, au lieu de fabriquer une fausse lettre de Schwarzkoppen à Panizzardi, a forgé, ce jour-là, une fausse lettre de Panizzardi à Schwarzkoppen; en voici donc la raison : c'est pour *répondre* à la dépêche du 2 novembre 1894, pour en faire un mensonge.

Ainsi, que le texte matériel de la dépêche ait été ou non détruit dès lors, la version authentique en hantait l'âme inquiète d'Henry. Le danger était là, pour Esterhazy comme pour lui, autant que dans le *petit bleu*, dans l'écriture du bordereau ou dans les révélations de l'agent Cuers. Henry y para — momentanément — en fabriquant le plus illustre de ses faux.

X

L'abîme appelle l'abîme. *Abyssus abyssum vocat.* Le faux appelle le faux.

Son faux du 1ᵉʳ novembre 1896 n'a donné à Henry qu'une victoire précaire. Pendant quelques mois à peine, il a pu se croire sauvé. Picquart est en disgrâce, très loin, sur la terre d'Afrique; Billot, pris dans l'engrenage, a proclamé, une première fois, à la tribune, la culpabilité du captif de l'île du Diable; Boisdeffre et Gonse ont désormais en lui, pour cause, une confiance absolue; Esterhazy subventionne une proxénète, et Dreyfus est cloué, plus étroitement que jamais, sur son rocher. Mais voici que la pierre du sépulcre recommence à se soulever dans la nuit hantée de spectres. Quoi! toujours la Vérité, toujours la Justice qui ne veulent pas mourir! Et l'on apprend que la campagne pour la revision va recommencer, cette fois avec Scheurer-Kestner, qui a annoncé à Berlin son irrévocable résolution de poursuivre la réparation de l'atroce erreur.

C'est à ce moment (octobre 1897) que M. Paléologue, ayant l'occasion de revoir Henry, « met la conversation sur le télégramme du 2 novembre 1894 » (*Dépos. du 9 janvier 1899*), et lui en rappelle l'importance. Cela se passe au ministère de la guerre, au bureau des renseignements. Henry ne conteste pas l'exactitude de la version définitive du ministère des affaires étrangères; il n'en a garde. Mais il expose à Paléologue « que le document lui semblait de peu d'importance, étant données les preuves accumulées, d'autre part, contre Dreyfus ». Et, tranquillement, il lui fait voir son faux, la lettre où Panizzardi rappelle à Schwarzkoppen qu'il est bien entendu que « jamais j'avais des relations avec ce juif ».

Belle audace, et qui paraît avoir réussi. Paléologue a la loyauté de ne point dire qu'il flaira aussitôt le faux. S'il en eût eu le soupçon, il le dirait ; surtout, il se fût immédiatement récrié, eût averti Hanotaux et Billot.

C'est peu de jours après, le 2 ou le 3 novembre 1897, au moment où Scheurer-Kestner se rencontre avec Billot, où Esterhazy écrit ses lettres de menace à Félix Faure, où le général Leclerc reçoit l'ordre d'étendre la mission de Picquart jusqu'à la frontière tripolitaine, c'est-à-dire en pleins préparatifs de la bataille, qu'Henry, dans une autre conversation avec Paléologue, fit allusion aux lettres de l'empereur d'Allemagne. Henry, observe Paléologue, n'insista pas. Cela est fâcheux. Moins de quinze jours après, le 16 novembre 1897, le commandant Pauffin de Saint-Morel, chef du cabinet du général de Boisdeffre, allait, selon une expression qui fit scandale et fortune, « porter le drapeau de la France chez M. Rochefort » et documentait le vieux révolutionnaire repenti. Aussitôt, l'*Intransigeant* révéla

« qu'une des fameuses pièces secrètes est une lettre de l'empereur lui-même, lettre à M. de Munster, où Guillaume II nommait tout au long le capitaine Dreyfus » !

Evidemment, Henry tâtait le terrain ; la physionomie de M. Paléologue dut trahir, au premier mot du chef du service des renseignements, quelque scepticisme. Henry, prudent, battit en retraite. C'était déjà joli d'avoir fait accepter la fausse lettre Panizzardi.

XI

Cependant, les événements se précipitent ; le 15 novembre 1897, Mathieu Dreyfus dénonce Esterhazy. Et dès le 17, le surlendemain, Paléologue est chargé par Hanotaux de communiquer au ministre de la guerre « une déclaration de l'ambassadeur d'Allemagne aux termes de laquelle le colonel de Schwarzkoppen protestait, sur l'honneur, n'avoir jamais eu, directement ou indirectement, aucune relation avec Dreyfus ». C'est à Henry que Paléologue fait part de cette déclaration, ainsi que d'une dépêche d'un ambassadeur de la République qui la confirme.

« Mais, dit Henry, nous n'avons jamais dit que Dreyfus eût eu des rapports directs avec l'Allemagne. Vous savez bien que Panizzardi était l'intermédiaire. — Que faites-vous alors, riposte Paléologue, du télégramme du 2 novembre 1894 ? »

Henry alors d'ouvrir son coffre-fort et d'étaler des documents, — encore et toujours son faux, — pour convaincre le représentant des Affaires étrangères. Entre Gonse, l'éternel Gonse. Paléologue lui répète ce qu'il vient de dire à Henry. Gonse de répondre, aussitôt, comme Henry, que « nous n'avons jamais soutenu que Dreyfus eût eu des rapports directs avec l'Allemagne, que l'intermédiaire, c'était Panizzardi ».

J'observe, en passant, que ni Gonse, ni Boisdeffre, ni Mercier, ni Billot n'ont eu l'impudeur de reprendre cette affirmation devant la Cour de cassation. Gonse convaincu par Gonse d'être un menteur, cela n'est pas rare, hélas ! mais il ne faut jamais laisser échapper l'occasion de prendre cet homme en flagrant délit de déloyauté, de mensonge et de calomnie.

Et Paléologue de reprendre les objections qu'il a déjà faites à Henry : « Alors, quel compte tenez-vous du télégramme de 1894 ? »

Mais Henry tremble que Gonse ne lâche quelque sottise. « A ce moment, dépose Paléologue, le colonel Henry coupa court à l'entretien, en parlant avec un certain trouble des pièces qu'il venait de tirer de son coffre-fort pour me les montrer. »

La conversation, à cette date, en resta là ; Paléologue ne la reprit que plus tard. « A diverses reprises, a-t-il dit dans sa déposition, j'eus l'occasion, pendant l'hiver 1897-1898, — l'hiver du procès Esterhazy et du procès Zola, — de parler au colonel Henry du télégramme du 2 novembre 1894. Les faits énoncés dans ce document se sont trouvés, en effet, confirmés, un grand nombre de fois, par des documents officiels dont j'ai toujours fait part à Henry. » L'un de ces documents avait trait directement au faux Henry ; c'était l'attestation formelle, sur l'honneur, de M. le comte Tornielli, « que le colonel Panizzardi n'avait jamais entretenu de relations avec Dreyfus ». L'ambassadeur proposait même d'admettre Panizzardi à apporter son témoignage en justice. « *Il ajoutait que les lettres attribuées par la presse à Panizzardi, et qui auraient été échangées entre* lui et tout autre officier étranger, au sujet de l'affaire Dreyfus, étaient apocryphes. » Le *Cri de Paris* avait, en effet, déjà révélé l'existence de la pièce dont Billot avait menacé Scheurer comme d'un coup de massue, que le général de Pellieux devait sortir, malgré les avis d'Esterhazy, au procès Zola, que Cavaignac produira plus tard, malgré les conseils de Du Paty, à la tribune de la Chambre. C'était Lemercier-Picard qui l'avait dénoncée, dans un jour de colère contre Henry ou de misère, à Schwarzkoppen.

Ainsi, chaque fois que Paléologue se rend au service de la statistique, il objecte à Henry la dépêche du 2 novembre 1894 que les récentes déclarations du comte Tornielli ont confirmée ; et, chaque fois, Henry répond par son faux, par la pièce même que l'ambassadeur d'Italie a dénoncée à Hanotaux comme un document apocryphe.

XII

Et c'est un phénomène, qui doit sembler aujourd'hui inexplicable à Paléologue lui-même, qu'il soit resté sans défiance à l'égard d'Henry et de la pièce absurde qu'Esterhazy appelait le document de Vercingétorix. Ce diplomate, dont l'esprit et la culture sont à la hauteur du caractère qui est noble et très ferme, est convaincu de la sincérité du télégramme du 2 novembre 1894 ; il en a donné une raison irréfutable : « Panizzardi n'ayant pu savoir, à cette date, le lendemain du jour où l'arrestation de Dreyfus a été connue, si l'inculpé avait fait des aveux » ; et, pourtant, il n'en conclut pas que la pièce qui lui est sans cesse exhibée par Henry, le faux Henry, est un faux. Il accepte, sans protester, que le colonel Panizzardi se soit démenti aussi impudemment et écrive, en auvergnat, de pareilles stupidités au collègue qu'il voit tous les jours. Tout cela s'arrange dans son esprit. Le trouble d'Henry, qu'il a noté, ne le met pas davantage sur la voie, ni les mensonges de Gonse, en contradiction flagrante avec ce que tout le monde sait dès lors, avec l'acte d'accusation de d'Ormescheville qui a été rendu public par le *Siècle*. Il a écrit sur Vauvenargues des pages exquises, d'une profonde pénétration. Mais Henry continue, sans trop de peine, à faire de lui sa dupe. Il est aux premières loges pour savoir la vérité ; elle éclate aux yeux de quiconque se donne la peine de les ouvrir, à travers la confuse mêlée de la presse, dans les lettres à Mme de Boulancy, dans la révélation des illégalités commises en 1894, dans le néant de l'acte d'accusation ; elle resplendit déjà, haut sur l'horizon, au procès Zola. Rien n'y fait. Paléologue croit toujours en la parole d'Henry. La cécité, comme un fléau d'Égypte, frappe parfois les hommes les plus intelligents et des nations tout entières. Terrible influence des passions ambiantes, déraisonnées, d'autant plus aveuglantes. Et comme cet incident, qui rend d'autant plus honorable l'attitude de Paléologue à l'enquête de la Cour de cassation et devant les injures de la basse presse, aide à détruire le faux portrait que les débris de l'ancien État-Major ont voulu tracer d'Henry ! Ce misérable qu'on s'efforce, sottement, mais pour cause, à présenter comme un imbécile et comme un lourdaud, c'était un rustre, soit ! un rustre grossier et sans culture, mais quel maître-fourbe ! Avec quel art consommé, sans avoir l'air d'y toucher, il sait jouer des hommes, de leur crédulité et de leurs faiblesses !

XIII

Toutefois, il ne trompe que les autres ; il ne se trompe pas lui-même. Il voit clairement, au milieu de l'apparent triomphe de l'État-Major, grandir le danger. Son faux, dont tant d'imbéciles croiront plus tard qu'il le forgea pour que l'État-Major eût une preuve ostensible de la culpabilité de Dreyfus, il ne l'avait fabriqué, bien au contraire, que pour qu'il ne fût pas produit hors du sérail. Or, Pellieux, malgré Esterhazy, a commis la sottise de le sortir. Le voilà officiel, public, dénoncé, en plein procès Zola, par Picquart et par Labori, comme un document apocryphe, livré à toutes les polémiques de la presse, suspect à Du Paty lui-même qui a avisé Gonse et, sans doute, Boisdeffre. Et si Henry, tout profond calculateur qu'il soit, ne saurait prévoir la niaiserie d'un ministre de la guerre qui portera, un jour, ce faux impudent à la tribune, il se dit, cependant, qu'il arrivera une heure où cette pièce pourra être discutée dans quelque circonstance redoutable. Il y aura, alors, quelqu'un qui, ayant eu connaissance du télégramme du 2 novembre 1894, en fera usage, après réflexion, pour démontrer la fourberie. Ce jour-là, Henry est perdu.

Perdu, irrévocablement perdu ! Comment échapper ? Le faussaire songe. Il n'y a qu'un moyen, qu'un seul, d'authentiquer un faux : c'est par un autre faux. Ce n'est point, parbleu ! plus difficile que cela. Le voilà, l'œuf de Christophe Colomb. Fabriquer des faux, c'est pour Henry un jeu familier. Bien plus, et ce sera le plaisant de l'affaire, il associera à son nouveau crime ce scélérat détraqué, M. le marquis Du Paty de Clam, qui ne l'a retenu qu'une fois à déjeuner, qui le toise comme un parvenu et qui a deviné l'autre faux.

XIV

Donc, un matin de la fin d'avril 1898 ou un des premiers jours de mai, Henry s'en va au quai d'Orsay demander à Paléologue, l'air un peu penaud, une copie de ce télégramme que le diplomate lui rappelle toujours ; il allègue que le document aurait été égaré, par malechance, au bureau des renseignements. Gonse, qui confirme cette démarche, l'explique ainsi : Billot, lui ayant, à cette époque, donné l'ordre de former un dossier complet de l'affaire Dreyfus, il se serait souvenu alors lui-même du télégramme du 2 novembre 1894, l'aurait demandé à Henry et, sur sa réponse qu'il ne l'avait plus, l'aurait envoyé au ministère des affaires étrangères pour s'en faire délivrer une nouvelle copie.

Henry ayant exposé sa requête, le diplomate répond, fort correctement, qu'il appartient au ministre de la guerre de faire une demande officielle au ministre des affaires étrangères ; il n'est point qualifié lui-même pour lui remettre une pièce de cette nature, même en copie. « Toutefois, ajoute Paléologue, je vous ai récité tant de fois ce télégramme que je peux bien vous le réciter une fois de plus ; libre à vous de l'écrire, sous ma dictée. »

Henry prend aussitôt un crayon et une feuille de papier ; Paléologue lui dicte et Henry écrit le texte de la version authentique, celle où Panizzardi déclare n'avoir jamais connu Dreyfus. Puis, tranquillement, ayant encore la copie en poche ou l'ayant détruite en route, il retourne chez Gonse : « Ces messieurs des affaires étrangères, lui dit-il, n'ont point voulu me donner le télégramme. »

C'est peu compliqué, très simple, comme toutes les œuvres du génie.

Henry, dit Cuignet, « était incapable, intellectuellement, de combiner un faux ».

XV

Ici, le rôle de Gonse redevient obscur.

Gonse dépose qu'il rendit compte à Billot du résultat négatif des démarches d'Henry ; que Billot, alors, à sa demande, pria Hanotaux, au plus prochain conseil des ministres, de lui faire remettre la copie en question ; « qu'Hanotaux fut, paraît-il, très catégorique et refusa d'une façon très nette » ; qu'alors Billot « prescrivit à Gonse de se retourner du côté des postes et télégraphes » ; « qu'il vit lui-même le sous-secrétaire d'État Delpeuch » ; qu'il lui rendit même deux visites et que « Delpeuch lui déclara que la dépêche avait été détruite, comme toutes les dépêches, au bout d'un certain temps, et qu'il était impossible de satisfaire à sa demande ».

Il y a, dans cette première partie du récit de Gonse, beaucoup d'affirmations bizarres, proprement inintelligibles, offensantes pour la vérité comme pour le bon sens. Celui que fait Boisdeffre de l'incident est, d'ailleurs, à peu près conforme.

D'abord, le refus catégorique, qui aurait été opposé par Hanotaux à Billot, *en plein conseil des ministres*. Billot, lui-même, balbutie seulement « qu'il chercha à obtenir des affaires étrangères le texte même du télégramme et que son collègue, en vertu de son droit, lui répondit que c'était une affaire d'Etat qui avait été réglée et qu'elle ne pouvait faire l'objet de communications personnelles, si confidentielles qu'elles pussent être. » Mais, outre qu'un pareil refus serait, même de la part d'Hanotaux, tout à fait inexplicable, voici la réponse très nette de l'ancien ministre des affaires étrangères quand il est interrogé, sur cet incident, devant la chambre criminelle : « Tous les documents se rapportant à l'affaire Dreyfus, qui ont pu me parvenir, ont été communiqués par moi au ministère de la guerre pour être mis à l'enquête, ou, même, au conseil des ministres. »

Ensuite la démarche infructueuse auprès de Delpeuch. On a négligé d'interroger l'ancien sous-secrétaire d'État; mais Billot, lui-même, ne parle point de cette histoire. Gonse, selon Roget, est « aussi naïf qu'Henry ». Paléologue, qui ne suspecte pas la bonne foi de Gonse, « ne parvient point, quant à lui, à s'expliquer la réponse que Gonse affirme lui avoir été faite » par Delpeuch. En effet, dit-il, — et c'est notoire, — l'administration télégraphique conserve indéfiniment les télégrammes officiels. « Pour obtenir, continue Paléologue, une copie du télégramme du 2 novembre 1894, le ministre des affaires étrangères n'a eu qu'à s'adresser, dans les formes régulières, au sous-secrétariat d'État des postes. *La pièce a été retrouvée et envoyée le jour même où elle a été demandée, le 24 février 1899.* » Paléologue la montra à la Cour ; elle est identique à celle qui a été déchiffrée, en 1894, au quai d'Orsay.

XVI

Il y a cependant un moyen d'expliquer le récit de Gonse. Gonse a joué cyniquement sur les mots. Que demande-t-il aux postes et télégraphes? La copie du télégramme du 2 novembre 1894? Il s'en garde bien. S'il demandait la copie, on la lui donnerait, et il savait bien qu'on la lui donnerait, dans les vingt-quatre heures, comme elle a été fournie, plus tard, le 24 février 1899, à Paléologue. Mais il demande *la dépêche elle-même*, l'original de la dépêche. D'où cette réponse du sous-secrétariat des postes : « La dépêche a été détruite, comme toutes les dépêches, au bout d'un certain temps. »

Gonse prévoyait-il cette réponse? Cette réponse avait-elle été prévue par Henry qui aurait inspiré Gonse dans cette occasion, comme dans quelques autres? En tous cas, Gonse, telle la misère sur le monde, saute sur la bonne réponse. Il la rapporte à Boisdeffre qui la trouve excellente : « Le sous-secrétariat d'État des postes et télégraphes ne peut pas me donner la dépêche; elle a été détruite, brûlée. » Il n'aurait qu'un mot à dire pour avoir la copie authentique, contemporaine de la dépêche Panizzardi ; ce mot, il ne le prononce pas. Il ne s'agissait cependant que d'une dépêche chiffrée. Mais Billot, muni de cette copie, aurait peut-être demandé, sérieusement cette fois, à Hanotaux de la faire déchiffrer.

Non seulement, le sous-secrétariat avait gardé la copie, mais encore le calque de la dépêche. Ce calque a été produit devant la Cour de cassation. Le général Chamoin, faisant « le Gonse », réclama alors l'original, essaya d'insinuer que la copie et le calque n'étaient point d'une authenticité certaine. M. le premier président Mazeau répliqua, lui-même, en termes très corrects, mais non moins fermes, que toutes les administrations de la République n'avaient point pour annexe une usine de faux.

XVII

Telle est, je crois, la clef de cet incident. Quand Gonse, selon son propre récit et celui de Boisdeffre, dit à Billot que la dépêche du 2 novembre 1894 a été détruite à l'administration des postes, il ne ment pas, puisque, par réserve mentale, il entend de *l'original* le mot de dépêche dont il se sert. Tant pis pour Billot s'il croit qu'il s'agit d'*une copie* impossible à retrouver. Voir les *Provinciales*, la *Morale des jésuites*.

Un incident analogue s'est produit, l'autre jour, à la Cour de cassation, pendant la déposition de Du Paty. Le cousin de Cavaignac vient de reconnaître qu'il avait écrit le commentaire des pièces secrètes. Un conseiller lui demande si ce commentaire a été produit en chambre du conseil. « Non ! répond Du Paty, ce commentaire n'y a pas été produit ! » Sur quoi, un autre conseiller : « Quand vous dites que le commentaire n'a pas été produit en chambre du conseil, vous l'entendez de celui que vous avez écrit vous-même ? — Oui, répond Du Paty. — Mais vous n'entendez pas dire qu'une copie du commentaire, écrit de votre main, n'a pas été produite ? — Demandez au ministre de la guerre ! » répond Du Paty.

XVIII

Au surplus, ces « Gonseries » ne sont que bagatelles de la porte ou jeu de l'oie. Voici la pièce de résistance :

Gonse, après cette entrée en matière, dépose « qu'il eut l'idée de parler de cette affaire au colonel Du Paty qui venait *quelquefois* dans son cabinet ». — Cette idée ne lui fut-elle pas suggérée ? Je note l'adverbe *quelquefois* qui est charmant. — « Alors, poursuit Gonse, Du Paty, recueillant ses souvenirs me donna de mémoire un texte qui se rapprochait sensiblement *du premier texte communiqué au colonel Sandherr par les Affaires étrangères*. Je l'écrivis sous sa dictée ». — Je donnerai tout à l'heure ce texte et j'examinerai de près cette reconstitution de mémoire. A observer tout de suite que Gonse, dans cette déposition, place cette scène *avant* sa démarche au sous-secrétariat des postes, tandis qu'il la place *après* dans la conversation qu'il eut, à ce sujet, le 28 décembre 1898, avec Paléologue. Boisdeffre la place, lui aussi, *après*.

Notez encore et surtout que Gonse, après avoir écrit ce texte qui se rapproche *de la première version de 1894*, — de celle qui n'a jamais été que conjecturale et qui a été presque aussitôt reconnue pour inexacte, — notez que Gonse se garde bien de demander à Du Paty s'il se souvient *du texte définitif et authentique* des cryptographes officiels. Gonse a naturellement l'horreur du vrai, comme la nature du vide.

Peut-être Boisdeffre et Gonse n'ont-ils jamais avoué, avec plus de cynisme, leur terreur de la vérité que dans ces récits de la reconstitution de la première version du télégramme de Panizzardi. Ils ont reçu, en novembre 1894, communication de deux traductions, la première qui n'a jamais été qu'hypothétique, la seconde qui a été éprouvée par Sandherr lui-même, qui n'est pas contestable, mais qui innocente Dreyfus. Et quand Billot les charge de former un dossier complet de l'affaire, Gonse n'interroge Du Paty, selon son propre témoignage, que sur la première traduction, celle qu'il sait être erronée ; c'est celle-là qu'il reconstitue, mais, comme on verra, en y ajoutant des phrases que les cryptographes n'y avaient même pas cru deviner l'espace d'un instant ; et Boisdeffre approuve, s'il n'a ordonné, alors que tous deux ont gardé le souvenir le plus précis, comme cela résulte de leurs dépositions devant la Cour, du texte *exact* de la dépêche. Ils n'auraient besoin de personne pour retrouver ce texte exact, mais qui démontre que Dreyfus a été injustement condamné. Donc, ils ne le reconstituent point et il n'en sera pas fait mention au dossier. C'est d'une ignominie parfaite. Tout leur effort porte sur la première version, celle qui, dès le 10 novembre 1894, a été reprise, comme erronée, par le ministère des affaires étrangères.

A la vérité Gonse et Boisdeffre se hâtent d'ajouter « qu'ils n'ont considéré ce texte à aucun titre comme authentique ». Il n'avait aux yeux de Gonse, « qu'une valeur absolument inférieure », et Boisdeffre n'y voit « qu'une indication ». « Nous n'avons pas, disent-ils enfin, comme pour s'en vanter, annexé ces pièces au rapport de mai 1898. »

Ils se contentèrent, en effet, de joindre la pièce, ainsi reconstituée, au saint des saints, au dossier secret où elle figure sous le n° 44.

Et c'était bien sa place, puisque M. Paléologue a démontré, le 29 mars 1898, aux trois chambres réunies de la Cour de cassation, et d'ordre du ministre des affaires étrangères, « *que cette pièce n° 44, n'est pas seulement erronée, mais qu'elle est fausse* ».

XIX.

Je dois rappeler, une fois de plus, le texte des deux traductions de la dépêche du 2 novembre 1894 qui furent remises à Sandherr, et communiquées par Sandherr à Mercier, à Boisdeffre et à Gonse.

1° *Traduction hypothétique* : « Si le capitaine Dreyfus n'a pas eu de relations avec vous, il conviendrait de charger l'ambassadeur de publier un démenti officiel? *Notre émissaire est prévenu?* »

2° *Traduction définitive*, reconnue comme exacte par Sandherr après une contre-épreuve, par Hanotaux, dans sa déposition du 31 janvier 1899, et, le 29 mars 1899, par les chambres réunies de la Cour de cassation, M. Paléologue en ayant fait la démonstration, chiffre en main : « Si le capitaine Dreyfus n'a pas eu de relations avec vous, il conviendrait de charger l'ambassadeur de publier un démenti officiel *afin d'éviter les commentaires de la presse.* »

La Cour de cassation a procédé à une expérience très simple, très judicieuse; elle a demandé à chacun des chefs auxquels la dépêche avait été communiquée en 1894 quel souvenir ils en avaient gardé; voici leurs réponses :

GÉNÉRAL MERCIER, *séance du 20 janvier 1899* : — « Première traduction : *Dreyfus arrêté, précautions prises; prévenu* ou *prévenez émissaire.* Deuxième traduction : *Dreyfus arrêté; si vous n'avez pas relations, démentez officiellement pour éviter polémiques.* »

Général de Boisdeffre, *21 janvier 1899* : — « Dans mon souvenir, la première annonçait l'arrestation du capitaine Dreyfus et *disait que l'agent avait pris ses précautions*. Dans le deuxième, *il se bornait à parler de faire démentir dans leurs journaux toute relation avec Dreyfus, s'il n'en a pas eu.* »

Général Gonse, *21 janvier 1899* : — « Autant qu'il m'en souvient, il était dit dans la première version : *Capitaine Dreyfus arrêté, précautions prises.* Et la fin de la dépêche était signalée comme douteuse. Je ne puis donner que des indications très générales sur la deuxième version, attendu que mes souvenirs ne sont pas très nets. Elle était conçue à peu près en ces termes :
« *Capitaine Dreyfus arrêté; si vous n'avez pas eu de rela-
» tions avec lui, démentez pour éviter polémiques de
» presse.* » Je donne un texte tout à fait approximatif, attendu que mes souvenirs sont très incertains. »

Ainsi, bien que Gonse, Boisdeffre et Mercier prennent la précaution de dire, ce qui est vrai, que leurs souvenirs sont lointains, ils donnent tous les trois des versions tout à fait exactes, dans l'ensemble, des deux traductions successives de 1894. — Je m'expliquerai plus loin sur la déposition de Gonse, en date du 27 janvier 1899, qui est en contradiction avec celle du 21. — En tout cas, ces dépositions des grands chefs, dans les audiences des 20 et 21 janvier 1899, confirment absolument celle de Paléologue. Il est donc établi, consigné dans des procès-verbaux officiels qu'à ces deux dates, Mercier, Boisdeffre et Gonse, appelés à reconstituer de mémoire les deux traductions successives de la dépêche du 2 novembre 1894, les ont reconstituées avec une exactitude entière et d'une façon tout à fait concordante.

XX

Si je me reporte maintenant au texte de la dépêche qui figure au dossier secret sous le n° 44, voici ce que je lis :

« *Le capitaine Dreyfus est arrêté, le ministre de la guerre a la preuve de ses relations avec l'Allemagne. Toutes mes précautions sont prises.* »

C'est-à-dire un texte qui porte absolument le contraire de ce qui était resté, les 20 et 21 janvier 1899, dans les souvenirs de Gonse, de Boisdeffre et de Mercier.

XXI

Donc, cette pièce est un faux. Évidemment. Mais qui en est l'auteur ?

« Le colonel Du Paty de Clam, dépose Gonse dans l'audience du 21 janvier 1899, me donna de mémoire un texte qui se rapprochait sensiblement du premier texte communiqué au colonel Sandherr par les Affaires étrangères. *Je l'écrivis sous sa dictée.* »

Voici l'aveu. C'est Gonse qui a écrit la pièce, puisqu'il le reconnaît lui-même, sous la dictée de Du Paty, et « de concert avec Henry », ajoute Paléologue. Ce faux a donc trois auteurs : Gonse, Du Paty et Henry.

Et je suis convaincu que c'est là la vérité, moins cependant cette assertion de Gonse qu'il aurait écrit simplement sous la dictée de Du Paty ; cependant la question est, par malheur, beaucoup plus complexe.

XXII

Car, d'abord, Gonse dit bien qu'il a écrit une certaine pièce « qui se rapprochait sensiblement de la première version de 1894 ». Mais je crois être certain que le dossier secret contient une note d'Henry, signée d'Henry, où il est formellement dit que la pièce n° 44 a été écrite, non point par Gonse, sous la dictée de Du Paty, mais par Du Paty à la demande de Gonse. Et, comme la Cour de cassation ne semble avoir mis ni Gonse ni du Paty en demeure de reconnaître ou de désavouer la pièce n° 44, comme aucune expertise n'a été ordonnée à cet égard, il y a là un doute dont Gonse doit, du moins jusqu'à nouvel ordre, profiter. Qui nous assure, d'ailleurs, que la pièce n° 44 soit la même que Gonse a écrite, — puis, que la pièce, écrite par Gonse et dont il dit seulement qu'elle se rapprochait du premier texte de 1894, n'aurait pas été, elle aussi, détruite par Henry comme étant toujours en contradiction avec la fausse lettre de Panizzardi à Schwarzkoppen, — et, enfin, que ce roi des faussaires ne lui aurait pas substitué, en l'attribuant à Du Paty, le texte qui figure actuellement au n° 44 et qui concorde avec la fausse lettre ? Comment, au surplus, admettre que Gonse ait tranquillement écrit, sous la dictée de Du Paty, un texte qui diffère si violemment de celui qu'il a donné lui-même dans sa déposition du 21 janvier comme étant celui du premier texte de 1894 : « *Capitaine Dreyfus arrêté. Précautions prises. Fin de la dépêche signalée comme douteuse* »? Gonse n'a paru, jusqu'ici, ni criminel ni bête à ce point. Ne résulte-t-il pas encore de la déposition de Billot, dans l'audience du 20 janvier 1899, que la version qui lui fut communiquée par Gonse était « à peu près conçue en ces termes: *Dreyfus arrêté, émissaire prévenu* »? Si le texte qui avait été soumis à Billot eût été celui de la pièce n° 44 : « *Le ministre de la guerre a la preuve des relations de Dreyfus avec l'Allemagne. Toutes mes précautions sont prises...* », est-il vraisemblable que de telles phrases ne seraient pas restées dans la mémoire de Billot? Il se serait fait une joie de les réciter à la Cour de cassation. Comment croire que Gonse aurait écrit un texte pour le dossier secret et qu'il en aurait servi un autre, adouci, édulcoré, à son ministre qui ne passait pas pour revisionniste? En dernier lieu, à supposer même que le texte du n° 44 soit de l'écriture et de la main de Gonse, son affirmation répétée qu'il l'a écrit sous la dictée de Du Paty n'exclut-elle pas l'idée d'un faux médité et concerté?

Cet homme est à la fois, comme tout le monde sait, inintelligent et passionné. Ses subordonnés, Henry, Du Paty, le bousculaient ouvertement et lui faisaient faire, sans se donner grand mal, tout ce qu'ils voulaient. Le faux a été combiné par Henry, ou par Du Paty, ou par tous les deux. Gonse a écrit comme une machine à écrire. Quoi de plus convaincant que cette naïve confession qu'il a écrit, simplement, lui sous-chef de l'Etat-Major général, sous la dictée d'un simple lieutenant-colonel? Pourquoi transformer cet imbécile en faussaire?

XXIII

Tels sont les arguments qu'on peut invoquer en faveur de Gonse. Malheureusement pour Gonse, il a fourni lui-même des réponses inquiétantes à ces arguments.

D'abord, et d'une manière générale, les affirmations de Gonse sont sujettes à caution. Ne dit-il si souvent le contraire de la vérité que par un manque remarquable de mémoire ou par sottise ? Le fait est que, neuf fois sur dix, son témoignage ne résiste pas à l'examen. Picquart, dans sa lettre du 17 avril 1899 au président Mazeau, a pris Gonse, *sept fois de suite*, en flagrant délit d'inexactitude volontaire.

Surtout on peut, dans l'espèce, alléguer contre Gonse qu'après avoir donné, le 21 janvier 1899, à la Cour de cassation, ce texte, à peu près exact, de la première version de la dépêche du 2 novembre : « *Capitaine Dreyfus arrêté, précautions prises, la fin de la dépêche signalée comme douteuse* », il en a donné, le 27 janvier 1899, dans une nouvelle déposition, cet autre texte qui se approche singulièrement de la pièce n° 44 : « *Capitaine Dreyfus arrêté. Précautions prises. Ministre de la guerre instruit dans le plus grand secret. Relations avec...* (Je suppose la puissance, mais je ne puis préciser.) *Emissaire prévenu.* »

Cela est grave, très grave, parce que Gonse ici dépose contre lui-même et que, dès lors, il n'est point suspect.

Comment, interrogé à six jours de distance sur le texte qui lui serait resté dans la mémoire, Gonse donne, le 21 janvier 1899, une version qui est presque identique à la première version conjecturale de la dépêche et, le 27, il en donne une qui est le faux n° 44 avec de simples variantes sans importance ! Dans laquelle de ces deux audiences Gonse a-t-il été sincère ? A-t-il donné, le 21, le premier texte, parce qu'il ignorait alors la découverte du faux, ou parce qu'il n'avait réellement alors que ce texte dans la mémoire, n'en ayant jamais connu d'autres ? A-t-il, le 27, récité, comme étant la première version qui lui avait été communiquée en 1894, la pièce qui a été forgée en 1898, parce qu'il avait connu, dans l'intervalle, la découverte de la pièce n° 44, et afin d'en écarter, par une maladresse qui l'accable, l'idée d'un faux dont il aurait été le complice ?

Le problème, comme on voit, se complique à chaque pas. Les contradictions de Gonse sont telles qu'une saine critique en est réduite à ne tenir compte de ses dires que s'ils le chargent lui-même. Cela est pénible. Il faut donc chercher la vérité ailleurs que dans les dépositions de Gonse. Il faut revenir au faux lui-même et demander à Paléologue, et, au surplus, à l'évidence, par quel procédé la pièce n° 44 a été fabriquée. Nous trouverons là le chemin qui nous sortira de ces broussailles.

XXIV

Paléologue déposant, le 29 mars 1899, d'ordre du ministre des affaires étrangères, s'exprime en ces termes :

> Ma conscience et mes instructions m'obligent à aller plus loin et à dire qu'aucune erreur de mémoire ne saurait justifier les différences qui existent entre le texte en question — celui de la pièce n° 44 — et le texte conservé au ministère des affaires étrangères.

La pièce n° 44 n'est pas seulement erronée, elle est fausse.

Il semble, en effet, que l'auteur de la version consignée sur cette pièce ait choisi, parmi tous les mots inscrits à titre conjectural sur l'ébauche prêtée en 1894 au colonel Sandherr, ceux qui, groupés d'une certaine façon, pouvaient attribuer à l'attaché militaire B... — Panizzardi — un sens prédéterminé, un sens préconçu.

Voici, par exemple, le groupe chiffré XXXX :

Se fondant sur plusieurs indices, les cryptographes du ministère des affaires étrangères avaient assigné à ce nombre deux interprétations hypothétiques, celle de *preuve* et celle de *relation*.

Mais s'il était loisible d'admettre que le nombre XXXX représentait l'un ou l'autre de ces deux mots, il ne pouvait évidemment les représenter *tous deux à la fois*.

Or, les deux mots sont insérés dans la pièce n° 44, et c'est ainsi qu'a pu être forgée la phrase : *Le ministre de la guerre a la preuve de ses relations avec l'Allemagne.*

Jamais, poursuit Paléologue, cette phrase n'a été connue des cryptographes qui ont coopéré au déchiffrement du télégramme du 2 novembre 1894 ; ils protestent ne l'avoir jamais ni écrite, ni suggérée, ni même imaginée.

Et ce qui démontre qu'elle n'existait ni dans la version première, ni dans la version seconde, remises au colonel Sandherr, c'est que le général Mercier a paru l'ignorer, lorsqu'il a récité devant la chambre criminelle, et moi présent, le texte dont il a gardé le souvenir.

XXV

Ainsi, il est établi que l'auteur de la pièce n° 44 a forgé ce faux en ayant, sous les yeux, non pas assurément l'ébauche qui fut prêtée, en 1894, au colonel Sandherr par le ministère du quai d'Orsay, — puisque cette ébauche même a été rendue aussitôt aux affaires étrangères, — mais une copie qui en avait été conservée à l'État-Major, copie où étaient inscrites, comme sur l'original, les traductions conjecturales sous les groupes chiffrés et, par exemple, sous le groupe XXXX les deux mots : *preuve* et *relation*.

L'ébauche de la traduction présentait à cet endroit du déchiffrement, l'image suivante :

> *Groupe XXXX*
> *Preuve ?*
> *Relation ?*

Que fait le faussaire ? Il inscrit *relation* à la suite de *preuve*. Il traduit XXXX par *preuve ET relation*, alors que le cryptographe émettait l'hypothèse que XXXX représentait *preuve OU relation*. Voici le faux :

> *Groupe XXXX*
> *Preuve... relation.*

Et le faussaire ajoute le reste.

De là, cette déduction qui se présente avec le caractère de la certitude :

Quand Henry a dit, en avril ou mai 1898, à Paléologue, que la copie de la dépêche du 2 novembre 1894 était égarée, il est possible, assurément, qu'il eût déjà détruit, à cette date, la version authentique de cette dépêche, parce qu'elle était la condamnation de son faux de 1896 ; mais il est certain qu'il avait entre les mains la copie que l'Etat-Major avait prise de l'ébauche cryptographique, écrite sur papier à cases, où étaient inscrites, avec des points d'interrogation, sous les groupes restés encore douteux, les traductions diverses, conjecturales, provisoires qui étaient venues à l'idée des déchiffreurs. Cette pièce-là, Henry l'avait gardée, l'ayant d'ailleurs cachée à Picquart. C'est sur cette pièce, sur cette ébauche, que le faux de 1894 a été forgé. Henry ne la détruira qu'après.

XXVI

Gonse raconte qu'Henry, à qui Paléologue venait de dicter le texte authentique de la dépêche, lui a rapporté que « ces messieurs des affaires étrangères n'avaient pas voulu le lui donner ». D'où la démarche que Billot a fait faire alors à Gonse à l'administration des postes et dont Gonse s'est acquitté d'une façon si suspecte. Gonse y demande l'original de la dépêche, — original qui, il devrait le savoir, a été détruit, — et non pas une copie qui lui aurait été délivrée aussitôt. Mais qu'aurait-il fait, au surplus, de cette copie? Les postes ne pouvaient lui donner que la copie du texte chiffré de la dépêche — et ce texte ne lui aurait servi de rien, puisqu'il n'avait pas la clef cryptographique. Pourquoi donc cette démarche, sinon pour pouvoir alléguer plus tard, se fiant à la crédulité générale, que l'Etat-Major avait tout fait pour avoir la dépêche perdue, et qu'ayant échoué partout, il avait été bien obligé de la faire reconstituer de mémoire ?

Au surplus, ce texte chiffré que Gonse allait demander à Delpeuch, Henry l'avait, puisque les groupes de la dépêche de Panizzardi étaient portés, avec un déchiffrement conjectural, sur l'ébauche qui allait servir à fabriquer le faux du n° 44.

Gonse a dit, dans sa déposition du 27 janvier, — et cela immédiatement après avoir donné, comme étant le texte de la première version qu'il avait connue en 1894, celui du faux de 1898 : — « Je n'ai pas souvenir que ce premier texte ait été communiqué sur le papier à cases ayant servi à la traduction. » Il est possible que Gonse ait oublié ce détail ; il est cependant certain que le premier texte a été communiqué sur le dit papier à cases. La Cour a pu le vérifier sur la feuille même qui fut communiquée à Sandherr, et qui est rentrée ensuite au ministère des affaires étrangères où elle est encore. Mais il importe peu. Ce qui importe en effet, c'est de savoir, non pas si Gonse a connu, en novembre 1894, l'original de l'ébauche cryptographique, avec ou sans cases, mais s'il a connu, en mai 1898, la copie de cette ébauche d'après laquelle a été fabriqué le faux du n° 44.

Il y aurait quelque précipitation injuste à affirmer formellement qu'il a connu cette ébauche, en mai 1898, par cette seule raison qu'il a récité, dans sa déposition du 27 janvier 1899, les termes qui sont précisément empruntés à cette ébauche et avec lesquels a été forgé le faux du n° 44. L'argument est grave, assurément, et je l'ai déjà indiqué. Mais on peut objecter que la reconstitution, qui aurait été faite *sous la dictée de Du Paty*, l'a été aussi, selon la déposition de Paléologue, *avec le concours d'Henry* qui, lui, était en possession de l'ébauche et qui se trouvait ainsi en situation d'aider, tout au moins, la mémoire de Du Paty ou celle de Gonse. Il convient donc d'attendre que la question soit nettement posée à Gonse et qu'il y ait répondu sous la foi du serment. On pourra lui demander, par la même occasion, s'il ne se souvient pas de s'être enquis, toujours au sujet de la dépêche en question, auprès de quelqu'un qui passait pour savoir l'italien, du sens du mot *Rimane*.

XXVII

Car ce mot, précisément, figure sur l'ébauche cryptographique de la traduction de la dépêche de Panizzardi. C'est sur les derniers groupes de la dépêche, comme on sait, que portaient les doutes des déchiffreurs du quai d'Orsay. Avant de les traduire définitivement, *ne varietur*, et sous le contrôle de l'ingénieuse épreuve faite de concert avec Sandherr, par cette phrase : « Pour éviter les commentaires de la presse », les cryptographes avaient inscrit sous ce groupe, sur l'ébauche, les mots suivants : *rimane prevenuto emissario*, « notre émissaire reste prévenu ». L'une des raisons pour lesquelles ils avaient indiqué cette traduction comme douteuse, hypothétique et provisoire, c'était ce mot *rimane* qui était, dans cette phrase, d'un italien tout à fait incorrect et barbare.

Ils avaient donc soumis la traduction des groupes à une nouvelle étude et de cette étude était résultée la phrase : « pour éviter les commentaires de la presse », interprétation qui fut démontrée exacte et dont Sandherr avait déclaré à Paléologue qu'il la tenait pour bonne. Mais on a vu qu'Henry, s'il avait égaré ou détruit la version définitive, avait gardé une copie de l'ébauche ; le mot *rimane* était sur cette copie comme sur l'original de cette ébauche. Après avoir éveillé des doutes chez les cryptographes de 1894, ce même mot n'a-t-il pas éveillé, en mai 1898, ceux du général Gonse qui en aurait alors recherché, consciencieusement, la signification exacte ?

Il ne servirait, d'ailleurs, de rien à Gonse d'expliquer

après coup « qu'il ne considérait en rien ce texte comme authentique et qu'il n'avait à ses yeux qu'une valeur absolument inférieure », et « qu'il ne l'annexa pas au dossier ». Comme la pièce a été placée au dossier *secret*, avec une note explicative signée d'Henry, il en résulte qu'on se réservait, le cas échéant, de l'en faire sortir contre Dreyfus pour authentiquer dans quelque communication secrète, en chambre du conseil, le faux Henry de 1896, la lettre : « Ne dites jamais... »

Tout ce que Gonse pourrait, le cas échéant, dire à sa décharge, c'est qu'il ne fut, ici comme ailleurs, qu'un jouet entre les mains d'Henry qui l'avait indignement trompé en lui rapportant que « ces messieurs des affaires étrangères lui avaient refusé la copie de la version authentique de la dépêche du 2 novembre », copie qu'Henry venait d'écrire la veille, sous la dictée de Paléologue, et qu'il avait aussitôt détruite.

XXVIII

« Enfin ! » a dû s'écrier Henry, quand il eut refermé le dossier secret sur la pièce n° 44 qui tiendra lieu désormais de la version authentique, mais « égarée », et qui concorde si bien avec le plus illustre de ses faux. Le voilà couvert, sauvé. Le jour où son faux de novembre 1896 sera mis en cause, il sortira du dossier secret le faux de mai 1898. La dépêche et la lettre de Panizzardi, étant également faussés, concordent. Que voulez-vous de plus ?

C'était parfait. Seulement Henry avait compté sans la lampe de Cuignet.

Car nous avons toujours raillé Cavaignac pour avoir

eu besoin de la lampe de Cuignet et pour n'avoir point découvert, à la seule lecture, que la pièce, dont il avait pesé l'authenticité matérielle et l'authenticité morale, était un faux. Grâces, au contraire, soient rendues au ciel que M. Cavaignac ait eu besoin de preuves matérielles! Si Cavaignac n'était pas l'imbécile national qu'il est, s'il avait été accessible aux preuves qui avaient fait la conviction de ces misérables intellectuels, Henry, en effet, eût pu remporter une suprême victoire, en authentiquant le faux de 1896 par le faux de 1898. Mais quoi! ce qui est apparu, à la clarté de la lampe de Cuignet, c'est la matérialité du faux de 1896, c'est les quadrillages bleutés et les quadrillages lie de vin qui ne concordent pas. Dès lors, le faux de 1898 ne suffirait plus à authentiquer le faux de novembre 1896. Le faux *matériel* de novembre 1896, les quadrillages lie de vin criaient si haut qu'il n'y avait rien à objecter : le fourbe, après huit parjures, n'avait plus qu'à avouer son crime.

Je fais mes excuses à Cavaignac, surtout à Cuignet. Oui, sa lampe a été le flambeau de la vérité.

XXIX

Ainsi, le faux de mai 1898 est avéré, incontestable, et il ne reste plus qu'à se demander pourquoi les représentants du ministère de la guerre, devant la Cour de cassation, se sont cramponnés si longtemps à cet abominable n° 44, alors que la découverte du faux de novembre 1896 avait déjà détruit, par contre-coup, ce faux de mai 1898. Mais il suffit peut-être de répondre que la sottise des hommes est sans limite, quand la passion les aveugle, et qu'une cause inique ne peut, en fait, être soutenue que par le mensonge.

LE CRIME DE MERCIER

16 mai 1899.

Mais où donc ira-t-on dans l'horreur? et jusqu'où?

Voilà près de deux longues années que chaque jour qui vient apporte avec lui la révélation de quelque nouveau crime, d'une nouvelle infamie d'autant plus douloureuse que l'auteur en est, chaque fois, un homme qui porte l'uniforme. Et, sans doute, nous, du moins, nous avons toujours refusé, pieusement, de confondre la cause de l'armée avec celle de quelques scélérats : elle n'en reçoit pas moins les éclaboussures de toute cette honte ! On devrait être bronzé, cuirassé, avoir perdu la faculté de s'indigner et, même, de s'étonner. Non, ce triple airain ne barde pas nos cœurs ; la plume tremble dans la main, rien qu'à relater le nouveau forfait qui vient de monter du fond de l'abîme.

En résumant l'histoire de la dépêche du 2 novembre 1894, j'avais exposé que le général Mercier, ministre de la guerre, le général de Boisdeffre et le général Gonse avaient été avisés, dès le 11 novembre, de la traduction exacte du télégramme de Panizzardi. La première ébauche que les cryptographes du quai d'Orsay avaient communiquée à Sandherr portait hypothétiquement : « Si le capitaine Dreyfus n'a pas eu de relations avec vous, il conviendrait de charger l'ambassadeur de publier un démenti *officiel* (?) ; *notre émissaire* (?) *est prévenu* (?) ». Le texte définitif portait, au contraire : « Si le capitaine Dreyfus n'a pas eu de relations avec vous, il conviendrait de charger l'ambassadeur de publier un démenti *officiel, afin d'éviter les commentaires de la presse.* »

Ce texte, qui innocentait le capitaine Dreyfus de toute accusation de trahison en faveur de l'Italie, avait été remis au ministère de la guerre comme étant *absolument* et *incontestablement* authentique. Le colonel Sandherr avait contribué, par un ingénieux stratagème, à contrôler le travail du ministère des affaires étrangères. Aucun doute sur l'exactitude de cette traduction. Le colonel Sandherr, a déposé M. Paléologue, l'a toujours tenue pour bonne. C'est celle qui a été officiellement reconnue, dans la conférence du 27 avril 1899 à la Cour de cassation, par MM. le général Chamoin et le commandant Cuignet, délégués du ministère de la guerre, d'une part, et, de l'autre, par M. Paléologue, délégué du ministère des affaires étrangères.

Quel usage le général Mercier et ses collaborateurs avaient-ils fait, au procès Dreyfus, de cette dépêche ?

Interrogeant les dépositions de la Cour de cassation, j'y avais relevé les déclarations suivantes, faites sous la foi du serment :

Général Gonse. — Le ministre a prescrit de n'en pas faire état dans le dossier Dreyfus.

Général de Boisdeffre. — En raison de la divergence et de l'incertitude des documents, il n'en a été, *à ma connaissance*, tenu aucun compte ni dans l'instruction ni dans le procès.

Ces mots : *à ma connaissance*, m'avaient paru suspects ; je n'avais pas osé le dire.

Général Mercier. — Je donnai l'ordre de ne tenir aucun compte de ce télégramme et de n'en faire aucun usage dans le cours du procès.

Cela, déjà, avait paru effroyable. Quoi ! Mercier avait donné l'ordre de ne tenir aucun compte de cette dépêche d'où résultait à l'évidence que Dreyfus n'avait eu aucun rapport avec Panizzardi, et, en même temps, il faisait communiquer aux juges du Conseil de guerre, en chambre du conseil, comme s'appliquant à Dreyfus, la fameuse lettre : « Si-joint, douze plans directeurs de Nice que ce canaille de D... m'a donnés pour vous. » Cette lettre, à l'époque où elle fut interceptée (avril-mai 1894) avait été transmise, en copie, au ministre des affaires étrangères, avec une *note de service*, émanant du ministère de la guerre, qui débute ainsi : « La lettre ci-dessus est de la main de Panizzardi. » Picquart avait toujours considéré cette lettre comme étant de Panizzardi à Schwarzkoppen. Ce n'est qu'à partir du 21 novembre 1898 que Roget, déposant devant la Cour de cassation, a interverti les noms des correspondants et présenté la lettre comme étant de Schwarzkoppen à Panizzardi. Donc, en 1894, la pièce : « Ce canaille de D... » avait été apportée aux juges du Conseil de guerre comme une lettre de Panizzardi à Schwarzkoppen. Il en résultait, d'après le commentaire secret de Du Paty, que Dreyfus, accusé contradictoirement, à l'audience, d'avoir été un espion aux gages de la Prusse, était accusé, à son insu, d'avoir trahi aussi en faveur de l'Italie. Et alors que la traduction définitive, authentique, de la dépêche Panizzardi détruisait, à elle seule, l'attribution de l'initiale D... à Dreyfus,

Mercier n'avait communiqué aux juges, en chambre du conseil, pour assurer le succès de sa forfaiture, que la lettre — et il leur avait laissé ignorer la dépêche !

J'écrivais : « Il n'y a jamais eu de juges plus indignement, plus systématiquement trompés que ceux qui siégeaient, en décembre 1894, au deuxième Conseil de guerre. »

Hélas ! ils l'ont été d'une façon plus infâme encore. Pour authentiquer l'attribution mensongère de l'initiale D... au capitaine Dreyfus, Mercier avait fait verser au dossier secret, il avait communiqué aux juges du Conseil de guerre, non pas même la première version de la dépêche Panizzardi, la version hypothétique, mais le faux qui, reconstitué par Gonse, Du Paty et Henry, porte au dossier secret le n° 44!

Quelques-uns avaient eu l'intuition de cette chose atroce. On avait fait remarquer que la table analytique du dossier secret, dressée par M. Wattine, gendre du général Billot, avait disparu ; que le général Mercier avait enlevé du ministère de la guerre la copie du commentaire de Du Paty ; que Du Paty, devant la Cour de cassation, avait refusé de répondre sur le point de savoir si son commentaire visait la dépêche Panizzardi. On avait noté, dans la déposition de Cuignet (30 décembre 1898), cette présomption accablante : « Du Paty a dénaturé une pièce du dossier secret quand il a interprété la pièce *ce canaille de D...* par *cet animal de Dreyfus...* Du Paty déclare que *la pièce était chiffrée, ce qui est inexact, mais ce qui est probablement une allusion à une autre pièce du dossier qui fut, en effet, déchiffrée.* »

Cependant, on voulait douter encore : le doute n'est plus possible, après le récit circonstancié, que donne le *Temps*, du délibéré du Conseil de guerre.

Le *Temps*, qui révèle le crime, éprouve une suprême pudeur comme devant quelque chose de trop horrible; il ne désigne le télégramme qui a été communiqué aux juges de 1894 que par ces mots : « *Le télégramme ainsi conçu : Capitaine Dreyfus arrêté...* » Il n'ose préciser.

Il suffit de se rapporter aux dépositions de Paléologue, de Cuignet et de Gonse pour préciser. Le texte, qui a été communiqué aux juges, c'est celui qui a été reconstitué, en mai 1898, par Gonse, sous la prétendue dictée de Du Paty et de concert avec Henry; celui que Gonse a produit dans sa déposition du 27 janvier 1899; celui qui figure au n° 44 du dossier secret; celui dont Paléologue a déclaré, d'ordre du ministre des affaires étrangères, que « c'est un faux »; celui-ci : « *Capitaine Dreyfus arrêté. Le ministre de la guerre a la preuve de ses relations avec l'Allemagne. Toutes nos précautions sont prises.* »

Ainsi, quand Mercier, déposant sous la foi du serment devant la Cour de cassation, a dit : « Je donnai l'ordre de ne tenir aucun compte de ce télégramme et de n'en faire aucun usage dans le cours du procès », — Mercier a menti et s'est parjuré.

Ainsi, il n'a pas commis, en 1894, que le crime de forfaiture en communiquant aux juges du Conseil de guerre des pièces secrètes, en dehors de l'accusé et de la défense; mais, en faisant produire devant les juges un texte sciemment falsifié de la dépêche Panizzardi, il a commis encore le crime de faux.

Tout cela, pour faire condamner un innocent, un Alsacien, un officier français.

Et depuis quatre ans que ce martyr est au bagne, Mercier vit; hier encore, il commandait à un corps d'armée, et les drapeaux s'inclinaient devant lui!...

Le Code pénal, *article 361*, punit le faux témoignage

de la peine de réclusion ; la forfaiture, *article 167*, de la dégradation civique ; le faux en écriture publique *article 145*, des travaux forcés à perpétuité.

Les complices sont punis des mêmes peines.

Mercier a commis ces trois crimes.

II

17 mai 1899.

La révélation du *Temps* n'a été suivie d'aucun démenti ; les confirmations viennent, au contraire, de toutes parts ; la preuve est faite : la condamnation du capitaine Dreyfus a été arrachée aux juges militaires, à l'ombre d'une forfaiture, par un double faux.

Quand nous dénoncions l'illégalité de 1894, la violation des règles élémentaires de l'équité et du droit, la communication des pièces secrètes en dehors de l'accusé et de son défenseur, les avocats du sophisme de la chose jugée haussaient les épaules : « Question de procédure, question de forme ! »

Même parmi les protagonistes les plus ardents de la revision, beaucoup n'ont pas compris, et pendant longtemps, toute l'importance de cette prétendue question de procédure. En Angleterre, la constatation de ce seul fait eût, du premier coup, emporté tous les obstacles. C'est que l'Angleterre est le pays de la Loi. La France est autre chose : elle est, de tous les pays du monde, celui qui aime le plus la Justice, la Justice idéale. Elle est peut-être le seul pays qui aime la Justice pour elle-même. Mais, précisément à cause de ce grand amour, elle ne connaît pas le prix des formes matérielles, terrestres, de la Justice. Dans l'affaire Dreyfus, l'illégalité n'a indigné bien des gens que le jour où ils ont reconnu l'injustice. Or, il eût fallu comprendre que cette illégalité elle-même était la pire des injustices et que ce crime n'avait dû être commis que pour faciliter l'accomplissement d'un autre crime.

C'est ce qui apparaît enfin aujourd'hui.

Sans nul doute, il n'y a eu qu'une erreur de la part des juges, des sept infortunés officiers qui ont été trompés, dans leur ignorance de la loi, par la plus haute autorité militaire en qui ils avaient une absolue confiance. Si l'un d'eux avait connu la loi, l'article 222 du Code d'instruction criminelle, l'article 108 du Code de justice militaire qui est, si possible, plus formel encore, s'il avait refusé de se prêter à la communication illégale, clandestine, toute l'horrible machination s'écroulait, un grand crime était épargné à la justice, d'affreuses hontes aux chefs de l'armée, de longs malheurs à la France.

Mais ceux qui étaient chargés d'appliquer la loi, l'ignoraient.

J'espère ardemment pour l'armée que la justice militaire en mourra. Napoléon, qui était, peut-être, un vrai soldat, n'admettait le fonctionnement des Conseils de guerre qu'en temps de guerre, sur territoire étranger. Il avait raison. Quand il s'opposa, en termes inoubliables, devant le Conseil d'État, à la création d'une justice militaire spéciale, le spectre du duc d'Enghien le hantait. La leçon fut perdue pour ses successeurs.

Et Dieu vit qu'il fallait recommencer l'exemple...

Donc, erreur de la part des juges. Mais, de la part du ministre de la guerre et de ses complices, crime, crime froidement et savamment prémédité.

La preuve que Mercier savait que Dreyfus est innocent résulte de ses mensonges mêmes et de ses faux.

Le 30 novembre 1894, note de l'*Agence Havas*, démenti formel, catégorique aux journaux « qui persistent à mettre en cause, dans divers articles publiés au sujet de l'espionnage militaire, les ambassades et légations militaires à Paris ».

C'est le mesonge officiel, destiné à calmer les scrupules des attachés militaires allemand et italien qui ont affirmé n'avoir jamais eu le moindre rapport, ni direct ni indirect, avec Dreyfus. Pour couvrir ce mensonge, le huis-clos, le plus rigoureux des huis-clos, sous l'invocation sacrilège des intérêts de la défense nationale.

En effet, Schwarzkoppen et Panizzardi croiront en cette parole du ministre de la guerre. Ils seront persuadés, jusqu'en 1896, pendant deux ans, jusqu'à la publication du fac-similé du bordereau par le *Matin*, que Dreyfus a trahi en faveur d'une autre puissance que l'Italie ou l'Allemagne.

Rien que pour ce mensonge, fait au nom de la France, Mercier est infâme.

Second mensonge : Dreyfus ne connaît qu'une seule accusation, le bordereau qui vient de l'ambassade d'Allemagne.

Et, pendant quatre jours, l'horrible comédie judiciaire se déroule. Dreyfus a beau démontrer qu'il n'est pas l'auteur du bordereau, qu'il n'a point trahi, lui, Alsacien, la France au profit de l'Allemagne. Peine perdue. Tout à l'heure, quand il va être condamné, il croira que c'est sur ce chef d'accusation. Et la France entière, et le monde entier, sauf quelques diplomates assez naïfs pour n'avoir point suspecté la parole de M. le général Mercier, croiront, sur la foi d'une presse qui, elle aussi, a été trompée, que Dreyfus a été condamné pour avoir vendu à l'Allemagne les secrets de l'État-Major.

Troisième mensonge : le colonel Maurel, président du Conseil de guerre, affirme au nom du ministre, que Dreyfus, accusé contradictoirement d'avoir trahi en faveur de la Prusse, a trahi aussi en faveur de l'Italie. Et il exhibe deux preuves officielles de cette trahison. La lettre de Panizzardi à Schwarzkoppen avec la fausse attribution de l'initiale D... au capitaine Dreyfus ; la dépêche falsifiée de Panizzardi. C'est-à-dire deux faux.

C'est sur la production de ces deux faux que le Conseil condamne l'innocent.

Il est utile de faire observer avec quelle persistance les scélérats de l'État-Major ont travaillé à faire concorder leurs faux et leurs mensonges ultérieurs avec les mensonges et les faux qui ont fait la conviction du Conseil de guerre. On continue à dire au dehors, à la presse, à la foule, à la France, au monde, que Dreyfus était un traître aux gages de l'Allemagne. Mais c'est la trahison en faveur de l'Italie qu'on oppose, confidentiellement, sous le sceau du secret, aux objections des personnalités, militaires ou diplomatiques, qui ont conçu des doutes.

C'est Henry et Gonse qui, le 17 novembre 1897, disent à Paléologue : « Nous n'avons jamais dit que Dreyfus ait eu des rapports directs avec l'Allemagne ; c'est l'attaché militaire d'Italie qui était l'intermédiaire. »

Et le plus fameux des faux d'Henry, fabriqué pour « faire marcher » Billot dont la conscience avait été inquiétée par Picquart, la lettre : « Si on vous demande, dites comme ça... », ce n'est pas une lettre de Schwarzkoppen à Panizzardi, mais de Panizzardi à Schwarzkoppen.

D'où les airs entendus, la conviction, qui a été sincère à son heure, de Billot, de Zurlinden, de cet imbécile de Cavaignac.

Il y a dans l'histoire, ce long tissu d'horreurs, des crimes qui sont aussi atroces; il n'y en a point qui le soient plus.

C'est l'évidence que Mercier n'a pas pu le commettre à lui seul. Il a des complices. Quelqu'un a dit un jour à Scheurer-Kestner : « Il n'y a que cinq personnes qui savent la vérité, toute la vérité. » Il faudra bien que tout le monde la sache, tout entière. On la saura.

III

18 mai 1899.

Un rédacteur du *Matin* a questionné un « ami » du général Mercier. La formule est connue. L'« ami » a affirmé que le général Mercier avait été étranger, absolument étranger, à toute communication de pièce secrète aux juges de 1894. Si des pièces ont été apportées, en chambre du conseil, en dehors de l'accusé et de la défense, « c'est sans l'ordre et à l'insu du ministre ». L' « ami » continue, s'échauffant un peu : « Il faut bien peu connaître le caractère droit et généreux du général pour croire le contraire... Allons donc!... Si les juges ont vu la pièce « *Canaille de D...* » en secret, c'est qu'il a dû se passer là-dessous quelque chose de louche... » Le rédacteur du *Matin* note que l'ami de Mercier « fait des moulinets avec sa canne ». Il poursuit : « On ne m'ôtera pas cela de l'idée!... *Sait-on, par exemple, si le colonel Henry, emporté par son zèle et par l'ardeur de ses convictions, n'aurait pas outrepassé les ordres de ses chefs?* »

Tout est décidément sens dessus dessous dans les dernières scènes du drame extraordinaire qui se déroule devant nos yeux. Voici que, par l'impitoyable enchaînement des faits, ceux-là mêmes qui ont dénoncé, dès la première heure, les pires scélérats, se trouvent amenés à les défendre contre les calomnies de ceux qui ont été leurs complices ou leurs protecteurs! Hier, c'était Cuignet qui imputait à Du Paty des crimes que ce marquis décadent n'a certainement point commis, notamment on ne sait quelle participation savante au faux qui a été « patriotique » tant qu'Henry, seul, en a été accusé. Aujourd'hui, c'est Mercier ou son ami qui charge Henry du crime qui ne peut avoir été commis que par l'ancien ministre de la guerre. Il n'y a pas jusqu'à Esterhazy qu'il ne nous faille défendre contre lui-même, quand il se vante d'avoir, tout en vendant à Schwarzkoppen les secrets de la défense nationale, escroqué et dupé cet officier allemand.

Aussi bien, l'ami de Mercier nous croit-il plus bêtes que de raison. Quoi! Henry aurait pris sur lui de communiquer, à l'insu du ministre de la guerre, les pièces secrètes au colonel Maurel! Picquart croit que c'est lui-même qui a remis au colonel Maurel le pli qui renfermait le dossier secret. Le greffier Vallecalle le lui a dit. Est-ce que Picquart était placé sous les ordres d'Henry, alors simple commandant? Et Sandherr n'en aurait rien su, qui était chef de bureau des renseignements, ni Gonse, ni Boisdeffre? Comment, si Henry avait agi à l'insu de Mercier, tout le ministère de la guerre aurait-il connu la communication des pièces secrètes? Quand Picquart, en 1896, dit à Gribelin : « Donnez-moi le dossier qui a été communiqué aux juges du Conseil de guerre... » comment le lampiste aurait-il compris tout de suite de quoi il s'agissait? Et pourquoi Mercier se serait-il fait remettre par Sandherr le commentaire que Du Paty *a avoué* avoir fait des pièces secrètes? Pourquoi l'aurait-il emporté et, sans doute, détruit? Enfin, si Henry avait agi à l'insu de Mercier, comment Mercier a-t-il su et pu dire, dès le mois de décembre 1894, à Casimir-Perier, qui en a déposé, « que la pièce : *Ce canaille de D...* avait été mise sous les yeux du Conseil de guerre » ?

Cela ne tient pas debout. L'ami de Mercier, en imputant à Henry le crime de Mercier, a tout simplement réalisé l'impossible : calomnier Henry. Mais sa calomnie elle-même, c'est l'aveu de Mercier.

Faut-il rappeler que Mercier s'est inscrit à la souscription de la *Libre Parole*, l'un des premiers, en l'honneur d'Henry? A-t-il donc changé d'avis ? Ne pense-t-il plus, avec Roget, qu'Henry était « un brave soldat » ? avec Cuignet, « qu'il était un soldat honnête » ? avec la *Gazette de France*, qu'il fut « un serviteur héroïque des grands intérêts de l'Etat » ?

L'ami de Mercier, dans sa conversation avec le rédacteur du *Matin*, assomme l'ancien ministre d'un dernier pavé. « Dès l'avant-veille du procès, s'écrie-t-il, et ainsi qu'il l'a déclaré en janvier dernier, devant la Cour de cassation, le général Mercier avait prévenu le colonel Maurel de ses doutes sur la valeur de cette pièce et lui avait ordonné, par une note même épinglée à ce dossier particulier, de ne tenir aucun compte de ce télégramme et de n'en par parler aux juges du Conseil. » Je dois faire observer d'abord que le procès-verbal de la déposition de Mercier porte seulement ceci : « Je donnai l'ordre de ne tenir aucun compte de ce télégramme et de n'en faire aucun usage dans le cours du procès; cet ordre fut exécuté. » Tout le monde avait compris que cet ordre aurait été donné à Sandherr. Or, s'il faut en croire l'ami de Mercier, cette phrase équivoque était un mensonge de plus. Ce n'est point à Sandherr que Mercier aurait donné cet ordre, c'est au président du Conseil de guerre. Escobar et Sanchez n'auraient pas trouvé mieux.

Ou, plutôt, non, car ils eussent été moins stupides et parce que l'ordre donné à Maurel équivaut, lui aussi, à l'aveu du crime. En donnant, même à Sandherr, l'ordre de ne pas faire usage d'une pièce qui innocentait Dreyfus de tout rapport criminel avec Panizzardi, alors que la pièce : « Ce canaille de D... », avec sa fausse et mensongère attribution, avait pour but de l'en incriminer, Mercier commettait déjà une infamie. Mais c'est au président du Conseil de guerre qu'il donna cet ordre ! Si la dépêche ne devait point être produite au cours du procès, pourquoi Mercier la communiquait-il au président du Conseil de guerre ? Il n'avait qu'à la laisser dans son tiroir. Et qu'est-ce donc, sinon une autre forfaiture, que cette communication entre le ministre de la guerre et le président du Conseil de guerre ? Et qui ne sait aujourd'hui que le texte, ainsi communiqué à Maurel, *pour qu'il en fût fait usage*, était un faux, le plus abominable des faux ?

Donc, le fourbe s'est pris à son propre piège. Cherchant à se disculper, il s'est enfoncé, plus profondément encore, dans l'horrible boue où il périra. Si l'ami de Mercier dit vrai, si Mercier a communiqué lui-même à Maurel le faux texte de la dépêche du 2 novembre, la scélératesse de cet homme n'a d'égale alors que son cynisme.

Et c'est Picquart qui est en prison !

« BALE-CUERS »

NISUS ET EURYALE

20 mai 1899.

Il n'y eut jamais de sollicitude plus active, plus éveillée que celle d'Henry pour Esterhazy. On est libre de croire qu'elle était désintéressée, sans trace aucune de préoccupation personnelle. Ces deux hommes, c'était Achille et Patrocle, Nisus et Euryale, les frères d'armes de quelque chanson de geste transportés à la fin du dix-neuvième siècle. En amitié, comme en amour, il y a toujours l'un des deux qui donne plus que l'autre. Esterhazy recevait, comme une chose due, ce dévouement d'Henry. Le loyal faussaire bravait tous les dangers pour avertir, à la moindre alerte, son cher Uhlan.

Un pandour prévenu en vaut deux. « Il ferait beau voir, disait Esterhazy à M. Gaston Grenier, qu'Henry ne fût pas gentil pour moi. » Le chef du bureau des renseignements a été toujours « très gentil » pour l'espion aux gages de Schwarzkoppen.

On ne manque point de détails sur la façon dont Henry avisa Esterhazy, en octobre 1897, des desseins de Scheurer-Kestner ; on connaît tout ou presque tout, les fausses lettres, les fausses dépêches, les fausses barbes. On est moins renseigné sur la manière dont il informa son ami, fin octobre 1894, que l'enquête contre Dreyfus « marchait mal », selon l'aimable formule du colonel Bouchez, et que Mercier, à cette date, pensait sérieusement à relâcher, faute de preuves, l'officier juif. Quel désastre ! Dreyfus, reconnu innocent, s'acharnerait à découvrir l'auteur du bordereau, le traître dont le crime avait pu lui être attribué. On sait seulement qu'Esterhazy avait, dès lors, à tout événement, pris ses précautions. Il avait retiré les fonds qu'il avait déposés dans un grand établissement de crédit. (Compte n° 30,141.) Il se tenait prêt à passer la frontière.

L'épisode de Richard Cuers se place entre ces deux incidents, l'un qu'on connaît trop peu, l'autre qu'on connaît trop ; il est très instructif.

I

Schwarzkoppen correspondait d'ordinaire avec Esterhazy par des cartes pneumatiques fermées. Ces dépêches bleues, qui doivent être remises au destinataire une heure ou deux après avoir été mises à la boîte télégraphique, courent moins de risques d'être arrêtées au cabinet noir. C'est la fatalité qui voulut que l'un de ces petits bleus, — dérobé, a-t-on dit, dans la poche de celui qui l'avait écrit, ou, selon une autre version, confié par lui à des mains infidèles, ou, selon ce que je crois savoir, déchiré par son auteur et jeté dans le fameux panier, — arrivât, fin mars 1896, au 2° bureau. Ce fut

Lauth qui reconstitua cette pièce, désormais historique, alors en morceaux. « Y en aurait-il encore un ? (un deuxième traître) », dit-il à Picquart.

Quand Henry revint au bureau, il fut mis au courant. Picquart lui demanda s'il connaissait Esterhazy. « Il répondit « oui », mais comme parlant de quelqu'un qu'on ne voit pas. » Picquart lui dit qu'il se réservait cette affaire et la conduirait avec un seul agent qu'il lui nomma.

Les choses, de nouveau, s'annonçaient mal. Henry, avec sa résolution ordinaire, comprit qu'il fallait commencer par exciter contre Picquart les officiers du bureau. Les officiers policiers du service de statistique s'étaient vus, non sans déplaisir, placer sous les ordres de Picquart, qui venait d'un autre service pour les commander, qui manifestait l'intention de réformer quelques abus. Henry eut la partie facile avec Lauth. Il disait à Gribelin : « Son *petit bleu* ne vaut rien, il n'a pas le cachet de la poste. »

Vers le commencement de juillet, le commandant Pauffin de Saint-Morel avertit Picquart « qu'un agent étranger désirait se mettre en relations avec lui par l'intermédiaire de M. F..., *personne honorable établie à l'étranger* ». — Lauth, dans sa déposition du 11 janvier, sera moins réservé en ce qui concerne la désignation de F... De même, Picquart ne donne que les initiales de l'espion allemand, R. C. (*dép. du 28 novembre*); le nom ayant été imprimé, depuis lors, par toute la presse, il n'y a plus d'inconvénient à le reproduire. — « Cet espion, dépose Picquart, nous était connu ; il avait eu des accointances avec certains de nos agents et il prétendait avoir été révoqué de son emploi par la dénonciation de l'un de ces agents que nous avons même congédié. » Cuers avait dit à F... qu'au moment de l'affaire de 1894, le gouvernement allemand avait fait des recherches pour savoir en faveur de qui Dreyfus avait trahi et que ces recherches n'avaient pas abouti. Cette puissance n'avait jamais eu qu'un seul officier français à son service, « un chef de bataillon qui donnait des documents relatifs surtout au tir et à l'artillerie ».

Picquart, ainsi renseigné par F..., décida aussitôt d'organiser une entrevue dans une ville étrangère, entre des officiers de son bureau et Richard Cuers. La ville choisie fut Bâle. Picquart désigna Lauth pour s'y rendre.

« Je ne me rappelle pas, dépose Picquart, si j'avais désigné un autre officier ; ce dont je me souviens, c'est qu'au dernier moment, Lauth insista beaucoup pour emmener avec lui le commandant Henry ; je cédai à ses instances, bien qu'Henry ne sût aucune langue étrangère. »

F... avait-il négligé de dire à Picquart que Cuers savait s'exprimer en français ? On verra, par la suite, que Lauth a essayé de faire croire que Cuers ne le savait pas.

II

On comprend pourquoi la communication de F..., succédant à la découverte du *petit bleu*, avait vivement intéressé Picquart. Ce chef de bataillon dont Cuers avait parlé à F..., « seul officier français, selon cet espion, à la solde de l'Allemagne », n'était-il pas le même que le commandant dont le *petit bleu* avait révélé le nom ? La même pensée dut venir à Lauth, qui avait reconstitué le *petit bleu*. Elle vint, comment en douter ?

à Henry qui, voyant croître le danger, demanda aussitôt à accompagner Lauth.

Naturellement, Lauth nie « qu'il ait jamais insisté pour que ce fût Henry qui vînt avec lui ». Certes, il a « insisté pour ne pas aller seul à Bâle et il laissa même entrevoir au chef de service qu'il n'irait pas seul ». Et, longuement, lourdement, il expose ses raisons. « Il savait que cet agent (Cuers) n'était pas le premier venu, qu'il constituait une forte partie. » Déjà, sous Sandherr, « des négociations avec lui avaient échoué, malgré des indemnités qui lui avait été données et de très fortes promesses qui lui avaient été faites ». Cuers avait toujours échappé. Autre chose encore, selon Lauth, l'avait inquiété. Je cite textuellement, afin de bien laisser à Lauth la responsabilité de tout ce passage : « Aussi, lorsque je fus averti que cet homme était venu de lui-même s'offrir *à notre attaché militaire*, avec un défaut de précautions susceptibles de le compromettre, alors qu'il savait parfaitement comment s'adresser à nous sans passer *par l'attaché militaire,* je crus devoir prendre toutes mes précautions pour réussir dans mes négociations et ne pas être roulé par lui. » (*Dép. du 11 janvier 1899, signée Lauth.*) Mais, cela dit, Lauth atteste qu'il n'a point demandé à emmener Henry à Bâle.

Les gens qui sont brouillés avec la vérité ont, entre autres, ce grave défaut : ils veulent trop prouver. C'est une maladresse. Cette maladresse est familière à Lauth. Il l'a commise dans ses dépositions précédentes sur l'arrivée du bordereau, sur la photographie du *petit bleu.* Il vient de la commettre une fois de plus, en laissant entendre que Cuers, dans l'occurrence, lui a été suspect, parce qu'il ne s'était pas adressé directement au bureau des renseignements. (Voir ci-dessus.)

il va redoubler. Non seulement, il n'avait pas, dit-il, réclamé la compagnie d'Henry, mais il en eût préféré une autre, celle d'un officier sachant l'allemand. « J'avais tout intérêt, dépose-t-il effrontément, à ce que le collègue qui me serait adjoint fût, pour moi, un aide et non pas un embarras. *La négociation devait avoir lieu en allemand;* le commandant Henry, qui ne comprenait ni ne parlait cette langue, ne pouvait m'être d'aucune utilité; c'était me placer moi-même dans une position fausse que de demander d'être obligé de traduire pour lui toutes les conversations, au fur et à mesure de la négociation; ma peine devait en être doublée. » Un peu plus loin, il force encore plus la note : « *Henry se souciait si peu de se rencontrer avec Cuers* que, six mois plus tard, il n'alla pas à une seconde entrevue qui avait été provoquée par Picquart, avant son départ du bureau, et qui ne put avoir lieu qu'en janvier 1897. » Ce fut Iunck qui vint avec Lauth.

Autant de mots, autant d'inexactitudes flagrantes ou d'impudentes plaisanteries. Il est manifeste qu'Henry, en janvier 1897, après l'éloignement de Picquart et devenu seul maître du service des renseignements, n'a plus aucun intérêt à se rencontrer avec Cuers. Il peut, sans inconvénient, envoyer au rendez-vous Lauth, qui est devenu un autre lui-même, avec Iunck, déjà hypnotisé. C'est en août 1896, quand Picquart était le chef de service, quand l'enquête contre Esterhazy battait son plein, qu'Henry avait un intérêt considérable à accompagner Lauth qui n'était pas encore à point. Lauth jalousait déjà Picquart et sa belle âme avait percé déjà par maint endroit; pourtant, laissé à lui seul, il ne commettra pas encore, de lui-même, certaines félonies : il a encore besoin d'un guide.

Donc, il est de toute nécessité qu'Henry assiste à la conversation de Bâle. Mais Henry ne sait pas du tout l'allemand? Sans doute, mais il n'est pas vrai que Cuers ne sache point du tout le français.

LE « LEIT-MOTIV » DE LAUTH

21 mai 1899.

III

Voici le *leit-motiv* de Lauth dans son récit de l'entrevue de Bâle : « Cuers ne sait pas et n'entend pas le français. » Et, plus obsédant qu'aucun de ceux des imitateurs de Wagner, ce *leit-motiv* revient à chacun des paragraphes de sa déposition. Lauth aurait désiré un autre compagnon qu'Henry parce qu'Henry ne savait pas l'allemand ! Et que de peines il a eues, ce pauvre Lauth, pendant les sept heures qu'a durées la conférence avec Cuers, parce que Cuers ne savait pas le français ! Il lui a fallu traduire toutes les questions, « de plus en plus précises », affirme-t-il, qu'Henry, après mûre réflexion, lui faisait poser à Cuers, et toutes les réponses, de plus en plus évasives, au contraire, que faisait l'espion allemand. Rien qu'à relater ce pénible entretien, Lauth sue encore sang et eau. « A trois heures de l'après-midi, le commandant Henry, fatigué et lassé du mur contre lequel nous nous heurtions, est parti et je suis resté seul avec Cuers jusqu'à six heures. » Cette belle confiance d'Henry, qui laisse Lauth en tête à tête avec Cuers, ne saurait laisser de place, évidemment, au plus léger soupçon.

D'où, cette savante conclusion de Lauth : 1° Cuers ne sachant pas le français, Henry ne pouvait avoir aucun intérêt à accompagner Lauth à Bâle ; il est donc faux que Lauth ait insisté auprès de Picquart pour qu'il lui adjoignît Henry. 2° Cuers ne sachant pas le français, Henry n'a pu recueillir de sa bouche des confidences qui l'auraient inquiété et qu'il n'aurait point transmises par la suite à Picquart. Pour Lauth lui-même, on connaît sa loyauté.

IV

Malheureusement pour Lauth, il n'a point été accompagné que d'Henry, « soldat honnête » selon Roget et, selon la *Gazette de France*, « héroïque défenseur des grands intérêts de l'Etat ». Le colonel Picquart avait désigné encore M. le commissaire Tomps pour aller avec Henry et avec Lauth à la rencontre de Cuers. Et d'un mot, d'un seul mot de sa déposition sur le même incident, M. Tomps renverse tout l'édifice, si laborieusement construit, de Lauth ; il fait de son *leit-motiv* quelque chose comme celui de Hagen, le fourbe, dans *le Crépuscule des Dieux*.

Le colonel Picquart, dépose M. Tomps, m'avait chargé, dans les premiers jours d'août 1896, d'accompagner à Bâle le commandant Henry et le capitaine Lauth qui devaient y avoir une entrevue avec Cuers. Toutefois, il me demanda de me faire accompagner par un inspecteur de la Sûreté, de façon que je ne sois pas forcé d'entrer en contact immédiat avec lui.
Nous arrivâmes le matin. Sur l'ordre de M. le commandant Henry, je dis à l'inspecteur qui s'appelle Vuillecard, actuellement commissaire de police à Vassy (Haute-Marne), de se rendre à neuf heures du matin près de la cathédrale et d'y at-

tendre un monsieur qui le reconnaîtrait au mouchoir et au journal qu'il tiendrait à la main. Lorsque ce monsieur aurait accosté Vuillecard, il devrait l'amener à l'hôtel où l'attendraient le commandant Henry et le capitaine Lauth.

Vuillecard exécuta mes ordres, et, en effet, un monsieur vint l'accoster lorsqu'il était sur le terrain, *et, parlant le français à Vuillecard qui ne sait pas l'allemand*, lui demanda s'il était bien M. Lescure.

Vuillecard lui répondit qu'il n'était pas M. Lescure, mais qu'il allait l'emmener auprès de celui-ci.

Sur quoi, Cuers suit Vuillecard qui l'introduit dans la chambre où se trouvaient Henry et Lauth.

V

Et tout s'écroule : Cuers a parlé en français à l'agent Vuillecard qui ne savait pas l'allemand ! Cuers, sur un mot de Vuillecard, l'a suivi à l'hôtel où l'attendaient les émissaires de l'Etat-Major !

Et je veux bien que Cuers parle un français moins pur que celui des académiciens d'autrefois. Mais, du moment qu'il a pu s'entretenir en français avec Vuillecard, il a pu et dû s'entretenir en français également avec Henry. Donc, Lauth, ici encore, a dit sciemment le contraire de la vérité. Donc, tout son récit est suspect.

La Cour de cassation a-t-elle entendu l'agent Vuillecard ? A-t-elle confronté Lauth et Tomps ? A-t-elle interrogé ou fait interroger, sur ce point précis, *l'attaché militaire* que Lauth a désigné comme ayant reçu les premières confidences de Cuers ? La loyauté, la sincérité de Tomps sont si manifestes que la Cour a dû juger inutile de contrôler les dires de cet honnête homme.

Quand Tomps raconte que Vuillecard, *qui ne sait pas*

l'allemand, a causé, en français, avec Cuers, il est évident que Tomps dit la vérité. J'ajoute, d'ailleurs, que es preuves abondent qu'il a dit vrai.

Un rédacteur fort avisé de l'*Aurore*, M. Philippe Dubois, vient, en effet, de faire, à Bruxelles, une enquête sur Richard Cuers, et cette enquête confirme abondamment le témoignage de Tomps. Le seul fait, d'abord, que Bruxelles était le centre des opérations d'espionnage de Cuers suffirait à prouver qu'il sait le français. S'il n'avait pas su le français, comment eût-il pu « travailler » à Bruxelles ?

On peut alléguer, sans doute, qu'Henry a été chef du bureau des renseignements et qu'il ne savait pas l'allemand. On répondrait, avec amertume, que les employeurs de Cuers n'étaient point tenus par lui comme l'étaient les protecteurs d'Henry par ce misérable. Mais voici des faits qui valent mieux que tous les raisonnements :

Cuers, d'après l'enquête de M. Philippe Dubois, fréquentait à Bruxelles, notamment au *Café des mille Colonnes*, des Français qui n'étaient nullement polyglottes. Puis, quand M. Dubois s'en va interroger la femme dont Cuers avait été le locataire, au n° 8 de la rue des Princes, celle-ci, après lui avoir avoué qu'elle avait naïvement tenu l'espion pour un journaliste, exhibe le livre de comptes où elle avait eu coutume de relever, en regard des sommes avancées par elle, les titres des journaux que Cuers se faisait acheter. C'était l'*Echo Toulois*, le *Progrès de la Meuse*, le *Courrier de Verdun*, e *Moniteur de Saint-Mihiel*, le *Serre-File*, le *Progrès Militaire*, tous les journaux militaires de France et les principaux journaux de notre région de l'Est.

Il paraîtra inutile, même à Gribelin, que je poursuive la démonstration.

HENRY, LAUTH ET ESTERHAZY

VI

25 mai 1899.

A en croire Lauth, — si l'on peut encore, par une métaphore audacieuse, s'exprimer ainsi, — Cuers se serait dérobé, pendant sept heures d'horloge, à l'interrogatoire « pressant » d'Henry et de son drogman. « A certains moments, dépose Lauth, le commandant Henry a un peu brusqué Richard Cuers », mais c'était pour lui arracher la vérité, toute la vérité. « *J'ai dû lui transmettre des phrases comme celle-ci : « Enfin, voyons !* » *Vous ne voulez absolument pas aboutir, nous dire en* » *détail ce que nous voulons savoir ; et, cependant, c'est* » *vous qui êtes venu vous offrir à nous !* » Un peu plus tard, il est seul avec l'agent ; Lauth « prend sur lui d'offrir à Cuers, comme émoluments, jusqu'au triple de la somme dont avait parlé le colonel Picquart, pour arriver à délier la langue de l'agent ». Peines perdues. Ce héros de l'espionnage refuse les présents d'Artaxerxès ; il accepte, tout juste, le prix de son voyage. Venu, et non sans risques, pour parler, il se tait. « Arrivé à une certaine limite, il n'a jamais voulu la franchir pour faire d'autres révélations. » Tout ce qu'il aurait consenti à dire tient en quelques lignes de la note que Lauth, rentré à Paris, remit à Picquart : Un chef de bataillon, âgé de quarante-cinq à cinquante ans, avait offert, en 1893 ou 1894, ses services à l'Allemagne ; il avait donné des renseignements sur un fusil en essai au camp de Châlons, sur le nouveau canon à tir rapide et sur des ouvrages de fortifications de l'Est. — C'était, à peu de chose près, la répétition des premières confidences de Cuers, de celles qui avaient motivé l'entrevue de Bâle. — Roget ajoute dans sa déposition que « Cuers, si discret sur ce qui concernait les choses qui nous intéressaient, entame de lui-même la conversation sur Dreyfus, disant qu'on s'était trompé en France et que le traître était un officier supérieur ». Enfin, Picquart : « Comme particularité de l'officier, R. C. avait dit à Lauth et à Henry qu'il était décoré ; cette indication ne figure pas, je crois, sur le rapport de Lauth ; mais il n'existe pas, je crois, de chefs de bataillon âgés de quarante-cinq à cinquante ans qui ne soient pas décorés. »

Deux chasseurs, en approchant de l'octroi, prennent une mine piteuse. « Qu'avez-vous à déclarer ? » demande l'agent. — « Bredouilles, nous sommes bredouilles ! » répondent ils. L'agent se méfie et les fouille. Leurs poches sont bourrées de perdrix. Tels Henry et Lauth revenant de Bâle.

VII

On ramasse à la pelle les preuves que Lauth, d'accord avec Henry, a fait à Picquart un récit volontairement inexact de la conférence avec Cuers.

J'ai déjà démontré que Cuers, contrairement à l'affirmation de Lauth, sait le français ; si M. le ministre de la guerre veut bien faire pratiquer quelques fouilles dans les archives, il y trouvera, je pense, à moins que Gribelin ne les ait brûlées, des lettres de Cuers qui ne sont pas écrites en allemand.

Cuers est allé trouver, de son propre gré, *l'attaché*

militaire F...; il lui raconte que la Prusse n'a jamais eu à son service qu'un seul officier français, un chef de bataillon; il se déclare prêt à entrer en plus de détails avec des délégués de l'Etat-Major; puis, une fois en présence de ces délégués, il aurait, tout à coup, refusé de parler et, bien que « brusqué » par l'un d'eux, tenté par l'autre qui lui offre de grosses sommes, il n'aurait fait que répéter ce qu'il avait déjà dit à l'attaché militaire F...! A qui cette histoire paraîtra-t-elle vraisemblable?

D'après Lauth, Henry aurait « brusqué » Cuers pour le faire parler. Voici ce dont dépose Picquart : « Je revis F... au mois d'octobre suivant et il me demanda qui j'avais envoyé à l'entrevue avec R. C. Celui-ci s'était plaint, à lui F..., de ce que l'un des émissaires, le plus âgé, — Henry, — l'avait bousculé tout le temps (au figuré), *l'empêchant de parler*, et avait tenu à se faire passer pour quelqu'un de la police. »

On a vu que Tomps avait accompagné Henry et Lauth à Bâle. A un certain moment, Henry laissa Lauth en tête à tête avec Cuers; il dit à Tomps : « Il n'y a rien à tirer de cet individu; *j'ai joué le rôle de grand chef — c'est bien ce que Cuers a dit à F...* — et, comme il ne donnait pas ce que nous désirions, j'ai fait le fâché et je suis parti. » Quelque temps après, dépose Tomps, « j'ai vu le capitaine Lauth et C... assis sur un banc des promenades; le capitaine Lauth ayant quitté C..., le commandant Henry me dit, de nouveau, qu'il n'y avait à rien tirer de C... *J'offris alors au commandant Henry de faire, à mon tour, avec Vuillecard, une tentative auprès de Cuers; le commandant s'y refusa sans me donner de motifs.* »

Henry ne donne pas à Tomps ce motif que Cuers ne parle pas le français; il sait que Tomps et Vuillecard sont fixés sur ce point; il refuse purement et simplement; faut-il dire pourquoi?

Et, si on ne l'a pas deviné, voici le très intéressant récit que M. Philippe Dubois tient de M. le docteur Delanne, de Bruxelles. Cuers s'était lié, à Bruxelles, au *Café des Mille Colonnes*, avec un nommé Edmond Lajoux, ex-adjudant du 72e de ligne, qui était un agent du deuxième bureau. Or, Lajoux, qui affirmait, en 1894, à tous venants, que « Sandherr possédait les preuves les plus absolues de la culpabilité de Dreyfus », avait tenu, en 1896, au retour d'un voyage de quelques jours qu'il avait fait à Bâle, le langage suivant au docteur Delanne : « C'est colossal, phénoménal ! Vous vous rappelez ce que je vous ai dit de Dreyfus en 1894. *Eh bien ! je viens d'apprendre que Dreyfus est innocent.* Jamais les Allemands n'ont eu aucun rapport avec lui. C'était un autre officier, non un stagiaire, mais un chef de bataillon, qui trahissait. *J'en ai informé l'État-Major.* »

Sur quoi, peu de temps après, Lajoux fut cassé aux gages. « C'est uniquement, dit-il au docteur Delanne, parce que j'ai prévenu le deuxième bureau que Dreyfus a été injustement condamné. » Mais Lajoux avait gardé des papiers. Quand l'ex-agent fut tombé dans une profonde misère, il offrit à Henry de les lui livrer contre argent. « L'offre, poursuit le docteur Delanne, fut acceptée, mais il fut convenu que Lajoux partirait pour le Brésil. Il s'embarqua à Anvers pour San-Paolo. La veille de son départ, il reçut la visite de l'archiviste Gribelin auquel il remit les documents. Gribelin ne voulut lui verser la somme promise que sur le bâtiment même. »

VIII

Donc, Lauth a fait un faux rapport de l'entrevue de Bâle, à son chef, le colonel Picquart. Mais Henry, lui, en a fait tout de suite un compte rendu sincère à son camarade et ami Esterhazy.

Compte rendu écrit ou oral? Henry, homme avisé et prudent, écrivait très peu. Esterhazy, au contraire, grand écrivailleur devant l'Eternel, rédigea, sous forme de note ou de mémento, un récit de l'affaire Bâle-Cuers. Il ne cédait pas, d'ailleurs, qu'à son habituelle *scribendi kakoëtès* en consignant par écrit l'avis qui lui avait été transmis par Henry. C'était encore une arme puissante entre ses mains, et contre Henry, que le fait qu'il avait été avisé de la conférence secrète de Bâle, qu'il connaissait le nom de Cuers, que « l'héroïque serviteur des grands intérêts de l'État » avait trahi, en sa faveur, ici comme précédemment, tous ses devoirs. Grand écrivailleur, mais non moins éminent maître-chanteur.

C'est ce mémento que M. le juge d'instruction Bertulus a saisi le 12 juillet 1898 chez Esterhazy. C'est la vue de ce papier qui provoqua chez Henry, dans le cabinet de Bertulus, l'accès tragique de désespoir pendant lequel, pleurant, sanglotant, se traînant aux pieds du juge, il s'écriait : « Esterhazy est un bandit! Sauvez-nous! Sauvez l'honneur de l'armée! » Car, qui donc, sinon Henry, avait pu donner à Esterhazy le nom de Cuers, le récit de l'entrevue de Bâle? Et pourquoi les lui aurait-il donnés si quelque horrible complicité ne les avait rivés l'un à l'autre?

Je n'ignore pas que M. le général Roget, avocat

d'Henry, nie tout. « Le moral d'Henry n'a jamais été atteint. » Les documents saisis par Bertulus chez Esterhazy et réclamés à Bertulus par Henry, au nom de Cavaignac et de Roget, « étaient de si peu d'importance », que Roget, après s'en être assuré, les avait fourrés « dans un cartonnier », où il les oublia. Enfin, dans la pièce qui lui fut remise, dit-il, par Henry, il n'était pas question de Bâle, mais de Bruxelles, les initiales V. S. avaient remplacé les initiales R. C. et la charge contre Esterhazy et Henry devenait ainsi une charge contre Dreyfus.

Mais M. le commandant Cuignet, — à qui il sera beaucoup pardonné, parce qu'il a beaucoup avoué, — dépose en ces termes : « En ce qui touche les deux pièces qui auraient été saisies au domicile d'Esterhazy et remises au colonel Henry par M. Bertulus, *l'une me paraît devoir être le compte rendu d'une entrevue qui a eu lieu à Bâle entre un agent étranger, d'une part, et, d'autre part, le lieutenant-colonel Henry et le commandant Lauth ; cette pièce serait annexée au dossier Tavernier. Quant à la deuxième pièce, en anglais, je ne possède encore aucun renseignement à son sujet.* »

HENRY, LAUTH ET CUERS

16 juillet 1899.

Il faut revenir à l'épisode de Richard Cuers. J'en ai, précédemment, exposé les grandes lignes (*Siècle* des 20, 21 et 25 mai 1899). Je puis ajouter, aujourd'hui, à mon récit quelques détails, qui sembleront singulièrement suggestifs, et pénétrer plus avant dans cette mine d'une richesse insoupçonnée.

I

L'entrevue de Bâle est une scène à trois personnages : Cuers, Lauth et Henry.

Cuers est cet ancien agent allemand qui, vers la fin du mois de juin 1896, était venu trouver notre attaché militaire à Berlin et lui avait exprimé le désir de faire certaines révélations. Cet agent avait été déjà pressenti par Sandherr qui avait essayé, sans y réussir, de le gagner au service français. Il avait été, un peu plus tard, révoqué par ses employeurs allemands.

Le colonel de Foucault, dès qu'il eut reçu la première visite de Cuers, en avisa le commandant Pauffin de Saint-Morel, chef de cabinet du général de Boisdeffre. Le commandant Pauffin mit quelque temps à faire parvenir au colonel Picquart, alors chef du bureau des renseignements, la lettre de M. de Foucault. Celui-ci se rendit ensuite à Paris et fit lui-même à Picquart le récit de la conversation qu'il avait eue avec Cuers. L'ancien agent lui avait dit notamment :

L'état-major allemand s'est toujours demandé pour quel compte travaillait Dreyfus. Quand Dreyfus a été arrêté, l'État-Major a télégraphié partout pour savoir à qui il appartenait. On a cru, un instant, qu'il travaillait pour Bruxelles ; mais il a été répondu de partout qu'on ne le connaissait pas. L'État-Major allemand n'a à son service qu'un officier, un chef de bataillon d'infanterie. A un certain moment, le général de Schliefen n'en a plus voulu ; il ne fournissait que des documents de peu de valeur, des cours de l'École de tir au camp de Châlons.

Le colonel Picquart a déposé, à plusieurs reprises, que cette déclaration l'avait beaucoup frappé (juillet 1896). Le commandant Curé lui avait, en effet, parlé précédemment du cours de l'École de tir du camp de Châlons comme de l'un des documents qu'Esterhazy, chef de bataillon d'infanterie, avait fait copier à Rouen.

II

Lauth a raconté, avec quelques variantes, cette conversation de Cuers avec le colonel de Foucault ; il résume comme suit ces premières révélations de l'agent allemand :

Depuis deux ou trois ans, l'attaché militaire allemand à Paris est renseigné par un chef de bataillon d'infanterie qui lui a fourni les indications les plus diverses et lui a donné, notamment, les cours de l'École normale de tir du camp de Châlons et *beaucoup* de renseignements sur l'artillerie. Ce dernier fait a même éveillé la méfiance. On — c'est-à-dire : l'État-Major allemand — s'est demandé comment ce chef de bataillon pouvait être renseigné, et l'on a pensé que l'on pouvait bien avoir affaire à un mystificateur ou à un provocateur.

J'observe entre la relation de Lauth et celle de Picquart les différences suivantes :

D'abord, Lauth se tait sur tout ce qui, dans la conversation de Cuers avec le colonel de Foucault, est relatif à Dreyfus. Cette affirmation de Cuers, que l'État-Major allemand n'a jamais « travaillé » avec Dreyfus et ignorait pour qui il aurait « travaillé », gêne évidemment Lauth ; il la passe sous silence.

En second lieu, Lauth précise que l'État-Major allemand a pensé que le chef de bataillon d'infanterie, qui fournissait tant de renseignements sur l'artillerie, était un mystificateur ou un provocateur. Picquart avait simplement dit, d'après le colonel de Foucault : « A un certain moment, le général de Schliefen n'en a plus voulu ; il ne fournissait que des documents de peu de valeur. » Il est, d'ailleurs, manifeste que ces deux versions ne sont nullement contradictoires et qu'elles se complètent fort bien.

Ce qui explique que Lauth, sur ce point, est plus précis que Picquart, c'est que son récit de la conversation de Cuers avec le colonel de Foucault est postérieur à sa propre entrevue avec Cuers, à Bâle. (*Rapport du 1er septembre 1896.*) Lauth complète ce que Cuers a dit au colonel de Foucault par ce que Cuers lui a dit à lui-même.

Mais pourquoi Lauth ne dit-il rien des déclarations de Cuers au sujet de Dreyfus?

III

Picquart avait très judicieusement rapproché les révélations de Cuers au colonel de Foucault de l'incident relatif au cours de l'Ecole de tir de Châlons qui lui avait été conté par le commandant Curé. D'autres observations se présentent aujourd'hui à l'esprit.

Lauth relate, d'après Cuers, que « le chef de bataillon d'infanterie » avait donné à l'Allemagne « beaucoup de renseignements sur l'artillerie ». Trois des documents qui sont énumérés au bordereau ne sont-ils pas relatifs à l'artillerie?

Lauth et Picquart racontent tous deux, d'après Cuers, que l'Etat-Major allemand avait rompu avec son informateur, soit parce que ces documents étaient de peu de valeur, soit parce que l'individu avait paru suspect. Or, le bordereau et le *petit bleu* se rapportent tous deux à des époques où le représentant de l'Etat-Major allemand à Paris, le colonel de Schwarzkoppen, avait précisément rompu avec son informateur, suspect ou insuffisant. Le « Sans nouvelles de vous, monsieur », du bordereau indique nettement que l'auteur de la trahison cherchait à rentrer en rapport avec le patron qui l'avait congédié ou négligé. Le *petit bleu* montre Scharwzkoppen harcelé par de nouvelles propositions du traître, « attendant avant tout une nouvelle explication sur la question en suspens », hésitant à continuer un commerce à la fois dangereux et redevenu peu fruc-

tueux, posant des conditions catégoriques à la reprise
« de ses relations avec la maison R... ».

Tout cela concorde à merveille. L'auteur du bordereau (« *Sans nouvelles de vous...* ») est bien le même
que celui qui est appelé, au *petit bleu*, « la maison
R... » — et « la maison R... », c'est bien le chef de bataillon d'infanterie qui avait éveillé la méfiance de
l'Etat-Major allemand.

On sait, au surplus, par les confidences de Schwarzkoppen à Panizzardi, que l'attaché militaire allemand
se méfia toujours d'Esterhazy. Quand Esterhazy vint
s'offrir à lui, le Uhlan eut beau faire sonner haut ses
relations avec des grands chefs et avec un personnage
important du bureau des renseignements (*lettre Doutepreuve*), Schwarzkoppen le prit pour un rastaquouère
quelconque et exigea la production de son brevet d'officier. Esterhazy ne réussit à convaincre Schwarzkoppen qu'en se faisant voir de lui, à un rendez-vous fixé
d'avance, en uniforme et galopant à côté d'un général
très fameux et, lui aussi, en uniforme. Le ménage, cependant, resta orageux, tant à cause des exigences
d'argent, excessives, d'Esterhazy, que des variations
déconcertantes de ses fournitures, tantôt étonnamment
précieuses, tantôt de valeur moins que médiocre.

Il faut dire à la décharge d'Esterhazy que ce traître
ne fut très souvent qu'un escroc.

IV

Picquart, à la suite de sa conversation avec M. de
Foucault, songea, un instant, aux termes d'une déposition de Lauth, à se rendre lui-même à l'entrevue que

Cuers avait sollicitée. Il lui parut, à la réflexion, « qu'il ne pouvait pas se départir de sa réserve ». Réflexion fâcheuse autant que judicieuse. Il désigna Lauth pour se rendre à Bâle; Lauth insista pour emmener Henry avec lui; et Picquart céda à ses instances.

Autant eût valu envoyer Esterhazy lui-même à Bâle.

Comme il n'y avait pas de phonographe dans la chambre d'hôtel où, pendant sept heures d'horloge, Henry et Lauth conversèrent avec Cuers, on ne saura jamais exactement ce qui s'est passé dans cette entrevue. Trois points seulement — de quelque importance, il est vrai, — sont, à l'heure présente, hors de doute:

1° *Que Lauth a dit sciemment à la Cour de cassation le contraire de la vérité en affirmant que Cuers ne sait ni n'entend le français.*

Le contraire résulte, en effet, tant des lettres de Cuers, qui sont au ministère de la guerre, et qui sont écrites en français, que de la déposition du commissaire Tomps qui avait accompagné Henry et Lauth à Bâle et dont le camarade Vuillecard, chargé d'amener Cuers à l'hôtel où devait avoir lieu le rendez-vous, causa avec lui en français.

Henry, lui-même, donne ici le démenti à Lauth. Dans sa déposition du 28 novembre 1897, devant M. de Pellieux, il raconte qu'il a conversé lui-même avec Cuers. Il réduit ainsi à néant toutes les déclarations de Lauth affirmant, à la Cour de cassation, et sous la foi du serment, qu'il sua sang et eau, pendant de longues heures, à traduire toutes les questions « de plus en plus précises » qu'Henry, après mûre réflexion, lui faisait poser à Cuers.

2° *Que le commissaire Tomps ayant offert à Henry d'aller, avec Vuillecard, interroger Cuers qui, au dire d'Henry, se refusait à parler, celui-ci ne voulut pas le* lui permettre, et cela sans lui en donner le moindre motif.

La déposition de Tomps à cet égard est, en effet, catégorique; elle porte toutes les marques de la vérité et elle n'a jamais été contredite, même par Lauth.

3° *Que Cuers, au cours de cette entrevue, a été brusqué et bousculé par Henry.*

Cuers, Lauth et Henry sont, en effet, d'accord sur ce point que Cuers a été bousculé par Henry. Le désaccord sur les motifs de cette bousculade est, en revanche, aussi complet que possible entre les trois interlocuteurs. Cuers a rapporté au colonel de Foucault, qui le redit à Picquart, « qu'Henry l'avait bousculé tout le temps (au figuré), *l'empêchant de parler* »; — Henry et Lauth attestent qu'Henry n'avait « brusqué » l'agent que pour le faire parler.

Le colonel de Foucault paraît avoir cru à la sincérité des plaintes de Cuers; on peut se passer cependant, ici, de son témoignage : ceux de Lauth et d'Henry ne se heurtent-ils pas à des invraisemblances par trop criantes?

Si Cuers n'avait pas voulu dire à Bâle autre chose et plus que ce qu'il avait déjà dit à Berlin au colonel de Foucault, pourquoi aurait-il sollicité cette entrevue?

Pour avoir de l'argent? Mais Lauth, dans sa déposition du 28 novembre 1897, devant Pellieux, déclare qu'il repoussa les offres les plus séduisantes. Je cite :

Il ne voulut consentir à rien, malgré les offres les plus séduisantes, et ne fit que confirmer certains points dont notre service était à peu près sûr. Quant à l'officier qui aurait fourni les renseignements, il nous dit que c'était un officier supérieur (*Stabs-Offizier*), peut-être major; mais, en tout, sans aucune désignation d'armes, et, malgré toute notre insistance, prétendit toujours que l'on n'avait pas voulu lui donner le nom.

Et s'il est vrai que Cuers ne voulait pas parler, s'il est vrai qu'il ne voulait pas dire le nom, — ce qui est possible, car il ne le savait peut-être pas encore, — s'il est vrai surtout qu'il avait refusé d'ajouter à ce qu'il avait dit au colonel de Foucault de nouveaux, curieux et inquiétants détails : pourquoi avoir empêché Tomps et Vuillecard de l'entreprendre, à leur tour, et, sans le bousculer ni le brusquer, d'essayer de lui délier la langue?

V

Lauth et Henry, en rentrant à Paris, déclarèrent au colonel Picquart que « l'entrevue de Bâle ne leur avait appris rien de nouveau ». Tout ce qu'on avait pu obtenir en plus de Cuers, c'est que le chef de bataillon était décoré, — presque tous les commandants le sont, témoin Lauth, — et qu'il avait environ cinquante ans. Il n'avait pas voulu donner son nom. D'autre part, ainsi qu'il résulte et de la déposition du colonel Picquart à l'enquête Pellieux et d'une note ministérielle du 3 février 1898 sur l'entrevue de Bâle, note qui figure au dossier de l'instruction Tavernier (*Mémoire Mornard*), des renseignements spéciaux et importants que Cuers avait donnés sur d'autres affaires se trouvèrent parfaitement exacts. Cuers n'avait voulu accepter aucune rétribution.

Lauth établit le rapport suivant qui reproduisait, comme tout ce qu'on avait pu obtenir de Cuers, à Bâle, les révélations mêmes qu'il avait faites, deux mois auparavant, au colonel de Foucault :

Au mois d'août 1893 ou 1894 (on n'a pas su ou pas voulu se rappeler l'année), un chef de bataillon, âgé de quarante-cinq à cinquante ans, se serait présenté à l'ambassade d'Allemagne et aurait proposé à Schwarzkoppen de lui rendre des services.

Des relations se seraient par suite établies, mais jamais, au grand État-Major à Berlin (sauf peut-être le général de Schliefen), personne n'a eu d'autres renseignements sur cet officier.

Il aurait fourni successivement au colonel de Schwarzkoppen qui les aurait transmis à Berlin :

1º Un rapport sur le nouveau fusil en essai à l'École normale de tir du camp de Châlons ;

2º Un rapport sur le canon à tir rapide en essai en France ;

3º Des renseignements sur le camp retranché de Toul ;

4º Des renseignements sur les ouvrages de fortification des environs de Nancy.

Ces relations durèrent jusqu'en 1895, vers juillet et août.

A ce moment déjà, quelques renseignements, jugés peu vraisemblables, avaient rendu le grand État-Major hésitant au sujet de la confiance à accorder à l'officier supérieur.

En octobre 1895, une circonstance fortuite fit craindre que l'on ne fût en présence d'un provocateur ; le colonel de Schwarzkoppen, que l'on ne veut à aucun prix voir compromis, reçut l'ordre formel d'avoir à rompre ses relations.

On ignore ce qui s'est passé depuis.

J'ai déjà fait remarquer combien ces indications s'appliquent, pour sommaires qu'elles soient, à Esterhazy. Mais Cuers qui, lors de l'entrevue de Bâle, le 6 août 1896, ne savait peut-être pas, en effet, le nom d'Esterhazy, n'avait-il pas prononcé un autre nom, celui d'un complice, par exemple, ou, tout au moins, d'un « renseigneur » du véritable traître ? N'avait-il pas fait comprendre à Henry, sinon à Lauth, qu'il savait autre chose que l'objet de quelques-uns des rapports qui avaient été vendus à Schwarzkoppen par le chef de bataillon, — autre chose qui avait rempli Henry d'une telle frayeur qu'après avoir offert à Cuers, pour qu'il se taise, des sommes considérables, il l'avait menacé ensuite avec une telle violence que Cuers a pu dire, par la suite, qu'il lui sembla « qu'Henry l'aurait voulu poignarder » ?

Pourquoi Henry avait il tant insisté pour accompagner Lauth à Bâle? Pourquoi a-t-il refusé à Tomps « de faire, à son tour, avec Vuillecard, une tentative auprès de Cuers » ?

VII

C'est l'incroyable et vraiment admirable audace d'Henry qui va projeter dans ces ténèbres un rapide, mais éblouissant rayon de lumière.

On sait avec quel art et quelle savante perfidie Henry, dès son retour de Bâle, entreprit d'arrêter Picquart dans la voie où il était entré, à la suite de la découverte du *petit bleu*, et de le faire chasser du ministère. « Quand j'ai dit à Henry, a déposé Picquart, que l'écriture d'Esterhazy ressemblait d'une façon étonnante à celle du bordereau, il a montré une très grande répugnance à entrer dans cet ordre d'idées et m'a déconseillé de continuer ; il a admis cependant que les écritures étaient de même famille. » Picquart ayant continué, Henry fabriqua, « pour faire marcher Billot », le plus fameux de ses faux. Et Billot marcha. Henry remplaça Picquart à la tête du bureau des renseignements.

Esterhazy, tout le temps, avait été tenu au courant. On n'a pas oublié que M. Bertulus a saisi chez lui, le 12 juillet 1898, un mémento où étaient consignés par écrit le récit de l'entrevue de Bâle et la fameuse note *Bâle-Cuers*. On sait aussi qu'une seconde entrevue avec

Cuers, qui avait été provoquée par le colonel Picquart, avant son départ du 2ᵉ bureau, eut lieu en janvier 1897 (*Cour de cass. Dép. Lauth*). « Henry, dit Lauth, dont la parole trahit parfois ou révèle trop bien sa pensée, *Henry se souciait si peu de se rencontrer avec Cuers* qu'il n'alla pas à cette seconde entrevue. » Ce fut Junck qui qui s'y rendit avec Lauth. Et, naturellement, d'après Lauth, l'entrevue de Luxembourg aurait été aussi stérile que celle de Bâle :

L'entrevue du 19 janvier 1897, dit-il, a été à peu près nulle comme résultats pratiques. Comme le 6 août 1896, à Bâle, Cuers sembla n'avoir eu d'autre but, en venant au rendez-vous, que d'apitoyer sur son sort et de voir si on n'avait pas l'intention de lui nuire, soit directement, soit par l'intermédiaire de Lajoux.

C'est tout.

Lajoux était un agent du 2ᵉ bureau à Bruxelles où il s'était rencontré fréquemment avec Cuers. Au mois d'août 1896, revenant, lui aussi, de Bâle, Lajoux avait dit au docteur Délanne qu'il y avait appris « que Dreyfus était innocent, que les Allemands n'avaient eu aucun rapport avec lui, que c'était un autre officier, non un stagiaire, mais un chef de bataillon, qui trahissait, et qu'il en avait informé l'Etat-Major ». (*Récit de M. Ph. Dubois, dans* « *l'Aurore* ».) Il est permis de croire que ce n'est point par sollicitude pour Cuers, qui aurait eu peur de ce camarade, qu'Henry et Gribelin firent partir Lajoux, quelque temps après, pour l'Amérique du Sud, non sans lui avoir versé une très forte somme. Il est permis aussi de croire que Cuers, à Luxembourg, n'avait pas été aussi taciturne que le dit Lauth.

Alors, à l'enquête Pellieux, le 28 novembre 1897,

Henry risque l'un des plus beaux coups de son étonnante carrière. Comme le paratonnerre qui appelle la foudre pour la perdre dans les profondeurs du sol et la rendre inoffensive, il révèle lui-même, tranquillement, l'accusation que Cuers, depuis un an, a fait gronder sur sa tête. Il raconte l'entrevue de Bâle, que Cuers y a été amené à parler de l'affaire Dreyfus, de l'étonnement qu'elle avait causé au grand Etat-Major : « C'est un chef de bataillon d'infanterie, nous a dit Cuers, qui renseignait Schwarzkoppen. »

Je pris alors la parole, dépose Henry, et je dis à Cuers : « Puisque vous êtes si bien renseigné, vous devez connaître le nom de ce chef de bataillon et je vous prie de me le donner. » Mais il ne dit rien, et j'eus beau insister une grande partie de la journée, il se déroba toujours. Je lui exprimai alors très durement mon étonnement de son attitude et lui fis comprendre qu'il était envoyé par le grand Etat-Major.

C'est sans doute ce que cet agent appelle avoir été bousculé.

J'ai été du reste complètement renseigné depuis et j'ai la certitude qu'il était bien un agent provocateur. D'une lettre qui existe au ministère de la guerre et qui est arrivée dans les premiers jours de novembre 1897, *il ressort que c'est moi-même qui étais le chef de bataillon visé.*

Et Lauth confirme :

Nous avons eu, dit-il, à deux reprises, la preuve que Cuers n'était qu'un agent provocateur, agissant d'après un programme tracé par le major Damé, chef du service des renseignements du grand Etat-Major allemand, et que *la personne qu'il avait voulu désigner n'était autre que le commandant Henry lui-même.*

VIII

Il va de soi que Lauth ni Henry n'ont produit aucune preuve du rôle d'agent provocateur qui aurait été joué, à Bâle et à Luxembourg, par Cuers. L'hypothèse, d'ailleurs, se heurte à de graves difficultés. Aux mois de juin et d'août 1896, le gouvernement allemand savait qu'aucun de ses agents n'avait eu de rapports avec Dreyfus, mais il ignorait encore que Dreyfus avait été condamné pour le crime d'Esterhazy. Dans quel intérêt aurait-il dénoncé son espion, et Henry avec Esterhazy ? Par quelle aberration inexplicable aurait-il fait donner par Cuers, aux agents de l'Etat-Major français, des informations qui furent reconnues exactes, qui leur permirent notamment, aux termes de la note ministérielle du 3 février 1898, « de recouper certains points » d'une très importante question ? Etrange agent provocateur qui n'avait lui-même tenté d'obtenir aucune indication de ses interlocuteurs, qui avait refusé les sommes qu'on lui offrait !

J'attends que l'on réponde à ces objections. D'autre part, alors même que Cuers, contre toute vraisemblance, aurait joué un double jeu, — et le personnage ne laisse évidemment pas d'être mystérieux, — il n'en resterait pas moins que les révélations qu'il fit successivement au colonel de Foucault, à Henry et à Lauth étaient conformes à la vérité et ont été confirmées par l'événement.

Notez d'ailleurs que, de son propre aveu, ici encore doublé d'un mensonge, Henry avait attendu assez longtemps avant de suspecter Cuers. Il dépose, en effet, devant le général de Pellieux, que c'est seulement d'une lettre arrivée *en novembre 1897* au ministère de la guerre qu'il ressort qu'il était, lui, le chef de bataillon visé par Cuers, d'où cette conclusion que Cuers est un agent provocateur. Je voudrais bien voir cette lettre qui arrive tout juste, au ministère de la guerre, à la veille de la dénonciation d'Esterhazy par M. Mathieu Dreyfus. L'évidence n'est-elle pas que cette lettre n'a été alléguée, inventée ou forgée par Henry que pour appuyer les rapports mensongers qu'il fit, avec Lauth, de l'entrevue de Bâle ?

Cuers, selon lui, n'y aurait rien dit, aurait refusé de parler, alors qu'en réalité il y avait dénoncé, soit Henry ou Esterhazy, soit Esterhazy et Henry. Peut-être ne les avait-il pas nommés, — et cela parce qu'il ne les connaissait pas alors de nom, — mais il les avait désignés cependant, soit l'un et l'autre, soit l'un ou l'autre, avec assez de précision et de netteté pour épouvanter celui de ses interlocuteurs « qui le bouscula ». Henry, pour ôter toute valeur aux révélations faites par Cuers au colonel de Foucault, déclare donc au général de Pellieux que Cuers est un agent provocateur et que c'est lui-même, lui seul, qu'il a voulu désigner comme étant le traître.

La bravade, ingénieuse autant que hardie, réussit. Du coup, et c'est l'essentiel, au lendemain de l'ouverture de la campagne de revision, tombe la déclaration faite par Cuers au colonel de Foucault que l'État-Major allemand a cherché partout pour qui Dreyfus aurait travaillé. Du coup encore l'étonnante adaptation à Esterhazy du signalement qui a été donné par Cuers. Du même coup enfin, Henry, en prétendant qu'il a été désigné comme étant le chef de bataillon qui était en relations *directes* avec Schwarzkoppen, détourne de lui l'accusation, qui avait été, en effet, produite par Cuers, que le commandant — car Henry, alors, n'était encore que commandant — qui renseignait Esterhazy, c'était lui.

Et, quoi qu'il en soit, en quelque qualité qu'Henry ait été dénoncé par Cuers, et que le chef de bataillon, dont Cuers dévoilait la trahison, ait été ou Esterhazy, portant lui-même sa marchandise à Schwarzkoppen, ou Henry, agissant par l'intermédiaire d'Esterhazy, l'audacieuse manœuvre d'Henry, se désignant lui-même et traitant Cuers d'agent provocateur, contribue au résultat poursuivi : le ministère de la guerre négligera la précieuse indication qui a été recueillie par le colonel de Foucault et s'obstinera, avec encore plus de ténacité, dans la plus lamentable des erreurs. Qui donc, alors, eût songé seulement à soupçonner Henry ?

Ainsi Henry, en révélant lui-même la dénonciation de Cuers, détourna l'orage menaçant et se sauva, pour un temps, — autant que, dans ce drame digne d'Eschyle, peuvent se sauver les scélérats et leurs complices.

LE FAUX OTTO

24 mai 1899.

Esterhazy a fait un pas de plus, un petit pas, dans la voie des aveux. Il a reconnu, hier, dans un article du *Matin*, qu'il était l'un des auteurs de la pièce qui est connue, dans la longue série des faux de l'ancien État-Major, sous le nom du « faux Otto ».

C'est la pièce que feu Lemercier-Picard m'avait fait tenir, le 26 novembre 1897, par un rédacteur du *Figaro*, et qu'il m'engageait à porter au général de Pellieux. Esterhazy raconte, fort exactement, l'histoire que Lemercier-Picard avait débitée à M. Berr pour qu'elle me fût rapportée : « Un agent imaginaire était supposé m'avoir vu à Bruxelles et avoir soustrait dans la sacoche d'une dame, qui m'accompagnait dans cette ville, un document compromettant pour moi, qui m'aurait été adressé par un autre agent non moins imaginaire. » On sait que je pesai assez vite « l'authenticité matérielle et l'authenticité morale » de cette pièce ; le soir même, j'avisai M. Ranc et M. de Rodays, à qui Lermercier-Picard avait essayé de passer sa marchandise, que cet individu était un faussaire.

Esterhazy raconte, tout au long, la genèse de ce faux.

Ses amis avaient été fort irrités que Ravary n'eût donné aucune suite à la ridicule affaire de la serviette que j'avais perdue dans un compartiment de chemin de fer, et qui renfermait, avec — ô ironie! — un rapport de M. Raiberti sur la réorganisation de l'État-Major, des fac-similés du bordereau et de l'écriture d'Esterhazy. Il paraît que Billot m'honorait alors de sa protection. Il s'est dédommagé depuis. « On se hâta, écrit Esterhazy, d'abandonner cette piste, par ordre. »

Grosse déception pour la bande. Où allait-on, juste ciel! si Ravary lui-même se refusait à constater « mes abominables manœuvres »! « On résolut, écrit Esterhazy, de prendre les faussaires à leur propre piège. » Les faussaires, c'est nous : « c'est nous qui sont les princesses ». Dans le vocabulaire d'Esterhazy et de ses amis, « prendre les faussaires à leur propre piège », cela signifie : « fabriquer un faux ».

J'observe que le prétexte allégué est un mensonge : l'instruction Ravary est postérieure à l'enquête Pellieux ; or, c'est au cours de l'enquête Pellieux que le faux Otto me fut apporté.

« Je fus donc invité d'urgence, continue Esterhazy, — mais sans nous dire *par qui*, — à fournir, si j'étais en état de le faire, la date d'une période de quelques jours pendant lesquels il m'aurait été de toute impossibilité matérielle d'avoir quitté ma garnison de Rouen, soit en 1893, soit au commencement de 1894. » — Je te reconnais, ô esprit ingénieux d'Henry! — Esterhazy se souvint qu'il avait été très gravement malade de l'*influenza*, au mois de décembre 1893, obligé de garder le lit et la chambre pendant plusieurs semaines, dans l'impossibilité, pendant deux longs mois, de faire aucun service, — cela a dû causer beaucoup de peine à Schwarzkoppen, — et de mettre les pieds hors de chez

lui. « Cela, mes chefs et le médecin militaire qui m'a-
» vait soigné seraient là pour l'attester d'une manière
» indéniable. »

« C'est sur ces données et ces indiscrétions, continue
le « cher commandant », que fut confectionné le papier
connu sous le nom de *faux Otto.* » — J'ai gardé la photographie de cette pièce chiffrée dont l'original est aux
mains de la Cour de cassation et qui porte, en effet, la
date du 14 décembre 1893. — « L'époque, poursuit
Esterhazy, à laquelle se plaçait cette aventure et la date
de ce soi-disant document permettaient d'établir qu'à
ce moment j'étais précisément dans mon lit et absolument incapable de sortir, *a fortiori* d'aller faire un
voyage quelconque. »

Et le Uhlan, dont M. le prince Henri d'Orléans a si
chaleureusement serré la main loyale, expose ainsi le
plan de ses amis, de ceux *qui l'avaient invité d'urgence*
à fournir le renseignement nécessaire : « Ce papier,
écrit-il, devait être présenté par Lemercier-Picard à
certaines notabilités dreyfusardes par lesquelles il se
chargeait de le faire acquérir. Une fois en possession
de cette pièce, *les autres l'auraient triomphalement produite et il aurait été aisé de les convaincre de supercherie.*
On n'avait pu prendre Reinach avec un faux document
de sa serviette, grâce à la protection de Billot ; on aurait repris les dreyfusards avec le document Otto. »

Grâces soient rendues au dieu d'Israël que notre
imbécile national, que Cavaignac n'ait pas été « drey-
fusard » ! S'il l'avait été et si Lemercier-Picard s'était
adressé à lui, il n'aurait pas hésité, avec son flair d'historien, doublé de son flair d'ancien artilleur, à tenir la
pièce pour bonne. Il l'eût dénoncée aussitôt du haut de
la tribune. Nous étions frais ! comme dirait M. Lave-
dan, de l'Académie française.

Hélas ! je ne suis pas Cavaignac, je reconnus le faux, je devinai la petite combinaison, je m'informai, je refusai, malgré ses instances, de recevoir Lemercier, j'avisai mes amis. « Le plan de l'individu, disais-je, le 24 décembre 1897, à un rédacteur du *Temps*, était fort simple. Il s'imaginait que j'aurais la naïveté de ne pas me renseigner et de porter tout de suite la fausse pièce au général de Pellieux. Le document eût été rapidement reconnu pour un faux. Conclusion : tous les autres documents versés à l'enquête étaient également des faux ! (*Temps* du 24 décembre 1897, n° 13,353, page 2, col. 3.)

Ainsi échoua cette belle invention, et ce fut une tristesse amère pour Esterhazy et pour ses amis; Lemercier-Picard fut vivement rabroué. Le plus joli, comme on sait, c'est que le faussaire porta, quelques jours plus tard, le faux Otto à M. le marquis de Rochefort en lui affirmant que c'était moi qui l'avais fabriqué et le tenais en réserve pour perdre « le brave commandant ». Le vieux marquis sauta, naturellement, avec son agilité de clown, sur cette sottise. Il me dénonça à grand fracas, dans son journal, comme un abominable faussaire. Sur quoi, je lui intentai un procès en diffamation qui lui valut, devant le tribunal correctionnel, une condamnation à cinq jours de prison et, le jour où il se rendit à Sainte-Pélagie, son dernier triomphe. Je gênerais bien des gens si je reproduisais quelques-uns des articles qu'ils écrivirent à cette occasion. C'est dans la seconde audience de mon procès que l'avocat de M. de Rochefort prononça la phrase fameuse sur le drapeau de la France que le général de Boisdeffre avait fait porter chez son client.

Dans l'intervalle, le 18 janvier 1898, j'avais reçu de Lemercier-Picard une lettre où il me suppliait de le recevoir et dont voici le début :

LE FAUX OTTO

« Monsieur,

A la suite des révélations parues dans l'*Intransigeant* à la date du 25 décembre écoulé, j'ai été accusé par une partie de la presse d'être l'auteur de la lettre chiffrée, signée Otto.

» En effet, mes démarches quelque peu embarrassées près des différents personnages auxquels je me suis adressé *par ordre* ont pu faire naître en leur esprit des doutes qu'il me tarde de détruire.

Je ne suis pas l'auteur du faux, je n'ai été que l'instrument d'une machination scandaleuse.

C'est ce que confirme aujourd'hui Esterhazy.

Lié par des engagements jusqu'au prononcé du verdict du premier Conseil de guerre, je ne pouvais m'y soustraire *sans m'exposer aux rigueurs de ceux à qui je devais obéissance.*

On sait que le misérable n'avait point tort d'avoir peur.

Aussi fidèlement que possible, j'ai rempli mes engagements, tandis que j'attends encore que ceux pour lesquels je me suis exposé aussi bénévolement remplissent le leur; c'est pourquoi, aujourd'hui, je ne me crois plus tenu au secret. *Aussi vous me voyez tout à fait résolu à m'expliquer sur le rôle que j'ai joué, à l'instigation de MM. Rochefort, Du Paty de Clam et Henry.*

Il ne vous déplaira pas non plus de connaître sous quels auspices tous ces personnages ont agi.

J'avais déposé une plainte en faux, usage de faux et escroquerie contre Lemercier-Picard et X... Je me contentai de porter la lettre du 18 janvier 1898 à M. le juge d'instruction Bertulus. Je refusai de recevoir le faussaire. Peut-être ai-je eu tort de manquer d'audace. Le mystère de sa mort suffit à prouver qu'il était détenteur de nombreux secrets.

Quoi qu'il en soit, Esterhazy avoue aujourd'hui sa participation, *par ordre*, tout comme Lemercier-Picard, au faux Otto. En rapprochant de l'article d'Esterhazy la lettre de Lemercier-Picard, on voit, sans peine, quels sont les supérieurs en grade qui « invitèrent d'urgence » le cher commandant « à fournir » les éléments du faux. C'est Henry, à qui revient évidemment l'idée de la fourberie. C'est Du Paty qui alléguera, ici encore, qu'il a agi, lui aussi, *par ordre*, ce qui semble résulter d'ailleurs de la phrase de Lemercier-Picard : « Il ne vous déplaira pas non plus de connaître sous quels auspices tous ces personnages ont agi. » Je n'ajoute pas Rochefort qui n'a été, assez visiblement, que dupé et trompé. X... est donc reconstitué. Cependant je n'invoquerai pas contre lui « les justes lois ». Il y a des cas où il faut savoir laisser le tonnerre, même celui de Calchas, dans son armoire.

ENQUÊTE NÉCESSAIRE

27 mai 1899.

M. le procureur général Manau, développant son réquisitoire dans l'affaire Zola, à l'audience du 31 mars 1898, s'exprimait en ces termes :

Alors même qu'il serait établi que l'acquittement d'Esterhazy a été prononcé par ordre, comme l'a affirmé M. Zola sans l'avoir prouvé, sans même avoir offert de le prouver, l'acquittement n'en serait pas moins acquis à Esterhazy. La forfaiture de ses juges ne ferait pas moins échec à leur sentence. Elle n'engagerait que leur responsabilité. Il y a mieux. L'aveu même de la culpabilité par Esterhazy serait impuissant à réagir sur son acquittement. Ce serait un misérable forcément impuni.

Rien de plus exact; aucune doctrine juridique qui défie plus sûrement toute contestation que celle-là ; l'autorité de la chose jugée n'est même souveraine, intangible, irrévocable que si le verdict est un verdict d'acquittement. Seulement — et, cela aussi, c'est l'évidence, et aucune controverse n'est possible à cet égard, — cette autorité de la chose jugée, le bénéfice définitif de l'acquittement, sont limités à l'objet même de la poursuite.

Le rapport du commandant Ravary débute en précisant, avec une grande netteté, l'accusation dont Esterhazy a eu à répondre, le 10 janvier 1898, devant le premier Conseil de guerre :

> Le 15 novembre dernier, écrit Ravary, le ministre de la guerre recevait une lettre dénonçant le commandant Walsin-Esterhazy comme étant le véritable auteur du bordereau qui servit de base aux poursuites exercées en 1894 contre un officier français.

Voilà l'accusation et voici par conséquent les limites exactes du verdict d'acquittement. Quoi qu'il advienne, il n'est plus possible de reprendre jamais, juridiquement, contre Esterhazy l'accusation d'être l'auteur du bordereau.

Esterhazy peut avouer par écrit, avec toutes les formes prévues par la loi, qu'il est l'auteur du bordereau. On mettrait la main sur les documents qui accompagnaient le bordereau et ces documents seraient signés d'Esterhazy. On découvrirait même la signature d'Esterhazy sous la fameuse tache dont il est fait mention au rapport des experts en papier : « Un des fragments a une tache provenant, nous dit-on, d'un acide dont on s'est servi pour enlever un mot. » (*Rapport, en date du 26 novembre 1898, sur le papier pelure, signé de MM. Patois, Choquet et Marion.*) Rien n'y ferait : en ce qui concerne le bordereau, aucune preuve, aucun aveu ne pourraient réagir sur l'acquittement d'Esterhazy.

Mais il n'en est pas de même des autres actes de trahison et d'espionnage qu'Esterhazy a commis ou a pu commettre. Il est et il reste juridiquement, légalement, pénalement responsable de ceux-là.

Or, il est manifeste qu'il y a aujourd'hui présomptions suffisantes, dans toute la force juridique du terme, qu'Esterhazy a commis d'autres actes de trahison.

Ces présomptions résultent notamment des faits et documents suivants :

1º De la lettre, en date du 13 janvier 1899, par laquelle Esterhazy déclare à M. le premier président Mazeau qu'il a eu, de 1894 à 1895, avec le colonel Schwarzkoppen, des rapports dont il affirmait qu'ils avaient été « connus de ses chefs et d'eux autorisés »;

2º De la déposition du dit Walsin-Esterhazy, en date du 24 janvier 1899, devant la chambre criminelle de la Cour de cassation à laquelle il a renouvelé sa déclaration au sujet de ses rapports avec le colonel de Schwarzkoppen;

3º Des dépositions des généraux Mercier, de Boisdeffre et Gonse qui ont déclaré n'avoir jamais ni autorisé ni même connu les rapports d'Esterhazy avec l'attaché militaire allemand, — *d'où la conclusion formelle, inéluctable, que ces rapports, avoués par Esterhazy, étaient criminels et constituaient les crimes d'espionnage et de trahison;*

4º De la déposition de M. le sénateur Trarieux qui a déclaré tenir de M. le comte Tornielli, ambassadeur d'Italie, qu'Esterhazy avait vendu, pendant plusieurs années, des documents intéressant la défense nationale au colonel de Schwarzkoppen, lequel en avait fait part au colonel Panizzardi, et que ledit Esterhazy avait fait, au mois d'octobre 1897, une démarche auprès de l'attaché militaire allemand pour le supplier d'aller déclarer à Mme Dreyfus que son mari était coupable;

5° De la déclaration de M. le comte Henri Casella qui relate les mêmes faits (*Siècle du 8 avril 1898*) qu'il tenait de M. le colonel Panizzardi ;

6° De la déposition concordante du commissaire spécial Desvernine qui déclare avoir vu ledit Esterhazy se rendre, le samedi 23 octobre 1897, à trois heures de l'après-midi, en vêtements civils, à l'ambassade d'Allemagne d'où il se rendit une heure plus tard dans la direction du parc de Montsouris où il avait un rendez-vous avec les lieutenants-colonels Henry et Du Paty de Clam, et l'archiviste Gribelin ;

7° Du rapport du général Renouard au sujet de l'enquête disciplinaire sur le lieutenant-colonel Du Paty de Clam, lequel a déposé qu'Esterhazy lui avait déclaré lui-même être allé, à cette même date du 23 octobre 1897, chez le colonel de Schwarzkoppen « pour lui demander d'affirmer qu'il n'était pour rien dans l'affaire du bordereau », — déclaration par où Esterhazy réduit lui-même à néant ses allégations au sujet du rôle de contre-espion qu'il aurait joué auprès de l'attaché militaire allemand, vu qu'il n'aurait pu lui venir à l'idée, même dans une heure de crise, d'aller solliciter le concours d'un homme qu'il aurait trompé, dupé et escroqué ;

8° De la déposition de M. Maurice Paléologue au sujet d'un télégramme de M. Camille Barrère, ambassadeur de la République à Rome, qui relate qu'Esterhazy aurait reçu, en ces dernières années, de gouvernements étrangers, une somme de deux cent mille francs, et, tout récemment, une somme de huit mille francs ;

9° De la déposition de M. le général de Galliffet qui tient personnellement du général anglais Talbot, ancien attaché militaire à Paris, qu'Esterhazy fournissait aux attachés militaires étrangers tous les renseignements qu'ils ne pouvaient avoir directement du ministère de la guerre ;

10° Des dépositions des témoins Écalle et Bousquet. auxquels Esterhazy a fait faire, dans des conditions suspectes, le dessin d'un fusil qu'il prétendait devoir soumettre au ministre de la guerre et qui se trouve mentionné par l'agent Cuers au nombre des documents vendus à l'Allemagne par l'officier supérieur, du grade de commandant et d'environ quarante ou quarante-cinq ans, qui était le seul officier français au service de cette puissance, signalement qui répond à celui de Walsin-Esterhazy ;

11° Des informations transmises par cet agent Cuers, tant au lieutenant-colonel de Foucault, attaché militaire de France à Berlin, et au colonel Picquart, chef du service des renseignements, qu'à Lauth et à Henry, lors de l'entretien qu'il eut avec ces officiers, le 6 août 1896, à Bâle ;

12° Enfin, d'un certain nombre de documents dont la pièce *Doute-Preuve* qui s'applique à Esterhazy, et le *petit bleu* qui porte l'adresse du commandant Esterhazy et que le colonel de Schwarzkoppen a formellement reconnu comme émanant de lui-même, soit qu'il l'ait écrit de sa propre main, soit qu'il l'ait dicté à une tierce personne.

Il y a, en conséquence, charges suffisantes que ledit Walsin-Esterhazy soit déféré à la justice militaire sous l'inculpation d'avoir livré à une puissance étrangère des documents intéressant la défense nationale, et d'avoir ainsi entretenu des intelligences avec cette puissance pour lui procurer les moyens de commettre des hostilités ou d'entreprendre la guerre contre la France, crimes prévus par les articles 76 du Code pénal, 189 et 267 du Code de justice militaire, etc.

Et de deux choses l'une :

Ou ledit Walsin-Esterhazy déférera à la première sommation de la justice militaire et il y aura lieu d'instruire, dans toutes les règles, le procès de cet officier qui sera confronté notamment avec les divers témoins qui l'accusent et tels autres qui seront désignés ou se présenteront d'eux-mêmes à l'enquête.

Ou il restera en Angleterre, en fuite, et ce refus de comparaître et de se justifier équivaudra à un aveu.

Ce n'est point à M. le ministre de la guerre que l'on a à apprendre que le commandant en réforme Walsin-Esterhazy fait encore, actuellement, partie de l'armée française, la réforme étant, aux termes mêmes de la loi, *l'une des positions de l'officier*.

M. Camille Krantz, ancien élève de l'École polytechnique, député d'un département frontière, ministre de la guerre, estimera — tout doute à cet égard serait injurieux — que l'armée française ne saurait conserver dans ses rangs un officier, même en réforme, suspect d'espionnage et de trahison.

La publication du rapport de M. le général Renouard sur l'enquête disciplinaire Du Paty de Clam soulève, accessoirement, la question de savoir si les chefs de l'État-Major ont, ou non, été informés, à l'époque, par ledit marquis Du Paty, qu'Esterhazy lui avait avoué être allé le 23 octobre 1897, chez le colonel Schwarzkoppen, pour solliciter l'intervention de cet officier prussien.

Quoi qu'il en soit, l'ouverture d'une enquête judiciaire sur les actes de trahison et d'espionnage dont a été accusé ledit commandant en réforme Walsin-Esterhazy s'impose, dans l'intérêt supérieur à la fois de la justice et de l'armée.

PAULUS II

19 juillet 1899.

Nous avons un prétendant de plus : M. Paul Déroulède. Les vieilles dynasties sont éreintées, fourbues. Le duc d'Orléans ne monte qu'à bicyclette. Le prince Victor est un sage. Cependant, il devient de plus en plus nécessaire d'en finir avec la *gueuse*, qui fait mine de se défendre. Donc, celui qui n'avait voulu être qu'un sonneur de clairon fait à la patrie le sacrifice de sa lyre. Résolument, il pose sa propre candidature au consulat, au consulat à vie, préface de l'Empire. Paul Ier, pourquoi pas ?

Ou Paulus II...

M. Déroulède est passé maître dans l'art de jouer de la folie. Un pauvre diable d'anarchiste, vraiment illuminé, qui aurait tenu la dixième partie des propos de M. Déroulède, serait, depuis longtemps, en prison ou au bagne. Son ivresse sacrée protège M. Déroulède. Comme on dit à Bruxelles, il *tient* le fou.

C'est bien la folie, en revanche, qui paraît tenir le Cambacérès des nationalistes, le gigantesque Perrin-Dandin qu'est devenu M. Quesnay de Beaurepaire. I ne se contente pas de prendre ce joyeux échappé de la vie de bohème, Karl, pour le Messie. Le voici qui prend pour des *fumisteries* — c'est lui-même qui le dit — les convocations du président du conseil de guerre de Rennes. Il brame, depuis un mois, qu'il a des révélations terribles à faire. On le convie à en déposer, sous la foi du serment. Aussitôt, il disparaît comme dans une trappe, criant à tue-tête que l'essentiel, l'indispensable témoin, c'est un médecin de Pondichéry. Ce sera, demain, le fagotier de la lune.

Je dois dire que je n'en ris plus. J'ai visité, autrefois, nombre de maisons d'aliénés. Les malheureux, qui se croient Dieu ou Jésus-Christ, m'inspiraient une profonde pitié. Rien de plus lamentable que cet effondrement d'une intelligence humaine. Puis, tout admirateur que je sois de Shakespeare, je suis, au fond, de l'avis de Napoléon, quand il disait à Gœthe : « Je m'étonne qu'un grand esprit comme le vôtre ne soit pas partisan des genres tranchés. » Cette bande de Hanlon-Lee est en train de gâter, par ses pitreries de foire, l'incomparable tragédie qu'est l'affaire Dreyfus. Qu'on nous ramène, par respect, sinon pour la justice et pour l'éternelle pitié, du moins pour l'art, aux scélérats graves et tristes.

Hélas! nous ne sommes pas au bout de nos humiliations. Au lendemain de l'arrêt de la Cour de cassation, j'avais rêvé d'un grand apaisement. C'eût été si beau, si doux, de voir la France tout entière, armée et peuple, accomplir, comme un grand acte religieux, l'œuvre sainte de la réparation envers la victime qui, par bonheur, avait survécu ! Or, la méchanceté horrible de nos cannibales s'obstine, et tous les jours, dans les affres de la défaite, s'exaspère. Le voile pieux que, dans la joie de la pure victoire du droit, il n'eût pas été impossible de jeter sur les défaillances de certains hommes, ces hommes eux-mêmes le déchirent, comme pris de vertige.

Dès lors, il va falloir tout sortir, tout montrer. A côté du dossier secret qu'on connaît, il y en a un autre, secret aussi, dans le sens qu'a ce mot au musée de Naples. C'est une collection de faux, mais de faux obscènes. On les produira donc, au grand jour, ces immondes correspondances de Lesbos et de Gomorrhe. Et, encore, toute la lie des autres faux, la lettre de l'Empereur d'Allemagne à Dreyfus, les prétendus rapports de nos espions, et l'épique conversation du fiacre n° 1352. Deux officiers allemands, en civil, causent à haute voix, et en français, de leurs petites affaires : « Les fuites continuent au grand État-Major de Berlin. — Qu'importe, puisque nous avons Dreyfus à Paris. » Et l'on saura, Monsieur de Boisdeffre, à quelle besogne s'occupaient les officiers qui étaient honorés de votre absolue confiance, à quels travaux ils employaient leur temps et l'argent de la défense nationale !

D'avance, je demande un sauf-conduit pour le bandit des bandits, pour Esterhazy. Il publie, dans le *Matin*, des extraits des lettres qu'il aurait reçues, en octobre 1897, de Du Paty et d'Henry. C'est le général de Boisdeffre lui-même qui aurait donné l'ordre à Esterhazy de raconter, pour tromper la justice, l'absurde histoire du capitaine Brô et du manuscrit d'Eupatoria. Il faut confronter Boisdeffre et Du Paty avec Esterhazy. C'est encore M. de Boisdeffre qui aurait défendu à M. de Pellieux et à Ravary de faire expertiser l'écriture de Dreyfus avec celle d'Esterhazy, ainsi que l'avait demandé, imprudemment, Mᵉ Tézenas. Esterhazy déclare qu'il s'est rencontré chez M. de Pellieux, en présence du commandant Ducassé, avec Belhomme.

Il faut confronter l'expert Belhomme, Tézenas, Pellieux, Ravary et Ducassé avec Esterhazy. Enfin, comme Esterhazy maintient qu'il a écrit par ordre le bordereau, il faut qu'il montre l'ordre.

Ai-je besoin de dire que cette histoire est inepte? Esterhazy a écrit le bordereau, mais ce n'a point été par ordre : il l'a écrit, de son propre gré, en bon traître qu'il était, comme les cent et quelques autres pièces qui sont, à Berlin, aux archives de l'état-major prussien. Le bordereau, s'il avait été écrit par ordre, ce serait le verdict irrévocable contre Mercier, Gonse, Boisdeffre, auteurs du crime le plus hideux qui aurait jamais été commis. Il faut confronter Mercier, Gonse et Boisdeffre avec leur Uhlan.

Peut-être, la Ligue des Patriotes conviendra-t-elle alors qu'il eût mieux valu qu'elle ne contestât point, jusqu'au bout, par haine et par férocité, la grande clarté du jour, l'innocence du capitaine Dreyfus. Mais ce sera trop tard. Trop tard pour trop de malfaiteurs dont le châtiment, du moins, sera un salutaire et inoubliable exemple. Trop tard pour tous ceux qui auront, pendant près de deux années, fait cette injure à l'armée de confondre sa cause avec celle d'Esterhazy. Car, ce traître, enfin, cet ignoble espion, il a été « leur homme » à ces patriotes de profession, comme celui de l'ancien Etat-Major ; ils l'ont acclamé, pressé sur leur cœur, porté en triomphe, célébré, dans tous leurs journaux, comme « le martyr des juifs ». Maintenant que son crime n'est plus niable, qu'il l'avoue, qu'il a reconnu successivement avoir eu, pendant de longs mois, des relations suivies avec le colonel de Schwarzkoppen et avoir écrit le bordereau, maintenant qu'il dénonce ses anciens protecteurs et que, même, il les calomnie, on croit se tirer d'affaire en se taisant sur son compte et l'on ne prononce même plus son nom. Esterhazy avoue et c'est Dreyfus, toujours, qui resterait le traître ! Et l'on s'imagine que ce grand pays du bon sens et de la claire raison, réveillé de son cauchemar, se laissera prendre à cette basse comédie !

Je n'ai jamais douté, au plus fort de la mêlée, que le jour viendrait où l'armée reconnaîtrait les siens, ses vrais défenseurs, ses seuls amis, les soldats de la justice et du droit. Ce jour est venu. Elle va dire, elle dit aux braillards de carrefour, qui ne lui ont fait que trop de mal, de passer au large.

LA LÉGENDE DU POMPIER

20 juillet 1899.

L'exemple d'un grand prince impose et se fait suivre :
Quand Auguste buvait, la Pologne était ivre.

M. Quesnay de Baurepaire ayant demandé à raconter des histoires de brigands au conseil de guerre de Rennes, M. Myskowski a réclamé, lui aussi, la parole. On connaît, d'ailleurs, depuis quelque temps déjà, son petit conte. Le *Soir* l'a publié et l'*Eclair* lui-même l'a trouvé absurde. C'est la fable du pompier. Un incendie, comme par hasard, a éclaté à l'ambassade d'Allemagne. Les pompiers accoururent avec, à leur tête, Esterhazy déguisé et grimé. Le coffre-fort de Schwarzkoppen vole en éclats sous le pic du Uhlan qui s'empare des dossiers prussiens. Dans ces dossiers, le bordereau. Mais le comte de Münster se rend, « la colère dans l'œil, l'invective à la bouche, » chez M. Casimir-Perier, alors président de la République. M. Casimir Perier téléphone au général Mercier de retourner, aussitôt, les papiers réclamés. Esterhazy avait commencé à peine à calquer le bordereau sur papier pelure ; il est réduit à terminer sa copie en écriture à peu près cursive. Et c'est ainsi que le bordereau ne fut livré qu'en copie au conseil de guerre.

Je pourrais nommer des régiments où l'on raconte sérieusement cette calembredaine. On la colporte également dans quelques salons du grand et du demi-monde. Les membres de plusieurs cercles élégants et de quelques tripots en affirment, sur l'honneur, l'authenticité. Il était pourtant facile d'observer que, s'il y avait dans ce grossier mensonge un seul grain de vérité, il faudrait commencer par envoyer au bagne Mercier, Gonse et Boisdeffre : 1° pour crime d'incendie ; 2° pour crime de faux en écriture publique.

Cependant, comme Cavaignac a fait école, comme il y a des gens à qui, plus une histoire est saugrenue, plus elle paraît probable, et comme ces grands esprits ne sont accessibles qu'aux preuves matérielles, aux quadrillages qui ne concordent pas, j'ai voulu savoir s'il y avait jamais eu d'incendie à l'ambassade d'Allemagne.

C'est le cas, ou jamais, de reprendre cette vieille ânerie, l'une des plus pernicieuses qui soit : qu'il n'y a point de fumée sans feu.

J'ai cherché, j'ai trouvé.

Il y a eu, en effet, un incendie à l'ambassade d'Allemagne. *Seulement*, cet incendie n'a pas eu lieu en 1894, sous la présidence de M. Casimir-Perier, à la veille du procès Dreyfus ; mais le 22 octobre 1897, sous le règne de Félix Faure, et à la veille de la campagne Scheurer-Kestner en faveur de la revision.

J'emprunte au *Temps*, du 23 octobre, — on sait que le *Temps* est un journal antidaté, — le récit de cet incendie qui eut lieu le vendredi 22 octobre, au matin :

LE FEU A L'AMBASSADE D'ALLEMAGNE

Ce matin, vers six heures, une chiffonnière, en allant explorer les boîtes à ordures déposées dans la cour de l'ambassade d'Allemagne, apercevait une épaisse colonne de fumée s'échappant des sous-sols des locaux occupés par l'ambassade. Elle donna aussitôt l'alarme au concierge, qui courut prévenir le poste de pompiers de la Chambre des députés.

Arrivés sur les lieux, ceux-ci constatèrent que le feu avait pris naissance dans une grande pièce où se trouvaient emmaganisées les provisions de chauffage pour l'hiver, soit environ quatre mille kilos de bois à brûler.

L'incendie menaçant de prendre de graves proportions, les pompiers prévinrent la caserne de la rue du Vieux-Colombier, qui envoya un détachement sous la conduite du capitaine Moriot.

Cependant arrivait le commissaire de police du quartier, M. Brougnard, qui faisait aussitôt procéder à l'organisation des secours. Au moment où l'alarme fut donnée, l'ambassadeur d'Allemagne était encore couché.

Entendant le bruit des pompes, l'ambassadeur se leva précipitamment et descendit dans la cour, accompagné de sa fille, Mlle de Münster. Il déclara à M. Brougnard qu'il ne s'expliquait la façon dont le feu avait pu prendre naissance que par l'imprudence d'un employé du personnel de l'ambassade qui aurait jeté une allumette ou une cigarette encore allumée dans le magasin à bois.

Ce n'est qu'au bout de deux heures et demie d'efforts que les pompiers sont parvenus à éteindre le feu.

Les conséquences de cet incendie auraient pu être des plus sérieuses s'il eût éclaté au milieu de la nuit.

Les dégâts consistent surtout en bois à brûler. Près de trois mille kilos ont été la proie des flammes. En outre, les canalisations du gaz et les fils électriques servant à l'éclairage de l'ambassade ont été en partie détruits.

Le comte Münster, qui, en compagnie de sa fille, a assisté au travail des pompiers jusqu'à la complète extinction du feu, a déclaré au commissaire de police que toute idée de malveillance devait être écartée.

Ainsi tombe le récit de M. Myskowski.

Mais la date de l'incendie qui eut lieu dans les sous-sols de l'ambassade d'Allemagne va nous donner l'origine de la légende dite du pompier.

C'est le vendredi, 22 octobre 1897, que le feu prit à l'ambassade. Or, le lendemain, samedi 23, M. le commandant Walsin-Esterhazy, qui venait d'être prévenu à Dommartin par la lettre *Espérance*, se rendait à trois heures de l'après-midi chez le colonel de Schwarzkoppen. M. le commissaire Desvernine, qui en a déposé devant la Cour de cassation, l'y vit entrer, en vêtements civils, descendant d'un fiacre qui l'attendit devant l'ambassade, puis en ressortir, presque exactement à quatre heures, pour se faire conduire au Crédit Foncier, où il opéra le retrait de ses fonds, — compte n° 30,141, — et, de là, au parc Montsouris, pour s'y rencontrer avec Henry, Du Paty et Gribelin.

On sait ce qui se passa dans cette visite d'Esterhazy à Schwarzkoppen. C'est ce jour-là que le traître, tour à tour menaçant et suppliant, jonglant avec son revolver, demanda au colonel prussien d'aller dire à Mme Dreyfus que son mari était coupable.

Les traces de l'incendie de la veille étaient encore visibles. Peut-être Schwarzkoppen eut-il l'occasion de dire un mot de l'accident. Il n'en fallut pas davantage pour qu'Esterhazy, par la suite, inventât la légende du pompier, en rapportant la date de l'incendie de 1897 à 1894.

Et, comme la légende, « ce chiendent de l'histoire », repousse toujours, il se trouvera, d'ici dix ans encore, de graves imbéciles pour réciter, en hochant la tête, le conte du pompier...

GONSE-PILATE

22 juillet 1899.

I

Ce surnom qui lui fut donné, au cours du procès Zola, par quelqu'un qui le connaît bien, Gonse le repoussait alors comme une injure ; il s'y cramponne aujourd'hui comme à une planche de salut. Boisdeffre, dans encore plus d'ombre, stylé par le P. Du Lac, plonge dans la cuvette ses bras jusqu'au coude.

De tout ce qui a été entrepris depuis cinq ans pour perdre un innocent et pour le maintenir au bagne, pour sauver un traître, pour tromper le gouvernement de la République et la justice de la France, Gonse écrit au *Matin* que Boisdeffre et lui n'ont rien su.

Gonse et Boisdeffre n'ont été mêlés à aucune intrigue, à aucun complot. Gonse et Boisdeffre ne s'occupaient que de la mobilisation. Quand on sait comment Gonse s'en occupait, c'est à frémir. Un grand chef avait coutume de dire : « Le jour d'une déclaration de guerre, le plus grand bonheur qui nous pourrait advenir, c'est que Gonse dégringolât dans l'escalier et se cassât un bras ou une jambe. »

Gonse dit cependant la vérité sur un point; il affirme, et c'est l'évidence, qu'Esterhazy ment quand il prétend avoir été employé par Sandherr, comme agent secret, auprès de Schwarzkoppen. « Jamais, déclare-t-il, Sandherr, qui était un homme de loyauté et de devoir, ne se serait permis, à l'insu de ses chefs, de confier d'aussi dégradantes missions à un officier supérieur. » Il faut être un externe de Charenton pour croire le contraire. Esterhazy n'a point écrit le bordereau par ordre, mais pour de l'argent.

II

Malheureusement pour lui, Gonse ne s'en tient pas qu'à cette déclaration. Il prétend, en effet, être resté, ainsi que Boisdeffre, absolument étranger à toutes les manœuvres d'Henry et de Du Paty pour sauver Esterhazy. Or, ici, le cas de Gonse va s'aggravant. Il ne s'y met pas seulement en contradiction avec la vérité, la plus solidement établie, mais avec le général Billot et avec Lauth lui-même.

Je ne suis point de ceux qui n'accordent aucune créance aux dépositions de Du Paty. Je pense n'avoir point ménagé ce marquis décadent; je crois avoir quelque peu contribué à faire la lumière sur ses fourberies. Il me paraît, d'autre part, tout à fait répugnant et très vil de faire de cet homme, qui est en prison, le bouc émissaire de tous les crimes de l'ancien État-Major. Certainement, Du Paty a fait du zèle; quand il défendait, en 1897, l'œuvre abominable de 1894, il défendait son œuvre propre. A qui fera-t-on croire, cependant, qu'il se serait lancé dans une pareille entreprise sans être couvert par ses chefs? J'accorde que Gonse et Boisdeffre ne lui ont pas prescrit de mettre une fausse barbe et des conserves pour aller au rendez-vous du parc Montsouris; ce déguisement saugrenu, il a pu fort bien l'imaginer lui-même. Mais, cela dit, les preuves s'entassent sur les preuves d'où résulte que Boisdeffre et Gonse lui avaient prescrit d'avertir Esterhazy, et qu'ils ont présidé à toute l'opération de sauvetage.

Sans doute, si je demande à Gonse ou à Boisdeffre à qui s'adressait la lettre fameuse d'Esterhazy : « *Mon général*, je venais de vous écrire pour vous exprimer bien mal toute la profonde gratitude, toute l'infinie reconnaissance que j'ai au cœur pour vous; si je n'ai pas succombé à cette monstrueuse campagne, c'est à vous, et à vous seul que je le dois... », Boisdeffre et Gonse jureront qu'ils n'en savent rien. De qui s'agit-il dans ce billet de Du Paty à Esterhazy : « *Le général* attend lettre convenue pour Brô? » Est-ce un faux que cette lettre chiffrée d'Henry au même : « Du Paty a dû vous dire d'envoyer de suite *au général B...* la lettre Brô; il ne peut rien faire sans cela. Au trot! » Mais voici, Gonse a dit un jour à Picquart : « Quand un ministre dit quelque chose, je le crois. » Et alors, j'ose demander à Gonse ce qu'il a à dire de cette déposition de Billot, devant la Cour de cassation, que Gonse, un jour, au rapport de midi, à la veille de la campagne de Scheurer-Kestner, lui proposa de faire avertir Esterhazy par une lettre anonyme de ce qui se préparait. Lauth, de même, a déposé que Gonse avait participé au conciliabule qui se tint, chez Henry, à l'effet d'étudier les meilleurs moyens d'aviser Esterhazy. Assurément, Lauth atténue le caractère de la conversation, Billot feint de croire que ses ordres ont été obéis. Pourtant, le fait certain, c'est qu'il n'a été tenu aucun compte des ordres du ministre. Comment Gonse explique-t-il que la pensée ait pu seulement lui venir d'avertir Esterhazy que Scheurer-Kestner, *qui n'avait pas encore prononcé son nom*, croyait à l'innocence de Dreyfus?

III

Il ne l'explique pas, il ne peut pas l'expliquer, et cela par cette raison très simple, mais terrible, qu'il n'y a qu'une explication à cette proposition honteuse et à tout ce qui s'en est suivi. La voici : c'est que Gonse et Boisdeffre *savaient* qu'Esterhazy, c'était le traître, et que Dreyfus était innocent.

Car, enfin, s'ils avaient été convaincus de cette culpabilité de Dreyfus, qu'ils continuent à proclamer, mais qu'ils ne cherchent même plus à étayer d'un semblant de preuve, et s'ils avaient été certains de l'innocence d'Esterhazy, pourquoi Boisdeffre et Gonse auraient-ils tenu à avertir Esterhazy des desseins de Scheurer-Kestner?

Il n'y avait qu'à laisser marcher Scheurer. L'État-Major aurait répondu par la justification du verdict de 1894 ; Esterhazy aurait démontré sa propre innocence et, l'ayant démontrée, il aurait traîné devant les tribunaux les auteurs de la plus épouvantable des dénonciations calomnieuses? Ce n'était pas bien compliqué.

Mais voilà : Gonse et Boisdeffre savaient, aussi bien que Du Paty et qu'Henry, que, si Esterhazy était laissé à lui-même, il prendrait la fuite, sans même attendre la dénonciation ou de Scheurer ou de Mathieu Dreyfus ; — que cette fuite, c'était l'aveu ; — et que ce premier aveu serait suivi de révélations contre tous ceux que ce sinistre maître-chanteur tenait par la gorge.

Alors s'écroulerait toute l'œuvre d'iniquité de 1894, tout serait connu, tout ce qu'on commence à connaître aujourd'hui : d'une part, la forfaiture et les faux ; de l'autre, toutes les horreurs de l'île du Diable, tant de sauvageries dont des cannibales auraient honte, le lent assassinat d'un homme; la réclusion, la double boucle, la comédie de la tentative de délivrance dans l'atroce espoir que Dreyfus se laisserait prendre au piège, qu'un geôlier, alors, pourrait enfin avoir recours aux moyens extrêmes de Lebon !

Telle est l'épouvantable vérité : Dreyfus n'a été torturé que parce qu'on le savait innocent; Esterhazy n'a été protégé que parce qu'on savait qu'il était le traître.

IV

Et tout s'est écroulé quand même, et les pierres elles-mêmes parlent, les pierres du sépulcre où Dreyfus avait été enseveli vivant! Et Esterhazy est en fuite!

Voyons, Gonse, réfléchissez un peu : Pourquoi Esterhazy est-il en fuite? A vous deux, Boisdeffre et vous, vous finirez peut-être par trouver. Quoi ! voilà un homme qui est accusé publiquement, et devant la plus haute des juridictions, d'avoir commis une longue série de trahisons, d'avoir, pendant des années, à raison de deux mille francs par mois, vendu à la Prusse les secrets de la défense nationale, et d'être l'auteur du crime pour lequel un innocent a été condamné. Or, cet homme a mis la mer entre son pays et lui! Pouvant se laver d'une pareille accusation, il hésite à courir la chance du procès en escroquerie qui lui a été intenté par son cousin !

Si cela n'est pas un aveu, ô Gonse! qu'appelez-vous de ce nom ?

L'INEXTRICABLE

25 juillet 1899.

Quand Esterhazy apprit, le 18 octobre 1897, en son château de Dommartin, que Scheurer-Kestner se proposait de réclamer des pouvoirs publics la revision du procès Dreyfus, la première pensée de ce soldat fut de prendre la fuite. Il écrivit au Crédit foncier de tenir ses fonds à sa disposition. A peine arrivé à Paris, il dit à sa maîtresse qu'il était perdu et qu'il allait se suicider.

Nous avons des preuves certaines, je ne dis point des angoisses de cette conscience troublée, mais de la peur, horriblement révélatrice de son crime, qui, ce jour-là, prit à la gorge le malfaiteur.

Le Crédit foncier a versé au dossier de la Cour de cassation les lettres affolées qu'il reçut, à cette date, de son client. Mme Pays accourut auprès de M. Autant pour le prier de mettre en son nom le bail du local qu'elle occupait avec son amant. Du Paty, comme si rien n'était plus simple et plus naturel, explique l'intervention de l'État-Major par la crainte qu'il avait de voir Esterhazy gagner la frontière et se tuer, ce qui eût constitué un aveu.

On ne mettra jamais en trop de lumière que cette crainte de l'État-Major constitue un aveu, un double aveu : celui de la trahison d'Esterhazy et celui de la connaissance qu'on avait, au ministère de la guerre, de sa culpabilité. Notez que, dans la conversation que Scheurer-Kestner avait eue avec l'envoyé du ministre, le colonel Bertin, au pavillon de Bellevue, le 16 octobre 1897, il ne lui avait fait part que de son intention de poursuivre la revision du procès Dreyfus. Il ne lui avait pas dit autre chose. *Il ne lui avait pas prononcé le nom d'Esterhazy.* Il suffisait donc au général de Boisdeffre d'apprendre, soit par Billot, soit par Bertin, que Scheurer était convaincu de l'innocence de Dreyfus, pour en conclure aussitôt qu'Esterhazy allait être dénoncé comme l'auteur du bordereau et qu'il était, dès lors, indispensable de se porter, au plus tôt, à son secours !

Il y a 25,000 officiers dans l'armée française. A quel autre qu'à Esterhazy cette information que Scheurer était persuadé de l'innocence de Dreyfus aurait-elle fait passer un frisson dans le dos et fait venir l'idée de gagner la frontière, après avoir réalisé ses fonds ? Pourquoi Boisdeffre et Gonse voient-ils apparaître aussitôt, comme une menace terrible, l'image du Uhlan ? Pourquoi Gonse propose-t-il à Billot de le faire avertir par une lettre anonyme ? Pourquoi Henry, en qui Boisdeffre avait une confiance absolue, ainsi qu'il l'a écrit lui-même à Cavaignac, et Du Paty, son bras droit, se mettent-ils aussitôt en mouvement ? Encore une fois : Scheurer n'avait dit à Bertin que ceci, qu'il savait que Dreyfus était innocent.

D'autres que Boisdeffre et Gonse furent informés, vers la même époque, des intentions de Scheurer. Cependant, ils ne pensèrent pas à Esterhazy. Ainsi, Hanotaux s'imaginait que Scheurer avait été dupe de quelque « homme de paille » qui, payé par la famille du condamné, s'était dénoncé lui-même comme l'auteur du bordereau. C'est un de ses propres secrétaires qui me le dit pour me détourner de suivre Scheurer dans cette aventure. La légende de l'homme de paille courut, jusqu'à la dénonciation de Mathieu Dreyfus, tous les bureaux de rédaction.

Je pose nettement la question à M. Méline : A quelle date a-t-il su que l'homme qui allait être dénoncé, c'était Esterhazy ? Son refus de répondre serait très grave. Il m'a semblé, jusqu'ici, que, dans cette première phase de l'affaire, M. Méline avait été indignement trompé. Il l'avait été déjà, l'année précédente, en 1896, par le général Billot. Au moment de l'interpellation Castelin, Billot avait laissé le Conseil des ministres dans l'ignorance de la découverte qu'avait faite le colonel Picquart de la trahison d'Esterhazy et de l'innocence de Dreyfus. C'était pourtant un événement de quelque importance ; les ministres, s'ils en avaient été informés, auraient, peut-être, procédé d'eux-mêmes à une enquête ; bien des malheurs auraient été empêchés. Quoi qu'il en soit, Billot ne leur en dit rien. Je tiens le fait de deux de ses anciens collègues. *Sous quelle pression* Billot leur avait-il dissimulé la vérité, le drame intime du ministère de la guerre, les révélations et la disgrâce du colonel Picquart; l'arrivée de la fausse lettre de Panizzardi à Schwarzkoppen, le faux Henry ?

Pour Boisdeffre et Gonse, s'ils allèguent qu'ils savaient, dès le 18 octobre 1897, que Scheurer avait appris de Leblois, le 13 juillet, le nom d'Esterhazy, il faudra qu'ils le prouvent, qu'ils précisent de quelle façon et par qui ils avaient été informés. Cela sera plutôt difficile, surtout à Rennes, après qu'ils auront prêté serment. (L'article 361 du Code pénal punit le faux témoignage de la réclusion.) La vérité, c'est que Scheurer avait gardé pour lui le nom d'Esterhazy, qu'il avait refusé de le dire à ceux de ses amis à qui il avait affirmé sa conviction de l'innocence de Dreyfus, qu'il ne le dit point à Bertin. *Toute autre allégation serait un mensonge.* Scheurer, dans son entrevue du 16 octobre 1897 avec Bertin, se borna à lui confirmer sa résolution inébranlable de poursuivre la revision du procès Dreyfus. Bertin, au nom de Billot, demanda à Scheurer de ne rien faire avant d'avoir vu lui-même le ministre de la guerre. Scheurer le promit et tint sa promesse. Bertin, aussitôt, avisa Billot. Et dès le 18, Esterhazy était averti.

Au surplus, alors même — ce qui n'est pas — que Scheurer aurait donné le nom d'Esterhazy à Bertin, le cercle inextricable ne s'en ouvrirait pas davantage devant Boisdeffre et Gonse. Il n'en resterait pas moins, en effet, qu'à la première nouvelle des déclarations de Scheurer, Esterhazy fut averti par eux. Et ces questions se posent, questions terribles auxquelles il n'y a qu'une réponse, qui les condamne : Si Gonse et Boisdeffre étaient certains de l'innocence d'Esterhazy, pourquoi avoir eu si peur que, laissé à lui-même, loin de bondir sous le soufflet de la plus effroyable des accusations, ce soldat, qui n'est pas une femmelette, cet officier supérieur, décoré, titré, portant un grand nom historique, commencerait par gagner la frontière ? Pourquoi, s'ils étaient certains de la culpabilité de Dreyfus, avoir concerté avec Esterhazy un système de défense, qui n'était que supercherie, fourberie et mensonge ?

L'étonnement de l'histoire sera que, ces faits une fois établis, la cause n'ait pas été entendue. A eux seuls, ils démontrent et la culpabilité d'Esterhazy et que l'État-

Major savait Dreyfus innocent, au bagne pour la trahison d'un autre.

L'amour-propre, la fausse honte d'avouer loyalement une cruelle erreur, suffisent-elles à expliquer cette conduite des chefs de l'État-Major, tant de sauvage et criminelle folie, ce long et affreux engrenage où ils ont été pris, où s'en est allé en lambeaux tout ce qui faisait la fierté de leur vie? On voudrait le croire. En tout cas, il y aurait encore, de leur part, quelque chose d'honorable et qui serait émouvant dans une large confession, spontanée, publique, devant la France. Aujourd'hui encore, la France pourrait beaucoup pardonner.

LE BORDEREAU

28 juillet 1899.

I

Interrogé, le 9 septembre 1898, par le général Renouard sur ses rapports avec Esterhazy, Du Paty reconnut avoir assisté, le 19 octobre 1897, avec Gonse, Lauth et Henry, à une première réunion, celle où fut émis l'avis de prévenir le Uhlan par une lettre anonyme, puis être allé, orné d'une fausse barbe et de lunettes bleues, le samedi 23 octobre, au rendez-vous du parc de Montsouris. « Du reste, dit-il, le commandant Esterhazy était déjà prévenu et il l'a été sans ma participation. »

Gribelin et Henry avaient accompagné Du Paty au parc de Montsouris. Mais Gribelin et Du Paty s'étaient seuls présentés à Esterhazy. Henry était resté dans la voiture. Il trouvait, avec raison, plus prudent de laisser ignorer à Du Paty et à Gribelin ses relations intimes et de vieille date avec le traître.

C'était Henry qui avait déjà prévenu Esterhazy. Il lui

avait écrit à Dommartin. Il s'était longuement entretenu avec lui, dès son arrivée à Paris.

Du Paty a confessé qu'il ne fut point facile de décider Esterhazy à ne point prendre la fuite, à livrer bataille, à avoir confiance dans la protection de l'État-Major, à lier partie. Le bandit, avec sa logique supérieure, à la fois très intelligent et très lâche, avait compris tout de suite que, s'il était dénoncé, il était perdu. C'était la dénonciation qu'il fallait empêcher. Bertin avait échoué auprès de Scheurer. Il avait échoué lui-même auprès de Schwarzkoppen, quand il était allé lui proposer, une heure avant l'entrevue de Montsouris, cette infamie, de dire à Mme Dreyfus que son mari était coupable. Les tentatives d'intimidation, qui furent risquées un peu plus tard, contre le colonel Picquart et contre Mathieu Dreyfus, devaient échouer également. Dès lors, à quoi bon s'épuiser en des efforts condamnés d'avance, essayer de lutter contre l'inévitable? Napoléon, mettant le doigt sur un petit village de Lombardie, avait dit : « C'est là que je les vaincrai ». Esterhazy montrait le bordereau et disait : « C'est là que je serai vaincu. »

II

Là était, en effet, la principale, l'insurmontable difficulté. Quand il fut décidé, selon l'expression d'Esterhazy dans sa dépêche à Tézenas, « qu'on gagnerait ou perdrait la partie ensemble », il fallut songer aux moyens pratiques de la gagner, et, tout d'abord, de maintenir à Dreyfus l'attribution du bordereau. Il avait été déjà malaisé, en 1894, de faire déclarer par trois experts, dont un fol, sur cinq, que le bordereau était de Dreyfus. Quand Scheurer aurait fait connaître l'écriture d'Esterhazy, quel homme de bonne foi, qui ne serait pas aveugle, hésiterait à reconnaître, entre cette écriture et celle du bordereau, « une effroyable ressemblance » ?

Esterhazy proposa-t-il, dès lors, de déclarer que le bordereau était son œuvre, mais qu'il l'avait écrit par ordre ? Cela est possible ; Esterhazy, depuis, a semblé indiquer qu'il avait ouvert cet avis. Quoi qu'il en soit, on s'arrêta à un autre plan. Esterhazy prétendrait, et l'État-Major avec lui, que Dreyfus avait savamment décalqué son écriture. En relisant les interrogatoires de Dreyfus, on y avait remarqué qu'il avait cru apercevoir, l'espace d'un instant, une vague ressemblance entre l'écriture du bordereau et celle du capitaine Brô.

On inventa, en conséquence, le roman du manuscrit d'Eupatoria. Dreyfus, sous le nom de Brô, se serait procuré de l'écriture d'Esterhazy. Il s'en serait servi pour écrire la lettre-missive.

Esterhazy a publié lui-même les passages principaux des billets où Henry et Du Paty, au nom de Boisdeffre, l'invitaient à envoyer au ministre de la guerre la lettre qui donnait cette belle explication. Il a publié, en outre, le fac-similé du brouillon de cette pièce, écrite tout entier de la main de Du Paty, avec ce post-scriptum de la marquise Du Paty : « *Copiez cette lettre et sachez-la bien.* » Esterhazy paraît avoir hésité quelque temps à s'approprier une fable aussi inepte. De là, les vives instances de Du Paty et d'Henry : « B... ne peut rien faire sans cela : au trot ! »

Par quel lien tenait-il les misérables qui avaient inventé cette odieuse sottise et qui, par cette invention même, avouaient qu'ils le savaient l'auteur du crime ?

Le certain, c'est qu'ils le tenaient, lui, par son crime, — et qu'il marcha.

Et pour stupide qu'était l'explication alléguée, elle réussit, mais comme peut réussir le mensonge, pour quelques jours. Pellieux l'accepta ou fit semblant, puis le conseil de guerre que présidait le général de Luxer ; trois experts contresignèrent, « en leur âme et conscience », et toute la presse de l'État-Major accrédita cette monstrueuse ineptie. Il fut un temps où nous n'étions pas mille à protester contre un pareil défi au bon sens et à l'évidence. La caratéristique du bordereau n'était-elle pas d'être écrit d'une écriture libre et naturelle? Si Dreyfus avait décalqué, par on ne sait quel procédé, l'écriture d'Esterhazy, son premier cri, quand il fut inculpé, n'eût-il pas été de dénoncer Esterhazy comme l'auteur du bordereau? On répondait en nous accusant d'insulter l'armée. L'essentiel était de faire acquitter le traître. Il le fut.

III

Les scélérats, talonnés par la peur, vivent au jour le jour, sans penser au lendemain. En faisant affirmer, par trois experts, que Dreyfus avait décalqué l'écriture d'Esterhazy, ils sauvaient Esterhazy pour une heure, mais ils créaient en même temps, de leurs propres mains, le fait nouveau d'où allait sortir la revision du procès Dreyfus. Au lendemain des aveux et du suicide d'Henry, la contradiction entre les expertises de 1894 et 1897 fut, en effet, avec le faux Henry, la base juridique de la revision.

J'attends, avec quelque curiosité, au procès de

Rennes, les experts de 1897 et les inventeurs du manuscrit d'Eupatoria. Ou ils se rétracteront, et ce sera, par eux-mêmes, la proclamation de l'innocence de Dreyfus ; ou ils persisteront dans leur faux témoignage, et il leur faudra non seulement expliquer comment Dreyfus, qui ne connaissait pas Esterhazy, a pu se servir à la fois de son écriture et de son papier ; mais encore taxer d'imposture leur ancien client. Après avoir révélé lui-même la fourberie saugrenue, la fable du manuscrit d'Eupatoria, ne s'est-il pas reconnu, sous serment, l'auteur du bordereau ?

J'entends d'ici Cavaignac confronté avec Esterhazy : « Vous vous trompez, s'écriera l'imbécile national ; c'est Dreyfus qui a écrit le bordereau ! — Jocrisse-Robespierre ! ripostera le Uhlan, voulez-vous que je le récrive sous vos yeux ! »

Car je ne veux pas douter un instant qu'Esterhazy ne profite du sauf-conduit que le gouvernement lui a octroyé. Il viendra à Rennes, parce que, s'il n'y venait pas, autant se passer lui-même la corde autour du cou. Alors, que de terribles confrontations ! Il n'y a pas un témoin de l'accusation avec lequel il ne sera pas confronté. Avec Boisdeffre et avec Gonse. Avec Du Paty et avec Gribelin. Avec Couard, Varinard et « cet idiot » de Belhomme. Avec Billot. Avec Bertillon et avec Teyssonnières. Avec Mercier. Il y aura, comme dit le Livre, des cris et des grincements de dents. Esterhazy, lui aussi, criera. S'il avoue avoir écrit le bordereau, il prétend qu'il l'a écrit par ordre. Il faudra s'expliquer sur le *par ordre*.

IV

J'éprouve quelque humiliation à écrire que cette version du bordereau par ordre, non moins inepte, mais plus abominable que celle du décalque, devra être discutée. Il paraît cependant qu'il y a, pour y ajouter créance, des citoyens qui ne sont pas à Charenton. Ils ne s'expliqueraient pas autrement, me dit-on, qu'Esterhazy ait été si longtemps couvert par l'État-Major. On discutera donc.

Par quel ordre le bordereau aurait-il été écrit? — Ordre de Sandherr, répond Esterhazy. En effet Sandherr est mort; il ne sortira pas du tombeau pour protester contre cette accusation horrible d'avoir fait d'un officier français un espion, de lui avoir commandé un faux, d'avoir trompé ses chefs et la justice, d'avoir assassiné un innocent.

Ordre écrit ou ordre verbal? demande-t-on à Esterhazy.
— Verbal.

On lui demande, vingt journalistes lui ont demandé s'il avait une preuve quelconque de l'ordre. — Esterhazy répond qu'il a ces preuves, mais qu'il préfère ne pas les montrer.

Cet ordre a-t-il été à la connaissance d'un tiers? — Oui, répond Esterhazy, Henry a tout su. En effet, comme Sandherr, Henry est mort.

Et, d'autre part, tous les anciens chefs de l'État-Major protestent qu'Esterhazy ment, que jamais Sandherr, soldat discipliné, n'aurait donné un pareil ordre sans en référer à ses chefs. Tous attestent que jamais, à aucun moment, Esterhazy n'a fait partie du contre-espionnage, ainsi qu'il l'a prétendu, le 13 janvier 1899, dans sa lettre à Mazeau et, plus tard, devant la Cour de cassation.

Sur cette question capitale, qui domine tout le nouveau système de défense d'Esterhazy, tous ces chefs sont unanimes, Mercier, Gonse, Boisdeffre, Billot, Zurlinden. Sont-ils tous de faux témoins, ou est-ce Esterhazy ? N'est-il pas évident qu'ils disent, ici, la vérité ? qu'il est également impossible que Sandherr ait agi à l'insu de ses chefs, ou qu'il ait eu leur consentement ?

Si Esterhazy avait écrit le bordereau par leur ordre, si cela était démontré, tous iraient demain au bagne. Quoi ! Mercier, Gonse et Boisdeffre auraient fait écrire le bordereau par Esterhazy, auraient commis ainsi le plus épouvantable des faux, et ils auraient joué ensuite cette atroce comédie d'ouvrir une instruction judiciaire, d'abord contre inconnu, puis contre Dreyfus ! Mercier aurait menti au Président de la République, à ses collègues du ministère, à deux conseils de guerre et à la Cour de cassation, à l'armée, à la France, au monde entier, en attribuant à Dreyfus le bordereau qu'il aurait fait écrire par Esterhazy ! Comédie, la promenade du bordereau à travers les bureaux de la guerre, pour que tous les directeurs recherchent, parmi leurs officiers, une écriture similaire. Comédie, la déclaration, sous serment, du colonel d'Aboville, qu'il avait reconnu dans le bordereau l'écriture de Dreyfus. Comédie, la consultation des experts. Comédie, les rapports de Du Paty et de Bexon d'Ormescheville. Comédie, le réquisitoire de Brisset. Comédie, tout le conseil de guerre de 1894. Comédie, la communication des pièces secrètes elle-même, à l'appui de l'attribution du bordereau à Dreyfus. Et quelles comédies ! et quels crimes !

Jamais, dans les drames les plus noirs, on n'aurait

vu une pareille accumulation de crimes. Et la série n'est point close.

La sinistre comédie, en effet, eût été continuée par tous les successeurs de Mercier, avec, toujours, la complicité de Boisdeffre et de Gonse. Si le bordereau avait été écrit par ordre, Billot, Cavaignac, Zurlinden, Chanoine, en auraient été informés. Mensonges donc toutes leurs déclarations, faux témoignages tous leurs serments, toute leur conduite une longue complicité de faux. Et tous les experts seraient des faussaires. Et tous les officiers, qui ont déposé au procès de 1894 et devant la Cour de cassation, seraient des fourbes et des imposteurs. Il n'y aurait point de place pour tant de scélérats dans l'île maudite où, pendant quatre années, un innocent a été livré à tous les supplices. Il faudrait tout un archipel — et des forêts de potences.

Raisonnement d'une rigueur mathématique. Ou tous ces hommes sont d'infâmes bandits, ou Esterhazy est un menteur. Il faut choisir.

Ai-je besoin de dire que j'ai choisi?

V

Et l'invention est aussi stupide qu'horrible. Il suffit, en effet, de réfléchir un instant pour apercevoir qu'il est impossible d'imaginer une circonstance, une seule, où le bordereau aurait pu être écrit par ordre.

Esterhazy a défini ainsi le bordereau par ordre : une lettre de change tirée sur la culpabilité de Dreyfus. C'est à peu près ainsi que les amis d'Henry avaient d'abord expliqué son faux. Hypothèse absurde, ainsi que les faits l'ont démontré, en ce qui concerne Henry, puisque son faux n'était pas destiné à la publicité, à condenser pour l'opinion, dans un seul document, des pièces qu'il était dangereux de produire. — puisque le faux a été forgé, exclusivement, pour tromper Billot et le faire marcher. Hypothèse plus absurde encore en ce qui concerne Esterhazy.

On avait, en 1894, dit Esterhazy, des preuves certaines de la culpabilité de Dreyfus ; mais ces preuves, on ne pouvait les faire voir ni aux ministres de la République, ni, même à huis clos, aux juges du conseil de guerre. Etranges preuves, en vérité ! Cavaignac a dit depuis, aux applaudissements unanimes de la Chambre : « Nous sommes maîtres de traiter nos affaires, chez nous, comme nous l'entendons. » Etait-ce un mensonge? Le général Zurlinden a déclaré, sous la foi du serment, qu'avant la découverte du bordereau, Dreyfus n'avait été l'objet d'aucun soupçon. Etait-ce un faux témoignage? Cuignet, Roget, Chanoine, Freycinet, ont attesté qu'ils avaient versé à la Cour de Cassation tout le contenu de leurs dossiers secrets. Ces preuves mystérieuses n'y étaient pas. Etait-ce encore des mensonges?

Quoi ! tous ces hommes encore, ministres, généraux, seraient des menteurs, des imposteurs, des fourbes, des parjures ! Et, tout cela, sur la parole d'Esterhazy.

Mais, soit, on avait ces preuves, dont la production, à huis clos, eût embrasé l'Europe, et l'on a voulu avoir contre Dreyfus une preuve ostensible, matérielle, écrasante. J'admets, pour un instant, la monstrueuse supposition. Alors, que fait-on? Si les bandits, qui ont décidé de commettre un pareil forfait, ne sont pas les derniers des imbéciles, ils feront fabriquer par un de leurs valets, Esterhazy lui-même, ou Guénée, ou Lemercier-Picard, car les faussaires ne leur manquent point, un document, anonyme ou signé, mais qui sera de l'écriture, savamment imitée, de Dreyfus. C'est l'enfance de l'art, l'A B C du crime. Et, bien au contraire, ce bordereau qu'Esterhazy aurait écrit par ordre, il est de l'écriture naturelle, libre, spontanée d'Esterhazy, et Esterhazy l'a écrit sur le papier pelure dont il a coutume de se servir! L'écriture en ressemble si peu à celle de Dreyfus que, dès 1894, deux experts sur cinq affirment qu'elle n'est pas la sienne. En 1897, les experts, devant l'identité entre l'écriture du bordereau et celle d'Esterhazy, concluent au décalque. Quels scélérats auraient jamais été plus idiots!

Puis, non seulement l'écriture de cette pièce qui doit perdre Dreyfus est celle d'Esterhazy, mais le texte même prête à toutes les interprétations. Quoi! on pouvait fabriquer le document qu'on voulait, et c'est ça qu'on aurait forgé! On pouvait préciser les renseignements sur le frein, sur les troupes de couverture, sur Madagascar. Et on ne le fait pas. On pouvait, au moins, dater la lettre. Et on ne la date pas, si bien que, selon les besoins de l'accusation, le bordereau, tournant, pivotant autour du fameux : « Je pars en manœuvres », a été successivement du printemps et de l'automne de 1894!

Je pourrais continuer ainsi, pendant des pages et des pages. Mais la démonstration n'est-elle pas assez complète? l'imbécillité du mensonge a-t-elle besoin d'être prouvée plus longuement?

VI

Donc, les deux systèmes successifs de défense, auxquels a eu recours Esterhazy depuis deux ans, qui sont également absurdes, s'écroulent l'un sur l'autre. De la version du « bordereau par ordre », comme de la version du bordereau décalqué, sort la même évidence que le bordereau est l'œuvre d'Esterhazy, son œuvre spontanée, l'un des cent et quelques actes de trahison que ce misérable a commis. Une erreur d'expertise, voilà toute l'affaire, à la fois atroce et simple. Tout le reste est roman-feuilleton, mélodrame de boulevard, farce de foire. Et c'est tout cela qui s'écroulera demain à Rennes.

LA PEUR DU SPECTRE

2 août 1899.

I

Le samedi 29 avril 1899, M. le marquis Du Paty de Clam dépose, sous serment, devant les chambres réunies de la Cour de cassation :

M. le général Gonse m'a envoyé chercher au bureau des opérations militaires. En présence du lieutenant-colonel Henry, il m'a mis partiellement au courant de la campagne entreprise pour substituer le commandant Esterhazy à Dreyfus. Le général Gonse m'a exposé que, si le commandant Esterhazy, non prévenu, se livrait à quelque acte irréparable, il pourrait en résulter les plus grands malheurs pour le pays et *pour certains chefs de l'armée.*

Et voilà la peur du vif, du bandit en chair et en os. Ces grands chefs savent Dreyfus innocent et combien de crimes il a fallu accumuler pour le maintenir au bagne. Ils savent qu'Esterhazy sait. S'il avoue, ils sont perdus. Il est trop lâche, enfoncé depuis trop longtemps dans trop d'abjection, pour faire l'aveu qui rachète, l'aveu public, devant la justice. Mais il y a deux autres sortes d'aveux : la mort, la fuite. Alors, tout cet État-Major, généraux, colonels, brodés d'or, empanachés de plumes blanches, à qui les petits soldats de France présentent l'arme et devant qui s'inclinent les drapeaux, entre en négociation avec le traître et, très humblement, le supplie de ne pas confesser sa trahison. Lui, bon prince, un peu goguenard, consent. Il niera son crime pour les sauver de la découverte du leur. C'est eux qui sont ses obligés. Il a, au cœur, depuis de longues années, une haine farouche de la France ; cette haine a été, dans sa trahison, un coefficient au moins égal à ses besoins d'argent : que lui importe d'aller l'exhaler sous d'autres cieux ? S'il reste, c'est donc pour leur rendre service. Merci, traître ! Au surplus, ce sera pour sa haine un régal exquis que de voir jusqu'où pourront descendre, pour se sauver en le sauvant, ces chefs qui tremblent devant un mot de lui ; à quels mensonges et à quelles compromissions ils s'abaisseront ; comment ils tromperont le gouvernement de la République et la justice ; quelle crise ils déchaîneront, longue et redoutable entre toutes : l'outre d'Éole crevée, d'où s'échappent, furieux, les vents de guerre civile ; la voix de la douce France se perdant dans une saturnale de cannibales ; l'armée compromise, troublée jusque dans ses profondeurs... Tout cela pour qu'il se taise, pour qu'il n'avoue point.

II

Or, on a moins peur d'un mort que d'un vivant. Cette effroyable hécatombe à Esterhazy. Au spectre d'Henry, le simple sacrifice de Du Paty. — Comme il y a quelque part une logique implacable, le sacrifice, ainsi que l'hécatombe, a été interrompu à temps ; le bouc émissaire a échappé au couteau.

Je dis, sans ambages, que l'ordonnance qui vient d'être rendue en faveur de Du Paty nous a causé, à nous, les défenseurs de la vérité, une double satisfaction.

D'abord, parce que, dans cette grande bataille pour la justice, il nous eût répugné de voir frapper injustement même l'un des ouvriers du drame sinistre de 1894. Et Du Paty n'avait point été arrêté par ordre de M. Krantz pour les méfaits dont il est véritablement l'auteur, — mais pour les crimes d'un autre, y compris la lettre à Papillaud bien qu'elle soit signée d'Henry, et sur les dénonciations, cyniquement calomnieuses, de Cuignet, de Roget et de Gonse. C'était l'évidence que Du Paty n'avait été, à aucun moment, le complice des faux d'Henry. Je l'ai écrit ici, le jour même où ces accusations ont été rendues publiques ; l'ordonnance de M. le général Brugère confirme notre appréciation : elle tombe, de tout son poids, sur les dénonciateurs ; c'est bien. Il ne reste qu'à juger Du Paty pour ses propres actes.

En second lieu, parce que l'arrêt, qui l'innocente d'une longue série de faux, éclaire d'une lumière nouvelle et plus vive à la fois, le rôle d'Henry et celui de ses protecteurs. Ce faux, Henry, devant la justice comme dans la réalité, en reste l'auteur ; et l'on commence à voir pour quelles causes ses chefs de la veille ont cherché à l'en disculper. Une fois de plus apparaissent l'imbécillité de la scélératesse, la stupidité du mensonge qui peut bien réussir, l'espace d'une heure, mais qui n'aboutit jamais, par la force même des choses, qu'à rendre plus éclatante la victoire définitive de la vérité.

III

Les faux étant avérés et patents, Henry en étant manifestement l'auteur, on se demande pourquoi les délégués de l'État-Major devant la Cour de cassation en ont accusé Du Paty.

Parce que la physionomie de Du Paty, marquis décadent, ou celle qu'on s'était appliqué de longue date à lui donner, étant la figure classique des machinateurs élégants et diaboliques de crimes dans les mélodrames de boulevard, elle devait rendre toute accusation portée contre lui vraisemblable?

Parce qu'il avait été possible d'attribuer momentanément, au milieu d'une crise de folie publique, le plus fameux des faux Henry à on ne sait quelle inexplicable aberration d'un patriotisme égaré; mais que, cette folie passée, il n'était guère possible de rééditer la légende de cet accès pour chacun des faux nouveaux et innombrables qui sortaient de l'enquête?

Tout cela, sans doute, est entré comme appoint, dans le calcul des porte-parole de l'ancien État-Major. Mais voici la raison capitale, dominante :

Le malheur des temps ayant rendu incontestable la matérialité même de tant de crimes, Du Paty, si on réussissait à les lui attribuer, serait réputé un solitaire, comme disent les anarchistes, un maniaque suivant sa folie antisémitique, l'artisan pervers du procès de 1894 défendant, *per fas et nefas*, son œuvre. Henry, au contraire, s'il était convaincu du crime, c'était tout l'ancien État-Major qui succombait avec lui; il l'entraînait avec lui dans sa ruine. La manœuvre, qui s'est trouvée stupide autant qu'abominable, n'avait point d'autre but ; toujours le même, sauver les chefs de l'ancien État-Major. On immolait Du Paty au spectre.

IV

Du Paty ne s'est pas laissé égorger.

« Jamais, a-t-il dit aux chambres réunies, jamais je n'aurais cru que le général Gonse me désavouerait après m'avoir lancé en avant. Jamais je n'aurais cru qu'un ancien ministre, — Cavaignac ou Billot, — après m'avoir dit : « Vous avez rendu de grands services au pays », laisserait mon appel sans réponse. Jamais je n'aurais cru qu'un général, — Boisdeffre — auquel je me suis dévoué sans réserve, m'abandonnerait après m'avoir dit : « Moi vivant, vous ne serez jamais sacrifié ! »

Il y a, dans ces paroles, un accent de vérité qui ne trompe pas.

Ce que Du Paty a résumé dans ces phrases saisissantes devant les chambres réunies, il l'a développé au cours de la longue enquête du capitaine Tavernier. Cette enquête comprend, en outre, de nombreuses dépositions, sous serment, signées par les témoins, paraphées, cotées. On ne se flatte point, j'imagine, de l'espoir que cette enquête restera secrète. Du Paty en possède un exemplaire qui est sa propriété. Il a le droit et, s'il a quelque souci de son nom, le devoir de la publier. Si, trop heureux d'avoir bénéficié d'un non-lieu, s'accusant ainsi lui-même quand l'accusation judiciaire est tombée, il ne le fait pas, ce sera tant pis pour lui. La prochaine, l'imminente commission d'enquête parlementaire publiera ces pièces.

Ainsi, ces calomniateurs, Cuignet et Roget, ces officiers qui n'ont pas hésité à accuser un camarade de crimes qu'il n'avait point commis, et ceux qui les ont fait agir, Gonse, Boisdeffre et Mercier, loin de dénouer la corde qui les étranglait, l'ont serrée, au contraire, plus étroite et plus cruelle, autour de leur cou. En cherchant à accabler Du Paty des crimes d'Henry, ils n'ont réussi qu'à démontrer, et cette fois avec une force irrésistible, l'intime solidarité qui les attache au véritable malfaiteur. Complicité encore mystérieuse, assurément, voilée de ténèbres, que les esprits les plus pénétrants hésitent à expliquer, qui fait reculer les plus audacieux, engrenage horrible, pour le moins, — mais complicité certaine. Le spectre les tient, celui de l'homme qui écrivait à sa femme avant de mourir : « Cependant, *tu sais dans l'intérêt de qui j'ai agi.* »

Dans l'intérêt de qui ? Ce n'est pas, évidemment, dans celui d'Esterhazy. Mais Esterhazy, lui aussi, le sait, dans quel intérêt Henry a agi, et c'est parce qu'il le sait que, lui aussi, tout comme Boisdeffre et Gonse, et comme Mercier et les autres, il ne ménage, à travers les flots d'injures et de calomnies qu'il vomit, que le seul Henry. Contraste remarquable : tous ces hommes, qui s'accusent, se dénoncent et se calomnient les uns les autres, ne sont d'accord que pour faire l'éloge, un éloge ému, mais qui sonne sinistrement faux, d'Henry. Pourquoi ? Je dois, d'ailleurs, rendre cette justice à Du Paty que, seul, il ne paraît point avoir peur du terrible fantôme.

A travers toutes les horreurs de ce drame prodigieux, Henry, après Esterhazy, qui reste le bandit des bandits, apparaît comme chargé du plus grand nombre de crimes. Et c'est lui seul qu'on épargne ! Non seulement on l'épargne, mais on lui tresse des couronnes, on lui élève des statues. Il est « le brave, le bon, le loyal Henry ». Pourquoi?

Et comme la logique, la loi souveraine, veut que tout de cette extraordinaire histoire soit connu, on connaîtra aussi, un jour, le secret du spectre.

LES PETITS MYSTÈRES DU BORDEREAU

20, 24 et 25 novembre 1899.

I

LE SOPHISME DU BORDEREAU

Les défenseurs d'Henry soutiennent, depuis un an, qu'il n'a pu être le complice d'Esterhazy pour cette raison dominante : c'est à Henry que le bordereau a été remis et il ne l'a point détruit. S'il avait été le complice d'Esterhazy, il eût fait disparaître le bordereau dès qu'il eût reconnu l'écriture, caractéristique, de son associé.

Ce raisonnement a convaincu bien des gens ; il m'a longtemps arrêté. Cependant, ce qu'il a de par trop simple aurait dû, dès d'abord, me mettre en éveil. Les hommes de science ne font presque jamais usage du dilemme ; ils ont bien raison. Le dilemme, dans sa forme absolue, présuppose une absence de complexité dans les circonstances et dans les faits, ce qui est le contraire, le plus souvent, de l'humaine vérité. On con-

naît le célèbre argument de Bias contre le mariage :
« La femme que l'on prend est belle ou elle ne l'est
» pas : si elle est belle, elle se donne à tout le monde
» et l'on est jaloux et malheureux ; si elle ne l'est pas,
» on ne peut pas la souffrir et on est encore malheu-
» reux. » Ce à quoi le philosophe répond qu'il se pourrait que la femme, sans être belle, possédât cette figure
suffisamment agréable que Favorinus appelait *forma
uxoria*. Le mari, dès lors, n'est point forcément malheureux.

Le sophisme du bordereau est de la même espèce
que le dilemme du mariage : « Ou Henry a reçu le
bordereau ou il ne l'a pas reçu ; s'il ne l'a pas reçu,
toutes les hypothèses sont admissibles ; s'il l'a reçu, et
puisqu'il ne l'a point détruit, il n'a pas été le complice
d'Esterhazy ». A la réflexion, — mais on ne réfléchit
jamais assez, — aucune de ces propositions ne résiste
à l'examen. Le fait, pour Henry, de n'avoir pas reçu le
bordereau ne justifierait pas, à lui seul, toutes les hypothèses. Henry, d'autre part, peut avoir reçu le bordereau et y avoir reconnu du premier coup d'œil l'écriture d'Esterhazy, et, cependant, n'avoir pu le détruire,
malgré tout le désir qu'il en pouvait avoir. Il suffisait,
pour cela, qu'il ne fût pas seul quand l'agent le lui a remis. Ou, encore, que l'agent ait connu la valeur du document qu'il s'était procuré et ait attaché à son opération une importance spéciale. Dans l'un et dans l'autre
cas, Henry n'aurait pas pu faire disparaître le bordereau, sans appeler sur lui-même les soupçons, sans les
plus grands dangers. A la merci ou d'un camarade ou
d'un agent intéressé, il devait laisser aller les choses,
quitte à avertir Esterhazy et à s'efforcer ensuite, soit de
faire classer l'affaire, soit de détourner les soupçons
sur un autre, sur un innocent.

C'est bien, d'ailleurs, ce qu'a fait Henry. Qu'il ait ou non reçu lui-même le bordereau des mains de l'agent, il n'est point contesté qu'il a VU le bordereau avant que ce document, qui fut promené de bureau en bureau, ait été attribué à Dreyfus. Or, le jour où il a vu le bordereau, il y a reconnu l'écriture d'Esterhazy. Qu'on place où l'on voudra cette première rencontre d'Henry avec le bordereau, il est impossible qu'il n'en ait pas reconnu aussitôt l'origine. Et l'on contestera cette évidence comme tant d'autres : soit ! Mais, alors, il faut pourtant trouver un mobile, une raison d'être, une cause à la longue série de faux témoignages et de faux qui ont été commis par Henry pour envoyer un innocent au bagne, pour l'y maintenir et pour sauver Esterhazy. Pourquoi tant de crimes ?

II

TROIS HYPOTHÈSES

La première hypothèse, à savoir que le bordereau, s'il a été remis à Henry, n'aurait pas été reconstitué par lui seul, mais en présence de témoins, avait été indiquée par Jaurès, dans un magistral article de la *Petite République*. La seconde hypothèse, qui n'est, d'ailleurs, pas inconciliable avec la première, à savoir que le bordereau a été apporté à l'État-Major par un agent qui avait compris toute l'importance de sa prise, avait été esquissée par Picquart devant la Cour de cassation et a été, par la suite, développée, au procès de Rennes, par Cordier. Picquart y est également revenu à Rennes.

Il n'était pas absurde, du moins *a priori*, à l'origine

de la controverse, de supposer que le bordereau, s'il n'avait pas été remis à Henry, avait été reçu par Sandherr ou par Cordier, par le chef ou par le sous-chef du 2e bureau. Je me suis déjà expliqué (*Siècle* du 21 avril 1899) sur l'erreur où m'avaient induit des amis qui me disaient tenir du lieutenant-colonel Cordier que c'était lui qui avait reçu le bordereau. Le lieutenant-colonel Cordier s'était-il exprimé avec ambiguïté ? Mes amis avaient-ils mal compris et avaient-ils, involontairement, grossi ce qu'ils avaient entendu ou cru entendre ? Il importe peu. Le fait, c'est que le bordereau n'a pas été reçu par Cordier qui était, alors, absent de Paris. Cela a été déclaré par Lauth ; cela, surtout, a été attesté par Cordier lui-même, tant au procès de Rennes que devant la Cour de cassation. A Rennes, Cordier avait été délié du secret professionnel. Il n'en avait pas été de même, lors de sa première déposition. Cordier s'en est expliqué, très franchement, devant le Conseil de guerre : « Lorsque j'ai eu l'honneur », a-t-il dit, « de déposer devant la chambre criminelle, j'ai cru
» que des ordres étaient venus et que j'étais délié du
» secret. Je ne l'étais pas. On a été obligé d'inter-
» rompre ma déposition et cela a été interprété d'une
» façon extrêmement désagréable pour moi. » Ce dernier détail, j'en sais quelque chose, est parfaitement exact. Il est donc avéré que Cordier n'a point reçu le bordereau. Mais s'il a été reçu par Henry, dans quelles conditions précises l'a-t-il été ?

III

HENRY *versus* HENRY

Contre l'affirmation que le bordereau a été reçu par Henry lui-même, il y a surtout l'affirmation d'Henry.

Au cours de l'interrogatoire d'Henry par Cavaignac, le général Roget a été *amené*, aux termes de son propre procès-verbal, à demander au faussaire ce qu'il savait de prétendues relations entre Esterhazy et Sandherr. Henry répond sommairement. Puis, brusquement, sans que cette déclaration se rapporte en aucune façon à la question de Roget, Henry déclare que c'est à lui que le bordereau a été apporté, « qu'il était venu par la voie » ordinaire ; que, toute autre version est contraire à la » vérité et matériellement impossible ».

Quelle pensée était donc née dans son cerveau, à laquelle il avait répondu spontanément et comme pour aller au devant d'une autre question, pressentie et redoutée ? Ou la question, relative à l'arrivée du bordereau, lui aurait-elle été réellement posée par Cavaignac ou par Roget qui l'aurait ensuite fait disparaître du procès-verbal ? Dans le premier cas, cette préoccupation d'Henry, qui vient d'avouer son faux et d'être mis en état d'arrestation, ne laisse pas d'être suggestive. Dans le second, il faut bien, pour qu'ils aient posé cette question dans un pareil moment, que Cavaignac et Roget aient eu, eux-mêmes, des doutes sur la véracité de la version officielle. Était-ce bien Henry qui avait reçu le bordereau ? *Et de quel agent ? Et dans quelles circonstances ?*

« Toute autre version est contraire à la vérité et matériellement impossible ! » C'est ainsi que Roget lui-même note la déclaration d'Henry. Il y avait donc une autre version? Si Roget et si Cavaignac l'ignoraient, Henry lui-même la connaissait et s'en inquiétait.

Comme Henry est le mensonge fait homme, comme il a menti notamment quand il a dit qu'il était seul à connaître l'agent qui avait apporté le bordereau, — faux témoignage qui a été dénoncé par Cavaignac lui-même, affirmant, d'accord pour une fois avec l'évidence, que l'agent était connu de tous ceux qui devaient le connaître, — la déclaration d'Henry au sujet du bordereau en devient nécessairement suspecte. Encore une fois, quelle était cette autre version qui l'obsédait?

C'est un fait, d'autre part, que Mercier, Gonse, Lauth et Gribelin ont toujours dit que le bordereau avait été reçu directement par Henry. Cependant, Mercier, devant la chambre criminelle, ne s'était pas engagé à fond. « Le bordereau, dit-il, avait été remis, *je crois*, à Henry. » Cette restriction n'a pas disparu entièrement au procès de Rennes. « La déposition de Mme Henry et celle du commandant Lauth, dit le prudent général, nous fixeront sur la manière dont le bordereau a été remis au colonel Henry. » Pour Cordier (*Rennes, 29 août 1899*), « il ressort d'une façon très claire que c'est le commandant Henry qui a remis le bordereau au colonel Sandherr ». S'il en avait été autrement, Cordier estime que Sandherr l'en aurait prévenu. Picquart a signalé à la Cour de cassation que « le service » ne se faisait pas, surtout en 1894, avec une extrême régularité; il ajoute, toutefois, « qu'il a été toujours admis que le bordereau a été remis à Henry par un agent ». Gonse dit que le bordereau a été reçu

par Henry, mais il ajoute sur une demande précise :
« *Il a dû* arriver en morceaux et être reconstitué. Ce
recollage *a dû* être fait par Henry ; je ne sais pas s'il
a pu être aidé par d'autres officiers pour ce travail. »
Quant à Boisdeffre, il est absolument muet sur ce point
spécial. Il n'a affirmé nulle part, ni au procès Zola, ni
devant la chambre criminelle, ni à Rennes, que le bordereau avait été reçu par Henry. Cette omission est-elle
involontaire de la part du grand chef déçu qui pèse
tous ses mots, comme un homme que le remords ou la
crainte mettrait à la torture ? Enfin, Esterhazy, lui
aussi, ne dit nulle part que le bordereau a été apporté
à Henry. Seulement, c'est son intérêt, à lui, de ne pas
le dire. Il vaut évidemment mieux pour Esterhazy
qu'Henry n'ait pas reçu le bordereau. Car, si Henry l'a
reçu, il a reconnu aussitôt l'écriture d'Esterhazy et il a
dû l'aviser. Donc, Esterhazy avouerait son crime. Ainsi,
le silence même d'Esterhazy, dans l'espèce, est négligeable. Au surplus, il semble être fort au courant des
choses, puisqu'il dit savoir que le bordereau n'est arrivé
au bureau des renseignements ni déchiré en morceaux,
ni par le cornet, mais intact et par une toute autre voie.

IV

LA DÉCHIRURE ARTIFICIELLE ET L'ENVELOPPE DU BORDEREAU

Le bordereau, tel qu'il existe aujourd'hui, tel qu'il
fut produit aux procès de 1894, de 1898 et de 1899, est
une feuille de papier à lettres, dont la première page
est écrite au recto et au verso, reconstituée et recollée
après avoir été déchirée en quatre morceaux, lesquels,

d'ailleurs, n'étaient pas séparés, mais se tenaient par un bout commun. C'est une feuille avec des déchirures, plutôt qu'une feuille déchirée. Le papier n'en est ni froissé ni plissé; il est *plan*.

A quel moment le bordereau a-t-il été ainsi déchiré?

A-t-il été *trouvé* en quatre morceaux?

A-t-il été déchiré par l'agent, et dans quel dessein?

A-t-il été déchiré par Henry lui-même, avant de le recoller, pour faire croire qu'il avait été dérobé dans le fameux panier à papiers?

Ce coin du problème a été jusqu'à présent négligé. Il eût mérité, pourtant, d'être exploré avec soin. Une nouvelle fraude, le fait nouveau qui pourrait rouvrir la revision, est peut-être là.

Deux affirmations peuvent être posées en toute certitude :

En premier lieu, il n'est pas contesté, ni contestable, que le bordereau a été présenté par Henry à ses chefs et à ses camarades à l'état de document reconstitué, c'est-à-dire déchiré, puis, — déjà, — recollé.

Lauth et Gribelin ont déposé, l'un et l'autre, que, le jour même de l'arrivée du bordereau au ministère de la guerre, il leur fut montré dans cet état, — déjà recollé, — par Henry.

Le commandant, alors capitaine Matton, qui n'a jamais été appelé à déposer, sans qu'on sache trop pourquoi, assistait à la scène.

Henry, raconte Lauth, nous montra quelques fragments recollés par lui; cette pièce n'était autre que le bordereau.

Et Gribelin :

Au moment de mon arrivée au bureau, vers neuf heures du matin, Henry m'appela et me dit en me montrant un papier recollé...

Je sais bien qu'il y a des contradictions entre le récit de Lauth et celui de Gribelin : l'un et l'autre prétendant avoir eu la primeur de la communication d'Henry. J'ai quelque vague notion que Lauth et Gribelin ont enjolivé leur récit. Mais le fait qui est certain, c'est que le bordereau n'a été produit par Henry que reconstitué. A supposer que les récits de Lauth et de Gribelin soient entièrement imaginaires, — ce qui serait roide, même de leur part, — il n'en resterait pas moins que le bordereau n'a été apporté aux grands chefs, tout au moins à Mercier, que recollé.

Voilà pour le point d'arrivée.

Et, pour le point de départ, il n'est pas moins certain que le bordereau, à la minute précise où il a été dérobé à l'ambassade d'Allemagne, était intact.

En effet, le bordereau, — expression inexacte, habilement trouvée pour faire impression, mais désormais historique, — n'est qu'une lettre, une lettre missive, selon l'expression de d'Ormescheville dans son acte d'accusation. Et, comme toutes les lettres, elle a été mise par l'envoyeur, quel qu'il soit, dans une enveloppe qui portait l'adresse du destinataire.

Mais le colonel de Schwarzkoppen, à qui le bordereau était destiné, l'a-t-il jamais reçu ?

L'ancien État-Major lui-même a dû s'incliner devant l'affirmation catégorique de l'attaché allemand qu'il n'ait point reçu le bordereau, qu'il n'avait reçu que les documents qui y étaient annexés et dont il ne douta pas une minute qu'ils lui avaient été envoyés par Esterhazy. Le colonel de Schwarzkoppen n'a connu le bordereau qu'en 1896, par le fameux article de l'*Éclair* du 14 septembre et par la publication, dans le *Matin*, du fac-similé de cette pièce. Mercier lui-même n'a point encore osé contester cette déclaration que Schwarzkoppen a faite d'abord à Panizzardi et que celui-ci a cent fois racontée.

Donc, puisque la lettre missive d'Esterhazy à Schwarzkoppen n'a pas été reçue par son destinataire, elle n'a pas été non plus ouverte, décachetée, par lui; et ce n'est pas dans le panier à papiers qu'elle a été volée.

Si Schwarzkoppen avait reçu le bordereau, il ne l'aurait pas déchiré; le bordereau serait aujourd'hui à Berlin avec les cent et quelques autres lettres d'Esterhazy à l'attaché allemand.

Il est, dès lors, incontestable que le bordereau a été volé dans son enveloppe.

Et le doute, doute bien léger d'ailleurs, ne recommence qu'au sujet de celui qui, le bordereau retiré de l'enveloppe, l'a déchiré?

Est-ce l'agent? Est-ce Henry?

Je ne puis imaginer une seule raison pour laquelle l'agent aurait déchiré le bordereau qu'il avait dérobé intact.

Si c'est Henry, il n'en est pas de même. Henry peut avoir commencé, dans une première impulsion, à déchirer le bordereau d'Esterhazy. Il se serait alors arrêté, à la réflexion, en laissant les quatre morceaux ensemble. Ou bien, il l'a déchiré pour laisser croire que la pièce, prise dans le panier, était venue par le cornet.

Et que ce soit l'agent, ce qui est invraisemblable, ou que ce soit Henry, ce qui me paraît certain, — qu'est devenue l'enveloppe au nom du colonel de Schwarzkoppen?

L'agent a reculé devant le vol du paquet qui accompagnait la lettre missive, mais il a eu l'enveloppe : qu'est-elle devenue?

Est-ce l'agent qui l'a détruite ou dissimulée? Est-ce Henry? Est-ce Gonse?

C'est une question, encore, qui n'a pas été élucidée par le conseil de guerre de Rennes. Elle y avait été cependant posée.

Je lis, dans la déposition de M. l'expert Gobert, (séance du vendredi 25 août 1899) :

> En présence de cette illisibilité du bordereau, je fis demander à M. le général Gonse s'il n'y avait pas une enveloppe.
>
> *M. le général Gonse m'a paru éluder ma demande. Sur le moment, je n'y ai pas attaché d'importance; plus tard, j'ai cru devoir penser que cette demande avait été précisément de nature à inquiéter le général Gonse.*
>
> Il avait pu penser que je cherchais à connaître le nom du destinataire; or, je voulais, pour me rendre compte que l'écriture du bordereau était une écriture naturelle, avoir sous les yeux l'enveloppe, parce que, toutes les fois que nous écrivons une adresse sur une enveloppe, nous l'écrivons toujours à main plus posée, plus correcte...

Oui, pourquoi le général Gonse a-t-il refusé de confier l'enveloppe à l'expert Gobert? Pourquoi n'a-t-elle jamais été produite aux débats? Si Gonse ne l'a jamais eue entre les mains, pourquoi ne l'a-t-il pas dit à Gobert, tout simplement?

Et, encore une fois, pourquoi le bordereau, intact au moment où l'on s'en est emparé, a-t-il été ensuite artificiellement et frauduleusement déchiré?

V

LE BORDEREAU N'EST PAS VENU PAR LE CORNET

La question de l'origine du bordereau a longtemps et vivement préoccupé la Cour de Cassation. Elle a entendu, à ce sujet, au cours de son enquête, de nombreux témoins. Elle paraît avoir adopté la version de l'État-major. Elle admet que le bordereau est parvenu par la *voie* dite *ordinaire*.

Mais qu'est-ce que *la voie ordinaire?*

M. le procureur général Manau, dans ses conclusions, s'est borné à dire : « *La voie ordinaire*, nous savons ce que c'est, grâce à l'enquête où on nous a livré le vrai sens du procédé. » (*Débats de la Cour de Cassation, p. 211.*) Les témoins, déliés du secret professionnel, ont précisé au procès de Rennes; seulement, ils se contredisent. En outre, par une convention tacite ou sur des ordres exprès, ils se sont arrêtés, les uns et les autres, devant le nom de l'agent qui a été, d'ailleurs, donné par les journaux.

C'était, a déposé Cordier, un agent, déjà ancien au deuxième bureau, et fort délié. Neuf ou dix mois avant la découverte du bordereau, il avait été compromis dans une affaire demeurée assez obscure, le procès d'une dame Millescamps qui avait été condamnée pour espionnage, le 4 janvier 1894, à cinq années de réclusion. Cette femme vivait dans un monde étrange, interlope, d'agents officiels et officieux, d'espions et de contre-espions. L'homme était son ami et a passé pour être son amant. Elle était également en relations suivies avec une femme qui faisait partie de la domesticité de l'ambassade d'Allemagne, qui avait toute la confiance de la comtesse de Münster et qui ramassait les bouts de papier qu'elle trouvait, déchirés, dans les paniers des bureaux ou à demi-calcinés dans les cheminées. C'était ces papiers qui venaient par le cornet. C'était l'homme, qui portait le cornet au deuxième bureau.

Ainsi, selon Cordier, la voie ordinaire, c'était

l'homme. Je dis tout de suite que, selon Gribelin et Lauth, c'était la femme. Je serais porté à croire que ce vocable a désigné, à l'origine, le couple. De là, une équivoque dont l'Etat-major a profité et dont la Cour de cassation a peut-être été dupe.

A la suite de l'affaire Millescamps, « on avait dit à l'agent masculin, a déposé Cordier, de rester tranquille et il en était fort ennuyé ». Lauth raconte que c'est l'autre agent qui fut « très ennuyé », (la femme qui alimentait le cornet). On peut admettre qu'ils le furent l'un et l'autre. Le colonel Sandherr jugea qu'il était utile de divorcer le couple (janvier 1894). Il fut décidé que la ramasseuse de bouts de papiers ne les ferait plus passer par l'intermédiaire de l'agent masculin ; désormais, elle transmettrait directement son butin au délégué du bureau de statistique. Le capitaine Rollin fut chargé (*déposition Lauth*) d'expliquer à l'agent masculin « qu'il avait été abusé et qu'il n'eût plus de relations » avec la ramasseuse. Lauth affirme que l'homme ne fit pas d'objections ; « il fut convaincu que la source était tarie et il n'en fut plus question. » Cordier, au contraire, dépose que l'agent « cherchait à renouer de nouvelles relations avec *la maison* ». Il se plaignait à lui : « Ah !
» mon commandant ! C'est bien ennuyeux !... » —
» Laissez-moi tranquille, ripostait Cordier, on vous a
» dit de ne plus vous occuper de cela. » Mais l'homme a-t-il cessé de se rencontrer avec la femme ?

Lauth a déposé, à Rennes, avant Cordier (audience du 21 août ; Cordier dépose le 29). Arrivé à cet endroit de sa déposition, il prend des précautions contre une version qu'il paraît redouter de la part de Cordier. Il expose « qu'on ne rogna absolument rien des alloca-
» tions (de l'agent masculin), qu'on le dirigea sur une
» autre voie ». « *Par conséquent*, dit Lauth, il est abso-

» lument inexact de dire que, peut-être, plus tard, il a
» voulu rentrer en grâce et a voulu, par le papier qui
» s'appelle bordereau, chercher à rattraper les émolu-
» ments qu'il aurait dû perdre. »

Par conséquent est d'une déduction excessive. Il est curieux, en tous cas, de voir Lauth, ami et compère inséparable d'Henry, s'efforcer d'établir que le bordereau n'est point venu par l'agent masculin, mais qu'il est venu directement par le cornet.

Et, de même, Gribelin : « Il est de toute impossibilité que ce soit l'agent le plus intelligent qui ait apporté le bordereau. » Mais pourquoi est-ce de toute impossibilité ? Gribelin ne le dit pas.

Cordier, cependant, sur ce point spécial, se borne à déposer en ces termes :

Le jour où le bordereau a été apporté au ministère, qui l'a apporté ? Je ne puis le dire. Je ne l'ai pas vu, et je ne dépose que des faits dont je suis absolument certain et dont j'ai été témoin.

Rien de plus loyal que cette réserve. Cordier ne s'aventure pas plus loin qu'à dire : « Je suis certain que cet agent, qui était très habile, a dû chercher à renouer de nouvelles relations dans la *maison*. Il m'est resté dans l'idée qu'il a dû s'en occuper. » *Il*, c'est la *voie ordinaire*; la *maison*, c'est l'ambassade d'Allemagne.

Mais, d'autre part, comme j'ai établi que le bordereau avait été pris intact à l'ambassade d'Allemagne, — probablement dans la loge du concierge, — il est matériellement impossible qu'il soit venu *par le cornet*, puisque les papiers déchirés étaient seuls à venir par le cornet. La femme a pu être mêlée à l'opération ; mais c'est l'homme qui a apporté la lettre à l'État-Major.

Donc, l'agent, qui avait fait le coup d'éclat du bordereau, était, dans ces conditions, un témoin gênant. Il l'était d'autant plus que le bordereau avait été pris intact et dans son enveloppe, à l'adresse de Schwarzkoppen. Si le bordereau, apporté par lui à l'Etat-Major, avait ensuite disparu, il se serait considéré comme frustré. Il savait la valeur de ce qu'il fournissait. Il aurait réclamé, crié, fait un beau tapage. De là, l'impossibilité, pour celui qui avait reçu le bordereau de cette main, de le supprimer.

C'est ainsi qu'il vaudrait mieux pour les défenseurs d'Henry qu'il n'eût pas reçu du tout le bordereau. Leur fameux argument échoue au fait que le bordereau a été pris, intact, dans son enveloppe. Leur argument se retourne contre eux. Mais je ne recherche, quant à moi, que la vérité.

Lauth et Gribelin n'ont pas été seuls à s'efforcer de soutenir que le bordereau est venu par le cornet. Roget, lui aussi, s'y est employé.

Dans la première version qu'il a donnée des déclarations suprêmes d'Henry au sujet du bordereau, il les rapporte en ces termes :

C'est à moi qu'on a apporté le bordereau saisi en 1894. Il est venu *par la voie ordinaire* avec des documents que vous connaissez et dont l'authenticité est indiscutable. *Toute autre version est contraire à la vérité et matériellement impossible.*

Telle est la version du procès-verbal officiel de l'interrogatoire d'Henry, 30 août 1898. Et que cette appellation : *la voie ordinaire*, ait, en fait, désigné la femme, ou l'homme, ou le couple, — et toute l'équivoque est là, — il est manifeste que, dans les paroles prêtées à Henry, la *voie ordinaire* signifie le *cornet*.

Or, le 24 novembre de la même année, devant la

chambre criminelle de la Cour de cassation, Roget corrige son procès-verbal :

Henry m'a dit quelle était l'origine du bordereau que je connaissais déjà. J'ai employé, *moi*, l'expression : *par la voie ordinaire* qui était absolument significative pour le ministre et qui me paraissait aussi significative pour toutes les personnes qui pouvaient lire mon rapport.

Le 22 janvier 1899, devant la commission d'enquête, sur les allégations de M. de Beaurepaire, Roget insiste. Il reproduit la déclaration d'Henry au sujet du bordereau, mais en supprime toute la phrase finale : *Toute autre version...* et ajoute, en note, après ces mots : *par la voie ordinaire :* « Le colonel Henry a dit textuellement : *Par qui vous savez.* »

Enfin, à Rennes, le 16 août 1899 :

Le bordereau est arrivé *par ce que j'ai appelé la voie ordinaire* dans ce rapport, déchiré en menus morceaux...

J'observe, en passant, que *déchiré en menus morceaux* est, comme dirait Corneille,

Ce qu'en d'autres qu'un maître on nomme menterie.

Mais j'y reviendrai.

La substitution par Roget de ces mots : « *Par qui vous savez !* » à ceux qu'il avait précédemment attribués lui-même à Henri : « *Par la voie ordinaire...* », en apparence, c'est un rien. En fait, c'est tout un système. Le P. du Lac a passé par là.

Altération, d'ailleurs, dont la tendance est manifeste. Si la *voie ordinaire*, ce n'est pas le cornet, si c'est la traduction de Cordier qui est la bonne, il s'agit, en effet, par cet *erratum* modeste, de substituer, comme étant l'agent qui a apporté le bordereau, une femme illettrée, sinon ignorante, et tout à fait sous la main de la police militaire, à l'homme très intelligent et très habile que Lauth, Gribelin et Roget s'efforcent de bannir de l'affaire. On n'ose pas dire, sous la foi du serment, parce que le mensonge serait trop cynique, que le bordereau est venu par le cornet. Mais, en faisant usage de cette expression vague : *par qui vous savez*, on insinue la même chose, sans la dire formellement, et c'est toujours dans le même dessein. Si c'est la femme qui a apporté le bordereau, Henry n'eût rien risqué à le faire disparaître ; si c'est l'agent du sexe masculin qui a fait ce coup d'éclat, Henry était son prisonnier. On ne gagne rien, dans ce dernier cas, à faire recevoir le bordereau par Henry. Il est, au contraire, plus tragique que le bordereau d'Esterhazy ait été reçu par Henry, des mains de ce témoin gênant.

Donc, on l'escamote. D'autres témoins gênants ont été, comme on sait, supprimés, plus brutalement, par des morts soudaines et de mystérieux suicides, œuvre impénétrable de la divine Providence : Guénée, Lemercier-Picard, Henry lui-même. L'agent « le plus intelligent » doit des remerciements aux étoiles. On ne lui a même pas imposé, comme à d'autres, un simple faux témoignage.

On avait songé, d'autre part, dans l'entourage de Mercier, à amener à Rennes l'autre agent dont le nom avait été révélé, au préalable, par les journaux nationalistes. La révélation, d'ailleurs, au moment où elle se produisit, n'offrait plus que de légers inconvénients rétrospectifs. Cette femme, en effet, venait de renoncer, assez brusquement, à son poste d'observation, aux cheminées et aux paniers où elle avait ramassé tant de paperasses. On annonça alors, avec quelque fracas qui ressemblait à un peu de chantage, qu'elle surgirait devant le conseil de guerre comme d'une trappe : sa déposition serait écrasante; c'était elle qui avait découvert la trahison de Dreyfus, elle avait vu et fait les choses les plus extraordinaires. Mais, réflexion faite, on renonça, très sagement, à cet honorable dessein qui aurait pu mener assez loin ses auteurs. La femme dévoilée n'a point paru au procès.

Passons à l'autre interprétation de ces mots : la *voie ordinaire*.

J'ai déjà dit que Gribelin avait déposé à Rennes que la *voie ordinaire*, ce n'était point l'agent le plus intelligent, comme l'avait déclaré le colonel Cordier, mais la ramasseuse de l'ambassade. Soit! cela m'est égal. Mais alors, pourquoi Roget a-t-il tant tenu à corriger son procès-verbal du 30 août 1898, à établir qu'Henry ne lui a pas dit : « Le bordereau est arrivé *par la voie ordinaire*... « qu'il s'est borné à dire, textuellement: « *Par qui vous savez* » ?

Si Gribelin dit vrai, si la *voie ordinaire*, c'est le cornet, alors Roget n'a plus aucun intérêt à rectifier, à prétendre qu'Henry ne lui a point déclaré avoir reçu le bordereau par la *voie ordinaire*, qui serait la ramasseuse et non plus « l'agent le plus intelligent ». C'est la première version, bien au contraire, celle du procès-verbal du 30 août 1898, qui sert alors la thèse de l'Ancien État-Major, puisque, selon Gribelin, la *voie ordinaire* serait précisément la ramasseuse. La rectification de Roget lui deviendrait, dans ce cas, terriblement contraire. C'est elle qui substituerait à la ramasseuse ignorante l'agent le plus intelligent. Par sa finesse même et par son inutilité apparente, elle révèle en tous cas qu'il s'est passé quelque chose de louche et qu'on a intérêt à embrouiller l'écheveau.

Ainsi, de toutes façons, que Gribelin ait menti ou non, l'*erratum* de Roget vient à l'appui de la vérité. Et la vérité, c'est que le bordereau n'est point venu par le cornet, qu'il a été apporté par quelqu'un qui en savait toute la valeur.

VI

AU BUREAU DES RENSEIGNEMENTS

J'ai établi, précédemment, que le bordereau avait été pris intact à l'ambassade d'Allemagne ; tous ceux qui l'ont eu entre les mains ou qui en ont vu des photographies savent qu'il n'a jamais été entièrement déchiré, puisque ces quatre morceaux tiennent ensemble ; le papier n'est ni froissé, ni plissé, comme l'est celui de toute pièce qui a été jetée dans un panier de bureau.

Cela n'a pas empêché Roget de dire, à Rennes, que le bordereau était arrivé « déchiré en menus morceaux », et Gonse de produire la même affirmation, volontairement inexacte : « Il a dû arriver en morceaux. » (*Cassation, 12 décembre 1898.*) De même, Cavaignac. (*Cassation, 10 novembre 1898.*)

Une aussi impudente altération de la vérité est intentionnelle ; la raison, au surplus, en est manifeste. En effet, les documents, qui étaient déchirés en menus morceaux, venaient par le cornet ; ils avaient été ramassés dans la cheminée ou dans le panier ; c'est pour cela que Gonse et Roget déchirent le bordereau.

Le mensonge au sujet des « menus morceaux » a donc pour objet de faire croire que le bordereau est venu par le cornet.

Il s'agit toujours d'écarter de l'Affaire l'autre agent ; il ne faut pas que le bordereau soit venu par lui.

Et on l'écarte encore par un troisième artifice, en

racontant que le bordereau a été apporté, non pas au bureau, mais au domicile particulier d'Henry ou à quelque rendez-vous mystérieux avec la femme au cornet.

L'agent masculin avait, en effet, ses entrées au ministère de la guerre, ainsi qu'il résulte des dépositions de Lauth lui-même et de Cordier. Quand il avait à reconstituer et à recoller des papiers, il y procédait à son domicile particulier ou *à l'État-Major.* « Pendant de longues années, dépose Cordier, cet agent recollait chez lui les papiers déchirés. Il en faisait le tri lui-même et apportait son butin à l'État-Major. » Plus tard, comme ses affaires prospéraient, « il lui est arrivé souvent de n'avoir pas le temps de tout recoller avant l'heure où il devait se présenter. Alors, il est souvent venu au ministère y achever sa besogne, *en présence de l'officier chargé de ce service spécial.* Petit à petit, il a été aidé par cet officier. » — Cordier part de là pour résumer une théorie, fort judicieuse, sur la fascination malfaisante que ce recollage exerçait sur certaines personnes, sur le goût fâcheux des choses de police qui en résultait. — Jusqu'à l'affaire Millescamps, c'était avec cet agent que correspondait la ramasseuse de l'ambassade. Seulement, ces petits papiers-là, « il ne les triait » pas lui-même. Il les recevait de la dame, et c'est » comme cela qu'il nous les apportait. »

Mais il n'en était pas de même de la dame au cornet ; elle n'avait point ses entrées à l'État-Major. Surprise à entrer au ministère de la guerre, elle aurait perdu sa place dans « la maison au grand jardin », à l'ambassade. Donc, avant le procès Millescamps, elle remettait le cornet à *l'agent intelligent;* depuis cet incident (janvier 1894), elle l'apportait elle-même à Henry, le soir, et, « généralement, dit Cordier, dans des églises ». Elle avait ses rendez-vous avec Henry, dépose Lauth (11 janvier 1899) « *à peu près exclusivement le soir, après dîner, vers huit ou neuf heures,* tantôt en un point, tantôt en un autre ».

Cette indication de Lauth, devant la Cour de cassation, amorce à merveille celle de Mme Henry à Rennes :

Un soir après le dîner, mon mari se mit à dépouiller les papiers, qui lui avaient été remis, quelques instants auparavant, *vers neuf heures et demie à peu près.*
Je me retirai, laissant mon mari à sa besogne.
Il était à peu près onze heures, quand, inquiète de ne pas le voir, je vins lui demander pourquoi il travaillait plus tard que de coutume.
Il me répondit en me désignant *des petits papiers* épars devant lui et une lettre qu'il achevait de reconstituer au moyen d'un petit rouleau de papier étroit et transparent de papier gommé : « J'ai trouvé ici des choses graves que je dois finir de voir ce soir. »
Quelques instants après, il est entré dans la chambre en tenant dans la main *un morceau de papier et la lettre qu'il venait de reconstituer.*
Il mit le tout dans son chapeau, comme il le faisait généralement, pour être sûr de ne pas l'oublier le lendemain matin.

L'anecdote récitée à Rennes, le 16 août 1899, et la déposition faite, le 11 janvier précédent, devant la chambre criminelle, sont très concordantes et jusque dans les termes employés par les deux témoins. Les *petits papiers épars* éveillent naturellement l'idée du cornet ; Lauth précise l'heure tardive où la ramasseuse avait coutume de remettre le cornet à Henry ; c'est bien à cette heure, la même qui est indiquée par Lauth, qu'Henry a reçu les papiers dont il est question dans l'autre déposition.

Et je n'ai nullement l'intention, ni même besoin, de contester celle-ci. Je l'accepte, bien au contraire. Cette scène du recollage des papiers a dû se renouveler plus d'une fois. (« Il mit le tout dans son chapeau, *comme il le faisait généralement.* ») Seulement, est-ce bien ce soir-là qu'Henry a reçu le bordereau? Il l'a raconté, par la suite, à sa femme, qui en a déposé à Rennes. Mais était-ce la vérité? Il lui a bien dit aussi (*même déposition*) « qu'il n'avait jamais vu ni entendu parler du commandant Esterhazy avant qu'il en fût parlé dans les journaux ». Et l'on sait si cela est exact! Et encore, au sujet du faux, — et quand a-t-il fait cette déclaration qui équivaut à un premier aveu de son crime? — « qu'il avait cru, dans l'intérêt de la patrie, pouvoir se servir des éléments verbaux qui lui avaient été donnés quelques jours auparavant, pour ajouter une preuve nouvelle, convaincante et matérielle, au dossier qui existait déjà! »

Toutes ces affirmations d'Henry sont négligeables, quand elles ne se retournent pas contre lui.

Donc, sur le fait qu'Henry aurait reçu le bordereau chez lui, une seule affirmation : la sienne, et, en outre, posthume.

C'est peu. Et, ce qui est trop, c'est l'insistance de Lauth à chercher à démontrer que le bordereau a été reçu par Henry, à son domicile, qu'il venait donc de la dame au cornet.

Devant la Cour de cassation :

J'incline beaucoup à croire, sans toutefois pouvoir l'affirmer absolument, que l'un des paquets, dans lesquels se trouvait le bordereau, a été donné au commandant Henry le samedi 22 septembre, et qu'il a dû les apporter au bureau le lundi 24 au matin.

C'est le lundi 24, continue Lauth, « ou à une autre date, mais il ne dut pas y avoir grand écart », qu'Henry, venant de bonne heure au bureau, lui montra le bordereau recollé, ainsi qu'à Gribelin et à Mutton. A Rennes, Lauth précise encore plus : « Le papier, dit-il, « qu'Henry tenait à la main et qui avait été en plusieurs » morceaux, — ce que nous savons être inexact, — était » recollé. Il n'était pas fragile, *il était absolument sec.* »

Cette retouche est bien intéressante. Si le papier « était absolument sec, » c'est qu'il était recollé depuis la veille. Lauth donne même à entendre qu'Henry l'avait reçu depuis l'avant-veille. Si le papier n'avait pas été « absolument sec, » il en serait résulté que, ce matin-là, vers neuf heures, au bureau, quand Henry montra le bordereau à son ami Lauth, il venait tout juste de le recevoir et le recoller. Mais alors, ce n'eût point été des mains de la ramasseuse qui ne venait pas à l'État-Major. C'est l'autre agent, « l'agent le plus intelligent », qui l'eût apporté. Donc, pas de cornet, pas de panier à papiers, et la lettre missive, depuis bordereau, était intacte quand elle avait été prise. Ainsi, cette retouche était indispensable. Il y a tout un système, ici encore, et le même que précédemment, dans ces deux mots : « absolument sec ». Pour que le bordereau soit venu par le cornet de la ramasseuse — et l'on sait pourquoi cela est devenu essentiel, — il est nécessaire que le papier ait été, quand il fut montré à Lauth, « absolument sec », après avoir été recollé. Donc, Lauth dit qu'il l'a été.

Précédemment, et dans le même dessein, Lauth a pris soin de dire « qu'il y avait, sur la table, d'autres petit paquets, contenant des morceaux de papier avec des déchirures et qui étaient informes ». Donc encore, le tout, y compris le bordereau, venait bien du cornet de la ramasseuse.

Malheureusement pour Henry il y a, d'abord, dans le témoignage de Lauth, une inexactitude flagrante, qui, à elle seule, donne à douter du reste : c'est quand il affirme, à son tour, que le bordereau avait été « en plusieurs morceaux »; or, Lauth a vu le bordereau, il raconte l'avoir regardé longuement à la fenêtre; il dit donc, ici, et sciemment, le contraire de l'évidente vérité. De plus, la flûte de Lauth ne s'accorde pas avec celle d'un autre témoin. Lauth mentionne « d'autres petits paquets, qui étaient sur la table, contenant des morceaux de papier avec des déchirures et qui étaient informes ». Or, voici la déposition de Mme Henry :

> Mon mari est entré dans la chambre en tenant dans la main *un morceau de papier et la lettre qu'il venait de reconstituer*. Il mit le tout dans son chapeau, comme il le faisait généralement, pour être sûr de ne pas l'oublier le lendemain matin.

Un morceau de papier et une lettre reconstituée, cela fait deux morceaux de papier.

Par conséquent, ou Lauth, ici encore, n'a point dit la vérité, ou l'anecdote de Mme Henry ne se rapporte pas au bordereau. Je n'insinue point qu'elle soit controuvée; j'ai déjà rappelé qu'Henry recollait souvent des petits papiers chez lui, ceux qui venaient vraiment du cornet. Il y a confusion entre diverses scènes de recollage. C'est Henry qui a raconté que, ce soir-là, il avait reçu le bordereau. Et c'était un mensonge. Et, si, par impossible, c'était la vérité, alors ce serait Lauth, « avec ses autres petits paquets », qui aurait menti. Et, si c'était la vérité, il n'eût pas fallu une heure et demie pour reconstituer *un* morceau de papier et une lettre qui n'était pas en morceaux! Donc, encore une fois, Henry se convainc lui-même de mensonge.

Tous ces infiniment petits sont d'une grande importance.

A noter que Gonse, au contraire de Lauth, n'affirme point que le bordereau a été reçu par Henry chez lui et recollé par lui. Il dépose : « Le recollage *a dû* être fait par Henry ; je ne sais pas s'il s'est fait aider par d'autres officiers pour ce travail. » (*Cass.*, *12 décembre 1898.*) Le seul fait pour Gonse d'admettre qu'Henry a pu être aidé par d'autres officiers équivaut au refus de déclarer formellement que le bordereau a été reçu par Henry en dehors du bureau, chez lui, où il aurait été seul à reconstituer les papiers. Ce n'est qu'à l'État-Major qu'il eût pu se faire aider par d'autres officiers.

Enfin la suppression de l'enveloppe où était le bordereau rentre dans le même plan. L'enveloppe, à elle seule, suffisait à prouver que le bordereau n'était point venu par le cornet de la ramasseuse, qu'il avait été apporté par l'autre agent, qu'il était intact quand il fut pris, qu'il a été artificiellement déchiré. En conséquence, on escamota l'enveloppe.

Gonse, quand il éluda la demande qui lui fut faite par Gobert au sujet de l'enveloppe, a pu très bien ne pas comprendre la vraie raison de la consigne qui lui avait été donnée. Henry, ou tel autre, a pu lui faire accroire que la divulgation de l'enveloppe, avec l'adresse de Schwarzkoppen, serait une cause de guerre avec l'Allemagne. Gonse a trempé dans plus d'un crime, mais son intelligence n'est pas à la hauteur de ses propres méfaits. Henry lui faisait croire et dire et faire tout ce qu'il voulait. Ce soldat bousculait ce général.

A supposer même, en dépit de toutes les vraisemblances, que le coup du bordereau ait été fait par la ramasseuse qui aurait réussi à s'emparer de cette lettre, et non par « l'agent intelligent », la ramasseuse n'aurait pas déchiré la pièce intacte qu'elle avait prise ; elle l'aurait fournie telle quelle ; elle ne l'aurait pas mêlée aux fragments informes du cornet ; le bordereau, ayant été mélangé à ces débris malpropres, serait froissé, fripé, au lieu d'être uni ; enfin, la disparition de l'enveloppe et les déchirures absolument voulues de la pièce, resteraient des manœuvres frauduleuses. De plus, elles seraient inexplicables.

Tout s'explique, au contraire, si le bordereau a été *apporté* à l'état-major par « l'agent intelligent ». Le jour où Henry a montré, si emphatiquement, le bordereau à Gribelin, à Lauth et à Matton, s'il est venu au bureau de meilleure heure que d'habitude, ce n'est point parce qu'il avait reçu la veille, chez lui, la lettre missive ; c'est, sans doute, parce que « l'agent intelligent » lui avait annoncé sa visite, à l'État-Major, pour une heure matinale. L'agent, alors, lui remet le bordereau sous enveloppe. Henry reconnaît l'écriture d'Esterhazy. Que faire ? Détruire le bordereau ? Impossible : l'agent, fier de son butin, qu'il l'ait pris lui-même ou qu'il l'ait reçu d'un complice, parlerait. De plus, les autres officiers subalternes du bureau, Lauth, Matton, Gribelin, vont arriver ou sont déjà là. Et Sandherr peut arriver, lui aussi, d'un moment à l'autre. Cette crainte lui vient-elle au moment même où, sous une première impulsion, il a commencé à déchirer le bordereau ? Qui le saura jamais ? En tous cas, s'il a commencé à le déchirer, il s'arrête. Si le bordereau n'a pas été déchiré ainsi, il l'a été pour faire croire aux dupes qu'il venait du cornet. De toute façon, déchirure factice. Et l'enveloppe disparaît. Henry néglige seulement, après avoir déchiré imparfaitement le bordereau, de le chiffonner, de le froisser. Peu importe, dès lors, que le recollage ait été fait par Henry seul, avant l'arrivée des officiers, ou par Henry, aidé des autres officiers. Et, par la suite, tout l'effort de l'ancien État-Major tendra, dans l'espèce, à établir que le bordereau est venu en morceaux et par le cornet.

VII

LA DATE D'ARRIVÉE

Dernier problème : A quelle date exacte le bordereau est-il arrivé au ministère de la guerre ?

Je reproduis les dépositions des témoins :

MERCIER. — Au mois de septembre, arrive la pièce dite bordereau... Le bordereau nous a été remis avec d'autres. (*Cour de cassation, 8 novembre 1898.*)

CAVAIGNAC. — Le bordereau a été saisi du 20 au 25 septembre 1894 ; il est arrivé avec d'autres documents. (*Cour de cassation, 9 novembre 1898.*)

ZURLINDEN. — Le bordereau est arrivé au ministère de la guerre du 20 au 25 septembre ; il était accompagné de documents datés du commencement d'août, de la fin d'août et du 2 septembre. (*Cour de cassation, 14 novembre 1898.*)

ROGET. — On saisit le bordereau vers la fin de septembre, entre le 20 et le 25. (*Cour de cassation, 21 novembre 1898.*)

GONSE. — Le bordereau a été remis par le colonel Sandherr, dans les derniers jours du mois de septembre 1894, du 20 au 25, autant qu'il m'en souvient. (*Cour de cassation, 12 décembre 1898.*)

BOISDEFFRE. — J'étais absent lorsque survint la découverte du bordereau. (*Cour de cassation, 12 décembre 1898.*)

Lauth incline beaucoup à croire qu'Henry a reçu le bordereau le samedi 22 septembre 1894 et qu'il l'a apporté au bureau le lundi 24.

Gribelin dit seulement : « Vers la fin de septembre 1894. »

Cordier dépose :

Je suis parti en permission le 23 septembre au matin ; la veille au soir le bordereau n'avait pas encore été remis au colonel Sandherr.. Le bordereau n'était pas au bureau le 22 septembre ; il a dû y arriver le 24, le 25 ou le 26. (*Cass., 27 décembre 1898.*)

D'Ormescheville et Ravary sont muets sur la date d'arrivée du bordereau.

A Rennes, Mercier précise : *il croit* que le bordereau est arrivé entre le 20 et le 25 septembre, avec cinq autres pièces, la première du commencement d'août, les autres des 21, 24 et 26 août et du 2 septembre ; « six en tout ».

Mme Henry, dans sa déposition, dit que son mari, le soir où, d'après lui, il aurait reçu le bordereau, ne recueillit, pour les emporter le lendemain au ministère, que deux pièces : « Un morceau de papier et la lettre qu'il venait de reconstituer. »

Lauth dépose que, « d'après les calculs qu'il a dû faire, le bordereau est arrivé du 22 aux 25, 26 septembre ».

Cordier répète sa déposition devant la chambre criminelle ; mais Lauth conteste que Cordier soit parti en congé le 23 : « C'est, dit-il, le 13. » Cordier maintient qu'il n'a pas « manqué au bureau dans les jours qui ont précédé le 23 ».

Ainsi, le bordereau serait arrivé au ministère, du 20 au 26 septembre 1890, si l'on prend les dates extrêmes de Mercier et de Lauth, du 24 au 26 selon Cordier. Mais pourquoi la date exacte de l'entrée du bordereau n'a-t-elle pas été notée sur la pièce elle-même, comme cela se faisait le plus souvent ?

L'intérêt d'inscrire la date d'arrivée des pièces est manifeste. L'habitude qu'avait le bureau d'inscrire ces dates a même permis de commettre de véritables faux. Ainsi pour la fameuse pièce Schneider,

Elle fut inscrite comme ayant été reçue le 30 novembre 1897. Mercier, à Rennes, essaya, d'abord, de faire croire qu'elle avait été datée par son auteur : « Paris, 30 novembre 1897. »

De même Cavaignac. Dans son discours du 7 juillet 1898, il dit d'une des pièces qu'il portait à la tribune : « Lorsqu'elle est parvenue au service des renseignements, elle a reçu l'indication suivante : mars 1893. » Cavaignac donnait à entendre que la pièce était réellement de cette date. Or, Cuignet, a établi devant la Cour de cassation, qu'elle était arrivée en août ou septembre 1896.

L'arrivée du bordereau au ministère de la guerre avait causé une grande et légitime émotion. Raison de plus d'inscrire la date exacte de cet événement. C'est précisément ce qu'on néglige.

Mercier place l'arrivée du bordereau entre le 20 et le 25 ; Lauth entre le 20 et le 26.

Plus encore : Mercier déclare, et Cavaignac, Zurlinden répètent après lui, que le bordereau était accompagné de cinq autres documents. Ils donnent les dates de ces documents : 24, 25, 26 août, etc. Et la date d'entrée de ces documents n'est pas plus inscrite que celle du bordereau !

Etrange, en vérité ! et comment la pensée ne viendrait-elle pas, tout de suite, que les cinq documents — dont Mercier affirme qu'ils sont venus avec le bordereau — ne sont pas arrivés avec lui ?

Cette allégation de Mercier que le bordereau était accompagné, il ne la fait point sans quelque intention. Et c'est toujours la même que j'ai déjà signalée : il s'agit d'accréditer, par des affirmations accessoires, que le bordereau est venu par la dame au cornet et non par « l'agent le plus intelligent ».

En effet, si le bordereau était accompagné d'autres pièces, s'échelonnant, par leurs dates, du commencement d'août au 2 septembre, c'est qu'il est venu par le cornet : c'était le butin mensuel de la ramasseuse.

Mais, s'il est venu seul, c'est « l'agent le plus intelligent », le témoin gênant qui l'a apporté.

Pour faire croire que le bordereau est venu par le cornet, il a suffi de lui adjoindre les pièces qui sont venues, quelques jours auparavant ou après, par ledit cornet. Procédé élémentaire; mais qui ne résiste pas à ce fait que le bordereau est arrivé intact et dans son enveloppe, qu'il a été déchiré postérieurement.

Voilà pourquoi nous ne savons pas à quelle date exacte est arrivé, au ministère de la guerre, le document qui est à l'origine du plus effroyable drame de ce siècle finissant.

LE ROLE D'HENRY

1ᵉʳ janvier 1900.

Il n'y a point d'acte sans mobile.

Depuis cinq ans que la plus horrible des accusations a été portée contre le capitaine Dreyfus, on n'a pu trouver aucun mobile à la trahison qui aurait été commise par un officier jeune, de haute culture intellectuelle, du plus brillant avenir, riche, heureux, ambitieux, ardemment patriote, imbu de l'esprit militaire.

Au contraire, d'innombrables mobiles expliquent le crime d'Esterhazy, officier besoigneux, taré, joueur, débauché, déçu dans ses ambitions, brûlé par des passions violentes, méprisant ses chefs, ayant au cœur, contre la France, une haine furieuse. Mercier lui-même, causant à un témoin du procès Zola, trouvait à ce pandour le physique de l'emploi. Les lettres à Mme de Boulancy ont montré qu'il en avait l'âme.

Et il y a eu, pareillement, un ou plusieurs mobiles aux actes d'Henry, à l'acharnement avec lequel il a poursuivi la condamnation de Dreyfus, la disgrâce de Picquart, le sauvetage d'Esterhazy. On n'entasse point sans raison, pendant tant d'années, tant de forfaits. On ne risque pas, cent fois, de se perdre pour, simplement, en perdre un autre. De l'arrivée du bordereau de l'État-Major, jusqu'au drame, mystérieux encore, du Mont-Valérien, la vie d'Henry est une série touffue de faux témoignages, de faux, de mensonges, d'intrigues ténébreuses. Il faut un vent puissant pour assembler tant de nuages. Quel vent ? De démence ou de crime ?

L'homme n'était point un fol, pas même un détraqué. C'était un rude paysan, d'une culture grossière, d'esprit rusé et subtil. Quand il s'engagea, comme simple soldat, sa plus haute ambition était d'être retraité comme capitaine. Monterait-il jamais si haut ? Un hasard l'appela, à une heure troublée, à l'État-Major du général de Miribel. M. de Rochebouët était ministre de la guerre. Il fut associé à la préparation d'un crime qui avorta. Il était devenu, pour les chefs dont il avait été le complice, un témoin gênant. Il comprit sa force et résolut d'en user. Des soifs nouvelles jaillirent en lui. Un autre hasard, deux fois malheureux, l'envoie au bureau des renseignements. Son génie policier s'y réveille et il y fait la connaissance empoisonnée d'Esterhazy.

Ce rastaquouère militaire arrivait au bureau, pour y passer une heure, dans une voiture élégante, une large fleur à sa boutonnière. Fier de son nom historique, entiché de sa noblesse usurpée, avec, sur lui, le reflet des plaisirs faciles, jonglant avec d'autant plus d'or que sa fortune était moins solide, hâbleur, menteur, la tête pleine d'idées qui éclataient en des formules pittoresques et cyniques, frondeur, ayant jugé les hommes et surtout les militaires, dénué de tout principe de morale et de tout scrupule, séducteur, malgré tout, puisque tant de femmes se sont éprises de lui et qu'il reste aujourd'hui encore, après tant de crimes et dans son horrible misère de maître chanteur, une figure qui trouble, de grande allure, capable de fortes actions, ainsi qu'il a pu le dire lui-même, comme des crimes les plus bas, condottière né quatre siècles trop tard, il fut le démon tentateur.

Comment, par quelle lente infiltration? C'est ce qu'on ne saura peut-être jamais. Et jusqu'où?

Ceux des crimes d'Henry qui sont postérieurs à la condamnation de Dreyfus, on a cherché à les expliquer par la nécessité de couvrir l'iniquité, de sauver l'honneur du bureau, devenu celui de l'armée. Explication fragile. Et deux raisons s'opposent à ce qu'on l'admette pour lui, comme on l'accepte pour d'autres : ses crimes de 1894 et le drame du Mont-Valérien. Dira-t-on que ces crimes ont été commis par ordre, ordre formel ou, selon l'expression de Mercier, ordre moral? Et il faut motiver le rasoir, ou dire qu'il lui a été mis dans la main, que ce Séide moderne s'est suicidé par ordre.

On sait où sont les preuves matérielles de la trahison d'Esterhazy. La clef de votre maison a été dérobée; elle a été jetée dans le Rhin ou dans la Sprée : vous la chercherez en vain dans la Seine. Sa conscience parlera peut-être, un jour, à Schwarzkoppen. Si sévère, si dure pour nos fautes, malgré notre immense effort vers la justice, l'Europe s'est montrée singulièrement indulgente pour l'Allemagne. Pourtant, la clef du mystère est là. On s'étonne, à bon droit, que des diplomates, des hommes d'État, des historiens, aient été sourds aux déclarations réitérées des ambassadeurs, des ministres parlant au nom de leur souverain. Mais il faut, à la masse, à la foule, à un peuple volontairement trompé par d'innombrables journaux, autre chose que des paroles : saint Thomas veut toucher les plaies.

C'est ce que Labori, à Rennes, avait clairement compris ; quand le colonel Jouaust écarta les deux commissions rogatoires à Schwarzkoppen et à Panizzardi, c'est la Vérité elle-même, l'éclatante Vérité, qu'il écartait. La responsabilité morale de cet officier qui a, dit-on, voté l'acquittement de Dreyfus, elle est ici, bien plus que dans ses boutades et dans ses bourrades. Or, ces commissions rogatoires seront renouvelées ; elles l'ont été, déjà, par Zola. Et il y a d'autres témoins encore, qui ont reçu des confidences, à qui elles finiront, je crois, par peser trop lourd. Quiconque détient une parcelle de vérité et ne la donne pas, a sa part dans l'iniquité. L'innocent n'a point demandé la liberté : c'est son honneur qu'il veut.

Donc, en attendant le grand jour des audiences, nous ne pouvons interroger que ce seul témoin : la Raison. Témoin faillible assurément, qui se débat dans la nuit, mais qui, cependant, a ses principes directeurs et ses règles. L'un de ces principes, c'est qu'il n'y a point d'acte sans mobile. Quel a été le mobile des actes d'Henry ?

I

Vers la fin de septembre 1894, un agent apporte le bordereau au ministère de la guerre. C'est un agent fort intelligent, délié, qui a été compromis, dix mois auparavant, dans une affaire assez obscure, tenu, depuis lors, un peu à l'écart, qui cherche à rentrer en grâce par un coup d'éclat.

Ce coup, il vient de le faire. Il a pris lui-même, ou il a fait prendre par un complice, dans la loge du concierge de l'ambassade d'Allemagne, une lettre à l'adresse du colonel de Schwarzkoppen. Cette lettre était accompagnée d'un paquet qu'il n'a pas osé dérober. Il a ouvert l'enveloppe, lu la lettre ; c'est celle d'un officier français qui offre à l'officier allemand des documents, des notes sur des questions militaires. L'agent s'exagère, sans doute, l'importance des secrets trahis. Il y a intérêt ; sa prise en est plus précieuse. Du texte même de sa première ligne, il résulte que le traître n'en est pas à son premier acte.

Les amis d'Henry veulent que ce soit lui qui ait reçu le bordereau. Il connaît l'écriture d'Esterhazy, son camarade depuis de longues années. L'écriture est si caractéristique que, par la suite, sur un simple fac-similé du bordereau qu'on vend dans la rue, un passant la reconnaîtra aussitôt. Donc Henry, lui aussi, l'a reconnue.

Cette lettre est la preuve certaine d'une trahison. L'officier qui vient de la recevoir est plus que tout autre, par la fonction qu'il occupe, l'un des gardiens de la maison. Il s'agirait de son frère qu'il n'aurait pas le droit de se taire. S'il n'a qu'un soupçon, le plus léger soit-il, sur l'homme à qui appartient cette écriture, son devoir est de parler, rien que pour éviter une chance possible d'erreur. Or, cette certitude ou ce soupçon, il les enfonce au plus profond de lui-même. Bien plus, il va appliquer tout son art à dépister ses chefs : pourquoi ?

Si Henry n'est pas l'associé d'Esterhazy, cette lettre lui apprend que son ami est un misérable. S'ils sont complices, elle entr'ouvre l'abîme sous ses pas. Pourtant, cette lettre accusatrice, unique et fragile preuve, il ne peut pas la détruire. Il a pu en avoir, pendant une minute, la velléité. Mais l'agent l'a lue, en a estimé le prix ; il parlera ! Détruire la lettre, c'est avouer le crime.

Donc, il ne la détruit pas ; mais, cette lettre intacte, il la déchire. Déchirure incomplète, puisque les morceaux restent joints par un bout commun, et visiblement artificielle par le manque de franchise. Il néglige, en outre, de froisser le papier qui reste uni, égal. Puis, il recolle le document, le montre à ses camarades, non sans nervosité, à son chef direct, Sandherr, qui l'apporte aux grands chefs.

Sandherr a-t-il su que le bordereau avait été apporté intact, dans son enveloppe, par l'agent intelligent qui l'avait pris ou fait prendre dans la loge de l'ambassade ? En tout cas, la version officielle, c'est que le bordereau, déchiré en morceaux, « en menus morceaux », (*dép. Roget, Cavaignac, Gonse*) a été pris, dans le panier à papiers, par une vieille femme illettrée, balayeuse et nettoyeuse chez la comtesse de Munster, ramasseuse de bouts de papier pour le compte de l'État-Major.

Henry peut avoir menti à ses chefs comme il se pourrait aussi qu'il ait combiné, avec certains de ses chefs, ce mensonge.

Pourquoi ?

La date exacte de l'entrée du bordereau n'est inscrite nulle part, négligence d'autant plus étrange que la pièce est plus importante.

II

Henry eût-il préféré que l'affaire fût, simplement, classée ? Qui le saura jamais ? Il a pu l'espérer, sachant que l'écriture d'Esterhazy n'était, à l'État-major, connue que de lui. La fatalité veut que les soupçons s'égarent sur un innocent. Les chefs, que trompe une superficielle ressemblance d'écriture, sont, alors, de bonne foi. Il y a un homme qui sait que l'officier suspecté n'est pas le coupable : c'est Henry. Par la confiance dont il jouit, « confiance absolue », avouera Boisdeffre, il serait en mesure, tout au moins, de les détourner d'une aussi atroce erreur. Rien qu'en se taisant, — si Estérhazy n'est que son ami, — il trahit son devoir... Mais nul n'est plus ardent, de la voix et du geste, à lancer la meute, loin du coupable, sur l'innocent. Pourquoi ?

III

L'arrestation de Dreyfus est décidée ; Henry, dans l'ombre, assiste à la scène de mélodrame où elle s'opère. Il n'en perd pas un mot. Il sait que l'infortuné officier a été laissé, systématiquement, dans l'ignorance du crime précis dont il est accusé. Du Paty, lui-même, qui a organisé cette scène, le dit, en propres termes, dans son rapport. Ce premier interrogatoire de Dreyfus ne lui a fait connaître ni les faits qui lui étaient attribués, ni la remise des documents qui lui était imputée. Jusqu'à une date avancée de l'enquête, il a ignoré tout, sauf qu'il était inculpé pour haute trahison. Or, quand Henry, qui a été chargé de faire écrouer Dreyfus au Cherche-Midi, rend compte, le lendemain, de la conversation qu'ils avaient eue dans la voiture qui les menait à la prison, il y commet un effroyable mensonge.

Dreyfus lui ayant dit, à travers ses sanglots, qu'il ne comprenait rien à l'accusation dont il était objet, qu'il ne savait de quels documents secrets il s'agissait, Henry écrit :

Alors que je me trouvais dans une pièce contiguë à celle où cet officier était interrogé, *j'ai parfaitement et très distinctement entendu* M. le commandant du Paty de Clam dire au capitaine Dreyfus : « Vous êtes accusé d'avoir livré à une puissance étrangère une note sur les troupes de couverture, une note sur Madagascar, un projet de manuel sur le tir de l'artillerie. » Donc, lorsque le capitaine Dreyfus affirme que le commandant du Paty de Clam ne lui a pas dit de quoi il accusé et s'est borné à lui parler de documents secrets et confidentiels, le capitaine Dreyfus voile sciemment la vérité.

A Paris, le 16 octobre 1894.

Signé : Henry.

Pourquoi ce mensonge, coup de massue qui écrase un peu plus l'innocent, le fait rouler au fond de l'abîme, infirme à l'avance la sincérité de ses protestations ?

IV

Je ne puis parler que des faits qui sont juridiquement établis, incontestés ; mais comment ne pas entrevoir que l'auteur de ce rapport, favori des grands chefs, mis en vedette parce qu'il a reçu le bordereau et conduit l'accusé en prison, s'est employé à affirmer, à proclamer partout la culpabilité avérée du malheureux, à créer cette atmosphère de haine et de colère qui étouffera le doute, d'où ne s'élèvera aucune voix pitoyable, où quiconque exprimerait un doute en deviendrait suspect ?

Cependant, l'enquête judiciaire ne fait pas un pas. La perquisition, immédiate, au domicile de Dreyfus, ne donne rien. L'accusé proteste, avec une passion croissante, de son innocence. Il nie que la pièce incriminée soit de sa main. Il n'a pas détenu le *Manuel de tir*, n'a rien su du plan de l'expédition à Madagascar, n'est pas allé aux manœuvres. On a beau chercher, furieusement, de toutes parts : aucune preuve. Rien, sinon cette vague ressemblance d'écriture. Le ministre de la guerre, qui n'est pas encore un scélérat, hésite devant un pareil néant. Le ministre des Affaires étrangères, le généralissime, gouverneur de Paris, insistent pour l'abandon d'une aventure aussi imprudemment engagée. Quoi de plus facile, de plus simple, puisque, par l'ordre formel du général Mercier, l'arrestation est restée secrète, que le silence a été commandé à la femme de l'accusé, comme le seul moyen de sauver son mari ?

Ainsi, demain, ce soir peut-être, un non-lieu va être signé. Mais Dreyfus, une fois rendu à la liberté, s'en contentera-t-il ? Ce soldat irréprochable, mais souillé par le soupçon, ne se mettra-t-il pas à l'œuvre, à travers tous les obstacles, pour chercher le traître, l'infâme dont le crime a été cause, pour lui, de cette catastrophe ?

Au contraire, que l'arrestation provisoire de Dreyfus soit divulguée, le non-lieu devient, sinon impossible, du moins, dans la veulerie des temps, très difficile. La perte de Dreyfus, c'est le salut d'Esterhazy. L'accusé est juif ; il ne sera pas plutôt dénoncé que son crime, pour la presse antisémite, pour la foule ameutée, deviendra une certitude. Le procès, dès lors, sera inévitable ; les vieilles haines de religion et de race déchaînées, le patriotisme affolé, le gouvernement intimidé, intimidés aussi les braves gens, crédules ou lâches, que de chances pour gagner la bataille !

L'ordre ministériel de taire l'arrestation est formel ; qu'importe ? Le 29 octobre, M. Papillaud, rédacteur à la *Libre Parole*, reçoit la lettre suivante :

Mon cher ami,

Je vous l'avais bien dit : C'est le capitaine Dreyfus, celui qui habite 6, avenue du Trocadéro, qui a été arrêté le 15 (octobre), pour espionnage, et qui est en prison au Cherche-Midi.

On dit qu'il est en voyage, mais c'est un mensonge parce qu'on veut étouffer l'affaire. Tout Israël est en mouvement.

A vous,

HENRY.

Faites compléter ma petite enquête au plus vite.

Pourquoi Henry a-t-il osé cette violente désobéissance aux ordres du chef suprême de l'armée? Dans quel intérêt dénonce-t-il le juif, la prétendue agitation d' « Israël » qui ignore encore tout? Il va soulever la plus furieuse des tempêtes, d'autant plus furieuse que la presse immonde va pouvoir se targuer, avec raison, d'avoir forcé la main au gouvernement. Quel préjugé contre l'accusé que cette menaçante divulgation !

V

La *Libre Parole* n'a point perdu une heure ; dès le lendemain, elle annonce une arrestation importante au ministère de la guerre. (Lundi, 29 octobre.) Papillaud, sans tarder, accompagné du commandant Biot, se rend d'abord au domicile de Dreyfus, dont il constate l'absence ; puis, chez Henry qui, à la vue de sa lettre, feint de témoigner une grande surprise et insiste pour qu'elle lui soit remise. Tel est, du moins, l'un des récits de Papillaud. (*Fronde* du 4 avril 1899.) Papillaud, jugeant l'original bon à garder, ne laisse qu'une copie. Henry proteste que la lettre n'est pas de lui ; il fera procéder à une enquête minutieuse afin d'en découvrir l'auteur.

Mais l'affaire en resta là.

Pourquoi, si la lettre était un faux, si elle n'émanait point d'Henry, l'enquête n'a-t-elle pas eu lieu? Le 30 octobre, il n'y avait pas beaucoup d'initiés à connaître l'arrestation de Dreyfus. Aucune enquête plus facile.

Ce fait que la *Libre Parole* avait été avertie par une lettre signée de lui, pourquoi Henry ne l'a-t-il point porté à la connaissance de ses chefs (1), dénonçant aussitôt le prétendu faux, protestant que l'indiscrétion ne venait pas de lui, que ce n'était point lui qui avait enfreint les ordres catégoriques du ministre, informé la presse anti-juive?

Et pourquoi, Henry ayant joué, — du moins, d'après Papillaud, — la comédie de répudier la lettre révélatrice, pourquoi la *Libre Parole* aurait-elle publié, si elle n'y avait été incitée, le 1ᵉʳ novembre 1894, cette manchette en caractères d'affiches : « Haute trahison ; arrestation de l'officier juif A. Dreyfus ? »

VI

Le plan a réussi, l'orage éclate.

L'accusé, — qui, toujours, doit être présumé innocent, — étant juif, est proclamé aussitôt coupable. Dans l'ignorance des faits et de l'objet précis de l'accusation, affolée par mille récits fantastiques, mais d'allure officieuse, d'une trahison énorme, sans précédent, qui a livré à la Prusse les secrets les plus précieux de la défense nationale, — et d'où viennent ces informations de la *Libre Parole* et de l'*Éclair*, du *Petit Jour-*

(1) Il a fallu que ce fût moi qui le révélât, cinq ans plus tard, dans le *Siècle* du 2 avril 1899.

nal et de l'*Intransigeant*, de la *Patrie* et de la *Cocarde* ? — emportée par la houle antisémite, l'opinion, du soir au matin, est devenue incapable de raisonner. Non moins désemparé, le gouvernement capitule, engage les poursuites.

La *Cocarde*, du 14 novembre 1894, attribue imprudemment, par excès de zèle, tout le mérite de l'opération à Henry ; elle raconte que les ministres voulaient étouffer l'affaire : « Ce fut Henry qui s'y opposa avec énergie et décida le ministre de la guerre à exiger la comparution du coupable devant un conseil de guerre. »

Les révélations de la presse ont provoqué les démentis des ambassades allemande et italienne qui affirment n'avoir jamais connu Dreyfus. Mercier en est troublé dans ce qui lui reste de conscience. Le chantage éhonté de la *Libre Parole* n'a pas eu le temps encore d'avoir raison de ses derniers scrupules. La contradiction des expertises est gênante. Surtout, plus on cherche, plus le crime paraît inexplicable, sans mobile.

Les premiers renseignements, venus de Mulhouse, sur la moralité et sur la famille de l'accusé, avaient été mauvais. Contrôlés, ils étaient devenus excellents. Des notes de Guénée, agent à la solde du 2ᵉ bureau et tout à fait sous la main de Henry, présentaient Dreyfus comme un joueur et un débauché. Guénée a dit formellement, à la Cour de cassation, que Henry lui avait donné l'ordre direct de procéder à ces enquêtes. Guénée comprenait à mi-mot. Cependant, Mercier voulut les vérifier ; il s'adressa, à cet effet, au Préfet de police.

M. Lépine a déposé, le 24 avril 1899, devant les chambres réunies, que, par deux fois, en novembre 1894, Mercier lui fit demander si Dreyfus avait perdu de fortes sommes au cercle Washington, si son beau-père était intervenu pour payer ses dettes, s'il avait des relations coûteuses dans le monde de la galanterie.

Et, par deux fois, les rapports officiels, circonstanciés, de la préfecture de police furent négatifs : « Dreyfus était inconnu dans les grands cercles de jeux de Paris; » point de relations dans le monde des filles, sauf une seule, et celle-là même, douteuse.

Or, ces rapports, remis par la préfecture de police à Henry, ne furent jamais transmis à Mercier.

Les copies en sont restées aux archives de la Préfecture ; les originaux ont disparu.

D'Ormescheville, pour rédiger son acte d'accusation, ne connut que les notes de Guénée qu'il développa amplement, qui étaient mensongères, qui avaient été dictées par Henry.

Pourquoi Henry avait-il soustrait, détruit, — crime prévu et puni par le Code, — les rapports officiels de la Préfecture de police, favorables à Dreyfus ?

VII

Grâce à ce crime d'Henry, le crime imputé à Dreyfus trouve une explication plausible : la passion du jeu et des femmes. Et, comme la *Libre Parole*, tous les matins, outrage et menace Mercier, le ministre de la guerre baisse pavillon, rend les armes. Nous avons la date exacte de sa capitulation par un article dithyrambique de la *Libre Parole* en son honneur :

Il veut qu'en dépit des efforts tentés par la juiverie, l'officier lâche et traître subisse le châtiment qu'il mérite ; l'expiation est proche. (17 novembre 1894.)

Il ne reste plus maintenant qu'à arracher aux juges du Conseil de guerre un verdict de condamnation.

Le coup d'Henry, la campagne de la *Libre Parole*, ont réussi à poser ce hideux dilemme : Mercier ou Dreyfus ?

Question de vie ou de mort pour le ministre de la guerre : sombrer dans la honte d'avoir engagé, à la légère, un pareil procès, ou faire condamner un innocent.

Mercier, comme Macbeth sur la lande, a rencontré les sorcières. Elles lui ont promis qu'il serait roi.

Avec Boisdeffre, Gonse et Sandherr, il compose le dossier secret qui sera frauduleusement communiqué aux juges, en violation de la loi, à l'insu de l'accusé et de son défenseur.

L'un de ces juges, le capitaine Freystætter, a déclaré, au procès de Rennes, que l'une de ces pièces était un texte falsifié de la fameuse dépêche de Panizzardi. L'attaché militaire italien avait télégraphié à son gouvernement qu'il n'avait jamais eu de rapports avec Dreyfus. Le texte falsifié lui faisait dire qu'on avait les preuves des relations de Dreyfus avec l'Allemagne et que l'émissaire italien était prévenu. (*Rennes, 26 août 1899.*)

Mercier a juré qu'il n'avait point compris ce faux dans le dossier secret, qu'il avait donné l'ordre de ne tenir aucun compte de la dépêche du 2 novembre 1894. Si ses ordres ont été méconnus, il donne à entendre que ce ne peut être que par Sandherr, qui avait fermé le pli. Auparavant, le 17 mai 1889, comme le fait avait été allégué pour la première fois dans le *Temps*, un ami de Mercier avait dit à un rédacteur du *Matin* : « Sait-on, par exemple, si le colonel Henry, emporté par l'ardeur de son zèle et par l'ardeur de ses convictions, n'aurait pas outrepassé les ordres de son chef ? »

Le fait même, la forfaiture compliquée de faux, qui a été révélé par Freystætter, est certain. D'autres preuves en seront fournies. Un tel crime a-t-il pu être commis à l'insu de Mercier? Henry et Sandherr sont morts. S'ils pouvaient sortir du tombeau, leurs spectres demanderaient à Mercier pourquoi, s'il a tout ignoré, il a détruit lui-même, de ses propres mains, par un autre crime, le commentaire *original* de Du Paty.

VIII

Le rapport de d'Ormescheville, sans préciser formellement, implique que le bordereau a été écrit, par son auteur, au mois d'avril ou de mai 1894.

C'est faux : par la suite, l'État-Major a reconnu lui-même, démontré, que le bordereau est d'août ou de septembre.

Cette révélation, l'État-Major la fait, le 17 février 1896, au procès Zola. Jusque-là, le bordereau avait été d'avril ou de mai 1894.

Picquart était à la barre. Il croyait que le bordereau était du printemps. Il en tirait argument pour montrer qu'il était, dès lors, inapplicable à Dreyfus. C'est à ce moment que Pellieux interrompt : « Le bordereau n'est pas d'avril ; j'en appelle à M. le général Gonse. » Et Gonse confirme : « Il est arrivé à la fin de septembre ; il a dû être écrit en août. » (T. II, p. 111.)

Mais pourquoi Picquart disait-il que le bordereau était du printemps ?

Parce que cela résultait du rapport de d'Ormescheville. Parce que telle avait été la thèse du procès de 1894. « Parce qu'il l'avait toujours entendu dire au bureau. »

Et par qui ? Par Henry. Picquart l'a dit, catégoriquement, à Rennes.

Était-il indispensable, en 1894, pour obtenir la condamnation de Dreyfus que le bordereau fût de mai ? La preuve qu'il n'en était rien, c'est qu'en transportant le bordereau en août ou en septembre, Mercier, à Rennes a arraché une deuxième condamnation de Dreyfus.

Le bordereau n'étant pas de Dreyfus, dire qu'il n'a pu l'écrire qu'en mai n'est pas plus difficile que de jurer qu'il n'a pu l'établir qu'en août. La crédulité des juges restant la même, il suffit de changer de mensonges.

On applique la phrase : « Je pars en manœuvres... » tantôt au voyage d'État-Major que Dreyfus avait fait, du 17 juin au 4 juillet, dans l'Est, avec Boisdeffre ; tantôt aux manœuvres de septembre où, par ordre du même Boisdeffre, l'infortuné n'est pas allé, où il n'a jamais pu songer qu'il irait.

Quant aux notes du bordereau, comme on ne sait pas ce qu'elles contiennent, on les applique, avec la même assurance, tantôt à des questions militaires qui ont été étudiées, traitées ou préparées au Ministère, de février à mai 1894, tantôt à d'autres questions, toujours à l'ordre du jour, qui étaient, selon Cavaignac, en juillet et en août 1894, la vie même de l'État-Major. Ce n'est qu'un changement de vaines hypothèses, de mensonges.

Il est possible qu'on n'ait pas prévu, au premier procès Dreyfus, les arguments qui ont permis, au second procès Dreyfus, de donner au bordereau sa véritable date. Peut-être ne les avait-on pas cherchés. Attribuer au bordereau, venu en septembre, la date d'avril ou de mai, c'était, au surplus, compliquer les choses, rendre l'invraisemblance plus criante. En effet, si le bordereau était du printemps, comme il le fut au premier procès Dreyfus, comment expliquer qu'il ait mis quatre mois à venir du panier à papiers par le cornet à l'État-Major, puisque telle était alors la version officielle, également mensongère ? Jamais, les papiers de cette sorte ne mettaient plus d'un mois à venir ; ils venaient souvent deux fois par mois. On ne l'expliquait pas, on l'affirmait.

Il y avait cependant une raison à ce mensonge supplémentaire, à la fausse date. On l'aperçoit, sans peine dès qu'on a constaté que la fausse date a été maintenue au procès Esterhazy, qu'elle n'a disparu qu'au procès Zola.

Pour condamner Dreyfus, il importe peu que le bordereau, qu'il n'a pas écrit, soit d'avril ou de septembre. Mais, pour sauver Esterhazy, qui en est l'auteur, il est essentiel que le bordereau soit d'avril. Tant qu'Esterhazy pourra être mis en cause du fait du bordereau, tant qu'il n'aura pas été acquitté définitivement de ce chef, il faut que le bordereau soit d'avril.

En effet, à son procès, Esterhazy s'appuie exclusivement sur cette date pour montrer qu'il ne peut pas être l'auteur du bordereau, qu'il n'a pu connaître, en avril et mai 1894, ni le 120, ni le plan 13, ni la note sur Madagascar. Il ajoute même, par bravade, qu'il ne les a connus qu'en août. C'est toute sa défense. Ainsi, cet alibi de date lui était indispensable. Sans cet alibi, le jour où il serait pris, il serait perdu.

Est-ce d'Ormescheville qui a inventé la date d'avril 1894 ? Brisset, le commissaire du gouvernement, et lui n'ont répété, manifestement, que ce qui leur a été dit par l'État-Major.

Dès lors, qui a documenté d'Ormescheville ? qui lui a donné la fausse date ?

Est-ce Boisdeffre ? Est-ce Sandherr ? Est-ce Du Paty ? Est-ce Henry ?

Qui avait intérêt, dès 1894, à *prévoir* Esterhazy ? Qui *pouvait* le prévoir ?

Henry, déjà, avait donné à d'Ormescheville le rapport Guénée.

Et c'est pour appuyer la fausse date du bordereau, pour ramasser toute la prétendue trahison de Dreyfus en un même laps de temps, qu'une autre fausse date, 16 avril 1894, est attribuée à la pièce : « Canaille de D..», qui était depuis plus d'un an au ministère (*Cass. Picquart, 25 novembre; Cordier, 27 décembre 1898*), et qui ne s'appliquait d'ailleurs pas à lui.

IX

La fausse date, les fausses notes de police, les faux du dossier secret ne suffisent pas encore à rassurer Henry.

Tout de suite, dès l'ouverture du procès, il entreprend les juges pour les convaincre de la culpabilité de Dreyfus. « Le commandant Gallet, dépose Picquart (*Cour de Cass.*, 23 *novembre* 1898) a causé, j'en suis à peu près certain, de l'affaire avec le commandant Henry. » Avant le procès, Henry avait vu fréquemment le colonel Maurel, l'avait « cuisiné ».

A l'audience, Henry, dans sa première déposition, « affirme la culpabilité de Dreyfus sans invoquer de témoignage autre que le sien. » (*Dép. Freystætter, 24 avril* 1899). Il fut assez médiocre. « Il était incapable, a dit Roget, de parler des documents dont il était question au bordereau. » Henry était beaucoup moins ignare que ne le voudrait faire croire Roget. Mais, s'il l'était, pourquoi Mercier l'avait-il délégué au procès, comme le représentant officiel du bureau?

Cependant, attentif aux débats, il s'aperçoit, bientôt, que l'accusation fléchit ; Dreyfus démontre le néant des charges qui lui ont été opposées ; les juges sont émus ; ils vont acquitter.

C'est l'impression du Préfet de police qui assiste à l'audience, celle de Picquart qui avise le ministre de la guerre que « l'affaire s'annonçait mal ».

Alors, Henry comprend qu'il faut frapper un grand coup. Il dit à Picquart : « Puisque vous êtes assis derrière Gallet, — l'un des juges, — dites-lui donc de me poser telle question, relative à la présence d'un traître au 2e bureau, au printemps de 1894. » (*Cour de Cass. Dép. de Picquart.*)

Picquart refuse. Pendant une suspension d'audience, Henry fait ou fait faire à l'un des juges sa communication. La question est posée et Henry s'avance à la barre.

Sa déposition, lancée d'une voix forte, est très courte. Il affirme qu'il tient « d'une personne très honorable que quelqu'un trahissait au 2e bureau. » Et, montrant du doigt Dreyfus : « Le traître, le voici ! »

Dreyfus proteste avec indignation, somme Henry de désigner la personne très honorable. Henry s'y refuse : « Le képi doit ignorer ce qu'il y a dans la tête de l'officier ! »

Quelques phrases brèves, catégoriques, dépose Lépine. Il me serait impossible de citer de mémoire les termes de cette déposition sensationnelle ; mais le ton, le geste, l'attitude du commandant, je les vois encore. *C'était l'apparition du justicier.* Quand je me remémore, au bout de quatre ans, cette vision d'Henry levant la main, la croix de la Légion d'Honneur sur sa large poitrine, il me semble qu'il n'y ait eu que ces mots dans sa déposition : « C'est lui, je le sais, je le jure ! » (*Cour de Cass.,* 24 *avril* 1899.)

Picquart a dit quelle était cette personne très honorable :

Un rastaquouère, en relations avec le monde diplomatique étranger, qui racontait à Henry, soit directement, soit par l'intermédiaire de Guénée, ce que disaient, entre eux, les attachés militaires. Il le répétait, sans se rendre compte, bien souvent, de la valeur de ce qu'il entendait. (*Cour de Cass.*, *24 novembre 1898.*)

J'ai d'ailleurs donné à cet homme, continue Picquart, *par l'intermédiaire de Henry*, une somme de 1,200 francs pour rémunérer ses services.

La « personne très honorable » a été nommée, à l'époque du procès de Rennes : le marquis de Val-Carlos, ancien attaché militaire à l'ambassade d'Espagne. Métier ignoble que celui qui était reproché à cet officier. Il s'inclina devant l'accusation, se tut. Il était, à cette époque, attaché militaire *honoraire* d'Espagne ; l'honorariat lui fut retiré.

Au surplus, la dénonciation du marquis du Val-Carlos ne précisait pas : Dreyfus n'y était pas désigné. Mercier a produit, à Rennes, les trois notes de l'attaché espagnol. Ce sont de simples communications verbales, les deux premières à Guénée, la dernière à Henry. C'est, évidemment, Guénée et Henry qui les ont rédigées.

La première (mars 1894) signale Schwarzkoppen et Panizzardi comme travaillant en commun :

Ils ont, dans les bureaux de l'État-Major, un officier qui les renseigne admirablement. Cherchez, Guénée. *Si je connaissais le nom, je vous le dirais.*

La deuxième, d'avril :

Vous avez un ou plusieurs loups dans votre bergerie. Cherchez. Je ne saurais trop vous le répéter. Je suis certain du fait.

La troisième, de juin :

Un officier du 2ᵉ bureau de l'État-Major ou ayant appartenu, en tout cas, à ce bureau en mars et avril, renseigne Schwarzkoppen et Panizzardi. Je suis sûr de ce que je dis, mais je ne connais pas le nom de l'officier. Du reste, *si je le connaissais je ne vous le dirais pas.*

Donc, pas de nom. Rien que l'indication du 2ᵉ bureau où Dreyfus, en effet, s'était trouvé en mars et avril, mais avec d'autres officiers.

Dans l'une des pièces secrètes, la fameuse lettre : *doute-preuve*, il est question du *bureau des renseignements*. Le mot est écrit en français. Schwarzkoppen avait hésité à prendre Esterhazy à son service. Esterhazy lui dit qu'il tirait ses informations du *bureau des renseignements*.

Val-Carlos avait surpris, apparemment, un bout de conversation, mais sans comprendre.

Les juges de 1894 ne connurent pas les communications verbales du marquis espagnol ; ils n'en connurent que ce qui leur en fut dit par Henry. Or, comment douter de la parole d'Henry ? Il passait pour le bras droit de Sandherr ; il était le délégué du bureau au procès, l'homme qui jouissait de l'absolue confiance de Boisdeffre. Il était d'extraction humble, sortait du rang : pour avoir été élevé au poste qu'il occupait, il l'avait dû cent fois mériter. Le marquis Du Paty était suspect ; Henry ne l'était pas. Sa déposition avait été lancée d'une voix dramatique, émouvante, au bon moment. Ce fut pour les juges une certitude qu'une personne, très honorable, avait, en effet, désigné Dreyfus. Henry parlait au nom de Boisdeffre, de Mercier. Parole de ministre, parole d'Évangile.

Pourquoi ces faux témoignages ? pourquoi ces mensonges ?

X

Dreyfus est condamné, dégradé, déporté. On aimerait à savoir quelle fut, pendant cette période du drame, l'attitude d'Henry. Esterhazy s'en allait répétant que Dreyfus était probablement innocent.

Le 1ᵉʳ juillet 1895, Picquart remplace Sandherr à la tête du bureau des renseignements. Ce fut, selon Cordier, un vif désappointement pour Henry, « froissé de voir un officier plus jeune que lui, prendre la direction du service ». Henry avait été imposé autrefois à Sandherr, qui avait eu maille à partir avec lui, « le regardait parfois dans le blanc des yeux ». Lauth et Gribelin avaient déjà lié partie avec Henry. Le cinquième officier du bureau, Matton, avait obtenu de partir. — Pourquoi Matton n'a-t-il jamais été appelé à déposer ? — C'était Sandherr qui avait demandé à être remplacé par Picquart ; le colonel Bouchez, son chef au 3ᵉ bureau, l'avait également recommandé pour ce poste.

Henry dissimula, fit bonne figure au nouveau chef. Au début, tout marcha bien. Le *petit bleu* arrive, en mars 1896, par le cornet. Henry remet le cornet à Picquart ; Lauth le dépouille. Il y trouve la carte-télégramme de Schwarzkoppen à Esterhazy, en trente et quelques morceaux, la recolle, dit à Picquart : « Est-ce qu'il y en aurait encore un ? » Un deuxième traître.

Quand Henry, revenant de congé, reprend son service au bureau, il s'y trouve donc en présence d'un fait acquis : la découverte du *petit bleu*, reconstitué par Lauth, qui a mis Picquart sur la piste d'Esterhazy.

Picquart s'en entretient avec Henry qui a été avisé par Lauth. Il lui demande s'il connaît Esterhazy : « Oui, répond Henry, mais du ton que l'on emploie lorsqu'on parle d'une personne que l'on ne voit pas. » (*Cour de Cass.*, *dép. de Picquart.*) Il dit à Picquart avoir été avec lui et Maurice Weil, en 1878, au bureau des renseignements.

Picquart lui demande « si c'est un sujet à caution ». Henry répond « qu'il l'a perdu de vue depuis longtemps. » (*Procès de Rennes*, *dép. de Picquart.*) Par contre, il s'étend sur Maurice Weil, « sans dire que les relations entre ces deux personnes avaient continué ».

Picquart informe Henry qu'il s'est réservé l'affaire ; il la conduira avec un seul agent qu'il lui nomme.

Henry ne dit point à Picquart ce qu'il dira, plus tard, au cours de son dernier interrogatoire, à Cavaignac et à Roget, « qu'il n'a jamais vu Esterhazy venir chez Sandherr qu'une fois, en 1895 ».

Le fait, s'il est exact, était cependant intéressant à relater.

Esterhazy, devant la Cour de Cassation, a déposé qu'Henry *a du être* « plus explicite ». Mais on sait ce que vaut l'affirmation d'Esterhazy et qu'il n'a jamais fait partie du contre-espionnage. (*Dép. Mercier, Gonse, Boisdeffre, Roget,* etc.). En tout cas, Henry et Esterhazy ne s'étaient point perdus de vue ; leurs relations avaient été ininterrompues, sauf par l'absence.

Pourquoi ce silence suspect, cet autre mensonge d'Henry ?

XI

Henry endort la méfiance de Picquart ; derrière son dos, il commence à ameuter le bureau contre le chef qui vient de découvrir Esterhazy.

La déposition de Gribelin, à l'enquête Tavernier (11 novembre 1898), est, à cet égard, significative. On y voit Lauth, Junck et Gribelin sortir du bureau avec Henry en devisant au sujet du *petit bleu*. Henry insinuait que le *petit bleu*, n'étant pas timbré par la poste, était sans valeur.

Gribelin dit ailleurs qu'Henry appelait l'affaire Esterhazy « la marotte du colonel ».

A un certain moment, dépose Lauth devant la Cour de cassation, — est-ce en mai ou en juin 1896 ? je n'ai point de repère matériel pour fixer cette date ; — Gribelin me dit qu'il croyait avoir deviné le but que poursuivait notre chef de service : « Je crois, me dit-il, qu'il s'imagine que le commandant Esterhazy est coupable à la place de Dreyfus. »

Or, en mai ou en juin 1896, Picquart n'avait établi encore aucun lien entre l'affaire Dreyfus et l'affaire Esterhazy. Il n'eut de l'écriture d'Esterhazy qu'à la fin d'août et au commencement de septembre. (Lettre d'Esterhazy à Robert Calmon, du 25 août 1896 ; lettre d'Esterhazy au colonel Abria, demandée par Picquart le 4 septembre.) C'est alors seulement qu'il compare l'écriture d'Esterhazy à celle du bordereau et qu'ébloui par cette comparaison, il se fait présenter le dossier secret.

Comment, dès mai et juin 1896, Gribelin, compère d'Henry, dit-il à Lauth que Picquart songe à substituer Esterhazy à Dreyfus ?

Cette idée est-elle venue d'elle-même à Gribelin ?

Et pourquoi, surtout, dès qu'il a connaissance du *petit bleu*, ces manœuvres souterraines d'Henry contre Picquart ?

XII

Vers le commencement de juillet, le commandant Pauffin de Saint-Morel avertit Picquart qu'un agent étranger, Richard Cuers, désire se mettre en relation avec lui par l'intermédiaire du colonel de Foucault, attaché militaire de France à Berlin. Foucault, lui-même, étant venu à Paris, en entretient Picquart.

Cuers avait dit à Foucault qu'au moment du procès de 1894, le gouvernement allemand avait fait des recherches pour savoir en faveur de qui Dreyfus avait trahi et que ces recherches n'avaient pas abouti. Cette puissance n'avait jamais eu qu'un seul officier français à son service, « un chef de bataillon qui donnait des documents relatifs surtout au tir et à l'artillerie ».

Picquart, ainsi renseigné, décida aussitôt d'organiser une entrevue dans une ville étrangère, entre des officiers de son bureau et Richard Cuers. La ville choisie fut Bâle. Picquart désigna Lauth pour s'y rendre.

Je ne me rappelle pas, dépose Picquart, si j'avais désigné un autre officier; ce dont je me souviens, c'est qu'au dernier moment, Lauth insista beaucoup pour emmener avec lui le commandant Henry.

Ainsi, dès qu'Henry apprend qu'il va être question, à Bâle, « d'un chef de bataillon qui donnait des documents relatifs au tir et à l'artillerie », il fait demander à Picquart, par Lauth, d'être du voyage.

Pourquoi ?

XIII

Lauth et Henry, à leur retour de Bâle, racontent que Cuers, pendant sept heures d'horloge, se serait dérobé à leur pressant interrogatoire. Il n'avait pas voulu donner le nom du chef de bataillon. Cuers avait dit au colonel de Foucault que l'état-major allemand n'avait jamais « travaillé avec Dreyfus et ignorait pour qui il aurait « travaillé. » Plus un mot de Dreyfus dans le rapport de Lauth. On ne pouvait arracher à Cuers les renseignements que par lambeaux.

Picquart s'étonne, non sans raison, de cette prétendue attitude de Cuers, si différente de celle qu'il avait eue avec le colonel de Foucault. Il était inexplicable que Cuers eût demandé à être mis en rapport avec des officiers français, fait le voyage de Bâle et refusé tout salaire pour ne rien dire, pour en dire moins à Lauth et à Henry qu'il n'en avait dit à Foucault !

Quelque temps après, un agent du bureau, Lajoux, qui s'était lié à Bruxelles avec Cuers, allait, de son côté, à Bâle, et, rentré en Belgique, disait au docteur Delanne :

Vous vous rappelez ce que je vous ai dit de Dreyfus en 1894. *Eh bien ! je viens d'apprendre que Dreyfus est innocent.* Jamais les Allemands n'ont eu aucun rapport avec lui. C'était un autre officier, non un stagiaire, mais un chef de bataillon, qui trahissait. *J'en ai informé l'État-Major.*

On sait quelles conséquences eut, par la suite, pour Lajoux, l'information qu'il avait transmise à Henry.

D'après Lauth, Henry aurait « brusqué » Cuers pour le faire parler. Voici ce dont dépose Picquart :

Je revis le colonel de Foucault au mois d'octobre suivant et il me demanda qui j'avais envoyé à l'entrevue avec Cuers. Celui-ci s'était plaint, à lui Foucault, de ce que l'un des émissaires, le plus âgé, — Henry, — l'avait bousculé tout le temps (au figuré), *l'empêchant de parler*, et avait tenu à se faire passer pour quelqu'un de la police.

Cuers écrira, plus tard, qu'il lui sembla « qu'Henry l'aurait voulu poignarder ».

Le commissaire Tomps avait accompagné Henry et Lauth à Bâle. A un certain moment, Henry laissa Lauth en tête à tête avec Cuers ; il dit à Tomps : « Il n'y a rien à tirer de cet individu ; *j'ai joué le rôle de grand chef* — c'est bien ce que Cuers a dit à Foucault — et, comme il ne donnait pas ce que nous désirions, j'ai fait le fâché et je suis parti. »

Peu après, dépose Tomps, j'ai vu le capitaine Lauth et Cuers assis sur un banc des promenades ; le capitaine Lauth ayant quitté Cuers, le commandant Henry me dit, de nouveau, qu'il n'y avait rien à tirer de Cuers. *J'offris alors au commandant Henry de faire, à mon tour, avec Vuillecard, une tentative auprès de Cuers ; le commandant s'y refusa sans me donner de motifs.*

Pourquoi ces rapports mensongers d'Henry et de Lauth ?

Pourquoi Henry a-t-il empêché Cuers de parler ?

Pourquoi Henry a-t-il empêché Tomps et Vuillecard de causer avec Cuers ?

XIV

Deux ans plus tard, le 12 juillet 1898, M. le juge d'instruction Bertulus saisit, chez Estérhazy, une pièce de son écriture, sorte de memento, avec les deux noms de *Bâle* et de *Cuers*.

Cuignet la décrit ainsi :

Le compte rendu d'une entrevue qui a eu lieu à Bâle entre un agent étranger, d'une part, et, d'autre part, le lieutenant-colonel Henry et le commandant Lauth.

Rien de plus secret, pendant longtemps, que cette entrevu de Bâle. Dans l'instruction de la Chambre criminelle, les noms de Cuers et du colonel de Foucault sont remplacés par des initiales.

Comment ce memento traînait-il chez la fille Pays ? Pourquoi Esterhazy avait-il été renseigné par Henry ? Pourquoi Esterhazy, au lieu de garder cette indication dans sa mémoire, l'avait-il notée sur un papier, autre document libérateur, arme terrible contre Henry, chiffon qu'il n'avait qu'à brandir ?

XV

Picquart n'avait point attendu le résultat de l'entrevue de Bâle pour fixer sa conviction. Dès la fin de juillet, il écrivait à Boisdeffre, alors à Vichy, qu'il avait à l'entretenir d'une question importante. L'entrevue de Bâle est du 6 août ; le 5, il prenait Boisdeffre au débotté, à la gare, et lui faisait part de ses soupçons contre Esterhazy. A la fin du mois, quand il a pu comparer l'écriture d'Esterhazy avec celle du bordereau et qu'il a étudié le dossier secret, il porte à la connaissance de Boisdeffre sa seconde découverte, sa conviction, née de cette comparaison et de cette étude, que le procès de Dreyfus a été une affreuse erreur judiciaire. (Note du

1er septembre.) Dans l'intervalle, le ministre de la guerre, Billot, a été avisé. Enfin, Gonse, le 3 septembre, à sa campagne de Cormeilles.

Il avait suffi que Picquart découvrît Esterhazy, — sans le moindre soupçon, cinq mois durant (mars-août), que le *petit bleu* le ramènerait au bordereau, — pour que Henry, troublé, entreprît d'exciter les officiers du bureau contre l'enquête de leur chef. Rien qu'une vague idée, habilement provoquée, que l'enquête tendait à rouvrir le procès de 1894, avait suffi pour assurer à Henry l'oreille attentive de ces officiers. Quand ils surent, en septembre, que c'était bien la résurrection de l'affaire Dreyfus qui menaçait, leur indignation fut extrême, prête à accueillir les insinuations les plus perfides contre Picquart, et à favoriser les machinations d'Henry. Ils avaient été plus ou moins mêlés au procès de 1894; d'ailleurs, pour tout l'État-Major, pour toute l'armée, l'affaire Dreyfus était chose sacrée, au-dessus de la controverse, vraiment *tabou*. Henry, jusque-là, avait été gêné dans ses mouvements : il était seul à savoir, avec certitude, où conduirait l'enquête du chef de bureau. Toutefois, il ne pouvait le dire ouvertement sans se compromettre ; prendre fait et cause pour Esterhazy, qu'il disait d'ailleurs avoir perdu de vue, eût été non moins dangereux. Cependant, la jalousie de Lauth contre Picquart avait déjà valu à Henry, lors de l'entrevue de Bâle, la complicité de ce louche personnage. Maintenant que Picquart touche à l'arche sainte, au procès de 1894, tout, au contraire, va devenir facile. Les complicités viendront d'elles-mêmes aux machinations d'Henry. Et pas seulement celles d'en bas, d'un Lauth ou d'un Gribelin, d'un Guénée ou d'un Du Paty, mais celles d'en haut, de Boisdeffre et de Gonse, pour la même cause. Il est possible que l'un ou l'autre de ceux-là ait collaboré matériellement à ces manœuvres ; il est certain que ceux-ci ont laissé faire, complaisamment, un peu plus que dupes et un peu moins que complices.

L'âme de ce nouveau complot contre la Vérité, c'est toujours Henry.

XVI

J'énumère ces machinations :

D'abord, le 4 septembre (date donnée par Gribelin), le faux Weyler.

C'est une lettre signée Weyler ou, plutôt, *Weil*, adressée à Dreyfus. Comme toute la correspondance du prisonnier, elle a été ouverte au ministère des colonies. Dans les interlignes d'une lettre banale, on lit ces phrases, écrites à l'encre sympathique, mais apparente :

Impossible de déchiffrer dernière communication. Reprendre ancien procédé pour répondre. Indiquer avec précision où se trouvaient les documents intéress... et les combinaisons faites pour armoires. *Acteur prêt à agir aussitôt.*

L'acteur prêt à agir, c'est Picquart. C'est l'amorce de la légende, où Picquart apparaît comme un agent de la famille Dreyfus, nommé, à ma demande, au bureau des renseignements — où je ne savais même pas qu'il se trouvait ! — pour faire la revision du procès de 1894.

Picquart surveillait alors, avec une rigueur particulière, le frère de Dreyfus ; il fut, pendant quelques heures, trompé par le faux ; il y vit l'annonce « d'une tentative maladroite et de nature à créer du scandale ». Ce fut, d'après son propre récit, un haut fonctionnaire de la Sûreté générale qui le détrompa.

XVII

A la même époque, Guénée, agent tout à fait dans la main d'Henry, informe Picquart que le journal *l'Eclair* est acquis et dévoué à la famille Dreyfus ; que Sabatier, son directeur, et Castelin, député, ont lié partie avec le beau-père et le frère du condamné. Il l'écrit, tout au long, dans un rapport.

Ce mensonge impudent (l'*Eclair*, dès 1894, avait reçu les confidences d'Henry et de l'Etat-Major) a sa raison d'être : il amorce le fameux article du 14 septembre qui révèle, pour la première fois, la communication des pièces secrètes. L'article conclut à la culpabilité certaine de Dreyfus, « cet animal de Dreyfus ». Mais cette conclusion même n'est-elle pas une feinte ? N'est-ce pas pour servir les desseins de la famille Dreyfus que le rédacteur anonyme a abrité, sous des tirades violentes contre le condamné, la divulgation de la forfaiture de Mercier ?

Le succès de la ruse fut complet.

D'une part, Picquart, trompé par les faux renseignements de Guénée, interprète ainsi l'article de *l'Eclair*, un coup des Dreyfus pour arriver à l'annulation d'un verdict rendu en violation de la loi.

Et, de l'autre, Picquart, avocat de l'innocence de Dreyfus, va passer, dans les couloirs du ministère, pour l'inspirateur de l'article. Interprétation analogue, en ce qui le concerne, à la sienne, en ce qui concerne Mathieu Dreyfus.

N'a-t-il pas, d'ailleurs, dans ses services un rédacteur de l'*Eclair*, M. Marchand ?

Les gens, qui savaient à quoi s'en tenir, qui avaient donné les éléments de l'article, durent s'amuser beaucoup. Non seulement, ils allaient atteindre Picquart, mais Mercier devenait leur prisonnier. Mercier avait cru sa forfaiture ensevelie à jamais dans l'oubli ; or, il la voyait sortir de l'ombre, escortée des fantômes des pièces secrètes dont il avait ordonné la destruction. Il est perdu s'il ne marche jusqu'au bout.

Picquart, lui, n'avait pas encore réfléchi que les renseignements donnés par l'*Eclair*, bien qu'avec des inexactitudes et un véritable faux, — la substitution du nom de Dreyfus à la lettre D., — ne pouvaient provenir que de l'Etat-Major. C'est à l'Etat-Major seul, et dans une fraction restreinte, qu'on pouvait connaître alors la communication des pièces secrètes, la pièce : « canaille de D... », la note du général Renouard sur Madagascar, et le reste. Le récit de l'arrivée de Du Paty chez Mme Dreyfus, le jour de l'arrestation, était conçu dans les mêmes termes où Du Paty avait raconté l'incident à ses camarades, à Henry comme à Picquart ou à Pauffin de Saint-Morel.

Quant au faux qui éclatait au milieu de l'article, Picquart ne pouvait encore l'attribuer qu'au phénomène, si fréquent, de la déformation du récit. Il croyait alors à la loyauté de ses camarades, ne savait pas qu'il marchait et respirait dans un peuple de faux.

A la première heure, Gribelin était venu dans son bureau lui exprimer la crainte que l'on ne soupçonnât le service. Je vois la tête du « lampiste » faisant cette communication. Puis, des officiers vinrent féliciter

Picquart, l'approuvant d'avoir fait paraître l'article, le trouvant irréfutable.

Il avait écrit, le 5 septembre, à Gonse, pour lui annoncer un *fait grave* dont il lui parlerait à son retour. C'était la lettre Weyler du 4 septembre. Gonse feignit de croire que ce *fait grave*, c'était l'article de l'*Eclair* que Picquart, pour lui forcer la main, lui avait ainsi annoncé d'avance. Plus tard, à l'instruction Fabre, Gonse n'hésitera pas à faire ce faux témoignage que Picquart lui avait dit, le 15, lors de son retour à Paris : « Le fait grave, dont je voulais vous parler, c'était l'article de l'*Eclair*. »

Sans soupçonner la scélératesse de l'opération, puisqu'il croyait que l'article venait des Dreyfus, Picquart avait compris la nécessité de tirer les choses au clair. Le jour même où paraissait l'article (14 septembre ; l'*Éclair* est anti-daté), il écrivait à Gonse : « Je vais rechercher avec soin qui a pu préparer si habilement la bombe. » Le lendemain, Gonse étant rentré, il lui demanda de procéder à une enquête sérieuse et qu'une perquisition fût ordonnée aux bureaux du journal pour s'emparer du manuscrit. Refus de Gonse sous prétexte que, si on faisait du bruit, cela authentiquerait les informations de l'*Éclair*. Ce refus, à la lumière des faits, semble très suspect. Gonse aurait-il craint, déjà, de trouver la vérité ? La savait-il ?

Le rédacteur de l'*Éclair*, qui était attaché au bureau, se trouvait dans le Midi, en permission, quand avait paru l'article. Picquart le savait donc innocent de toute indiscrétion. Il le questionne cependant, l'invite à recueillir des renseignements. Marchand lui apprend alors que l'article venait du dehors : « D'ailleurs, raconte Marchand, le général de Boisdeffre doit être informé : Pauffin de Saint-Morel, qui connaît du monde à l'*Éclair*, est venu ces jours-ci. » Mais il ne put préciser si Pauffin était venu avant ou après l'article.

L'accusation portée à l'État-Major, contre Picquart, d'être l'auteur ou l'inspirateur de l'article de l'*Éclair* se heurtait à cette absurdité, où elle eût dû se briser, que cet article le devait gêner considérablement dans ses opérations au sujet d'Esterhazy. Ainsi, cet article est la cause même du piège que Picquart eut l'idée de tendre à Esterhazy. Le surlendemain de la publication de l'*Éclair*, Picquart remettait à Gonse une note dont voici le début :

Paris, le 16 septembre 1896.

En raison de l'indiscrétion de l'*Éclair*, Esterhazy et son correspondant habituel doivent savoir actuellement qu'une des pièces envoyées par Esterhazy, en 1894, est entre mes mains. Ils doivent donc se tenir sur leur garde et toute surveillance paraît désormais illusoire...

Picquart proposait d'envoyer sans retard à Esterhazy, en se servant des termes de convention employés par son correspondant habituel, une dépêche qui l'appelait d'urgence à Paris.

Mais les quelques dupes honnêtes qui attribuaient l'article à Picquart avaient, alors, les yeux fermés à l'évidence ou ne savaient rien du véritable état des choses ; les autres avaient trop d'intérêt à reprocher au prétendu justicier une grave indiscrétion. Par la suite, l'accusation d'avoir écrit ou inspiré l'article de l'*Éclair* sera un des griefs allégués contre lui à l'instruction correctionnelle d'août 1898, pour espionnage. Là encore (1er août), il demandera en vain des poursuites contre l'*Éclair*.

Donc, à l'heure même où il avait besoin de toute son intégrité et de toute sa force pour décider le ministre de la guerre à faire son devoir, à mettre la main au collet d'Esterhazy, à demander la revision du procès Dreyfus, Picquart était atteint dans ses qualités professionnelles, taxé, violemment et par presque tous, d'indiscrétion.

A qui profitait le coup? Par qui avait-il été porté?

XVIII

Picquart, cependant, fort de sa conscience, tenait bon.

Gonse, dans la première conversation qu'il avait eue avec lui, à son retour, le 15 septembre, avait été grossièrement cynique. A son atroce question : « Qu'est-ce que cela vous fait que ce Juif soit à l'île du Diable? » Picquart avait répondu qu'il n'emporterait pas ce secret dans la tombe.

Henry, à son tour, essaya de l'intimider :

Lorsque j'étais aux zouaves, lui dit-il, il y a quelqu'un, le fils d'un colonel, qui était simple soldat et qui s'était rendu coupable d'un vol ; l'officier sous les ordres duquel il était a voulu le faire poursuivre ; ses chefs n'étaient pas de cet avis. C'est l'officier qui a été brisé et c'est le coupable qui est resté. (*Rennes, 18 août 1899, dép. Picquart.*)

Mais Picquart n'entend rien, poursuit son enquête à travers toutes les difficultés, fait, sur l'ordre de Billot, visiter l'appartement d'Esterhazy par un agent. « L'agent s'assura qu'il n'y avait plus rien que du papier brûlé dans la cheminée. » Il ne ramassa qu'une carte de visite de Drumont que Boisdeffre fit photographier avec soin. Cette carte portait quelques mots d'écriture d'où résultait l'intimité de Drumont et d'Esterhazy.

Et pire encore : Billot, à qui Picquart rendait compte

tous les jours, était plein de trouble. Il se refusait à arrêter Esterhazy, parce que, disait-il : « Je ne suis pas un sous-Mercier ! » Mais ses nuits furent, de son propre aveu, sans sommeil. La possibilité d'une erreur judiciaire tourmentait cet homme qui n'était encore que faible et timoré. Il avait vu le dossier ; il n'y avait trouvé aucune preuve matérielle de la culpabilité de Dreyfus.

C'est alors qu'Henry, pour suppléer au vide du dossier, commet son premier faux, la première des trois pièces dont Cavaignac devait donner lecture, le 7 juillet 1898, à la tribune.

C'était une lettre de Schwarzkoppen à Panizzardi, ainsi conçue :

Hier au soir, j'ai fini par faire appeler le médecin qui m'a défendu de sortir. Ne pouvant aller chez vous demain, je vous prie de venir chez moi dans la matinée, car D... m'a porté beaucoup de choses intéressantes, et il faut partager le travail, ayant seulement dix jours de temps.

« Lorsque cette pièce, » dit Cavaignac est parvenue au service des renseignements, elle a reçu l'indication suivante : mars 1894. »

Or, il a été établi par le commandant Cuignet (*Cour de Cass.*, *6 janvier 1899*) :

1º Que l'initiale D... paraît recouvrir une autre initiale ou lettre majuscule qui aurait été effacée à la gomme ;

2º Que l'intervalle qui sépare cette initiale de la première lettre du mot suivant paraît d'une étendue absolument anormale, lorsqu'on se contente de mettre une initiale ; et que, dès lors, cet intervalle a dû être occupé par des lettres faisant suite à la lettre majuscule qui paraît avoir été effacée à la gomme ;

3º Que cette pièce suspecte, bien que portant la date d'entrée de mars 1894, n'a été présentée au général Gonse qu'au mois d'août ou de septembre 1896, c'est-à-dire au moment où paraissaient les articles de l'*Éclair*, où parvenait la lettre signée Weyler et quelques semaines avant la production du faux Henry. La falsification qu'a subie la pièce 571 se rattache ainsi aux manœuvres qui ont été employées à cette époque par Henry et par Du Paty.

Je crois qu'il faut écarter la date d'août et s'arrêter à celle de septembre. En août, le faux eût été prématuré.

Quoi qu'il en soit, le faux est certain. Et ceci encore est certain, c'est qu'Henry ne communique point la pièce, ainsi sophistiquée, à Picquart, son chef de service, et que Gonse ne la lui communique pas davantage.

La pièce fut-elle montrée à Boisdeffre et à Billot? En tout cas, ils n'en parlèrent point à Picquart. Peut-être Gonse trouva-t-il, lui-même, que le faux était trop grossier. Il le garda pour Cavaignac.

XIX

Le 18 septembre, Mme Dreyfus avait adressé à la Chambre une pétition pour demander la revision du procès de son mari. On annonçait, pour la rentrée, une interpellation de M. Castelin sur l'affaire Dreyfus. Guénée, âme damnée d'Henry, rapportait à Picquart que Castelin, ami de Sabatier (de l'*Éclair*), faisait le jeu des Dreyfus. Castelin allait chercher à découvrir des complices de Dreyfus; à l'aide de cette question de complicité, on rouvrirait l'affaire.

Pourquoi Henry faisait-il raconter ces calembredaines à Picquart?

Le 30 octobre, Henry se faisait remettre par Guénée un rapport où Castelin était également signalé comme étant d'accord avec la famille de Dreyfus. Guénée ajoutait que Picquart lui avait fait part de ses doutes au sujet de la culpabilité de Dreyfus, qu'il avait compulsé le dossier secret, *qu'il en avait fait part à un ami qui avait partagé son avis.*

Dans un rapport postérieur du 21 novembre 1896, Guénée, amplifiant, qualifie l'ami de « vieil ami qui demeure près d'ici ». Il a fait une enquête; il a acquis la conviction que le vieil ami, c'est l'avocat Leblois qui demeure, en effet, rue de l'Université, près du Ministère de la Guerre. Devant la Cour de cassation (18 janvier 1899), Guénée dira que Picquart lui avait parlé d'un *vieil ami avocat.*

Ce premier rapport de Guénée est l'amorce de l'accusation, qui sera produite plus tard par Henry et par Gribelin, au sujet de la prétendue communication du dossier secret par Picquart à Leblois.

Il faut noter la date de ce premier rapport : 30 octobre 1896. Il en résultera, plus loin, la preuve de plusieurs faux témoignages d'Henry et de Gribelin au procès Esterhazy et au procès Zola, de Guénée devant la Cour de cassation.

Naturellement, Henry ne fit point part du rapport de Guénée au colonel Picquart, son chef de service, mais il le remit à Gonse.

Picquart ne l'a connu qu'à l'enquête Tavernier.

Pourquoi ce rapport mensonger, fait par l'ordre d'Henry, sinon pour discréditer Picquart, taxé d'une nouvelle indiscrétion, passible de poursuites en vertu de la loi sur l'espionnage ?

Les perplexités de Billot rendaient la situation de plus en plus menaçante pour Esterhazy. C'est pourquoi Henry mettait les fers au feu.

Dans cette même dernière semaine d'octobre, Gonse reprit à Picquart le dossier secret.

XX

Alors, le 31 octobre, Henry fabrique le plus fameux de ses faux, le faux royal qui est aussi le plus stupide de ses faux, celui qui fera la conviction de Billot, que Boisdeffre et Pellieux jetteront dans la balance au procès Zola, que Cavaignac portera à la tribune de la Chambre, qui sera affiché sur les murs des 36,000 communes de France. L'histoire, si la psychologie ne lui vient en aide, ne comprendra pas qu'il ait fait une seule dupe.

Les apologistes d'Henry diront, plus tard, qu'il a fabriqué ce faux parce que les véritables preuves de la culpabilité de Dreyfus ne pouvaient pas, sans danger, être produites publiquement.

Mensonge éhonté. Le faux était destiné à rester secret. C'est malgré Esterhazy qu'il sera produit par Pellieux au procès Zola. Causant avec Paléologue, Henry lui dira que Pellieux, en produisant cette pièce, a commis une lourde erreur. Quand Cavaignac portera la pièce à la tribune, Henry et Esterhazy en seront désolés.

Ce n'est pas pour tromper le public, auquel il devait rester caché, mais pour tromper le ministre de la guerre et *le faire marcher*, qu'Henry a fabriqué son faux.

Billot avait été troublé, ébranlé par les démonstrations lumineuses de Picquart. Il inclinait, alors, à croire Dreyfus innocent; il ne mettait pas en doute qu'Esterhazy était un misérable. La revision du procès Dreyfus, c'était la ruine des auteurs d'une inique condamnation. Leur procédure scélérate apparaîtrait au grand jour, en même temps que l'innocence du condamné de l'île du Diable ; à tout prix, il fallait éviter cette catastrophe. Pour l'éviter, il était indispensable de donner au ministre une preuve irrécusable de la culpabilité de Dreyfus, preuve telle qu'il n'hésiterait pas, après l'avoir connue, à envoyer le justicier en Afrique, à laisser le traître dans l'armée et le martyr au bagne. Henry fabriqua le faux.

Quand Esterhazy connut la pièce, il la trouva stupide. Il l'appelait le document de Vercingétorix. Il disait qu'on ne pouvait attribuer une pareille prose qu'à un attaché militaire auvergnat. Évidemment, Henry ne le consulta pas, avant de fabriquer le faux. Il aurait fait quelque chose de moins bête. Pourtant, Esterhazy fut mis au courant. Il raconte, en détail, dans *les Dessous de l'affaire Dreyfus*, comment fut faite l'opération.

On avait, dit-il, au service des renseignements, des lettres sans importance, ayant l'origine qu'on voulait attribuer à ce document et écrites sur un papier particulier.

L'agent secret qui apportait les lettres où les pièces venant de cette source les apportait toujours déchirées en menus morceaux et comme prises dans un panier à papiers. On prit donc une de ces lettres, ou mieux les morceaux d'une de ces lettres, on en mit de côté pour composer la pièce nouvelle, l'en-tête, la signature et quelques mots, puis, sur des bouts de papier pris dans les blancs d'une autre lettre de la même origine, on écrivit, en imitant l'écriture, ce qu'on voulait mettre.

On colla ensuite sur une feuille tous ces bouts de papier soi-disant provenant de la corbeille à papiers de l'agent étranger et on eut ainsi une lettre qui paraissait être reconstituée par le rapprochement et le recollement de morceaux de papier déchirés ayant composé la dite lettre.

Comment Esterhazy est-il informé de tous ces détails ? Il serait curieux de le savoir ; il ne le dit pas. On

remarquera d'ailleurs qu'Esterhazy ne dit point :
« Henry prit une de ces lettres... Henry colla ensuite... »
Mais il se sert, lui, d'ordinaire si précis, du mot le
plus vague de la langue française : « On prit... On
colla... » Cela, en fait, ne prouve rien : c'est, en tout
cas, très intentionnel.

XXI

Henry a-t-il eu des complices ? Un collaborateur pour
imiter l'écriture de Panizzardi ? C'est plus que probable.
Des complices, dans le sens juridique du mot ? C'est un
problème très complexe.

Le brusque retour de Lauth, à la fin d'octobre ; son
conciliabule avec Henry, interrompu par Picquart qui
leur trouve l'air embarrassé ; le fait que Gonse avait
repris le dossier secret à Picquart, à la veille de la fabrication du faux, posent, évidemment, de terribles
points d'interrogation.

Le procès-verbal de l'interrogatoire subi par Henry,
le 30 août 1898, débute ainsi :

> Le ministre prévient immédiatement le lieutenant-colonel
> Henry que l'examen des deux pièces, au crayon bleu parve-
> nues au service des renseignements, l'une en juin 1894,
> l'autre le 31 octobre 1896, a permis de constater que l'une
> d'elles contient des mots appartenant à l'autre, et réciproque-
> ment, et qu'elles ont été, par conséquent, gravement altérées
> l'une et l'autre.

> On peut admettre que la pièce, dont Henry a fait son
> faux en y intercalant des fragments d'une autre pièce
> et des fragments entièrement forgés, soit effectivement

et directement arrivée entre ses mains, le 31 octobre 1896.

Mais, pour y intercaler des fragments de la pièce de juin 1894, comme pour intercaler des fragments de la pièce du 31 octobre 1896 dans celle de juin 1894, il fallait qu'il eût entre les mains cette pièce de 1894.

Comment avait-il cette pièce ? Dans quel dossier l'avait-il prise ?

Ce qui complique le problème, c'est que la pièce qui a servi à faire le faux est peut-être fausse elle-même. C'est une lettre de Panizzardi ainsi conçue :

> Mon cher ami, je vous envoie le Manuel. Entendu pour mardi, huit heures soir, chez Laurent. J'ai invité trois de mon ambassade, dont un seul juif.

Dans le coin, à l'encre rouge, cette date : 16 juin 1894. Roget déclare que la date est de l'écriture d'Henry. (*Rennes, 24 août 1899.*)

Labori interroge les témoins. Gribelin dit que la pièce lui a été montrée par Sandherr, « mais, très probablement, malgré la date, bien avant 1894 ». Lauth croit l'avoir recollée lui-même ; il l'a vue, lui aussi, « bien avant l'ouverture du procès Dreyfus ».

« Mais alors, demande Labori, comment cette pièce, qui aurait été si intéressante au procès Dreyfus, en raison de la mention du Manuel, n'a-t-elle pas été présentée à son procès ? »

« Je ne connaissais pas cette pièce, répond Mercier, et elle ne m'a pas été communiquée. » Gonse, à son tour, affirme qu'il ne la connaissait pas en 1894. Elle ne lui fut montrée que le 1er novembre 1896, par Henry, comme pièce de comparaison, pour authentiquer son faux. Alors, seulement, elle fut mise au dossier.

Ce qui autorise à croire que la pièce est fausse, c'est qu'il n'y avait point, en 1894, de juif à l'ambassade d'Italie.

Dans cette hypothèse, si la pièce de comparaison a été fabriquée par le même faussaire que le faux principal, Lauth et Gribelin auraient menti en déposant qu'ils avaient connu la pièce en 1894. Leur cas s'aggraverait terriblement.

D'autre part, s'il en est ainsi, comment expliquer qu'Henry, fabriquant deux faux, aurait mêlé les fragments de l'un avec ceux de l'autre, les quadrillés bleutés avec les quadrillés lie-de vin?

Je ne puis que poser les termes du problème; un juge, seul, pourrait le résoudre.

XXII

Dans la seconde quinzaine d'octobre, au cours d'une promenade à cheval, le général de Boisdeffre avait dit à Picquart qu'il avait agi, dans l'affaire, avec peu de pondération; il reparla de la lettre Weyler. Picquart dit que c'était un faux : « Oui, reprit Boisdeffre, mais si ce n'était pas un faux, quelle preuve de culpabilité de Dreyfus! » Picquart attire l'attention du chef d'Etat-Major général sur la déclaration du gouvernement allemand (janvier 1895) qu'il n'a jamais eu de relations avec Dreyfus. Le général objecte que l'agent, qui avait été en relations avec Dreyfus, avait pu tromper son gouvernement. C'est le germe du faux Henry.

J'en déduisis, dépose Picquart, que le général avait dû parler devant Henry qui en fit son profit. (*Cour de Cass., 29 novembre 1898.*)

L'interprétation de Picquart me paraît exacte. Un chef laisse tomber un mot ; un subalterne, zélé, le ramasse comme un ordre. Boisdeffre laisse tomber un mensonge ; Henry, avec ou sans complices, en fait un faux.

Je rappelle le texte de la fausse lettre de Panizzardi à Schwarzkoppen :

J'ai lu qu'un député va interpeller sur Dreyfus.
Si... je dirais que jamais j'avais des relations avec ce juif C'est entendu. Si on vous demande dites comme ça, car il ne faut pas qu'on sache jamais personne ce qui est arrivé avec lui.

Pourquoi Henry attribue-t-il son faux à Panizzardi et non à Schwarzkoppen ?

C'est bien pour la raison que donne Boisdeffre : parce que Schwarzkoppen a engagé sa parole qu'il n'avait jamais eu de relations avec Dreyfus. Il serait trop audacieux de faire mentir aussi effrontément un officier allemand. Mais il a pu dissimuler une partie de la vérité à son gouvernement : c'est Panizzardi qui traitait avec Dreyfus ; Schwarzkoppen n'a fait que bénéficier de ses rapports.

La thèse de l'État-Major, dans cette nouvelle période, c'est, en effet, que Dreyfus ne travaillait pas avec Schwarzkoppen, mais avec Panizzardi.

Le 25 avril 1898, quelqu'un, qui ne peut être qu'Henry, fera passer la note suivante dans *l'Écho de Paris :*

Certain attaché militaire, le colonel de Schwarzkoppen, peut bien donner sa parole de gentilhomme qu'il n'a jamais eu de relations avec Dreyfus. Tout le monde sait que ce n'est pas lui qui avait des relations directes avec Dreyfus, mais qu'il se servait d'un intermédiaire, lequel était un autre militaire.
Du reste, on connaît les rubriques sous lesquelles ils s'écrivaient ; les signatures, *Alexandrine, Chien de Guerre, Maximilienne,* sont celles qui étaient employées dans cette correspondance.

Ce dernier renseignement est exact.

Henry, le 17 novembre 1897, quelques jours après la dénonciation de Mathieu Dreyfus, avait tenu le même langage à Paléologue. Celui-ci avait été chargé par Hanotaux de communiquer au ministre de la guerre « une déclaration de l'ambassadeur d'Allemagne aux termes de laquelle le colonel de Schwarzkoppen protestait, sur l'honneur, n'avoir jamais eu, directement ou indirectement, aucune relation avec Dreyfus ». C'est à Henry que Paléologue fait part de cette déclaration, ainsi que d'une dépêche d'un ambassadeur de la République qui la confirme.

Mais, dit Henry, *nous n'avons jamais dit que Dreyfus eût eu des rapports directs avec l'Allemagne. Vous savez bien que Panizzardi était l'intermédiaire.* — Que faites-vous, alors, riposte Paléologue, du télégramme du 2 novembre 1894 ? » (*Cour de Cass., 9 janvier 1894.*)

Henry alors d'ouvrir son coffre-fort et d'étaler des documents, — et notamment son faux, — pour convaincre le représentant des Affaires étrangères.

Il y avait, en effet, en dehors du style auvergnat, de l'invraisemblance et des quadrillés qui ne concordaient pas, une objection grave à l'authenticité de la lettre de Panizzardi qu'Henry avait fabriquée le 31 octobre 1896 ; c'était la dépêche de Panizzardi, en date du 2 novembre 1894, affirmant qu'il n'avait jamais eu de rapports avec Dreyfus. Mais, d'une part, en 1896, c'était une objection qu'Henry n'avait à redouter ni de ses chefs, qui souriaient, ni de Picquart à qui son faux avait été dissimulé et qui ne connaissait d'ailleurs pas, alors, la dépêche, depuis si fameuse. D'autre part, il serait plus facile, le cas échéant, d'accuser Panizzardi que Schwarzkoppen de mensonge, ce qui était l'un des objets atteints par le faux; au surplus, on avait déjà falsifié une première fois la dépêche du 2 novembre.

On a fait observer aussi qu'Henry, dans son interrogatoire du 30 août 1898, a déclaré à Cavaignac qu'il n'avait point de complices, qu'il avait été seul à faire le faux, que Gribelin lui-même n'avait rien su.

S'il avait eu des complices, surtout de hauts complices, pourquoi ne les aurait-il pas nommés? Pourquoi, quelques heures plus tard, se serait-il coupé la gorge?

Oui, mais s'est-il coupé la gorge? S'est-il suicidé ou l'a-t-il été?

Si le drame du Mont-Valérien est un assassinat ou si le suicide d'Henry a été provoqué, il devient probable qu'il a eu des complices, et, peut-être, pour d'autres crimes que pour un faux.

Si Henry s'est suicidé, il est assurément improbable que le faux du 31 octobre 1896, ce faux qui, le lendemain de sa mort, devait être glorifié et devenir le « faux patriotique », ait été l'unique cause de son désespoir; mais on en peut conclure qu'il n'a pas eu, pour ce crime particulier, de complices effectifs.

Il y avait autour de lui, à la fin d'octobre 1896, un besoin de faux; Henry créa l'organe.

XXIII

Henry a porté son faux à Gonse, qui l'a porté à Boisdeffre, qui le porte à Billot.

Mais ni Henry, ni Gonse, ni Boisdeffre n'en dirent rien à Picquart, alors chef de bureau des renseignements. Henry eut même l'impudence d'insister près de Gonse pour qu'il ne montrât pas la pièce à Picquart,

(*Rennes, 19 août, dépos. Gonse.*) Gonse dit que ce fut son sentiment, celui de Boisdeffre et celui de Billot.

Gonse a essayé d'expliquer que, s'il n'avait pas communiqué le faux Henry à Picquart, c'est que Picquart était alors absent de Paris.

Mais Picquart a prouvé que c'était là, à l'actif de Gonse, un mensonge de plus, qu'il n'était point en congé, qu'il était venu le 1ᵉʳ novembre au bureau où il avait pris rendez-vous avec un agent.

Boisdeffre, à Rennes, s'est approprié ce mensonge de Gonse.

Dans les jours qui suivirent l'apparition du faux, Boisdeffre et Gonse se contentèrent de demander à Picquart : « Est-ce que le ministre ne vous a rien dit de particulier au sujet de l'affaire Dreyfus ? »

Ce fut, en effet, Billot qui, quelques jours plus tard, eut le courage d'informer Picquart ; mais il ne lui montra pas la pièce, il ne lui en donna qu'une indication sommaire, lui déclara que c'était la preuve formelle de la culpabilité de Dreyfus.

Picquart répondit simplement que la pièce avait échappé à son service, que le texte lui en paraissait bien curieux ; et il s'inclina.

Seulement, quand il se trouva avec Gonse, qui guettait sa sortie, il lui dit nettement que la pièce ne lui paraissait pas authentique. Gonse répliqua : « Quand un ministre me dit quelque chose, je le crois toujours. »

Cette communication de Billot à Picquart est du 12 novembre ; elle était la préface d'une disgrâce imminente. Boisdeffre demandait à Billot d'envoyer Picquart au Tonkin. (*Rennes, 29 août, dép. Boisdeffre.*) Le ministre, après réflexion, décida qu'il se contenterait d'éloigner Picquart par une prétendue mission dans l'Est.

XXIV

Cependant, l'interpellation de M. Castelin sur l'affaire Dreyfus avait été fixé au 18 novembre ; la presse s'en occupait. Le 6 novembre, Bernard Lazare avait publié à Bruxelles sa brochure : *Une erreur judiciaire*. On continuait à être très nerveux à l'État-Major.

Le 10 novembre, *le Matin* publia le *fac-similé* du bordereau qui lui avait été remis par l'expert Teyssonnières. Il paraît évident qu'Henry fut étranger à cette publication qui mettait en circulation l'écriture d'Esterhazy. Cette écriture était familière à bien des gens qui la pourraient reconnaître. M. de Castro, qui la reconnut, l'année d'après, sur un autre *fac-similé*, eût pu faire dès lors, le hasard aidant, cette découverte, avertir Mathieu Dreyfus. L'écriture d'Esterhazy étant répandue chez toutes sortes de gens, un autre eût pu constater l'effrayante ressemblance et parler. La publication du *fac-similé* permettait, en outre, à ceux qui connaissaient l'écriture de Dreyfus, de constater combien elle s'éloignait de celle du bordereau. Ce qui arriva en effet.

Schwarzkoppen, en tout cas, reconnut aussitôt l'écriture d'Esterhazy ; il dit à Panizzardi : « Cette fois, notre homme est pris. » C'est de cette date que l'attaché allemand sut que Dreyfus avait été condamné pour le crime d'Esterhazy ; il n'avait pas reçu le bordereau, mais, seulement, les documents qui l'accompagnaient et qu'il envoya à Berlin. Esterhazy devina que Schwarzkoppen avait compris.

Mais, si Henry a été étranger à la publication du *Matin*, qui aurait été faite, dans un simple but de lucre, par l'un des experts de 1894, il ne s'en désintéressa point. Picquart avait chargé le commissaire Tomps de faire une enquête sur cette nouvelle indiscrétion ; Henry, aussitôt, chercha à l'aiguiller contre Picquart : « Cherchez bien ! » lui dit-il, et un peu plus tard, Gribelin, plus lourdement, insistera encore auprès de l'honnête agent qui ne voulait chercher et dire que la vérité.

XXV

Esterhazy était revenu à Paris. Avait-il était averti des découvertes de Picquart ?

Au moment de l'apparition du bordereau, l'agent, que Picquart avait chargé de sa surveillance, remarqua en lui une grande agitation.

L'agent, dépose Picquart (*Cour de cass.*), le vit courir dans les rues, sous une pluie battante, sans parapluie, se rendant presque toujours chez Weil (son ancien camarade du 2ᵉ bureau, en 1878, et son ami). L'agent me dit un soir : « Il est vert ; il doit être acculé. »

A la même époque, Picquart rencontra le général de Boisdeffre dans la cour du ministère.

Il avait, rapporte Picquart, la figure toute décomposée. « Eh bien ! lieutenant-colonel Picquart, lui dit-il, ce sont de fameuses crapules, votre Weil et votre Esterhazy ; ce serait le moment de les prendre la main dans le sac ! »

Paroles bizarres ! Boisdeffre attribuait-il à Esterhazy l'énorme sottise d'avoir publié sa propre écriture ? Comme il n'en voulut pas dire plus, Picquart ne put s'empêcher de penser, « plus tard », qu'il devait y avoir eu quelque acte de chantage de la part d'Esterhazy.

XXVI

Trois jours après, le 13 novembre, Weil reçut un billet anonyme, d'une écriture contrefaite, qui contenait ces mots :

Un ami vous prévient que M. Castelin, dans son interpellation, va accuser Esterhazy et vous d'être les complices de Dreyfus.

On a vu que Guénée, agent d'Henry, avait déjà rapporté à Picquart que Castelin, associé aux Dreyfus, allait dénoncer des complices, réels ou supposés, du condamné, dans le dessein de rouvrir l'affaire judiciaire.

Weil avisa Esterhazy qui accourut aussitôt chez lui, très ému. « Il me déclara, dépose Weil (*Cour de cass., 22 décembre 1898*), qu'il fallait faire quelque chose pour empêcher que cela se produisît. » Weil fit remettre le billet anonyme à Billot par un ami commun.

Cet incident est resté sans explication ; était-ce quelque ruse d'Henry ? Ayant déjà averti personnellement Esterhazy, avait-il voulu créer un document par où son ami aurait pu, le cas échéant, sans le mettre en cause, expliquer ses trop apparentes inquiétudes, ses folles courses sous le vent et cette face verte qui avait été remarquée par l'agent de Picquart ? Était-ce quelque menace contre Weil, son ancien camarade au bureau, avec Esterhazy, en 1878, et, depuis, officier d'ordonnance du général Saussier ?

Quoi qu'il en soit, cette lettre servit, d'une autre façon, les desseins d'Henry. Le lendemain, au matin, Gonse mena Picquart chez Billot ; Boisdeffre s'y trouvait. Le ministre communique à Picquart la lettre que Weil avait reçue la veille; il dit que l'indiscrétion ne peut provenir que de l'une des personnes présentes ou de l'un des officiers du bureau; il n'appuie cette assertion d'aucun semblant de preuve et il invite Picquart à remettre ses services à Gonse, à partir immédiatement pour une mission dans l'Est.

La mission, qui devait durer un mois, conduira Picquart à Tunis; l'enquête contre Esterhazy est abandonnée; le 18, à l'interpellation Castelin, Billot affirmera la culpabilité de Dreyfus; Henry est maître de la place.

XXVII

On saura, peut-être, un jour, quelles furent, à cette époque, les relations entre Esterhazy et Henry; ce sera l'un des chapitres les plus curieux de cette histoire.

Deux faits, d'ores et déjà, sont acquis.

D'abord, à la suite de la publication du fac-similé du bordereau par *le Matin*, Esterhazy cessa toute relation avec Schwarzkoppen. Picquart est parti et c'est Henry qui l'a remplacé. Mais Schwarzkoppen sait aujourd'hui l'atroce vérité, qu'Esterhazy est l'auteur du crime pour lequel Dreyfus a été condamné. Le traître lui ferait horreur. Il aurait, plus lourdement encore, le poids de tant de malheurs sur la conscience, s'il continuait à travailler avec ce misérable. Esterhazy n'osa plus affronter l'officier allemand, continuer son commerce.

Esterhazy multiplie alors les démarches pour être appelé au ministère de la guerre, à l'Etat-Major, à la direction de l'infanterie où il y a des officiers non brevetés. Depuis longtemps, c'était son ambition. Il avait repris ses démarches dès le mois d'août de cette même année (1896). Il harcèle M. Jule Roche, M. de Montebello, M. Gaston Grenier, fils du général dont il avait été l'officier d'ordonnance. Mais Billot refuse durement. Ses interlocuteurs essayent d'excuser la vie privée d'Esterhazy. Billot fait entendre qu'il y a d'autres obstacles, plus graves, très graves. Il leur dit « qu'il est moralement impossible de s'intéresser à Esterhazy ». (*Rennes, 24 avril 1899, dép. Jules Roche.*)

Henry a été sollicité par Esterhazy de prendre sa cause en main. Mais Henry, prudent, n'en a rien fait. Il a feint, auprès de Picquart et de Billot, d'avoir perdu de vue, depuis des années, son ancien camarade du bureau. Il ne se compromettra pas pour lui.

Esterhazy n'est point homme à se laisser berner. Il a deviné le double jeu d'Henry, lui promettant son concours, le desservant ou se terrant. Il éclate contre lui en cris furieux. Il dénonce à Jules Roche « cet homme dont l'abject métier devrait être sujet à défiance, qui colle les épaulettes d'officier sur la défroque d'un argousin » :

On a le droit d'être écœuré et révolté quand, comme moi, on a obligé cet homme et qu'on sait aujourd'hui ce qu'il vaut. Le commandant Henry est, en effet, *mon débiteur* depuis 1876; je lui ai prêté quelque argent qu'il ne m'a jamais rendu, qu'il me doit encore. Cela explique bien des choses. (*Décembre 1896.*)

Un peu plus tard, le 10 février 1897, il écrit à Grenier :

Quand, pour me perdre et m'achever, le ministre de la guerre abandonne l'officier pour chercher dans ma vie privée et écoute *les calomnies intéressées d'un drôle quelconque à épaulettes et, vraisemblablement, du sieur Henry, mon débi-*

teur et mon obligé, j'avoue qu'il est hors de mes forces de supporter ce traitement.

Il est possible qu'Henry n'ait rien fait pour mériter ces imprécations, qu'il se soit borné à rester coi. Il est certain qu'il y a des menaces, du chantage, dans ces violentes paroles. Grenier, qui a subi le charme d'Esterhazy, se laisse persuader. Rencontrant Henry à la Sûreté générale, il l'aborde et un dialogue s'engage :

— Pourquoi diable est-ce que vous empêchez Esterhazy d'entrer au ministère de la guerre? Aidez-le donc, voyons! Il n'est pas heureux. Vous savez qu'il est guignard; aidez-le donc à entrer.

— Avec grand cœur je l'aiderai. Vous pouvez lui dire que je l'aiderai de tout cœur. (*Dép. Grenier, 22 août 1899.*)

Henry a peur d'Esterhazy, de ses colères. Il cherche donc à le rassurer, à l'endormir. Mais il ne l'aidera pas davantage.

Et quand Grenier rapporte à Esterhazy les propos du chef du bureau des renseignements : « Eh bien, il ne manquerait plus que cela, par exemple, qu'Henry ne fût pas gentil avec moi! »

Qu'est-ce qui doit donc empêcher Henry de n'être pas « gentil » avec Esterhazy? Quel secret est entre eux?

XXVIII

Cependant, l'éloignement de Picquart ne suffisait pas à Henry : contre une reprise éventuelle d'offensive, il était nécessaire de le déshonorer dans les dossiers, de transformer le justicier en un agent déloyal, à la solde de la famille Dreyfus et du futur « syndicat ».

Tout de suite, Henry fait passer les lettres de Picquart au *cabinet noir;* dès le 20 novembre, quatre jours après son départ, il tombe en arrêt devant une lettre du secrétaire du colonel, M. Ducasse. Ce billet contenait la phrase suivante :

Le demi-dieu demande tous les jours à la comtesse quand il pourra voir le Bon Dieu.

Du Paty eût pu dire à Henry que, dans la société de la comtesse de Comminges, le *bon dieu* était le surnom de Picquart et le *demi-dieu* celui du capitaine Lallemand, officier d'ordonnance du général des Garets.

Le *demi-dieu* deviendra aussitôt, dans les manœuvres d'Henry, le chef de l'association mystérieuse qui a entrepris de substituer Esterhazy à Dreyfus, le commanditaire de « l'acteur prêt à agir » du faux Weyler.

La lettre fut copiée, classée, avant d'être réexpédiée à Picquart.

Gribelin, Lauth et Henry s'efforcent ensuite d'obtenir de Tomps, qui s'y refuse, qu'il désigne Picquart comme l'auteur de la révélation du bordereau. (*Cour de Cas.,* 14 *janvier* 1899).

Le premier rapport de Tomps portait que, selon ses informations, « le bordereau, qui avait servi au *Matin* à faire son fac-similé, avait été pris à une personne qui le détenait par ses fonctions ».

Tant qu'Henry put croire que « cette personne » deviendrait Picquart, Tomps fut accablé de prévenances. Mais, un peu plus tard, quand Tomps vient dire que cette personne était un expert, Gribelin le bouscule : « Vous étiez dans la bonne voie ; vous n'y êtes plus. » Lauth l'accuse brutalement « de subir l'influence de quelqu'un ». Henry, surtout, lui témoigne vivement sa mauvaise humeur ; il repousse son rapport : « Je n'ai pas besoin de lire ce papier, je sais ce qu'il y a dedans. »

Il y avait là-dedans la vérité; Henry voulait autre chose.

En désespoir de cause, Gribelin mande la personne qui avait renseigné Tomps. On espère qu'elle comprendra mieux. « On lui en saurait très grand gré. » « Quant à M. Tomps, ajoute Gribelin, nous préférons le laisser en dehors de l'enquête. »

Mais cette personne, elle aussi, par malheur, ne voulut pas « entrer dans la bonne voie ».

Guénée, en revanche, simple instrument aux mains d'Henry, toujours docile, fournit le 21 novembre, un nouveau rapport qui identifie avec Leblois « le vieil ami » que Picquart aurait consulté, à qui il aurait communiqué des pièces secrètes.

Tomps eût préféré crever de faim que de mentir; Guénée tenait à garder son gagne-pain.

Le 15 décembre, classement, au dossier, d'une lettre fausse, à l'adresse de Picquart, et signée *Speranza*. Avec le *demi-dieu* qu'il avait pris dans la lettre de Ducasse, le 20 novembre, Henry avait combiné la phrase suivante :

Votre brusque départ nous a mis tous dans le désarroi; l'œuvre est compromise. Parlez, et le demi-dieu agira.

Mais la lettre ne fut pas envoyée à Picquart qui ne la connaîtra qu'un an après, à l'enquête Pellieux.

Peu après, Henry introduit dans le dossier d'Esterhazy une pièce destinée à faire croire que Picquart, quand il affirmait n'avoir connu Esterhazy que par le *petit bleu*, avait menti. C'était un article nécrologique de l'*Éclair* sur le beau-père d'Esterhazy, M. de Nettancourt, découpé et collé sur papier blanc, avec, en tête, cette inscription : *5 janvier 1896*. Donc, dès cette époque, Picquart guettait Esterhazy ; la preuve de la fourberie de Picquart s'étalait à la première page du dossier. Or, l'article était du *5 janvier 1897*. Gonse dut reconnaître lui-même (*Enquête Tavernier*) que l'inscription était de la main d'Henry.

Et le chef-d'œuvre, mais il est peut-être d'une date ultérieure, c'est la falsification de l'adresse du *petit bleu*, « grattée », puis récrite selon le procédé déjà employé par Henry pour la pièce 371. Le faussaire s'était appliqué à gratter surtout les intervalles des lettres ; il avait rétabli ensuite les lettres à demi-effacées ou altérées par l'opération. Il s'agissait de faire croire que le *petit bleu* était une pièce envoyée à une personne autre qu'Esterhazy, mais demeurant dans la même rue ; Picquart serait accusé d'avoir effacé le nom et d'y avoir substitué le nom de l'ami d'Henry.

L'auteur de cette fraude, par malheur, avait oublié de détruire les clichés photographiques que Picquart avait fait prendre du *petit bleu*, à son arrivée, et qui ne portaient, naturellement, trace d'aucun grattage. Donc, quand il avait été reconstitué par Lauth, l'adresse du *petit bleu* était intacte.

Et le faussaire, encore, s'était trompé de bouteille à encre. L'expertise chimique a démontré, en effet, que le *petit bleu* avait été écrit avec de l'encre à la noix de galle, tandis que les surcharges avaient été faites avec de l'encre au bois de campêche. Elle avait établi encore que le nom d'Esterhazy existait primitivement sur l'adresse, écrite avec la même encre et de la même main que le reste de la pièce.

Comme par hasard, cette encre au bois de campêche était précisément la même dont Lauth se servait pour ses retouches photographiques.

Pendant tout le temps que durèrent ces opérations, Gonse et Henry écrivaient à Picquart, toujours en mission, les lettres les plus affectueuses. Picquart, maintenant, est relégué en Tunisie, au 4ᵉ régiment de tirailleurs. La dernière lettre de Gonse est du 23 mars 1897, la dernière lettre d'Henry est de février.

Enfin, quand toutes les batteries ont été ainsi chargées de faux, quand Lauth et Gribelin ont été bien stylés à dire que Picquart avait voulu faire timbrer le *petit bleu* à la poste, et quand tout est prêt pour perpétrer un nouveau crime judiciaire, alors Henry, avec l'assentiment de Gonse et de Boisdeffre, jette le masque. A une note de Picquart demandant « qu'on dise une bonne fois » aux agents du service des renseignements, qui continuaient à lui écrire en Tunisie, « qu'il a été relevé de ses fonctions », Henry répond, le 31 mai, par une audacieuse lettre de menaces. « Il a l'honneur d'informer » Picquart que l'*enquête*, ouverte à la suite de sa note, a révélé des faits graves. Le colonel a fait ouvrir indûment une correspondance étrangère au service, — celle d'Esterhazy ; — « des propositions ont été faites par lui à deux membres du bureau pour qu'ils témoignent, le cas échéant, qu'un papier classé au service avait été saisi à la poste et émanait d'une personne connue » ; un dossier secret a été ouvert et de coupables indiscrétions ont été commises.

Les preuves matérielles de ces faits, ajoutait Henry, existent ici.

Et cela était parfaitement exact, puisque c'était lui-même qui les avait fabriquées.

XXIX

Quand Picquart reçut cette lettre (7 ou 8 juin 1897), une clarté se fit dans son esprit. Il vit le réseau des machinations qui l'entourait. Il comprit que les auteurs de la condamnation de Dreyfus s'étaient juré de l'intimider ou de le perdre.

Ce qui ajoutait à la gravité de la lettre, c'est que, visiblement, elle avait été écrite d'accord avec les chefs, Gonse et Boisdeffre. La note de Picquart était du 18 mai; la réponse d'Henry, datée du 31 mai, n'avait été expédiée que le 3 juin. Donc, la minute définitive, dans l'intervalle, avait été soumise aux chefs. Et Picquart devinait juste. Gonse en conviendra. (*Inst. Fabre, cote 129.*) Boisdeffre alléguera qu'il n'a su la chose qu'une fois faite (*Inst. Fabre, cote 61*), mais n'ose point dire qu'il la désapprouva.

Jusqu'alors Picquart avait gardé, vis-à-vis des tiers, un silence absolu sur la découverte qu'il avait faite de l'erreur judiciaire de 1894 :

J'étais, a-t-il dit à Rennes, un témoin sûr pour Dreyfus, dans le cas où sa famille viendrait à engager un procès en revision. On savait au ministère que je ne parlerais que selon ma conscience. On devait forcément, si on continuait à repousser la revision, chercher à me supprimer, au moins moralement.

Picquart jugea qu'il avait désormais le droit de prendre des précautions.

Après avoir adressé de Gabès une protestation indignée à Henry, Picquart demanda une permission de huit jours pour aller à Paris (20-29 juin). Il y raconta son cas au général Nismes, sous les ordres de qui il avait servi et qui lui conseilla « de faire le mort ». Il essaya vainement de voir le général Jamont. Il se décida à remettre ses papiers, notamment les lettres du général Gonse, qui prouvaient que l'enquête Esterhazy avait été faite avec l'assentiment de ses chefs, au seul avocat qu'il connût, son ami et compatriote strasbourgeois, Mᵉ Leblois. Il lui donna un mandat général de défense.

L'intention de Picquart, qu'il exprima à son ami, était que l'action de Leblois ne pourrait s'exercer qu'auprès du gouvernement. Leblois ne pensa point outrepasser son mandat quand, le 13 juillet, ayant appris que M. Scheurer-Kestner s'occupait, depuis quelque temps, de l'affaire Dreyfus, il sollicita une entrevue du premier vice-président du Sénat et lui raconta tout ce qu'il savait par Picquart.

Dès le lendemain, Scheurer déclara à ses collègues du bureau du Sénat qu'il venait d'acquérir la persuasion que Dreyfus était innocent, qu'il allait s'employer à lui faire rendre justice.

Ainsi Henry, à peine échappé à l'orage, avait, par sa propre faute, provoqué une nouvelle montée de nuages à l'horizon.

S'il n'avait point écrit sa lettre du 31 mai à son ancien chef, Picquart aurait continué à garder le silence ; et Leblois, qui n'aurait rien su, n'eût pas informé Scheurer à l'heure même où le vice-président du Sénat, désespérant de trouver une preuve à l'appui de ses angoisses, allait abandonner la tâche qu'il s'était imposée sur les instances de quelques-uns de ses amis alsaciens, de Ranc et de moi-même.

XXX

Un seul incident pendant cet été de 1897. Le 17 août, Esterhazy, absent de son corps depuis six mois, est mis en non-activité pour infirmités temporaires. C'est le général Guerrier qui en a fait la proposition formelle; Billot n'a pas osé y objecter.

C'est le 16 octobre que Scheurer déclare au colonel Bertin, à Belfort, qu'il est résolu à poursuivre la revision du procès Dreyfus.

Le 17, le 18 au plus tard, Billot est informé par Bertin, et, avec lui ou par lui, Boisdeffre, Gonse, Henry.

Et, pendant que le haut État-Major, déconcerté, hésite sur les mesures à prendre en face de ce nouveau péril, quelqu'un, tout de suite, sans perdre une heure, a prévenu Esterhazy.

Dès le 18 au soir, Esterhazy arrive chez sa maîtresse. Il se croit perdu. Fuira-t-il? se tuera-t-il? Il annonce son suicide à Mlle Pays et retire ses fonds du Crédit foncier.

Qu'il passe la frontière ou qu'il se loge une balle dans le cerveau, c'est l'aveu. Dès lors, la revision du procès Dreyfus est inévitable, c'est la découverte de tous les crimes commis depuis trois ans; Henry est perdu.

Il persuade donc Esterhazy qu'il faut combattre. L'État-Major, compromis dans l'affaire Dreyfus, est intéressé à le protéger, à le couvrir. Henry fera marcher l'État-Major. Esterhazy échappera à Scheurer comme à Picquart.

Esterhazy a de la méfiance. Il serait plus tranquille si Schwarzkoppen, sous le coup de quelque chantage bien monté, prenait peur, consentait, par exemple, à aller déclarer à Mme Dreyfus que son mari est coupable.

C'est à cette époque précise que Schwarzkoppen reçut de nombreuses lettres anonymes, grosses de menaces; puis, Lemercier-Picard, sous quelque faux nom, s'introduit auprès de lui. Le faussaire lui fit voir une lettre où l'écriture de l'officier allemand était imitée à s'y méprendre, où une femme mariée était nommée.

Le samedi 23 octobre, avant de se rendre à l'entrevue du parc de Montsouris, Esterhazy va chez Schwarzkoppen, joue la comédie du suicide, supplie l'attaché militaire de faire auprès de Mme Dreyfus une infâme démarche. Schwarzkoppen le chasse.

Cette tentative avait-elle été concertée avec Henry ? Ce qui est certain, c'est qu'Esterhazy la raconta, un peu plus tard, à Du Paty, qui en a fait l'aveu. (*Enquête Renouard, 9 septembre 1898.*) Du Paty a-t-il transmis à Gonse et à Boisdeffre cette redoutable confidence? Il ne le dit pas. Peut-on imaginer qu'Henry l'eût ignorée, pour le cas où le coup n'aurait pas été préparé avec lui? Les secrets qu'Esterhazy confiait à Du Paty, ami d'hier, a-t-il pu les cacher à Henry, ami de vingt ans?

Du Paty n'en a parlé qu'après la mort d'Henry qui, lui, n'en avait jamais rien dit.

XXXI

Maintenant, d'un bout à l'autre de cette dramatique période, la vie d'Henry est en partie double : l'une au grand jour de l'État-Major, où il s'associe à tous les actes des protécteurs officiels d'Esterhazy, bien qu'il s'arrange toujours pour pousser en avant, dans les démarches les plus périlleuses, des comparses, obscurs comme Gribelin, sots et vaniteux comme Du Paty ; l'autre, dans l'ombre, mystérieuse, où il travaille seul à seul avec Esterzhazy, où l'intérêt qui le préoccupe n'est pas celui de la bande, mais le sien propre.

Ainsi, Henry a prévenu Esterhazy dès le lundi 18 octobre, alors que, du 19 au 22, il feint de chercher avec Lauth, Du Paty et Gonse, les moyens les plus sûrs de l'avertir des desseins de Scheurer : par exemple, en lui adressant une lettre anonyme. Bien que Billot ait refusé, le 19, d'autoriser ce bas procédé, la lettre fut certainement envoyée, puisqu'elle a été produite par Esterhazy ; et Henry, dès lors, aura ce double avantage de tenir l'État-Major par une nouvelle complicité et de pouvoir faire dire par Esterhazy, pour justifier sa présence à Paris, qu'il a été prévenu, le 20, à Dommartin, par une lettre signée « Espérance ». — Plus tard, à l'instruction Bertulus, le 2 juin 1898, Esterhazy dira que cette lettre était datée du 20, qu'il l'a reçue le 21, qu'il n'est venu à Paris que le 22. — Or, la fille Pays a déposé formellement qu'Esterhazy est arrivé chez elle, à l'improviste et fort troublé, le 18 au soir, et il a été vérifié qu'il était parti à cette date, de Dommartin, après avoir reçu le courrier de Paris. Quand Bertulus lui demandera s'il a gardé l'enveloppe de la lettre, il répondra qu'il l'a jetée au feu par mégarde avec les autres enveloppes de son courrier, mais qu'elle était rose, timbrée de Paris, rue Daunou, du 20 octobre.

Donc, ce n'était pas cette lettre « Espérance » qui l'avait averti ; il avait déjà quitté précipitamment Dommartin quand le brouillon, de la main de Du Paty, en fut soumis par Gonse à Billot. La lettre, envoyée après coup, a dû lui être réexpédiée à Paris. Le samedi 23, à la fameuse entrevue de Montsouris, Esterhazy, moins bons disimulateur qu'Henry, ne réussit pas à cacher à Du Paty qu'il avait été déjà mis au courant, « par une autre voie ». (*Cour de Cass., dép. Du Paty, 13 jan. 1899.*)

Gonse et Boisdeffre ont-ils connaissance de ce manège ? En tout cas, Du Paty finira, lui, par s'en apercevoir. S'il est, lui aussi, gravement intéressé à empêcher la revision du procès Dreyfus, d'autre part, il ne connaissait pas Esterhazy (du propre aveu d'Esterhazy). Cependant, les missions les plus compromettantes lui sont toujours confiées, c'est sur sa tête que s'accumulent les responsabilités les plus lourdes. Sa folle vanité, son amour des combinaisons louches, compliquées, bizarres, l'ont précipité, tête baissée, dans l'aventure : mais sa prudence s'éveille, lui rend suspect le rôle d'Henry. Alors Henry et ses amis le chargeront du poids de tous leurs péchés ; on inventera que, dès le 16 octobre, le jour même où Scheurer-Kestner annonçait sa résolution à Bertin, il serait allé demander à Gribelin l'adresse d'Esterhazy à la campagne (*Dép. Roget et Cuignet*) ; — Gribelin dit que ce fut Henry « qui lui fit demander cette adresse », mais il ne nomme pas Du Paty et ne précise pas la date : « vers le milieu d'octobre. » — Après la mort d'Henry, pendant la période où l'ancien État-Major s'applique à glorifier en public le faussaire et à le défendre devant la Cour de cassation, c'est Du Paty qui sera le bouc émissaire. Il a tout fait, même le faux Henry qui cesse d'être patriotique. Il faudra qu'il montre les dents à l'enquête Tavernier pour qu'on revienne, à son endroit, à plus d'indulgence.

XXXII

Henry déploie dans cette campagne un véritable génie, génie de paysan retors, qui va au but *per fas et nefas*, que rien n'arrête, toujours en éveil, jamais à court de nouvelles ruses, cachant ses angoisses sous un masque impassible. Quand il envoie Gribelin chez Mlle Pays, puis à Montsouris, il lui déclare que ces entrevues ont été voulues par Du Paty. A Montsouris, pendant que Du Paty et Gribelin confèrent avec Esterhazy, il reste dans la voiture qui les a amenés, pour que ses complices ne s'aperçoivent pas qu'il connaît le traître de longue date. Henry voit fréquemment Esterhazy, tête à tête. (De l'aveu d'Esterhazy, le 24 octobre, rue de Douai; le 26, rue du Bac; le 28, le 6 novembre.) C'est à Henry qu'Esterhazy promet « d'obéir, en tout et pour tout, » aux ordres qui lui sont donnés. C'est Henry qui lui dit un certain jour que « cela ne marche pas, malgré les efforts de Boisdeffre; que Billot est pris par ses amitiés, ses intérêts avec Scheurer et Reinach; qu'il faut lui mettre la baïonnette au derrière ». C'est Henry encore qui l'informe, quelques jours plus tard, que « la baïonnette au derrière » a produit son effet, que Faure et Hanotaux se sont émus, que le Président de la République est intervenu « pour empêcher Picquart de revenir de Tunisie ». C'est Henry qui a écrit à Esterhazy : « Du Paty a dû vous dire d'envoyer de suite au général B... la lettre Bro; il ne peut rien faire sans cela. Au trot! » Quand ils s'écrivent, ils font usage d'une grille qui sera saisie, le 13 juillet 1898, par M. Bertulus. Mais, de tout cela,

Henry ne dit rien aux camarades ; les jours même où il confère avec Esterhazy, c'est Du Paty qui transmet à Esterhazy les ordres de ses protecteurs, qui lui dicte ses lettres : lettres à Billot, le 24 ; lettres à Boisdeffre, le 26 ; première lettre à Félix Faure, le 28 ; etc.

La dépêche *Speranza* a-t-elle été dictée à Esterhazy par Du Paty ? la dépêche *Blanche* a-t-elle été rédigée par Du Paty ? Cela est possible, et même probable. Mais il est manifeste que ces télégrammes n'ont pu être fabriqués que sur les indications d'Henry, qui avait forgé, dès le 15 décembre de l'année précédente, la fausse lettre *Speranza*, à l'adresse de Picquart.

C'est Du Paty qui remet à Esterhazy la « plaquette », l'article *Dixi* de *la Libre Parole*; mais Henry en avait réuni les éléments, préparé le brouillon. Du Paty, qui ne faisait point partie du bureau des renseignements, ignorait tout des faits qui furent si merveilleusement travestis. Tout le plan de l'État-Major, jusqu'à Rennes, a été tracé dans cet article.

Enfin, la photographie de la pièce : « Canaille de D... », du document libérateur, n'a pu sortir, sans l'ordre d'Henry, de la caisse en fer du bureau.

Du Paty, qui avoue presque tout de sa collaboration avec Esterhazy, nie lui avoir remis le document libérateur. Pourquoi ce démenti après tant d'aveux ? C'est Esterhazy, seul, qui affirme qu'il a tenu de Du Paty cette pièce ; pas d'autre témoin : n'est-ce pas Henry lui-même qui la lui a remise ? L'accusation portée contre Du Paty n'a-t-elle pas été concertée entre Henry et Esterhazy ?

Ce n'est pas le hasard qui fait coïncider avec la nouvelle, donnée par Bertin, de la résolution de Scheurer, l'ordre, donné par Boisdeffre au général Leclerc, de faire continuer « sans interruption » la mission de

Picquart en Tunisie (19 octobre), et la convocation de Lebrun-Renaud par Gonse au ministère de la guerre (20 octobre). Ces deux faits, à eux seuls, suffisent à établir la participation de Boisdeffre et de Gonse au complot contre la justice. Pourtant, si Henry a pu conseiller ces actes, la responsabilité effective ne lui en incombe point. Mais d'autres machinations n'ont pu être combinées que par lui. Un agent secret, Lajoux, avait appris de Cuers que l'État-Major allemand n'avait jamais eu de rapport avec Dreyfus et que le véritable traître était un officier décoré, qui envoyait au Thiergarten rapports sur rapports et qui allait en plein jour chez Schwarzkoppen. Lajoux était devenu dangereux : Henry s'en débarrassa en lui faisant verser une somme d'argent par Gribelin, à condition qu'il partira aussitôt pour l'Amérique. (*Lettre de Lajoux, le 9 juin 1899, au procès de Rennes, 22 août.*) Quand Lemercier-Picard s'en va trouver Schwarzkoppen, lui révèle son talent de faussaire et le menace, s'il intervient dans la prochaine bataille, de divulguer le nom d'une femme mariée, qui l'a documenté sinon Henry ? Seul, Henry, qui connaissait les dossiers secrets, avait pu lui donner le nom.

Et toutes ces manœuvres, ténébreuses, si compliquées, sont cependant stupides. Car Scheurer n'avait point nommé Esterhazy à Bertin ; il lui avait dit seulement sa conviction de l'innocence de Dreyfus.

Si Dreyfus a été justement condamné, pourquoi tant s'inquiéter de cette nouvelle ? Qui Scheurer va-t-il accuser ? Accusera-t-il même quelqu'un ? S'il accuse quelqu'un, ne sera-t-il pas dupe — comme Hanotaux me le faisait dire — d'un homme de paille ? Pourquoi l'État-Major conclut-il tout de suite que Scheurer mettra en cause Esterhazy ? Si Esterhazy n'est point le traître, s'il est innocent, pourquoi toute cette folle et scélérate agitation ?

Il y a d'autres preuves de l'innocence de Dreyfus et du crime d'Esterhazy ; il n'y en a pas de plus décisive que cette campagne. Elle démontre, en outre, que ceux qui affirmaient la culpabilité de Dreyfus savaient dès lors qu'il est innocent.

XXXIII

Scheurer a offert à Méline et à Billot l'honneur de faire la revision du procès Dreyfus ; Mathieu Dreyfus a dénoncé Esterhazy ; la presse entre en scène.

Le chef d'orchestre de toute la presse nationaliste et antisémiste, c'est Henry.

On l'y a déjà vu travailler ; en 1894, à *la Libre Parole*, à *l'Intransigeant*, à *l'Éclair*, au *Petit Journal*, à *la Cocarde*; en 1896, à *l'Éclair*. Il se remet à l'œuvre.

La presse, dans les luttes modernes, n'est pas que le chœur antique qui marque les coups : elle est un acteur, l'un des principaux acteurs. Henry a compris cette force et nul n'en a plus audacieusement usé.

D'autres officiers que lui fréquentent les bureaux de rédaction. Pauffin, chef du cabinet de Boisdeffre, va porter « le drapeau de la France » chez Rochefort. Esterhazy est l'ami de Drumont, honoré Millevoye et Vervoort de ses visites. Mais la source du ruisseau de boue qui va inonder la France, la grande usine qui va entreprendre, de propos délibéré, l'empoisonnement systématique de ce bon peuple naïf et patriote, de ce grand pays du Droit et de la Pitié, c'est le service des Renseignements où trône Henry.

De l'entrée de Scheurer en scène jusqu'au drame du Mont-Valérien, Henry, matin et soir, alimente cette presse de mensonges, et, parfois, par un habile calcul, de bribes de vérités, dénaturées avec art, et de savantes indiscrétions. Le poste de haute confiance qu'il occupe, les croix qu'il porte, les blessures qu'il raconte, sa belle prestance et ses rudes allures ont pu faire illusion à quelques-uns ; on saura un jour où d'autres, après avoir cherché en vain l'adresse de celui qui n'a jamais existé, ont trouvé la caisse du véritable Syndicat.

Avant que le temps ait fait une poussière de tout ce mauvais papier, il faudrait avoir le courage de relire, la plume à la main, la collection de ces journaux. On y retrouverait, presque à chaque numéro, la marque d'Henry. Par sa fonction, il sait tout des antécédents de l'affaire et tout de ce qui se passe ou se prépare. Inventer n'est pas facile ; Henry, peu imaginatif, au contraire de Du Paty, est surtout un faussaire. Il prend un document exact, et voici un faux ; une parcelle de vérité, et voici un mensonge. Les preuves matérielles de son intervention abondent. Nul autre que lui n'a pu donner à *l'Écho de Paris* les pseudonymes dont usaient Schwarzkoppen et Panizzardi dans leur correspondance : *Maximilienne, Chien de guerre*, etc.. Nul autre que lui n'a pu combiner, avec des faits réels de trahison, commis par tel espion obscur ou, même, par Esterhazy, des chefs nouveaux d'accusation contre Dreyfus. Ses propres méfaits, il en charge Picquart. On pourrait écrire toute cette histoire rien qu'en prenant les mensonges d'Henry, de toute sa presse, et en restituant à leurs auteurs les faits qu'ils imputent à autrui.

C'est, ainsi, ses informations, ses haines et ses craintes que tous ces journaux traduisent et vont porter, par toute la France, à des milliers et des milliers d'exemplaires. Son autorité va croissant avec la rage de la bataille, les passions débridées, le peu de sens critique qui restait et qui s'évapore. D'autant moins suspect qu'il cherche moins à paraître, qu'il fuit la réclame et le bruit autour de son nom, qu'il ne demande, soldat modeste, qu'à rester dans l'ombre où il fait son devoir. Il laisse à Du Paty la faveur des salons, la colère des défenseurs exaspérés de la justice. Ceux-ci seront longtemps à l'ignorer et, pour la plupart, quand ils le verront en scène, à le méconnaître, à ne pas soupçonner son génie. Du Paty, marquis décadent et maniaque, déplaît au bon public; Henry, le brave Henry, a sa faveur. Ses origines plébéiennes, — donc, il ne défend point, dans ce conflit, des préjugés de caste; — sa brillante carrière en dépit de cette humble extraction, — donc, sa vertu est telle que, dans le royaume même du favoritisme, il a fallu s'incliner devant elle; — sa fonction de chef du bureau de statistique, du mystérieux service qui préside à l'espionnage, du sanctuaire de la rue Saint-Dominique, — donc, il sait tout; — l'absence de tout intérêt personnel dans l'affaire, sa brusquerie de soldat, sa large poitrine, la simplicité affichée de sa vie, inspirent confiance. Bien plus que ce médiocre Gonse, il est le second, l'*ad latus* de Boisdeffre, du chef d'État-Major auréolé, intangible, sacro-saint, qui incarne l'alliance russe, qui est le véritable défenseur de l'honneur de l'armée contre un généralissime obèse et un ministre politicien. Dès lors, il ne suffit plus d'ameuter l'opinion par la presse; mais, par elle encore, il fait taire Saussier, qui connaît trop Esterhazy, et marcher Billot, qui entraîne à sa suite Méline et le gouvernement de la République.

XXXIV

Aux enquêtes Pellieux et Ravary, au procès Esterhazy, il est le grand témoin, à la fois témoin et accusateur.

Surtout aux enquêtes, car il préfère aux audiences, même à huis clos, où la contradiction peut devenir gênante, le tête-à-tête d'un cabinet d'officier instructeur, où sa fourberie est à l'aise et joue des crédulités complaisantes ou niaises. A l'audience, l'argumentation la moins serrée le démonte : il n'a de ressource contre elle que la violence, calculée, des coups d'éclat, mais qu'il ne faudrait pas renouveler trop souvent. Dans le salon de Pellieux ou dans le repaire enfumé, ignoble, de Ravary, il n'a à craindre aucune dialectique : tranquillement, il y étale ses faux, débite ses mensonges. Tout ce qu'il montre, tout ce qu'il dit, devient article et parole de foi.

Pellieux savait-il qu'Esterhazy et Henry étaient des amis de vingt ans ? Il n'est pas probable qu'Henry le lui ait dit. Chef du bureau des renseignements, témoin principal au procès de 1894, Henry se présentait devant Pellieux, comme devant Ravary, avec une autorité particulière. Il ne déchargeait Esterhazy que du bordereau. Il n'essayait point de le faire passer, dans sa vie privée ou militaire, pour un modèle. On peut calomnier un joueur, un libertin, tout comme un honnête homme. Accuser Esterhazy de trahison, c'était le calomnier.

Henry lui-même n'avait-il pas été accusé de trahison, et, tout récemment encore, presque en même temps qu'Esterhazy ?

En effet, Esterhazy a été dénoncé par Mathieu Dreyfus le 15 novembre : or, après avoir raconté à Pellieux, à sa façon, l'entrevue à Bâle avec Cuers, le 6 août 1896, et une entrevue subséquente, à Luxembourg, le 19 janvier 1897, entre le même Cuers, Lauth et Junck, Henry révèle à Pellieux que l'officier français incriminé par l'agent étranger, c'était lui-même. (*Enquête Pellieux, dép. du 28 novembre 1897.*)

D'une lettre, dit-il à Pellieux, qui existe au ministère de la guerre et qui est arrivée dans les premiers jours de novembre 1897, il ressort que c'est moi-même qui étais le chef de bataillon visé.

Cette lettre était arrivée à l'État-Major, en pleine crise, à un moment bien opportun ! Je voudrais bien la voir.

Et Lauth confirme :

La personne que Cuers avait voulu désigner n'était autre que le commandant Henry lui-même.

Donc, Cuers est un misérable, un agent provocateur à la solde ou de l'État-Major allemand ou du Syndicat.

Ce coup, lancé avec une admirable audace, porta fortement.

Accuser Henry de trahison, le brave, le loyal, l'irréprochable Henry, c'était acte de dément ou de scélérat.

Du moment qu'il se trouvait des hommes assez misérables ou assez fous pour accuser Henry, quoi d'étonnant qu'il s'en trouvât pour accuser Esterhazy ?

Ces contradictions de l'étranger, accusant tantôt Henry, tantôt Esterhazy, prouvent à la fois et l'inanité de ces dénonciations et l'intérêt qu'a l'État-Major allemand à disculper Dreyfus.

Cuers, l'affaire de Bâle, inquiétaient Henry : voilà le témoignage de Cuers annihilé !

Qu'on vienne dire maintenant que Cuers n'a point dénoncé formellement Henry, qu'il l'a signalé seulement comme l'informateur d'Esterhazy, cette allégation, qui aurait été redoutable, ne pèsera plus rien.

Henry aurait pu ne point faire part de cet incident à Pellieux : quelle preuve de loyauté que de le lui révéler spontanément !

La parole d'Henry, celle de Lauth, peuvent-elles être mises en doute ? Pas plus que celle de Gribelin. Un mois avant la mort d'Henry, Pellieux dira encore à l'instruction Fabre (cote 29), au sujet de deux dépositions d'Henry et de Gribelin : « Leur honorabilité rend leur témoignage inattaquable. »

Henry, par ce coup de génie, déblaie le terrain, innocente d'avance Esterhazy, qui aurait pu, à une enquête sérieuse, être gêné, et lui-même, qui est, aux yeux de Pellieux, au-dessus du soupçon.

Et ces racontars de Cuers, c'était un des arguments de Picquart en faveur de l'innocence de Dreyfus !

XXXV

C'est contre Picquart, ce prétendu justicier, cet agent du Syndicat, qu'Henry dirige tout son effort. Le véritable accusé des enquêtes Pellieux et Ravary, ce sera Picquart.

Henry dut charger son ancien chef de l'air d'un soldat qui accomplit, dans un intérêt supérieur, le plus pénible des devoirs. La calomnie en pénétra plus profondément. Pellieux n'était pas homme à y résister, ni cet imbécile de Ravary. C'était comme chef du bureau des Renseignements, au nom de Boisdeffre et de Billot, que parlait Henry.

Opération, celle-ci aussi, profondément habile. L'orage qui est dans l'air, on le détourne d'Esterhazy, contre Picquart. Par un phénomène singulier, dénoncer Esterhazy, c'est porter atteinte à l'honneur de l'armée; mais diffamer Picquart, c'est vernir l'honneur de l'armée et le faire reluire comme un soleil.

Pellieux, puis Ravary, enregistrent, acceptent sans hésiter toutes les accusations, toutes les insinuations d'Henry, appuyées tantôt par Lauth, tantôt par Gribelin et par Gonse.

Par un autre phénomène, ces accusations se précisent en se renouvelant, de vagues deviennent formelles, s'accroissent de détails nouveaux, retrouvés subitement dans les mémoires, ou que les officiers se suggèrent les uns aux autres. La boule de neige deviendra avalanche. Tel fait, d'ailleurs controuvé, n'a été d'abord qu'une faute disciplinaire; il sera demain un délit passible de cinq années de prison. Telle insinuation, présentée d'abord avec réserve, se transformera en une inculpation criminelle.

Le plan, préconçu de longue date, se perfectionne tous les jours. Les grands chefs y sourient. La presse y aide, colportant les indiscrétions qui lui sont faites, y ajoutant. Ainsi grossies, elles reviennent à l'État-Major; les insinuations sont devenues des faits acquis qui se développent encore. La calomnie, d'étape en étape, conduira Picquart au Mont-Valérien, devant un conseil d'enquête, à la prison de la Santé, en police correctionnelle, au Cherche-Midi.

Il serait excessif d'attribuer au seul Henry la gloire de cette accumulation de mensonges. Il a eu de nombreux collaborateurs, chefs, camarades, subordonnés;

Esterhazy, Lauth, Gribelin, Gonse, Boisdeffre, qui, au surplus, après sa mort, ont continué pieusement l'œuvre commune. Mais il a été l'initiateur, l'auteur principal. Sur ce monument de faux témoignages et de faux, c'est son nom, d'abord, qui rayonne.

XXXVI

Premier bloc d'accusations :

Picquart étant chef du bureau des renseignements, a communiqué, en octobre 1896, à une personne étrangère au service, l'avocat Leblois, le dossier secret Dreyfus et, notamment, la pièce : « Ce canaille de D.... ». Henry les a vus ensemble.

Je me souviens, dépose textuellement Henry devant Pellieux, — sous la foi du serment, — qu'en octobre 1896, entrant, un jour, brusquement dans le bureau du colonel, je l'ai vu assis auprès de M° Leblois, ayant devant eux, ouvert, le dossier secret qu'ils consultaient ensemble. J'ai reconnu, notamment, une photographie de la pièce secrète sur laquelle il est parlé de *« cette canaille de D... »*

Cette pièce, le document libérateur d'Esterhazy, n'a pu lui parvenir que par la faute de Picquart.

Mon opinion, continue Henry devant Pellieux, est que cette pièce n'a pu sortir du ministère que par la faute ou la négligence du colonel Picquart, qui seul pouvait l'avoir entre les mains depuis l'époque où il avait ouvert le dossier secret (septembre 1896), car il n'en existait pas autre part que dans ce dernier.

Devant Ravary, Henry renouvellera, avec de simples variantes, sa déposition. Il précise même : « Je me souviens *parfaitement* », dit-il, et il fait noter par le greffier « que la pièce, sortie du dossier, se trouvait sur le bureau même *près du coude du colonel Picquart.* »

Gribelin, comme de juste, confirme les dires d'Henry, mais, toutefois, avec quelques divergences dans le détail. Ainsi, l'archiviste n'a point vu Picquart et Leblois « compulser » le dossier (*Inst. Ravary*). Pour la date, Gribelin la recule, successivement, au mois ou *vers le mois* de novembre (*procès Zola*), tout à fait à la fin d'octobre ou dans les premiers jours de novembre (*Inst. Fabre*), entre le 15 octobre et le 15 novembre. (*Inst. Tavernier*). Au surplus, Gribelin pense, comme Henry, que, « le dossier étant resté entre les mains du colonel pendant une période d'au moins deux mois, il a été possible qu'une pièce en ait été soustraite pendant quelque temps pour être photographiée à l'extérieur du ministère ».

C'est la pièce : « Ce canaille de D... », le document libérateur qu'Esterhazy déclare avoir reçu, le vendredi 29 octobre, « à six heures du soir, rue Saint-Éleuthère, au coin de la vieille église de Montmartre », des mains d'une dame voilée qui lui a dit : « Si le torchon brûle, il n'y a qu'à publier cette pièce dans les journaux. » (*Procès Esterhazy, audience du 10 janvier 1898; enquête Pellieux et inst. Ravary.*)

Au lendemain de sa dénonciation par Mathieu Dreyfus, Esterhazy avait déjà colporté dans les journaux, où elle eut beaucoup de succès, l'histoire de la dame voilée, de la fée mystérieuse qui lui avait remis le document libérateur. Elle l'avait, précédemment avisé du complot qui était tramé contre lui ; c'était elle qui lui avait envoyée à Dommartin la lettre signée *Espérance*. C'était une femme mariée qui, trompée par Picquart ou indignée de ses manœuvres contre Esterhazy, avait, soit jalousie, soit vertu, averti le commandant.

Et, dans les salles de rédaction, dans les corridors du Ministère de la guerre, on la nommait. Son nom fut donné au général de Pellieux. Six mois plus tard, au printemps de 1898, Pellieux dit au mari de la femme qui lui avait été dénoncée que cette femme, amie du colonel Picquart, était la dame voilée.

Ainsi, les récits de ces trois officiers se confirmaient et s'enchaînaient. Il y avait bien, entre eux, de légères divergences, fissures par où passera la vérité. Mais l'ensemble se tenait. Le récit d'Henry et de Gribelin : — Picquart et Leblois surpris à compulser le dossier secret d'où sortait une pièce importante, — préparait celui d'Esterhazy : — la dame voilée, maîtresse jalouse de Picquart, qui avait averti le commandant à la campagne par la lettre *Espérance*, et lui avait remis le document libérateur, sorti du dossier secret. — Gribelin, d'autre part, et Henry, déposaient « qu'ils croyaient » au récit d'Esterhazy.

Boisdeffre, Gonse et Billot « croyaient » au récit d'Esterhazy et à ceux de Gribelin et d'Henry. Ravary en tire cette conclusion désirée « que Picquart pourrait bien avoir été l'âme de la campagne scandaleuse qui vient de se produire », l'instigateur de Scheurer par le canal de Leblois, le chef masqué du Syndicat.

XXXVI

Or, ces récits jumeaux d'Esterhazy et d'Henry n'étaient qu'un long mensonge.

Picquart n'avait point communiqué le dossier secret

à Leblois, parce que Leblois, à l'époque indiquée par Henry, était absent de Paris.

L'alibi de Leblois, des premiers jours d'août au 7 novembre 1896, fut établi, à l'instruction Fabre, par d'irrécusables témoignages, que le juge a admis ; Leblois avait passé ses vacances dans un petit village du duché de Bade, à proximité de Strasbourg, auprès de son père malade. (*Dép. Boutoulier, Risler, Heins et Bélier, des 10 et 11 août 1898.*)

Esterhazy a déposé, le 24 janvier 1899, devant la Cour de cassation, que le document libérateur lui avait été remis par le colonel Du Paty de Clam, le 14 novembre 1897.

XXXVIII

Mais que de temps et de peines a-t-il fallu pour établir ces deux vérités !

Quand parurent le roman de la dame voilée et les accusations contre Picquart, combien avons-nous été à dénoncer aussitôt la fourberie manifeste d'Henry, la farce impudente d'Esterhazy !

Nourri de romans-feuilletons et abêti par eux, tout un peuple accepta, sans examen, l'inepte histoire de la dame voilée. Les salons, les cafés et les cabarets, également crédules, ne parlaient que d'elle. Aucun doute sur sa réalité ; on ne cherchait qu'à lever son voile. Le reste du monde civilisé, à la lecture des journaux de Paris, se demandait quel vent de folie ou de sottise avait passé sur la Ville-Lumière.

Le général de Pellieux crut, ou feignit de croire, à cette fable. Il demanda à Esterhazy de lui apporter les lettres qu'il avait reçues de la dame. Esterhazy les fit écrire, en caractères d'imprimerie, par son cousin Christian, alors sa dupe; et, d'un air sérieux, les porta le lendemain au général. Ravary, lui aussi, ne fit nulle objection, exposa, docilement, dans l'acte d'accusation, que l'inconnue avait « exigé d'abord, d'Esterhazy, le serment de respecter son incognito, qu'il s'y engagea d'honneur, qu'elle lui détailla longuement les agissements de ceux qu'elle appelait la bande ». Il est « amené fatalement à penser » que le document libérateur, remis par l'inconnue à Esterhazy, est la pièce qu'Henry a vue entre Picquart et Leblois ». Puis, non moins sérieusement, au conseil de guerre, le général de Luxer demande à Esterhazy « s'il n'avait pas cherché à avoir le nom de cette dame, à quelle source elle avait pris ses renseignements, quel intérêt elle avait à dévoiler les agissements des ennemis de l'accusé ». Quelques doutes, pourtant, effleurèrent son cerveau. « Pourquoi se cacher, demandait-il, quand on a quelque chose à dire dans l'intérêt de la vérité ? » Il insista, un instant, sur ce que « la police avait recherché les cochers qui l'avaient conduite dans ses rendez-vous et que les résultats avaient été nuls ».

Esterhazy, goguenard, avec comme une velléité de cracher, dans un aveu de son crime, tout son mépris pour tant de sottise, répondit : « Tout ce que j'ai dit est aussi vrai que je suis innocent ! »

Cependant, devant la risée du monde, l'inepte fable avait fini par s'évanouir (1); disparaissant, elle eût dû engloutir avec elle le mensonge d'Henry dont elle était sortie. Mais il n'en fut rien. Comment douter de la

(1) Henry et Gribelin n'osèrent la reprendre, ni au procès Zola, ni à l'instruction Fabre.

parole d'Henry ? Entre Henry et Picquart, comment balancer ?

XXXIX

Picquart et Leblois avaient démenti formellement Henry et Gribelin devant le général de Pellieux. Ils renouvelèrent leurs démentis à l'instruction Ravary. Il eût été facile d'ordonner dès lors, l'enquête qui fut faite, en août, par le juge Fabre, de constater l'alibi de Leblois. On n'en fit rien.

La genèse du faux témoignage était, tout entière, dans le dossier. C'était, d'abord, le rapport du 30 octobre 1896, de Guénée à son patron Henry, à la veille de la fabrication du faux. Guénée, par ordre d'Henry, racontait que Picquart, *en septembre*, lui avait avoué s'être ouvert, au sujet de l'affaire Dreyfus, à un vieil ami. Dans le second rapport, du 21 novembre, le propos, attribué à Picquart, s'était précisé : l'ami était devenu « un vieil ami à moi qui demeure près d'ici ». Et Guénée ajoutait qu'il avait fait des recherches, que l'ami était Leblois. Gradation saisissante qui aboutit, par un progrès de plus, à la déposition d'Henry devant Pellieux : « Je me souviens qu'en *octobre* 1896.... » Henry avait été absent pendant une partie de septembre; de là, pour lui, la nécessité de placer au mois suivant son mensonge. De même, pour Gribelin, qui était non moins que Guénée dans la main d'Henry.

L'alibi de Leblois, pour octobre, sera invoqué formellement, au procès Esterhazy, par Leblois lui-même et par Picquart. Henry, confronté avec Picquart, s'était montré embarrassé. Alors, au procès Zola, Gonse se dévoue pour placer la scène du dossier, — qui lui aurait était racontée par Henry, trois jours après qu'elle avait eu lieu, — vers le 12 novembre. (*T. I, p. 377.*) Gonse avait vérifié que Leblois n'était rentré à Paris que le 7 ; donc, la scène devenait possible.

Seulement, si on la plaçait en novembre, la scène, d'une autre façon, redevenait impossible. Gonse, en effet, avait repris, dès la fin d'octobre, le dossier secret à Picquart. En octobre, Picquart n'avait pas pu compulser le dossier secret avec Leblois qui était dans la Forêt-Noire. En novembre, il n'avait pas pu compulser avec lui le dossier qu'il n'avait plus.

Cet incident capital, parce qu'il était la base de toutes les accusations contre Picquart, occupera, au procès Zola, presque toute l'audience du 12 février.

Si jamais faux témoignage a été patent, c'est celui d'Henry sur la communication du dossier secret.

Cependant, le mensonge s'obstine et persiste. Ce sera l'un des quatre chefs d'accusation portés contre Picquart par Cavaignac, l'un des cinq chefs d'accusation portés contre lui par Zurlinden et Chanoine. Il a été frappé, une première fois, de ce chef, par le conseil d'enquête siégeant, le 1er février 1898, au Mont-Valérien. La justice civile y revint à l'instruction Fabre, et la justice militaire, à l'instruction Tavernier. L'accusation, polie et repolie, s'y accrut même d'un nouveau témoin.

L'État-Major avait appris au procès Zola que Leblois n'était rentré à Paris que le 7 novembre 1896 ; par malheur, car on ne peut pas tout savoir, il ignorait que Leblois était parti pour la Forêt-Noire le 5 août. Dès lors, le concierge Capiaux vient déposer, qu'ayant pris son service le 15 août, il a vu à diverses reprises, *en août et septembre*, Leblois venir chez Picquart et qu'il les a même surpris, tous deux, devant le coffre-fort des fonds, large ouvert.

XL

Le second groupe des accusations portées par Henry contre Picquart est relatif au *petit bleu*.

Quand Henry accuse Picquart d'avoir compulsé le dossier Dreyfus avec Leblois, son but est de faire voir en lui l'agent du « Syndicat », vendu à la famille du condamné pour provoquer la revision du procès de 1894, étudiant à cet effet les pièces secrètes avec un avocat également payé par les Juifs. Rien de tel n'est consigné dans les procès-verbaux de ses dépositions aux enquêtes; peut-être même n'a-t-il point formulé cette calomnie dans ses conversations familières avec les enquêteurs ; mais telle est bien l'idée qu'il a travaillé à faire naître dans les cerveaux de Pellieux et de Ravary. Et il y a réussi. Ravary, dans son rapport, exprime nettement cette conclusion que Picquart est l'âme de la campagne *contre* l'armée. Pellieux, au procès Zola, insultant un inférieur, un témoin, l'appellera « un *monsieur* qui porte encore l'uniforme de l'armée française ».

Au surplus, la presse de l'État-Major répète à satiété ce dont Henry, par prudence, n'a point officiellement déposé. Les révélations de Leblois à Scheurer, c'est par ordre de Picquart qu'il les a faites. Picquart n'a-t-il point été placé au bureau des renseignements par mon influence ? Je n'avais point vu Picquart depuis six ans et je n'étais jamais intervenu en sa faveur. Picquart avait été étranger à la démarche de Leblois auprès de Scheurer. Il verra Scheurer et Mathieu Dreyfus, pour la première fois, au procès Esterhazy. Mais la calomnie n'en est pas moins en marche et elle court plus vite que la vérité.

Maintenant, il s'agit d'insinuer que Picquart a cherché à substituer Esterhazy à Dreyfus, que le *petit bleu* est un faux, que Picquart l'a fabriqué ou fait fabriquer.

Sans doute, Henry ne le dira point nettement, du moins dans les procès-verbaux des enquêtes et aux audiences publiques. C'est par Lauth qu'il le fera dire, et seulement au procès Zola. Mais il amorce l'accusation aux enquêtes Pellieux et Ravary : il convaincra ces deux instructeurs du caractère, tout au moins frauduleux, du *petit bleu*.

XLI

Il y a, dans sa vie, une négligence qu'Henry se reproche : celle de n'avoir point fouillé, avant de le remettre à Picquart, le cornet qui renfermait les fragments du *petit bleu*.

Au temps du colonel Sandherr, lorsque le cornet, avec les papiers ramassés à l'ambassade d'Allemagne, arrivait au bureau, Henry les recevait et faisait le tri. Il reconstituait les pièces françaises, Lauth les pièces en langues étrangères. Lauth recollait le tout. Alors, seulement, il remettait toutes les pièces reconstituées à Sandherr. (*Dépositions concordantes de Lauth et de Picquart, procès Zola, t. I., p. 241, 297, 324.*)

Picquart avait cherché à substituer à cette anarchie un peu d'ordre. « Il voulut être à la fois au commencement et à la fin (1). » Henry ne reçut plus les cornets

---

(1) Paul Marie, *le Petit Bleu*, p. 37.

que pour en prendre livraison. Il les remettait à Picquart qui, s'il le jugeait nécessaire, les examinait le premier. Lauth a consenti à reconnaître que c'était son droit.

Puis, le chef de service les repassait à Lauth qui reconstituait et recollait les pièces, et les rendait alors, restituées, à Picquart.

Depuis que Picquart avait pris la direction du bureau, le rôle d'Henry se bornait à recevoir les paquets de l'agent. Cette petite réforme l'avait inquiété.

Assurément, les attachés militaires n'avaient point coutume de déchirer les documents, pièces et lettres qui leur étaient adressés par des espions ; ils les gardaient dans leurs tiroirs ou les transmettaient à leurs États-Majors respectifs. Henry savait, pour cause, que le bordereau n'était point venu du panier par le cornet. C'était leurs brouillons, leurs correspondances personnelles que les attachés, fort sottement du reste, déchiraient et jetaient au panier. La ramasseuse en faisait son butin. C'est de cette sorte de documents qu'est composé, pour la grande part, le dossier secret.

Cependant, il eût pu arriver aux attachés, surtout à l'allemand, de commettre quelque imprudence plus grave. C'était de grands écrivailleurs. Une allusion dangereuse, un nom, pouvaient leur échapper, quelque initiale, comme dans la pièce fameuse : *ce canaille de D.* — Donc, Henry, après avoir reçu livraison des cornets et avant de les remettre à Picquart, y jetait un coup d'œil. C'était une infraction à la consigne, mais la prudence la commandait.

Lauth, lui-même, en est convenu, au procès Zola. Seulement, son témoignage se retourne aujourd'hui contre Henry, l'authenticité du *petit bleu* ayant été avouée par Schwarzkoppen, établie en justice, reconnue par Zurlinden et par Paléologue. Il avait rappelé le nouveau règlement ; il ajoutait dans son jargon :

Néanmoins, toujours, avant de donner les paquets au chef de service, Henry en faisait le premier triage et retenait une partie des pièces qu'il remettait lui-même à Picquart, quelquefois un ou deux jours après avoir donné le restant qui devait lui être remis. (*Procès Zola*, t. I, p. 241.)

Si le témoignage de Lauth pouvait être admis dans son contexte, il en résulterait que la consigne de Picquart aurait été nulle et non avenue. C'est toujours Henry, comme par le passé, qui aurait fait le tri. Le rôle de Picquart, chef de service, eût consisté à transmettre à Lauth les papiers qu'Henry ne retenait pas.

Cette assertion de Lauth, au procès Zola, avait sa raison d'être : elle préparait cette insinuation qu'Henry n'ayant pas trouvé lui-même le *petit bleu* dans le cornet, c'était Picquart qui l'y avait introduit. Il n'en peut rester aujourd'hui que cette indication : curieux ou craintif, Henry regardait dans les cornets avant de les apporter à Picquart.

Cela étant, les trente tout petits fragments du *petit bleu*, dont le plus grand avait peut-être un tiers de centimètre, — c'est Lauth lui-même qui en dépose, — perdus dans des centaines d'autres bouts de papiers, auraient pu très bien échapper au coup d'œil d'Henry. Il eût pu d'ailleurs les apercevoir sans les regarder de plus près.

Les attachés militaires échangeaient souvent des cartes-télégrammes (rendez-vous, invitations, etc.). Rien n'était moins propre à surprendre Henry, quand il entr'ouvrait le cornet, que d'y constater, une fois de plus, la présence de petits fragments azurés.

Mais, à l'époque où le *petit bleu* arriva à l'État-Major, fin de mars 1896, l'existence d'Henry était singulièrement agitée et troublée. Il s'était absenté au commencement de mars pour aller à Nancy où il avait à s'occuper de l'affaire Boulot. Se trouvant sur la grande ligne, il revenait parfois à Paris. Roget note qu'il y revint du 14 au 15 mars. Sa mère était malade ; il allait la soigner. Sa mère mourut. Il revint au commencement d'avril.

Je me souviens, a déposé Picquart au procès de Rennes, qu'à cette époque il a eu un jour rendez-vous, pour ainsi dire, entre deux trains, avec l'agent qui lui fournissait des documents. Au lieu d'avoir ce rendez-vous le soir, comme il en avait l'habitude, il l'a eu dans la journée. Il a apporté immédiatement les papiers au ministère. Comme le dossier était très volumineux, le nombre des cornets contenant des papiers très considérable, j'ai remis ces cornets successivement au commandant Lauth, chargé de reconstituer avec les fragments des pièces entières.

C'est, probablement, ce jour-là que le *petit bleu*, au nom d'Esterhazy, échappa à la rapide inspection d'Henry. Peut-être même, ce jour-là, observa-t-il, par hasard, la consigne. Pressé par le temps, il y obéit. « Il apporta, immédiatement, dit Picquart, les paquets au ministère. »

Au surplus, si, par prudence, il regardait d'ordinaire dans les paquets, il n'avait, en réalité, aucune raison de s'inquiéter beaucoup du cornet. Il savait que les agents ne jetaient pas les « bordereaux » dans les paniers à papiers, comme on avait réussi à le faire croire aux imbéciles. Et si l'un des agents correspondait avec Esterhazy, c'était par la poste.

Il avait fallu un concours étrange de circonstances pour que le cornet apportât les fragments du *petit bleu*.

Les relations d'Esterhazy avec Schwarzkoppen étaient, à ce moment, fort rafraîchies. Le traître avait lassé l'attaché allemand par ses exigences d'argent ; il l'avait inquiété aussi par le caractère suspect de quelques-unes de ses communications. Schwarzkoppen traitait cet escroc de provocateur. Tout juste à cette date, Esterhazy demanda à renouer. Schwarzkoppen écrit (ou dicte) en réponse le *petit bleu*, où il pose ses conditions :

J'attends avant tout une explication plus détaillée que celle que vous m'avez donnée l'autre jour sur la question en suspens. En conséquence, je vous prie de me la donner par écrit pour pouvoir juger si je puis continer mes relations avec la maison R..., ou non.

Puis, tout à coup, se ressaisissant, il déchira le *petit bleu* : « Non ! on n'a décidément pas à faire à un homme semblable ! » Et il jeta le papier dans la cheminée. (*Rennes, 30 août 1899, dép. d'Émile Picot.*)

Si Schwarzkoppen n'avait pas eu cette pudeur, la poste eût remis à Esterhazy, en toute sécurité, le *petit bleu*. S'il y avait eu du feu dans la cheminée, il n'en serait resté que des cendres.

Tout cela avait été nécessaire pour que le *petit bleu* arrivât à l'État-Major par le cornet et échappât à Henry. C'était le ver dans le bois. Le procès sacré de Dreyfus en pourrira.

XLII

Comment parer à ce coup du destin ? Comment réparer sa fatale négligence d'un instant ?

Henry, dès son retour de congé, en avril 1896, dès qu'il connut la reconstitution du *petit bleu*, s'était mis à l'œuvre. Dissimulant devant Picquart, il avait ameuté, derrière lui, le bureau. Avant qu'il entrât en scène, aucun soupçon, ni chez Lauth, ni chez Gribelin, sur l'authenticité de la carte-télégramme, sur son lieu d'origine. C'est Henry qui souffle la calomnie. Il dit à Gribelin : « Son *petit bleu* n'a pas d'authenticité, il n'a pas été envoyé, il n'a pas le cachet de la poste. » Sottise énorme, parce que le cachet de la poste aurait enlevé toute sa valeur au *petit bleu*; timbré par la poste, ce n'était plus rien, une communication quelconque d'un monsieur C... au sujet d'une affaire de la maison R... Le *petit bleu* tirait tout son prix du cornet d'où il venait. Mais sottise qui prendra auprès des sots, quand Gribelin attribuera à Picquart le propos d'Henry. De même, Henry excite Lauth. Pourquoi tous ces essais de photographie ? pourquoi ces retouches ? pourquoi aussi exiger de lui qu'il certifiât, le cas échéant, l'écriture de la pièce ? Il n'était pas difficile, au surplus, d'exciter Lauth contre Picquart.

Aujourd'hui que l'authenticité du *petit bleu* n'est pas contestée, la machination paraît très grossière. Mais les officiers inspecteurs tenaient pour parole d'Évangile la moindre affirmation d'Henry, chef du bureau des renseignements, préposé à l'arche sainte du ministère.

Henry, tout d'abord, a fait une pointe très audacieuse. Nul autre que lui n'avait pu inspirer ou dicter le fameux télégramme du 10 novembre 1897, signé *Blanche* : « On a des preuves que le *petit bleu* a été fabriqué par Georges. » Donc, il dénonce comme étant l'auteur du télégramme la comtesse Blanche de Comminges, amie du colonel Georges Picquart. Sa déclaration, devant Ravary, le 10 décembre 1897, est formelle. Mais il procède selon le système employé pour les pièces secrètes. Henry produit son accusation devant Pellieux et Ravary, dans la pénombre de leurs cabinets; il se garde de la porter aux audiences publiques. Les journaux du parti la répandent. L'idée du faux est entrée dans les cerveaux.

Puis, comme Picquart l'a tenu en dehors de son enquête sur Esterhazy, sauf lors du voyage de Bâle, Henry en profite pour limiter son témoignage direct à un seul point. Il affirme que le *petit bleu* n'a jamais été reçu par lui; cependant, il était seul à recevoir les papiers. Au procès Zola (*t. I, p. 366*), il l'affirmera « sur ce qu'il y a de plus sacré au monde ».

Donc, c'est Picquart qui a introduit le *petit bleu* à l'État-Major, qui l'a fabriqué.

La conclusion surgit d'elle-même; il n'est pas besoin de la formuler.

Et les camarades, avec les chefs, se chargent d'appuyer.

Gonse insiste sur le secret dont Picquart a entouré son enquête, sur l'époque tardive où il a été informé. Donc, des manœuvres dolosives ont été commises.

Lauth dit qu'Henry faisait un premier triage des cornets, « qu'Henry n'est pas sûr, actuellement, d'avoir tout enlevé, notamment le *petit bleu*, qui ressortait de son service », que Picquart a gardé le paquet pendant un mois. — Cette date, admise par Ravary, sera réduite par Lauth lui-même, à trois ou quatre jours; en réalité, Picquart garda le cornet pendant quelques heures. — Donc, puisque le *petit bleu* a échappé à Henry, et que Lauth l'a ensuite recueilli dans le cornet en de tout petits morceaux, qui n'étaient pas plus gros que l'ongle, dont le plus grand n'avait pas un centimètre carré, c'est que Picquart l'a introduit lui-même dans le cornet, après l'avoir déchiré, pour faire croire qu'il venait de l'ambassade.

C'est ce qu'Henry a fait avec le bordereau. Toujours le même système : attribuer aux autres ses propres méfaits.

L'insinuation, d'ailleurs, s'arrête à mi-route, d'autant plus perfide, presque insaisissable. La grande ombre d'Escobar plane sur ces témoins.

Lauth signale ensuite que Picquart lui a fait recommencer, à plusieurs reprises, la photographie du *petit bleu*; il lui reprochait de ne pas arriver à faire disparaître les traces de déchirures sur le cliché. Lauth s'en est étonné. « C'est pour faire croire *là-haut*, lui a dit Picquart, que je l'ai intercepté à la poste. » *Là-haut*, c'était les chefs, l'Etat-Major. Propos mensonger, que Picquart démentira avec force. Et propos inepte, parce que Lauth ne va pas jusqu'à dire que Picquart voulait dissimuler aux chefs le *petit bleu* original, portant la marque de toutes les déchirures. Dès lors, point de fraude : l'exigence de Picquart n'avait d'autre but que d'obtenir des fac-similés clairs, plus lisibles que l'original, ostensibles, qui, s'ils avaient circulé dans le ministère, n'auraient pas révélé l'origine du document, provoqué des indiscrétions analogues à celles qui avaient eu lieu lors du procès Dreyfus. Seulement, voilà une nouvelle cause de suspicion ajoutée à tant d'autres.

Maintenant, ces travaux d'approche une fois achevés, Lauth dit formellement que Picquart a voulu faire apposer un timbre sur le *petit bleu*, sur l'original. L'opération eût été matériellement impossible. Vu le nombre des déchirures, il n'y avait pas un morceau intact qui fût assez grand pour recevoir un timbre de 24 millimètres de diamètre; par suite, le timbre se fût appliqué, forcément, sur les bandes gommées à l'aide desquelles on avait recollé les soixante petits fragments, grands comme l'ongle. La fraude eût apparu. La poste s'y fût refusée. En outre, le *petit bleu* perdait tout son prix. Mais Lauth n'en impute pas moins cette intention, plus bête encore que coupable, à Picquart. Et Gribelin appuie, racontant que Picquart lui avait demandé, un jour, de faire anti-timbrer une lettre. Autre mensonge ; quand Picquart, au procès Zola, demandera : « Ces messieurs peuvent-ils dire qu'ils ont vu une seule lettre sur laquelle j'aie fait apposer un cachet? » — ces messieurs se tairont. Cependant, de la déposition de Gribelin, il résulte que Picquart a l'habitude de faire anti-timbrer les lettres et les cartes-télégrammes. Alors, comme Lauth a déconseillé cette fraude, Picquart lui a dit : « Vous serez là pour certifier que cette *écriture* est de Schwarzkoppen. — Jamais de la vie ! se serait aussitôt écrié l'honorable témoin ; c'est une écriture que je ne connais pas, que je n'ai jamais vue, qui ne ressemble en rien à celle de l'attaché allemand ! » Cette conversation, qui deviendra dans les récits de Lauth une scène héroïque, a été entendue par deux officiers du bureau, dans la pièce voisine. Lauth leur en a fait le récit dont ils vont, à leur tour, être appelés à déposer. Selon Valdant, Lauth aurait dit : « Il (Picquart) veut que je certifie que c'est l'*écriture* de Chose. » Junck aura, pendant quelque temps, des scrupules. Il déposa, en effet, à l'instruction Ravary, que Picquart avait dit seulement à Lauth : « Vous serez toujours là pour témoigner de l'*origine* du télégramme ! » Chapitré, Junck, à l'instruction Fabre, remplacera *origine* par *provenance* et, à l'instruction Tavernier, par *écriture* ; il ajoute alors, ce que Lauth lui-même n'avait pas osé dire, qu'il avait été le témoin oculaire de la prétendue scène.

Finalement, au procès Zola (T. I, p. 342), Lauth dira qu'il *croit* que Picquart a introduit le *petit bleu* dans le cornet, mais que, s'il ne l'en accuse pas, c'est qu'il n'en a pas la preuve.

XLIII

Les auteurs de tant de mensonges ont été, plus tard écrasés sous eux. Mais, alors, c'était Picquart. Il ne disait que la vérité, qui était très simple ; Henry et Lauth lui opposaient d'innombrables inventions, très compliquées, souvent absurdes. La conviction du général de Pellieux fut vite faite : la pièce, sur laquelle Picquart avait fondé sa conviction du crime d'Esterhazy, était un faux.

Pellieux a énuméré, au procès Zola, les raisons qui l'avaient déterminé, quand il fit son rapport à Saussier, à écarter le *petit bleu*. Cette pièce n'avait pas été envoyée au destinataire ni reçue par lui : « Cela enlevait déjà un caractère d'authenticité à une pièce qui n'avait pas été mise à la poste. » — Je ne comprends pas : est-ce que le bordereau, qui n'avait pas été mis à la poste, était, pour cela, un faux ? — Les témoignages d'Henry et de Lauth prouvaient, en second lieu, que des tentatives louches avaient été faites par Picquart pour donner un caractère d'authenticité au *petit bleu*. « On a voulu, dit textuellement Pellieux, le faire photographier en faisant disparaître les traces de déchirure. On a voulu chercher à y faire mettre le timbre de la poste : *c'est avoué, c'est dans les interrogatoires.* » Enfin Pellieux pensait que la pièce n'avait aucun caractère de vraisemblance :

Je me suis étonné, dit-il, que le colonel Picquart, chef du service des renseignements d'une grande puissance, — nous ne sommes pas tombés *encore* au niveau de la république d'Andorre et de San-Marin! — officier qui devait être intelligent, ait été assez naïf pour croire qu'un attaché militaire d'une grande puissance étrangère aurait correspondu avec un de ses agents par carte-télégramme. Une carte, déposée chez le concierge, qui peut être ouverte par le concierge, ou un domestique! C'est très naïf; je n'y ai pas cru.

Et, puisque le grand chef n'avait pas cru à l'authenticité du *petit bleu*, Ravary n'y crut pas davantage. Il admit, lui aussi, toutes les accusations de Lauth et d'Henry. Il décida que les témoignages de ces deux officiers avaient révélé, à la charge de Picquart, « des faits extrêmement graves », notamment d'avoir gardé « *pendant plus d'un mois* les fragments du *petit bleu* avant de les remettre à Lauth, chargé habituellement d'apprécier l'importance des papiers du cornet ». Il conclut « qu'on ne peut accorder à une pièce, dont l'origine a été pour le moins mystérieuse, une authenticité suffisante pour étayer une accusation de haute trahison ». Ainsi Henry atteignait son but : il discréditait Picquart et sauvait Esterhazy.

XLIV

Il est remarquable que le grattage du *petit bleu* n'ait pas été dénoncé à Pellieux ni à Ravary. Il fut signalé, pour la première fois, en mai 1898, par Roget à Cavaignac. Il existait cependant dès novembre 1897. Quand Picquart le vit à l'enquête Pellieux, il s'était aperçu de quelque chose. N'était-ce pas au grattage qu'Henry faisait allusion quand il faisait télégraphier à Picquart : « On a des *preuves* que le *bleu* a été fabriqué par Georges? »

Henry a-t-il reculé, à la dernière minute, devant l'énormité de l'accusation? La jugeait-il trop périlleuse pour Lauth et pour lui? Ou la réservait-il pour l'avenir?

L'une des beautés de la diffamation chez Henry, c'en est le *crescendo*. Il a lu Beaumarchais et s'en est pénétré. Ou il l'a deviné. Il va du simple au composé, de l'insinuation, qui rase le sol comme une aile d'hirondelle, à la calomnie qui éclate comme la tempête.

XLV

Nous n'avons que les procès-verbaux officiels des témoignages d'Henry et de Lauth; on ignore ce qu'ils ajoutaient en causant, quand ils avaient fini de déposer sous la foi du serment prêté.

C'est, probablement, dans l'une de ces conversations, qu'Henry signala, dans le dossier, l'article nécrologique de M. de Nettancourt; il avait antidaté cet article de sa propre main pour faire croire que Picquart suivait Esterhazy bien avant la découverte du *petit bleu*.

Pellieux ne fit pas expertiser le bordereau, alléguant le respect de la chose jugée. Puisque le jugement de 1894 avait attribué le bordereau à Dreyfus, c'eût été insulter à la justice militaire, donc porter atteinte à l'honneur de l'armée, que de le faire expertiser de nouveau avec l'écriture d'Esterhazy.

Il fallut l'interpellation de Scheurer au Sénat pour qu'une expertise nouvelle fût ordonnée ensuite par Ravary. Ce fut une comédie de plus.

XLVI

Le faux Henry, preuve matérielle et décisive de la culpabilité de Dreyfus, fut-il communiqué à Pellieux? et par qui?

Le 22 janvier 1899, Roget, parlant du faux Henry, déposa en ces termes devant la Cour de cassation :

M. le général de Pellieux n'a connu cette pièce ni au moment où il faisait son enquête — l'enquête Esterhazy — ni au cours du procès. Il n'en a eu communication que bien après l'acquittement d'Esterhazy, peu de jours après le procès Zola.

A quoi donc faisait allusion Pellieux, quand il demandait à Scheurer si son ami Billot ne lui avait pas fait une communication décisive? Qu'était-ce que le fameux « coup de massue »?

Si Billot, Boisdeffre et Gonse tenaient la pièce pour authentique, comment ne la firent-ils pas verser au dossier? S'en défiaient-ils eux-mêmes?

Henry, évidemment, préférait que son faux patriotique, fabriqué pour remplacer des preuves trop dangereuses à produire, ne fût pas exhibé en public. Contradiction étrange. Cependant il le montrait ou le récitait assez volontiers à huis clos. C'est ainsi que Paléologue en eut connaissance le 17 novembre de cette même année (1).

La version, que Panizzardi était l'intermédiaire, fut-elle donnée à Pellieux? Elle était, alors, celle de Gonse comme celle d'Henry. L'un ou l'autre a pu la produire à Pellieux comme à Paléologue.

(1) Voir ch. XXII.

A l'appui, Henry ou Gonse exhibent le faux.

Un rédacteur du *Gaulois*, M. de Maizières, ami de Pellieux, a écrit que ce fut Gonse. L'article est du 2 septembre 1898, au lendemain des aveux et de la mort d'Henry :

> Il n'est pas sans intérêt, écrivait le porte-paroles de M. de Pellieux, de savoir comment cet officier général a eu connaissance de la pièce fabriquée par M. Henry (*sic*), et comment il a été amené à s'en servir.

M. de Maizières rappelle ici le fameux incident du procès Zola ; puis, textuellement :

> Le général de Pellieux avait eu connaissance de cette pièce au cours de l'enquête qu'il avait été chargé de diriger contre Esterhazy, et c'est le général Gonse qui la lui avait communiquée pour mettre sa conscience à l'abri.

Plus loin, le général de Pellieux dit « qu'il a été indignement trompé ».

Il s'en est expliqué avec une franchise brutale, dans la lettre qu'il a adressée au gouverneur de Paris, et par laquelle il sollicitait sa mise à la retraite, peu désireux d'être confondu *avec des gens sans honneur*.

De Roget ou de Pellieux, qui a dit la vérité ?

XLVII

Le bordereau soustrait à l'expertise, « par respect pour la chose jugée », le *petit bleu* taxé de faux, Picquart dénoncé comme un agent du Syndicat, le justicier devenu l'accusé, le faux Henry démontrant les relations de Dreyfus avec Panizzardi et, par son intermédiaire, avec Schwarzkoppen, — il semblerait que c'en était assez pour convaincre Pellieux de l'innocence d'Esterhazy. Non seulement, aucune perquisition n'avait été faite chez Esterhazy, qui restait libre, acquitté d'avance, pendant que Pellieux faisait, au contraire, perquisitionner chez Picquart en présence d'Henry. Mais cet extraordinaire inculpé était encore, au jour le jour, tenu au courant des progrès de l'instruction ; de son propre aveu, il était informé de tout par l'État-Major qui lui indiquait les meilleures réponses.

Pour perdre une pareille partie, devant la justice militaire, il eût fallu être innocent.

Cependant Henry restait inquiet. Tant qu'il y avait un faux à faire, il pensait qu'il n'avait encore rien fait. Sa sollicitude pour Esterhazy était sans limites. Pourquoi ?

C'est alors qu'il fit fabriquer le faux Otto par l'un de ses faussaires ordinaires, Lemercier-Picard.

C'est la pièce que ce misérable avait commencé par offrir à Mathieu Dreyfus, qu'il m'avait fait tenir, le 26 novembre 1897, par un rédacteur du *Figaro*, et qu'il m'engageait à porter au général de Pellieux. Esterhazy a raconté, dans *le Matin* du 25 mai 1899, l'histoire que Lemercier-Picard avait débitée à M. Berr pour qu'elle me fût rapportée :

Un agent imaginaire était supposé m'avoir vu à Bruxelles et avoir soustrait dans la sacoche d'une dame, qui m'accompagnait dans cette ville, un document compromettant pour moi, qui m'aurait été adressé par un autre agent non moins imaginaire.

« *On* avait résolu, écrit Esterhazy, de prendre les faussaires à leur propre piège. » Dans le vocabulaire d'Esterhazy et de ses amis, « prendre les faussaires à leur propre piège », cela signifie : « fabriquer un faux ».

Je fus donc invité d'urgence, continue Esterhazy, à fournir, si j'étais en état de le faire, la date d'une période de quelques jours pendant lesquels il m'aurait été de toute impossibilité matérielle d'avoir quitté ma garnison de Rouen, soit en 1893, soit au commencement de 1894.

Esterhazy se souvint qu'il avait été très gravement malade de l'*influenza*, au mois de décembre 1893, obligé de garder le lit et la chambre pendant plusieurs semaines, dans l'impossibilité, pendant deux longs mois, de faire aucun service, et de mettre les pieds hors de chez lui. « Cela, mes chefs et le médecin militaire qui m'avait soigné seraient là pour l'attester d'une manière indéniable. »

C'est sur ces données et ces indiscrétions, continue Esterhazy, que fut confectionné le papier connu sous le nom de *faux Otto*. L'époque à laquelle se plaçait cette aventure et la date de ce soi-disant document permettaient d'établir qu'à ce moment j'étais précisément dans mon lit et absolument incapable de sortir; *a fortiori* d'aller faire un voyage quelconque.

La pièce porte, en effet, la date du 13 décembre 1893.

Ce papier, écrit-il, devait être présenté par Lemercier-Picard à certaines notabilités dreyfusardes par lesquelles il se chargeait de le faire acquérir. Une fois en possession de cette pièce, *les autres l'auraient triomphalement produite et il aurait été aisé de les convaincre de supercherie.*

On sait que je pesai assez vite « l'authenticité matérielle et l'authenticité morale » de cette pièce. Je refusai de recevoir Lemercier-Picard ; je ne portai pas le faux Otto au général de Pellieux.

Lemercier-Picard fut, sans doute, rabroué par ses patrons; il porta alors la pièce à M. de Rochefort en m'accusant de l'avoir forgée moi-même et de la garder en réserve pour perdre Esterhazy. J'intentai aussitôt un procès en diffamation à Rochefort et déposai une plainte en faux et usage de faux contre Lemercier-Picard et X...

Le 18 janvier 1898, quelques jours après l'acquittement d'Esterhazy, Lemercier-Picard m'adressa une lettre que je portai aussitôt au juge d'instruction :

Je ne suis pas, m'écrivait-il, l'auteur du faux ; je n'ai été que l'instrument d'une machination scandaleuse. Lié par des engagements jusqu'au prononcé du verdict du conseil de guerre, je ne pouvais m'y soustraire sans m'exposer aux rigueurs de ceux à qui je devais obéissance. Aujourd'hui, je ne me crois plus tenu au secret. Je suis tout à fait résolu à m'expliquer sur le rôle que j'ai joué à l'instigation de MM. Rochefort, du Paty de Clam et *Henry*.

La lettre de Lemercier-Picard a été confirmée par le récit d'Esterhazy. Elle appelle par leurs noms ceux que l'ami d'Henry désignait sous le plus vague des pronoms.

Je n'avais pas répondu à Lemercier-Picard. La police fit semblant de le chercher. Le 3 mars, elle découvrit, dans une chambre de l'*Hôtel de la Manche*, son corps, froid depuis longtemps, accroché à l'espagnolette de la fenêtre.

Par qui ce serviteur compromettant d'Henry avait-il été pendu ?

XLVII

Le général de Pellieux avait conclu à un refus d'informer : Esterhazy lui adressa une lettre pour demander à passer devant un conseil de guerre. Le brouillon de cette lettre avait été corrigé de la main du général de Pellieux qui l'avait conseillée (4 décembre 1897). Le 1er janvier 1898, Ravary conclut à un non-lieu en faveur d'Esterhazy ; le 2, le général Saussier ordonna la mise en jugement de l'inculpé. Le conseil de guerre se réunit le 10, au Cherche-Midi.

Après avoir entendu, en audience publique, les témoins civils, à l'exception de Leblois, le conseil prononça le huis-clos pour le reste des débats.

Le moment où « la publicité des débats parut, aux termes du jugement sur le huis-clos, devenir dangereuse pour la défense nationale », c'était celui où allaient déposer les témoins principaux, les militaires et Leblois. Par la suite, des dépositions, autrement graves, ont été faites publiquement ; la défense nationale n'en a pas été compromise.

Picquart ne fut confronté qu'avec Henry, au sujet de la communication du dossier secret à Leblois. Il nia le fait avec énergie, invita Henry à dire à quelle époque il le plaçait. Henry répondit : « C'était peu de temps après ma rentrée de permission, donc au commencement d'octobre 1896. »

Leblois était, en octobre, dans la Forêt-Noire ; le faux témoignage était patent.

Picquart pria les juges d'inscrire la date, se promettant de faire appeler Leblois, pour établir l'alibi de l'avocat, dans une prochaine confrontation avec Gribelin.

Mais il n'y eut pas d'autres confrontations. Henry avait pu déposer, sans contrôle, au sujet du *petit bleu*; Lauth et Gribelin purent, de même, rééditer impunément leurs accusations. Le général de Pellieux, assis derrière les juges, dirigeait effectivement les débats.

Les juges délibérèrent trois minutes et prononcèrent

un verdict d'acquittement, rendu à l'unanimité (11 janvier).

Mᵉ Tézenas avait annoncé, dans la salle des témoins, que Picquart serait arrêté après l'audience. Il ne le fut que le surlendemain, 13, à l'heure même où paraissait la lettre de Zola au Président de la République.

XLIX

Les poursuites contre Picquart, voulues par Boisdeffre et par Gonse, lâchement accordées par Billot, sont l'œuvre d'Henry.

Les quatre chefs de l'accusation, c'est Henry, avec Lauth, qui les a fournis.

Au Conseil d'enquête (audience du 1ᵉʳ février), Henry pousse une charge à fond. Il insiste sur un grief nouveau : Bernard Lazare n'a pu tenir que de Picquart les indications à sa première brochure. Mensonge de plus.

A la majorité de quatre voix contre une, le Conseil émet l'avis qu'il y a lieu de mettre Picquart en réforme.

Cependant Billot sursit à statuer. Le nouveau gouverneur de Paris, Zurlinden, trouvait la mise en réforme une peine excessive. A la tenir suspendue, pendant le procès Zola, sur la tête de Picquart, on réussira peut-être à lui faire comprendre où était son intérêt. Le commandant Bessières fut chargé de le tâter. Picquart répondit qu'il observerait strictement son serment de dire la vérité, toute la vérité.

L

Dreyfus, plus que jamais, cloué à son rocher ; Esterhazy acquitté ; Picquart chassé de l'armée : le triomphe d'Henry était complet.

Il aurait préféré, toutefois, ne point paraître au procès Zola. Ce brigand galonné n'avait point de goût pour la justice civile ; ce sombre oiseau de nuit n'aimait pas la lumière du jour. Il redoutait les questions des avocats qui font du témoin une espèce d'accusé ; il était seulement à l'aise comme accusateur et, encore, dans l'ombre. Il appréhendait les confrontations avec ses collaborateurs qui pouvaient laisser échapper une sottise, avec Picquart, — et qui sait ? — avec Esterhazy. Il se connaissait très bien lui-même, comme le sage ; il se savait facile à désarçonner. S'il était expert à tisser, dans les ténèbres, des filets très fins, il ne savait parer, en public, que brutalement. Jeu dangereux. Ce Zola était un grand gêneur.

A la première audience où il fut appelé, 9 février, il ne répondit pas à l'appel. L'avocat général dit qu'il était en mission. Quelle mission ?

Il revint dans la nuit et, le lendemain, à la barre, se dit malade. Maladie subite. La maladie excuse des défaillances de mémoire, explique d'involontaires erreurs.

Il joua, supérieurement, la comédie. Il avait, entre autres journaux à sa disposition, l'*Écho de Paris*; le rédacteur judiciaire de cette feuille pornographique devenue militariste, un sieur Bec, dit Bonamour, fait de lui un portrait attendri :

Congestionné, les yeux rouges, enveloppé dans sa capote, le lieutenant-colonel Henry dépose. Malade, stupéfié par une nuit d'insomnie et des médicaments avalés jusqu'à l'intoxication pour se tenir debout, il lutte...

Les questions embarrassantes de Labori et d'Albert Clemenceau, il feignait de ne pas les entendre. « Je n'entends pas bien ; j'ai pris de la quinine hier, je suis un peu sourd. »

Vieux truc militaire, bien connu, que de se porter malade pour éviter une corvée ; on avale un purgatif et on s'enveloppe de sa capote. Il y a des majors qui s'y laissent prendre ; d'autres, avisés, guérissent tout de suite par deux jours de salle de police.

Gonse couvrait de sa protection papelarde ce gros homme qui avait l'air de grelotter. Au premier défilé, il lui vint en aide.

Leblois, agile, pressant, l'avait acculé. Henry avait accusé Picquart d'avoir communiqué à Leblois les dossiers *secrets* de l'affaire Boulot et des pigeons voyageurs. Leblois riposta qu'Henry, lui-même, sans croire commettre un crime, avait conféré avec lui d'une affaire d'espionnage. Henry s'enfonçait en des démentis qui puaient le mensonge, en d'épaisses bêtises. Il avait causé, mais non conféré avec Leblois. Mais point de questions d'espionnage ; « Je n'en avais pas besoin, puisque j'étais au courant ! » Il niait avoir vu Leblois dans son cabinet ; Leblois le lui décrivait. Alors ; « c'est que Leblois est venu dans mon cabinet quand je n'y étais pas » !

« Monsieur le Président, intervient Gonse, le colonel Henry est extrêmement souffrant ; il a fait un grand effort pour venir ici, car il était dans son lit. Je demande donc à la Cour de l'autoriser à se retirer. »

Labori est « tout prêt à compatir aux souffrances que

M. Henry a endurées pour venir à l'audience ». Il observe, cependant, que, la veille, il était en mission ; le mal a dû être subit : « Hier, en mission ; aujourd'hui, malade ». Henry bredouille : « Si je n'étais pas malade, je serais encore en mission. J'ai dix-huit campagnes d'Afrique et j'ai bien le droit d'avoir la fièvre. »

Ces « dix-huit campagnes », c'est trop. Gonse, lui-même, le comprend, exhibe un certificat du médecin : « Le colonel Henry aurait dû garder la chambre... »

LI

Le surlendemain, 12 février, Henry s'était ressaisi. Il est encore souffrant, mais il ne demande que la permission de s'appuyer sur la barre ; il décline la chaise que lui offre complaisamment le président Delegorgue. Il s'agit toujours de la prétendue communication du dossier secret que Picquart aurait faite à Leblois (absent alors de Paris). Leblois le convainc de mensonge.

Henry n'a plus l'air malade, quoiqu'il en ait dit. Le même Bec, dans *l'Écho de Paris*, le regarde avec admiration :

Le colonel Henry, un hercule. Son visage est ouvert comme un livre et vous y pouvez lire, vous y lisez cette grande vertu des forts, la patience. Fort et doux. Mais, dans les yeux, je vois poindre une lueur d'orage.

En effet, il s'embourbe. Leblois le met en contradiction avec lui-même, avec sa déposition aux enquêtes, au procès Esterhazy, avec ses propres déclarations vieilles d'une minute. La photographie de la fameuse pièce : « Ce canaille de D... » rentre dans l'enveloppe, en sort et y rentre de nouveau. Il a vu Leblois, en octobre, qui était dans le duché de Bade; « en tout cas, c'était à mon retour de permission. » Leblois compulsait le dossier « au figuré » !

Picquart intervient. Il explique, d'une voix très calme, que la photographie de la pièce qu'il est accusé d'avoir montrée à Leblois est très obscure, très brouillée; Henry, entrant par la grande porte dans son cabinet, debout de l'autre côté du bureau, n'aurait pas pu la reconnaître. Henry réplique qu'il la reconnaîtrait à dix pas. Picquart dit que cela lui eût été impossible.

Alors, raconte Bec, l'hercule fait demi-tour, s'accoude à la barre. Avec un geste droit comme un coup d'épée, les yeux levés vers son contradicteur, il dit résolument : « Le colonel Picquart en a menti ! »

Acte, geste et ton du voleur surpris qui tire son couteau. Il a l'intuition que quelque chose de violent, d'éclatant, peut seul le tirer d'affaire.

Mais Picquart a retenu son bras qui se levait; dans une courte, éloquente protestation, il dit l'horrible situation qui lui est faite, le complot tramé contre lui parce qu'il a pensé devoir rechercher la vérité et la justice, rendant ainsi un plus grand service au pays et à l'armée.

Le président Delegorgue, devant ce délit d'audience, s'est contenté d'observer : « Vous êtes en désaccord tous les deux ! »

Henry avait compté que le tumulte, la rixe, le duel inévitable, après un pareil scandale, mettraient fin aux débats. Au contraire, les avocats reprennent, avec une ténacité excitée, leurs questions.

Henry, pour échapper à l'alibi de Leblois, avait fini par dire : « Me rappeler exactement la date, ce n'est pas possible ; ce que je sais, ce que je peux indiquer comme date, c'est que, à ce moment, certainement, il y avait du feu dans la chambre. » Mais, en admettant même que le dossier secret n'eût pas été repris par Gonse en octobre, Albert Clemenceau démontra qu'il était encore impossible de placer l'affirmation d'Henry entre le 7 novembre, date du retour de Leblois à Paris, et le 14, date où Picquart avait remis le service à Gonse. Henry, en effet, avait dit, successivement, qu'il avait parlé à Gonse, trois jours après avoir vu Leblois chez Picquart, et que Picquart était parti, huit jours après cette dénonciation. Cela faisait onze jours qui ne pouvaient s'intercaler entre le 7 et le 14.

Et ce fut une cascade nouvelle d'inexactitudes, de contradictions, sur la date du départ de Picquart, sur celle de la conversation avec Gonse, mais réfutées immédiatement par Picquart et par la défense. Henry se sent submergé, à nouveau, sous ses propres mensonges. Il recommence le coup du soldat de caserne, impuissant à se contenir, qui s'emporte et qui sacre. Il lance son fameux : « Allons-y ! »

Il déclare que la pièce « canaille de D... » n'a jamais eu de « rapport avec le dossier Dreyfus », — ce qui n'a point de sens, — et raconte l'histoire du dossier ultra-secret, le vrai, celui que Picquart n'a jamais connu. Sandherr, le 16 décembre 1894, ne lui en montra, à lui, Henry, qu'une pièce, une seule, « mais en lui faisant jurer de n'en jamais parler ».

On a vidé, depuis cette audience du procès Zola, tous les tiroirs du ministère de la guerre. Le dossier ultra-secret de Sandherr n'y a pas été retrouvé. Avait-il été brûlé ? A-t-il jamais existé ? Et quelle était cette pièce mystérieuse ? La lettre de l'Empereur d'Allemagne à Dreyfus ?

Mais le coup a porté. Dans le bruit qui remplit la salle, l'effronté comédien regagne sa place. Encore une fois, il est sauvé.

LII

Il me paraît certain que les fausses lettres de l'Empereur d'Allemagne à Dreyfus ont existé ; il est possible qu'elles aient été montrées à l'un ou à l'autre des membres du Conseil de guerre de 1894.

La Libre Parole y faisait allusion dès les mois de novembre et de décembre 1894. A la suite de la visite de Pauffin, chef du cabinet de Boisdeffre, à Rochefort, *l'Intransigeant*, en a raconté toute l'histoire (13 et 17 décembre 1897). Le dossier B, 1, de *l'Intransigeant*, paraît identique au dossier ultra-secret d'Henry. Le général de Boisdeffre a parlé de ces lettres, en novembre 1897, à la princesse Mathilde ; à une autre époque, au colonel Stoffel qui s'en est ouvert à un ancien député. Henry, en novembre 1897, y a fait une rapide allusion, causant avec Paléologue. Mais que sont devenues ces lettres que nul n'a osé produire ?

Paléologue avait haussé les épaules ; Henry n'insista pas.

Il est fâcheux que Paléologue ait été incrédule.

Il y a encore bien des mystères dans ce drame. Henry avait, à ses gages, deux faussaires attitrés : Lemercier-Picard, qui fut trouvé pendu au lendemain du procès Zola ; Guénée, qui est mort quelques jours avant le procès de Rennes.

Un jour de mai 1898, M. Jules Claretie raconta, dans *le Figaro*, qu'il avait été dupe d'un escroc qui lui avait offert de fausses lettres du prince Léopold de Hohenzollern. Le lendemain, Henry sollicita de Claretie un entretien que l'académicien déclina. Étrange curiosité !

LIII

A l'audience du 17 février, le général de Pellieux sortit le faux Henry. Il avait fait précéder cette révélation de ces paroles : « Je répéterai le mot si typique du colonel Henry ; on veut la lumière : *Allons-y !* »

Esterhazy a prétendu (*Daily News*, du 3 octobre 1898) qu'il avait déconseillé à Pellieux de produire cette pièce, la lettre de Vercingétorix. Il la connaissait donc. Comment ?

Henry fut-il consulté par Pellieux ? En tout cas, il le blâma, s'en expliqua, par la suite, avec Paléologue. Il redoutait, avec raison, de voir sa pièce sortir du petit cercle de l'État-Major, affronter le public laïque, les misérables « intellectuels » qui, tout de suite, sentirent le faux.

Du Paty prétend avoir signalé, dès lors, d'abord à Gonse, puis à Gonse et à Henry ensemble, les doutes que lui inspirait cette pièce. (*Cass.*, *29 avril 1899*).

Le lendemain, Boisdeffre confirma la déposition de Pellieux. C'était Tézenas, avocat d'Esterhazy, qui avait rédigé sa déclaration.

A cette même audience du 18, Pellieux dit à Esterhazy, tout haut : « Vous allez être interrogé ; vous ne répondrez pas. » Et comme Esterhazy faisait une objection : « Vous vous tairez, je vous en donne l'ordre ! » Esterhazy se tut.

Quand il revint, après cette déposition muette, d'une terreur shakespearienne, au milieu des témoins, tous les officiers lui serrèrent la main.

LIV

Le 23 février, Zola fut condamné à un an de prison ; le 26, un décret de Félix Faure mettait Picquart en réforme, « pour faute grave dans le service ».

A une date qui n'a point été précisée, mais qui ne peut se placer qu'entre le 27 février et le 2 mars, probablement le 27 ou le 28, dès le lendemain de la mise en réforme de Picquart, qui venait de sortir du Mont-Valérien, Esterhazy eut une conférence avec Henry.

Esterhazy méditait de m'envoyer ses témoins, ou à Clemenceau. Henry lui aurait dit « textuellement » cette phrase : « Tous les cabots de la boîte — c'est-à-dire tous les généraux de l'État-Major — attendent que vous marchiez sur Picquart. » (*Cour de Cass., 23 janvier 1899, Dép. Est.*) « Tout le monde, au ministère, l'entendait ainsi. »

Le bandit répondit « que ça lui était égal et qu'il se battrait avec Picquart, puisqu'Henry le désirait ». (*Dép. Est.*).

Le général de Pellieux avait fait la même ouverture à Esterhazy, et Gonse à Tézenas.

Henry et Gonse passèrent alors plusieurs jours, au moins deux, à chercher des témoins militaires pour assister Esterhazy. Celui-ci s'était adressé d'abord à Xavier Feuillant qui avait demandé un officier d'État-Major comme second. « On me fit dire, dépose Esterhazy, toujours du ministère de la guerre, *plus haut que les autres*, qu'on ne voulait pas d'un officier d'État-Major, et qu'il fallait que je prenne un officier de troupe. »

Le colonel Parès, de l'État-Major, se rendit, par ordre

de Gonse, chez le commandant de Sainte-Marie qui avait été l'un des juges suppléants au procès d'Esterhazy et qui accepta. Henry, vint chez Mlle Pays, « très agité, l'attendit et, ne la trouvant pas, lui laissa une note qui a été trouvée par M. Bertulus et qui invitait Esterhazy à s'assurer, comme deuxième témoin le colonel Bergouignan, en qualité de *représentant l'armée nationale* ». Le lendemain, Henry mena Esterhazy chez Gonse qui a prétendu, au procès de Rennes, avoir été fort ennuyé de cette visite. Ce devait être le 2 mars.

Le 3, les témoins du colonel Picquart, MM. Ranc et Gast. se présentaient, en son nom, chez Henry. Il venait de lancer Esterhazy contre Picquart; ce cartel, bien qu'attendu, arrivait trop tôt. Henry déclina la rencontre, remit à MM. Ranc et Gast une note, préparée d'avance. Il ne se rencontrerait avec Picquart qu'aux conditions suivantes : 1° lorsqu'on aurait fait la lumière sur l'origine du *petit bleu ;* 2° lorsque l'instruction en cours aurait élucidé certains faits, qualifiés de faux et relatifs à deux dépêches connues du colonel Picquart.

Ranc et Gast refusèrent d'engager aucune discussion avec Henry ; ils avisèrent Picquart dans une lettre publique.

De leur côté, les témoins d'Esterhazy écrivaient à leur client. Henry leur avait communiqué sa réponse aux témoins qu'il avait reçus de Picquart. « La double disqualification » de ce dernier, écrivaient MM. le colonel Bergouignan et le commandant de Sainte-Marie, ne permettait plus à Esterhazy — ils le déclaraient « en leur âme et conscience », — de se rencontrer avec Picquart.

A la réflexion, cela parut trop honteux, même à Boisdeffre et à Gonse. Le soir même, à la dernière heure, l'agence Havas publiait une lettre d'Henry à ses témoins ; il s'était décidé à accepter la rencontre avec Picquart.

Ranc et Gast exigèrent le retrait pur et simple de la note qui leur avait été remise la veille par Henry ; cela fut accordé et consigné au procès-verbal. La rencontre eut lieu le 5, dans le manège de l'École militaire ; Henry fut blessé légèrement, à deux reprises.

Picquart déclina toute rencontre avec Esterhazy.

LV

La blessure d'Henry avait porté sa gloire au comble. Le général de Boisdeffre, tout l'État-Major, étaient venus s'inscrire chez lui. Il voyait s'ouvrir de belles perspectives : plus de soucis ; tous ses ennemis à bas ; les faveurs de la presse ; l'estime de ses chefs ; une vie calme, honorée ; la triple étoile d'or... *Sic itur ad astra*.

La trêve, le rêve furent courts.

Le 2 avril, la Cour de cassation avait cassé, pour vice de procédure, l'arrêté qui condamnait Zola ; le 8, le général de Luxer et ses collègues du conseil de guerre engageaient contre Zola de nouvelles poursuites. C'était la bataille qui recommençait.

Henry s'y prépara.

Il avait été avisé par la police que Picquart, depuis quelque temps, avait quitté son domicile. En effet, il était souffrant et habitait chez une vieille amie de sa mère. Aussitôt, la presse de l'État-Major annonce qu'il poursuit un voyage mystérieux en Allemagne (*Écho de Paris* du 25 avril), qu'il s'est rendu auprès de Schwarzkoppen, à Carlsruhe, selon *le Gaulois* (28 avril), à Bade, selon *le Jour* (30 avril), et qu'une photographie instantanée a été prise de l'entrevue. *Le Jour* du 1er mai précise : la rencontre a eu lieu le 5 avril : « Nous avons là une photographie à l'appui. » Ces nouvelles, se succédant, se confirmaient.

Picquart avait su autrefois de Guénée qu'il existait une photographie où Dreyfus était représenté causant, dans un café, avec Schwarzkoppen ; l'autre photographie existait certainement. Il intenta un procès au *Jour*.

L'auteur de l'article, M. Possien, refusa de répondre aux questions du juge d'instruction, M. Bertulus.

Ce juge, au surplus, qui prenait sa charge au sérieux, devenait gênant. Il avait rendu une ordonnance de non-lieu en faveur de Mathieu Dreyfus, accusé d'une tentative de corruption contre Sandherr ; une autre concluant à l'authenticité des lettres d'Esterhazy à Mme de Boulancy. Il ne finissait pas de suivre, avec beaucoup de méthode, sur une autre plainte de Picquart, une instruction de faux contre les auteurs des dépêches *Blanche* et *Speranza*.

Cette affaire, depuis quelque temps déjà, inquiétait Henry. Un jour, au lendemain du procès Zola, qu'il était venu faire visite à la fille Pays, celle-ci lui avait dit : « Il n'y a eu qu'une faute de commise ; ce sont les télégrammes et lettres Speranza. » (*Instruction Bertulus, dép. Christian Esterhazy.*) Henry avait fait l'homme qui ne comprend pas. Il en avait conféré plus d'une fois avec Esterhazy. Maintenant, Bertulus semblait vouloir presser son instruction. Par deux fois, le 14 mai et le 2 juin, il avait interrogé Esterhazy. Celui-ci s'embrouillait dans ses mensonges. Il n'avait connu la dépêche *Blanche* qu'au moment de son procès. C'était « la dame voilée » qui lui avait révélé l'échange des télégrammes entre Scheurer, Leblois et Picquart; mais elle ne lui avait pas donné le texte de la dépêche *Speranza* et lui avait affirmé qu'elle n'avait aucun contact avec la personne qui signait de ce nom.

Un détail de la séance du 14 mai, dans le cabinet de Bertulus, prouve à l'évidence qu'Henry continuait à renseigner Esterhazy. Le juge avait demandé à Esterhazy « s'il avait quelques données pouvant permettre de retrouver la dame voilée ». Esterhazy avait répondu que, « pour le moment », il ne pouvait pas, mais que, « d'ici peu de jours, il lui serait possible d'apporter des renseignements utiles; une certaine dame, en effet, a fait ces jours derniers une démarche tellement inconsidérée qu'il n'y a plus lieu aujourd'hui de désespérer de la voir enfin se dévoiler. »

Or, précisément, six jours auparavant, le 6 mai, cette parente du colonel Picquart, qui avait été déjà dénoncée par Gonse à Bertulus (*Cour de Cass.*, *27 janvier 1899*, *dép. Gonse*), était allée se plaindre au général de Pellieux de l'odieuse surveillance qui était exercée contre elle, des basses enquêtes policières qui se poursuivaient auprès de ses domestiques.

L'incident avait été raconté à l'État-Major. Esterhazy ne l'avait pu connaître que par Pellieux ou par Henry.

LVI

Henry fréquente des gens qui ont lu de Maistre. La bataille des idées est éternelle; on ne les tue pas. Il faut donc se rabattre sur les hommes. Et, puisque le poignard a disparu de nos mœurs, le remplacer par la calomnie; déshonorer l'adversaire. S'il est lui-même intangible, chercher dans sa famille, parmi les siens. D'une erreur vénielle faire un crime ; puis, sous cette boue, noyer, étouffer l'ennemi.

Le 23 mai, M. Judet publie, dans le *Petit Journal*, un article intitulé « Zola père et Zola fils ». Il y raconte qu'en mai 1832, François Zola, officier à la Légion étrangère, avait été « arrêté pour vol et malversation », chassé de l'armée. Zola, dans une page écrite avec des larmes, dénonce « les violateurs de sépulture qui ont arraché son père à la tombe honorée où il dormait depuis plus de cinquante ans ». Ce père, qu'il a perdu à l'âge de sept ans, il sait qu'il vivait à Aix, entouré de l'universelle estime; il ne sait rien des faits allégués par Judet; il lui intente un procès en diffamation. Le 18 juillet, le matin même où Zola va paraître devant la Cour d'assises de Versailles, Judet publie dans le *Petit Journal* deux lettres du colonel Combe qui aurait fait sienne, en juillet 1832, l'accusation portée contre François Zola.

Interrogé le 12 août 1898 par le juge Flory, Judet déclara que « les copies des deux lettres Combe, accompagnées de commentaires, lui avaient été adressées, en mai, par un correspondant anonyme ». C'était un mensonge. Il résulte, en effet, de l'enquête qui fut ordonnée, en décembre 1899, par le général de Galliffet, que ces deux lettres avaient été communiquées à Judet par Henry. La première n'existe point aux archives de la guerre; c'est donc un faux. La seconde y existe avec quelques variantes. Mais est-elle authentique? ou n'a-t-elle pas été sophistiquée? surtout, la réfutation des allégations qui y sont formulées n'est-elle pas dans les autres pièces du dossier? Cela est probable, François Zola ayant été, après sa sortie de l'armée, honoré de l'amitié de Thiers et du maréchal Soult, reçu aux Tuileries par le roi Louis-Philippe et le prince de Joinville.

Est-ce à l'insu de ses chefs qu'Henry s'était associé à Judet pour commettre cette immonde action ?

LVII

Billot, aussi, songeait aux nouveaux combats. Il prescrivit à Gonse de réunir en un dossier secret toutes les pièces, secrètes ou autres, qui étaient relatives à l'affaire Dreyfus (mai 1898). Ce fut pour Henry l'occasion de fabriquer ou de rééditer un nouveau faux.

Gonse raconte qu'il avait demandé au chef du bureau des renseignements la fameuse dépêche du 2 novembre 1894, de Panizzardi au général Marsilli. Henry répond qu'il ne l'avait plus. — Qui l'avait détruite ? Lui-même ou Mercier ? — Gonse l'envoie au ministère des affaires étrangères pour s'en faire délivrer une copie.

Henry s'en va, un peu penaud, chez Paléologue. Il allègue que le document a été égaré. Le diplomate lui répond qu'il appartient au ministre de la guerre de faire une demande officielle au ministre des affaires étrangères ; il n'est point qualifié lui-même pour lui remettre une pièce de cette nature, même en copie. « Toutefois, ajoute Paléologue, je vous ai récité tant de fois ce télégramme que je peux bien vous le réciter une fois de plus ; libre à vous de l'écrire, sous ma dictée. »

Henry prend aussitôt un crayon et une feuille de papier ; Paléologue lui dicte et Henry écrit le texte de la version authentique, celle où Panizzardi déclare n'avoir jamais connu Dreyfus. Puis, tranquillement, ayant encore la copie en poche ou l'ayant détruite en route, il retourne chez Gonse : « Ces messieurs des affaires étrangères, dit-il, n'ont point voulu me donner le télégramme. »

Selon le récit de Gonse (*Cass.*, *21 janvier 1898*) Billot aurait demandé lui-même à Hanotaux le texte du télégramme et Hanotaux le lui aurait refusé, ce qui est démenti par celui-ci. Gonse se serait alors « retourné du côté des postes et télégraphes » ; seulement, au lieu de demander la copie de la dépêche qui lui aurait été donnée sur l'heure, — comme elle le sera plus tard, le 24 février 1899, quand le ministre des affaires étrangères la demandera pour la Cour de cassation, — il réclama la dépêche elle-même, l'original qui a été détruit. Bêtise de Gonse ou ruse d'Henry ?

Sur quoi, une idée vint à Gonse : « celle de parler de cette affaire au colonel Du Paty qui venait *quelquefois* dans son cabinet ». Du Paty aurait alors recueilli ses souvenirs ; Gonse écrit, sous sa dictée, et « de concert avec Henry », ajoute Paléologue, le texte qui est devenu la pièce n° 44 du dossier.

Le texte définitif, qui avait été communiqué en novembre 1894, par le ministre des affaires étrangères et reconnu exact par Sandherr, comme il l'a été depuis par Chamoin et Cuignet, ce texte était ainsi conçu ;

Si le capitaine Dreyfus n'a pas eu de relations avec vous, il conviendrait de charger l'ambassadeur de publier un démenti officiel, afin d'éviter les commentaires de la presse.

Celui que Gonse aurait écrit sous la dictée de Du Paty portait absolument le contraire :

Le capitaine Dreyfus est arrêté ; le ministre de la guerre a la preuve de ses relations avec l'Allemagne. Toutes mes précautions sont prises.

La dépêche de Panizzardi, d'une sincérité évidente, déchargeait Dreyfus de toute complicité avec l'Italie. Le faux l'accablait d'une double complicité avec l'Italie et l'Allemagne. C'était la thèse de Boisdeffre, dans sa conversation d'octobre 1896 avec Picquart, et d'Henry, que Panizzardi avait servi d'intermédiaire entre Schwarzkoppen et Dreyfus. Le faux venait, miraculeusement, à l'appui de la thèse. Et il authentiquait le plus fameux des faux Henry. Le jour où son faux de novembre 1894 sera mis en cause, Henry sortira du dossier secret le faux de mai 1898. La dépêche et la lettre de Panizzardi, étant également fausses, concordent. Les démentis réitérés, solennels, de Munster et de Tornielli ne sont plus que des mensonges.

Le faux, comme le raconte Gonse, a-t-il été un simple produit de la mémoire de Du Paty?

Paléologue, qui a l'air de croire à la bonne foi de Gonse, la suspecte cependant sur un point, qui est capital. Il démontre, dans sa lumineuse déposition (29 mars 1899), que l'auteur du faux classé, sous le n° 44, au dossier secret, n'a pu le forger qu'en ayant, sous les yeux, la copie de la première ébauche du cryptographe de 1894. Des interprétations variées y avaient été proposées, hypothétiquement, pour chacun des groupes chiffrés de la dépêche. Le faussaire a choisi, dans les divers systèmes, les traductions qui lui convenaient. Tel nombre était indiqué comme susceptible de deux traductions : *preuves* et *relations*. Le faussaire a pris les deux à la fois. Gonse, selon Paléologue, ne dit pas la vérité quand il dépose que Du Paty a reconstitué la dépêche de mémoire. Dans ce cas, Henry, qui jurait avoir perdu la version officielle de 1894, n'en aurait pas égaré l'ébauche. Hasard bien curieux.

Et sur cette ébauche, Gonse, Henry et Du Paty auraient fabriqué le faux.

De toutes manières, — qu'il ait été retrouvé dans la

mémoire de Du Paty, ou qu'il ait été forgé sur l'ébauche, — le faux fut classé au dossier secret.

Quand la fourberie fut découverte, Gonse et Boisdeffre ont déposé « qu'ils n'avaient jamais vu dans ce texte qu'une indication », qu'ils « ne l'avaient considéré à aucun titre comme authentique ».

Si l'occasion favorable s'en était présentée, ils l'auraient, cependant, sorti pour en écraser Dreyfus.

LVIII

En revanche, Gonse et Henry continuent à écarter, avec un soin remarquable, un autre faux.

Roget a raconté (*Cass.*, *novembre 1894*) qu'il avait été autorisé par Billot, à la suite du procès Zola, « à faire une enquête personnelle » sur l'affaire Dreyfus et que toutes les pièces du dossier lui furent communiquées.

Examinant le *petit bleu*, il remarqua que les lettres du mot Esterhazy, sur l'enveloppe, « n'étaient point liées entre elles, qu'elles étaient empâtées et baveuses ».
— Picquart, à l'enquête Pellieux, avait trouvé que l'adresse était « moins homogène » qu'à l'époque où il avait reçu cette pièce. — Roget constate donc *le grattage* qu'il imputait, nécessairement, à Picquart (mai 1898).

Je rendis compte au général Gonse, a déposé Roget à l'enquête Tavernier, le jour même ou le lendemain, de mes constatations ; mais il ne put donner, à ce moment, aucune suite à mes communications, ni tenir aucun compte des convictions que j'exprimais.

Le même jour (2 novembre 1898), Gonse dépose, tout

au contraire, « qu'il ne s'était jamais aperçu de grattage ; il doit dire que son attention n'avait jamais été portée sur ce point ».

Il est manifeste que le menteur, dans l'occurrence, c'est Gonse ; car Roget n'a aucun intérêt à raconter qu'il a constaté le grattage dès mai 1898 ; Gonse, lui, a le plus grand intérêt à prétendre que ce grattage ne lui a pas été signalé à cette date.

Pourquoi n'a-t-il pas tenu compte, en mai 1898, des constatations, rigoureusement exactes, de Roget ?

Le grattage ne reparaît qu'après la mort d'Henry ; c'est Zurlinden qui croit le découvrir ; Roget y insiste ; mais Lauth, Gonse et Gribelin, « tout en portant solennellement contre Picquart l'accusation de faux » (Rennes, *6 sept. 1899, dép. Zurlinden*), continuent à ne pas faire état du grattage. Pourquoi ?

Serait-ce Henry qui a empêché Gonse de donner suite, en mai 1898, à la communication de Roget ?

Henry bousculait Gonse, faisait de lui ce qu'il voulait.

LIX

Ainsi, les auteurs du crime judiciaire de 1894 étaient, de nouveau, armés en guerre, munis de fraîches munitions. Par malheur pour eux, le ministère Méline tomba ; Billot fut remplacé au ministère de la guerre.

Esterhazy, tout de suite, se méfia de Cavaignac. Ce puritain bilieux ne disait rien qui vaille à cette cynique canaille : Judas-Pantalon regardait Robespierre-Jocrisse avec inquiétude. Anxiété légitime.

Le 5 juillet, il alla chez le général de Pellieux, menaça de publier, si on l'abandonnait, les papiers compromettants qu'il avait entre les mains.

Il prévient ses amis (*Dessous de l'affaire Dreyfus*, p. 37) que l'avènement de Cavaignac « leur réserve de grands déboires ». Il lui prêtait, avec beaucoup de perspicacité, ce raisonnement : « Quand j'aurai brisé Esterhazy et que je l'aurai jeté en pâture aux dreyfusards, je n'en aurai que plus d'autorité pour forcer Brisson à me laisser empoigner toute la bande. »

Telle, en effet, la politique de Cavaignac : s'alléger d'Esterhazy, bandit qui pesait sur le parti militariste, qui, décidément, était trop sale, et coffrer « le syndicat ». Il se chargea lui-même d'exécuter Esterhazy ; il proposa à Brisson, qui s'y refusa, de nous mettre la main au collet.

Il avait accepté, pour le 7 juillet, une interpellation sur l'affaire Dreyfus ; il décida d'y faire coup double : de jeter Esterhazy par-dessus bord, d'établir par des preuves décisives la culpabilité de Dreyfus.

L'État-Major, quand il eut connaissance de ce plan, dut frissonner, regretter Billot. Mais quelles objections faire à cet entêté, à l'austère et glacial personnage qui jouait les Saint-Just? Était-il possible de lui avouer qu'il n'y avait point de preuves contre Dreyfus? qu'on avait lié partie avec Esterhazy? Le misérable Billot avait compris ces choses, à mi-mot. Cavaignac, polytechnicien et mathématicien, justicier de profession, aurait éclaté en une furieuse colère.

Il a fait du chemin, depuis. Rome alors ignorait ses vertus.

Donc, Cavaignac se fait remettre le dossier secret, en étudie lui-même les pièces, en pèse « l'authenticité matérielle et l'authenticité morale ». Le faux Henry, que Pellieux avait produit au procès Zola, lui semble, entre toutes ces preuves, une preuve irréfutable. Dreyfus, ce juif, n'y est il pas nommé en toutes lettres ?

Au dire de Roget (*Cass.*, *24 novembre 1898*), Henry sut que Cavaignac se servirait du faux dans son discours. Mais il n'osa rien dire. De même Gonse et Boisdeffre. Cavaignac avait étalé toutes ces pièces sur une grande table ; il les montra à Brisson et à Sarrien.

Le succès du discours de Cavaignac fut immense. Dès l'exorde, protestant de son respect pour la chose jugée : « On a, dit-il, tenté d'infirmer le jugement de 1894 en substituant à Dreyfus un officier qui sera frappé demain des peines disciplinaires qu'il mérite. » La Chambre, soulagée, applaudit à ce *Par ordre* qui était cynique, quelque répugnance qu'excitât Esterhazy. Puis, il déballa trois des pièces secrètes : *Canaille de D...* qui ne s'appliquait pas à Dreyfus ; celle, deux fois fausse, qui, étant arrivée au 2ᵉ bureau en septembre 1896, avait reçu la date de mars 1894 et où l'initiale D... avait été écrite sur un grattage ; enfin le faux royal, le document de Vercingétorix.

La Chambre l'acclama, vota l'affichage de ces faux !

Esterhazy, dès qu'il connut le discours de Cavaignac, courut chez Du Paty, cousin du ministre, et poussa des cris de rage ; puis, chez Pellieux, auquel il déclara que, « si on persistait à le faire passer devant un conseil d'enquête, il allait révéler qu'il était l'homme de l'État-Major et que, ce qu'il avait fait, il l'avait fait par ordre. » (*Rennes, 19 août, dép. Boisdeffre.*)

Pellieux courut le dire à Boisdeffre qui était malade. (De quoi ? Du discours de Cavaignac ?)

Boisdeffre raconte avoir répondu à Pellieux que, « pour ce motif seul, il demanderait la comparution d'Esterhazy devant un conseil d'Enquête ». Il prescrivit à Pellieux de se rendre chez le ministre

et de l'informer de cette déclaration d'Esterhazy.
« D'ailleurs, continue Boisdeffre, Esterhazy l'a démentie le lendemain ou le surlendemain. »

Henry, toujours maître de lui, fut plus calme. Selon Gonse, (*Rennes, 19 août*), il lui aurait dit *simplement* : « Le ministre aurait mieux fait de ne pas lire ces lettres. »

Cependant, il ne dut pas beaucoup dormir cette nuit-là, entre l'orgueil et la crainte de voir son faux sur les murailles des trente-six mille communes de France

LX

Il ne devait plus y avoir de joies complètes pour Henry.

Picquart s'était offert, dans une lettre au président du Conseil, à démontrer le caractère frauduleux qui n'était pas encore le faux Henry et l'inanité de la pièce : « Canaille de D... », comme charge contre Dreyfus ; Cavaignac décida aussitôt de le poursuivre sous l'inculpation « d'avoir communiqué à une personne non qualifiée pour en prendre connaissance (Leblois) des documents intéressant la sûreté extérieure de l'État ». Et, sans retard, un mandat d'amener avait été décerné contre l'insolent justicier. C'était le couronnement des accusations mensongères d'Henry, de ses longues manœuvres contre Picquart (12 juillet).

Or, à l'heure même où Henry savourait cette vengeance, Bertulus procédait à l'arrestation de la fille Pays et d'Esterhazy. La plainte en faux, que Picquart avait déposée le 4 janvier contre les auteurs des dépêches *Blanche* et *Speranza*, avait enfin abouti. A la suite des révélations d'un petit cousin d'Esterhazy, le juge d'instruction s'était convaincu qu'Esterhazy était l'un des auteurs de ces faux, que sa maîtresse avait écrit la dépêche *Speranza*. Sans hésiter, le juge avait fait son devoir.

LXI

L'arrestation d'Esterhazy avait été un coup terrible pour Henry. Quels papiers le juge avait-il saisis ? Mlle Pays savait bien des choses : que dirait cette fille ? Esterhazy lui-même, dans sa fureur, ne se laisserait-il pas aller à d'irréparables folies ?

Cavaignac n'avait appris l'arrestation d'Esterhazy, qu'une fois consommée, à une fête militaire chez Félix Faure. Il voulait bien se faire un mérite d'envoyer Esterhazy devant un conseil d'enquête ; il s'effrayait de le voir aux mains d'un juge civil, résolu, inaccessible à la peur, aussi indifférent aux faveurs gouvernementales qu'aux injures de la presse, homme à découvrir, en dépit des obstacles, toute la vérité. Cavaignac, qui avait tant joué au grand juge, chercha à faire peur à ce magistrat. Une note officielle déclara « qu'Esterhazy avait été arrêté sur l'initiative propre du juge d'instruction » (13 juillet).

C'était très bas.

Bertulus ne se laissa pas intimider. Dès le 16, il procéda à un premier interrogatoire d'Esterhazy, au dépouillement des scellés. Il y avait là des papiers de toutes sortes, singulièrement compromettants : le brouillon d'une lettre de remerciement à un général, au lendemain de son acquittement ; un autre projet de lettre, relatif à l'expertise du bordereau, où il demandait, évidemment à un des chefs de l'État-Major, d'étranges conseils ; une note (cote 22 du scellé 4) sur l'entrevue de Bâle ; des grilles dites cryptographiques (cote 5 du scellé 4) ; une note contemporaine du procès Zola, exposant la nécessité de transporter l'affaire sur le terrain politique, d'amener le général de Boisdeffre à l'audience, de renverser le ministère.

Esterhazy dit sur la première pièce : « C'est la lettre que j'ai écrite au général de Boideffre. » Puis, au moment de la rédaction du procès-verbal, il déclara qu'il se refuserait à signer quoi que ce soit si le nom du général était cité. Il refusa de dire à quel général était adressée l'autre lettre. Sur le memento relatif à Cuers et à l'entrevue de Bâle, il dit seulement : « Ce sont des notes que j'ai prises moi-même sous la dictée d'un étranger, fort au courant de beaucoup de choses et que je ne veux pas nommer ». Ces mêmes mots, Bâle et C...., se trouvaient aussi sur d'autres documents. Sur les grilles : « Je m'en suis servi et m'en sers encore parce qu'on ouvre toutes mes lettres. » — Il a avoué plus tard (*Dessous de l'affaire Dreyfus*, p. 189) qu'il avait reçu cette grille, en octobre 1897, « pour le cas où il aurait à faire ou bien où *on* aurait à lui faire des communications urgentes ». *On*, c'était Du Paty et Henry. — Sur la note contemporaine du procès Zola : « Elle m'avait été remise par l'un de mes amis dans l'intérêt de ma défense ». L'ami était son avocat, Tézenas.

Ces papiers d'Esterhazy préoccupaient gravement l'État-Major. Cavaignac écrivit au garde des sceaux « qu'un officier du ministère de la guerre devait assister au dépouillement des papiers saisis » (*Cour de Cass.*, 28 janvier 1899, dép. *Roget*). Le prétexte, allégué par Roget, était qu'Esterhazy avait eu entre les mains le document libérateur ; il importait donc au ministre de savoir si l'on avait trouvé, ou non, chez Esterhazy d'autres papiers secrets.

Roget, au dire d'Esterhazy (*Dessous de l'aff.*, p. 26), avait qualifié son arrestation « d'acte abominable et absurde ». Il désigna Henry pour représenter le ministre au dépouillement des papiers. « *On* me proposa le colonel Henry, qui était habituellement chargé des missions de cette nature ; le ministre l'accepta. » (*Cour de Cass., dép. Roget.*)

J'observe que Roget a toujours nié effrontément les relations d'Esterhazy et d'Henry.

LXII

Le 18 juillet, Henry se rendit une première fois chez Bertulus. Le juge lui fit voir les principaux scellés. Il lui fit part de ses réflexions : « Dès l'instant où Dreyfus était coupable, pourquoi toute cette collusion, tout ce travail, pourquoi cette entente avec Esterhazy ? » (*Rennes, 17 août 1899*). Il insista sur la gravité de la note *Bâle-Cuers*. « Jamais, lui dit-il, vous ne me ferez croire qu'Esterhazy ait pu savoir, par ses moyens propres, l'histoire de Cuers et de l'entrevue de Bâle. Qui donc a pu les lui dire sinon vous ou quelqu'un autour de vous ? »

Henry ne cherche même pas à dissimuler son émotion, il ne discute pas. Il supplie Bertulus de l'aider à sauver l'honneur de l'armée, de ne rien faire avant qu'il ait tout raconté à Roget qui n'hésitera pas à se rendre aussitôt dans son cabinet. Il dit que les auteurs des deux fameux télégrammes sont Esterhazy et Du Paty. Il se lève alors pour partir. Bertulus le frappe sur l'épaule et le retient : « Ce n'est pas tout, il y a encore vous ! »

Le juge lui avait déjà énuméré les charges terribles qui s'entassaient contre Esterhazy et Du Paty : que Du Paty se fasse sauter la cervelle et qu'on laisse la justice suivre son cours contre Esterhazy ! Maintenant, il lui parle de son propre cas, à lui, Henry. Il lui dit avoir eu, en mains, la veille ou l'avant-veille, une lettre où Esterhazy fait de lui, à Jules Roche, le plus détestable tableau, écrit qu'il n'est qu'un besoigneux et son débiteur. L'ensemble de ces pièces est des plus graves : « Certains esprits pourraient facilement aller jusqu'à soutenir que celui qui documentait Esterhazy n'était autre que lui, Henry. »

Henry s'effondre dans un fauteuil, éclate en sanglots, répétant : « Sauvez-nous ! sauvez-nous ! » Puis, tout à coup, il se lève, prend la tête du juge entre ses mains, l'embrasse à pleine bouche en pleurant. Bertulus le repousse, l'invite à s'asseoir.

Après un silence, Henry s'écrie : « Esterhazy est un bandit ! » Bertulus répond : « Esterhazy est l'auteur du bordereau. » Henry se lève à nouveau : « N'insistez pas ! n'insistez pas ! Avant tout, l'honneur de l'armée ! »

Il s'en va un instant, puis revient. Il demande à Bertulus son bras afin que les témoins, qui attendaient dans le couloir, voient bien qu'il n'était pas arrêté.

Le greffier, André, de la pièce voisine, avait entendu les sanglots d'Henry, ses cris : « Sauvez l'honneur de l'armée ! »

Bertulus attendit jusqu'au soir. Roget ne vint pas.

LXIII

Quand Henry revint le 21 chez le juge, Esterhazy, la fille Pays, les avocats, le greffier s'y trouvaient réunis. Bertulus le fit passer dans son arrière-cabinet, lui dit qu'il attendait toujours le général Roget.

Henry répondit : « Je l'ai dit au général ; il a préféré ne pas venir. » Quant à lui, réflexion faite, il pensait que tout ce que Bertulus avait dans son dossier était insuffisant.

Il est probable qu'Henry n'avait rien dit à Roget ni à Gonse ; qu'il leur raconta seulement la seconde audience, celle du 21, en y mêlant quelque chose de la première, celle du 18. Selon Roget, il lui aurait raconté que « Bertulus avait fondu en larmes, l'avait embrassé en lui disant qu'il y perdrait sa robe rouge ». (*Cour de Cass.*, *28 janvier 1899*.) Il aurait insisté, et Gonse avec lui, pour que Roget se rendît chez le juge ; mais Roget avait refusé et Cavaignac l'avait approuvé. Gonse et Roget trouvèrent à Henry l'air « calme et gai ». « Son moral, dit Roget, n'avait jamais été atteint. »

Seulement, Roget ne peut pas préciser la date et Gonse raconte qu'Esterhazy avait assisté à l'entrevue, que Mlle Pays riait, qu'il faisait fort chaud, qu'on avait fait allusion à des rafraîchissements. (*Cour de Cass.*, *27 janvier 1899*.) Or, ces anecdotes, exactes, se rapportaient à la seconde audience.

Henry assista, sans mot dire, au dépouillement des scellés et des cartons à chapeau. « Plus d'émotion, plus de gêne. » Il ne trouva rien à revendiquer. Ce fut Esterhazy qui se divertit à lui signaler la pièce Bâle-Cuers et une autre, écrite en anglais. Henry se fit traduire celle-ci et emporta les deux.

Esterhazy, dans ses souvenirs (*p. 27*), raconte ainsi l'incident :

Il y avait cependant deux documents, sans très grande importance du reste, mais qui avaient trait au service des renseignements. Je les lui signalai et je l'autorisai à les emporter.

Cuignet, dans sa déposition devant la Cour de cassation (*janvier 1899*), reconnaît que l'une de ces deux pièces était écrite en anglais; l'autre était « le compte rendu de l'entrevue de Bâle ». Roget (*28 janv.*) conteste que l'une de ces pièces fût relative à l'entretien d'Henry et de Lauth avec Cuers. Il prétend que ces pièces ne furent connues que de Cavaignac et de lui; il y attacha si peu d'importance qu'il les oublia, en quittant le ministère, dans son cartonnier.

Le procès-verbal de l'audience suffit à détruire l'affirmation de Roget. Il est ainsi conçu :

Esterhazy déclare : « Je signale à M. le colonel Henry une pièce qui se trouve sous la cote 22 du scellé 4. »

Le colonel Henry, après en avoir pris connaissance, déclare qu'il la considère comme pouvant intéresser la défense nationale, *parce qu'elle contient entre autres le nom d'un agent de son service.*

Signé : Esterhazy, Henry, Pays, Bertulus, André.

A son interrogatoire du 16 juillet, Esterhazy avait dit tenir ces renseignements « d'un étranger fort au courant de beaucoup de choses ».

Henry revint, une troisième fois, avec Junck. Il procéda à une vérification minutieuse et complète des pièces, partit sans rien revendiquer. « Il n'y trouva, raconte Esterhazy, naturellement rien de plus que la première fois. » (P. 27.)

Après le départ des deux officiers, Bertulus dit à son greffier : « Quelles pièces peuvent-ils bien chercher ? » Sur quoi, Esterhazy : « Oh! je sais bien, ils cherchent la garde impériale, mais ils ne l'auront pas; elle est en lieu sûr. » (*Cour de cass., dép. Bertulus; 9 décembre 1898.*)

C'était une pièce qu'Esterhazy avait cachée dans le cartonnage de son képi et qui avait échappé à Bertulus.

LXIV

Le 21 juillet, à l'audience où avait assisté Henry, Esterhazy avait fait insérer au procès-verbal la déclaration suivante :

Depuis le commencement de ce procès, je me suis appliqué de toutes mes forces à ne pas citer de nom, pas faire allusion à un fait, dans mes interrogatoires, qui puisse, soit compromettre quelqu'un, soit intéresser la défense nationale. Ç'a été ma préoccupation constante depuis neuf mois.

Ces paroles avaient rassuré Henry, et d'autres encore.

Selon Esterhazy (*Dessous, p. 26*), Cavaignac avait accordé, le 19 au soir, une longue entrevue à son avocat, Tézenas, qui lui avait été recommandé par Roget. Le ministre ne dissimula pas qu'il était mal disposé pour Esterhazy. « C'était entre nous, écrit le bandit, comme une vieille rancune de famille : nos pères avaient déjà es mêmes sentiments l'un pour l'autre. »

Toutefois, il aurait promis d'intervenir *pour raison d'État*. « Nous ferons intervenir l'action gouvernementale ; j'en fais mon affaire. »

Bertulus, avant de clore sa procédure, voulut revoir Henry une dernière fois. Henry se déroba. Bertulus déclara « qu'il ne communiquerait son dossier que quand Henry serait venu ». Henry se rendit chez le juge. Comme celui-ci lui avait fait prêter serment, Henry nia tout, ses visites à Mlle Pays, ce qu'il avait dit au sujet des télégrammes. C'était sa réponse à la promesse de silence qu'avait faite Esterhazy.

Cependant, l'*action gouvernementale* ne se manifestant pas, Tézenas retourna chez Cavaignac ; ce fut Roget qui le reçut : « Esterhazy, lui dit-il, n'est plus à craindre ; nous lui avons rogné les ongles. » Roget ajouta qu'on tenait Esterhazy par une lettre qu'il avait adressée à Pellieux, le 8 juillet, où il jurait de ne pas faire usage de ses papiers, faisait amende honorable de sa tentative de chantage, puisqu'elle avait échoué.

Le 28 juillet, Bertulus rendait une ordonnance où il se déclarait compétent pour instruire contre Esterhazy, Mlle Pays et Du Paty de Clam, auteurs et complices des crimes de faux et d'usage de faux. (*Dépêche Speranza.*)

Du Paty était le cousin de Cavaignac ; l'*action gouvernementale* intervint aussitôt.

L'ordonnance de Bertulus avait été frappée d'opposition par le procureur de la République.

Le 5 août, la chambre des mises en accusation donna raison au procureur de la République ; le 12, sur les réquisitions de M. Trouard-Riolle, elle rendit un arrêt d'incompétence en faveur de Du Paty, de non-lieu en faveur d'Esterhazy et de sa maîtresse qui furent aussitôt remis en liberté.

La veille, Tézenas était venu trouver Esterhazy dans sa cellule :

Vous serez demain en liberté; si vous êtes libre à quatre heures, prenez à cinq heures le chemin de la frontière. On a résolu votre perte. Vous passerez d'abord devant un conseil d'enquête. Vous serez ensuite poursuivi sur la plainte de Christian, pour escroquerie. (*Dessous de l'aff.*, p. 50.)

Esterhazy répondit fièrement :

Je suis toujours soldat. Partir, ce serait déserter. Je ne déserterai pas.

En effet, Henry était encore en vie. Esterhazy avait encore de l'espoir.

LXV

Henry, pendant ces lourds mois de juillet et d'août, n'avait pas été occupé seulement par l'instruction Bertulus; il avait été appelé aussi à l'instruction Fabre, dans le procès intenté, sur ses dénonciations, à Picquart, détenu à la prison de la Santé, et à Leblois, prévenu libre.

Ce procès était son œuvre, sa chose. Il semblerait qu'il eût dû y paraître en triomphateur; il n'en fut rien.

Ce n'était plus, a dit Picquart (*Cass.*, 5 décembre 1898), l'homme décidé du conseil de guerre et de la cour d'assises; ses affirmations étaient plus molles; j'ai pensé, depuis, que le remords avait dû commencer par agir sur lui.

Était-ce le remords?

Depuis que son faux rayonnait sur toutes les murailles de France et qu'Esterhazy était en prison, il avait senti la terre trembler sous lui. Il y voyait des crevasses s'entr'ouvrir, vers l'abîme.

Sa première déposition, du 15 juillet, est d'une grande modération. Il ne peut plus préciser la date où il a vu Leblois dans le cabinet de Picquart ; s'il a reconnu la pièce secrète, qui sortait en partie du dossier, il ne peut affirmer que le colonel et l'avocat compulsaient le dossier ; il n'a pas remarqué qu'ils aient cherché, à son entrée, à dissimuler quelque chose.

Le 22, tout ce qu'il peut dire du *petit bleu*, c'est qu'il n'a eu connaissance de cette pièce que reconstituée par Lauth ; il n'en avait jamais vu « les déchirures ». Pas un mot des dépêches *Blanche* et *Speranza* qu'il attribuait, devant Ravary, aux amis de Picquart, qui étaient des preuves « que le *petit bleu* avait été fabriqué par Georges ».

Le 5 août, il atténue la portée de la lettre de menaces qu'il a adressée à Picquart, en Tunisie. « Il n'y a jamais eu d'accusation portée officiellement contre Picquart. »

Le 8, confronté avec son ancien chef, il paraît hésitant, troublé ; il est toujours certain d'avoir vu Leblois avec Picquart, mais « il ne peut dire qu'il soit absolument impossible » que ç'ait été avec un autre, Hennion ou Mittelhauser. « Ah ! Mittelhauser, avec sa barbe, je ne sais ?... »

Au moment où il allait sortir, Picquart lui dit vivement : « Vous avez été un instrument, vous ne vous en doutez peut-être pas. » Il ne répondit pas, répétant seulement qu'il avait écrit, de son plein gré, la lettre de menaces.

Au contraire, les autres témoins à charge, Lauth, Gribelin, Gonse, Pellieux, sont plus affirmatifs encore et plus haineux que par le passé.

Ces témoins n'étaient pas des amis d'Esterhazy.

LXVI

Cavaignac avait donné, dès le 11 juillet, l'ordre spécial de traduire Esterhazy devant un conseil d'enquête de région. La chambre des mises en accusation n'eut pas plutôt rendu son non-lieu dans l'affaire des fausses dépêches que le gouverneur de Paris convoqua le conseil d'enquête pour le 24 août.

« Le torchon brûlait », comme avait dit la dame voilée dont l'ordonnance de Bertulus avait découvert les bottes éperonnées. Esterhazy fit un dernier appel à « son ami Drumont », qui y répondit.

Le numéro de *la Libre Parole* du 22 août mérite de rester comme un modèle classique de chantage. Drumont excuse d'abord les lettres à Mme de Boulancy « cri d'une âme ulcérée... Combien d'autres glorieux serviteurs, généraux peut-être, ont tenu parfois des propos dont il serait injuste, dix-sept ans plus tard, de leur demander compte ! »

Quelle lettre Esterhazy tient-il en réserve ?

Puis, la menace, vague d'abord, se précise :

Les juges enquêteurs ont-ils d'ailleurs constaté qu'Esterhazy *ait toujours agi seul*, sans conseil, sans direction peut-être, et que, certains des actes qu'on lui reproche, il en ait eu l'initiative personnelle et seul en porte la responsabilité ?

Enfin, cet air de bravoure :

Les membres du conseil d'enquête feront ce qu'ils voudront, *mais il me paraît utile et nécessaire de leur montrer ce qu'ils vont faire*. S'ils livrent Esterhazy au syndicat juif et allemand, ils donneront raison à la campagne organisée par Schwarzkoppen et Panizzardi qui sont deux espions avérés... C'est l'engrenage : après Esterhazy, ce sera Du Paty de Clam; après Du Paty, Henry, Lauth et Boisdeffre, et après de Boisdeffre, Mercier... En abandonnant leur malheureux camarade, les représentants de l'armée s'abandonneront eux-mêmes.

La liste, par ordre chronologique, des criminels qu'attend le châtiment est dans cette phrase, admirable vision d'un prophète renseigné.

En effet, dès la première séance du conseil d'enquête, Esterhazy dénonce Du Paty, le poignarde en pleine poitrine. Il l'accuse, le convainc de lui avoir dicté les lettres au Président de la République et l'article *Dixi* de *la Libre Parole*, que le colonel-rapporteur de Kerdrain lui reproche comme un acte d'indiscipline.

Acte d'indiscipline? Mais il n'a fait qu'obéir!

Lui-même, il raconte l'entrevue de Montsouris avec Du Paty, Gribelin et Henry. La dame voilée, qu'il a rencontrée au pont Alexandre III, accompagnait le lieutenant-colonel marquis Du Paty de Clam; c'était la marquise.

La séance, qui a duré de 9 heures du matin à 7 heures du soir, est ajournée au surlendemain pour permettre à Esterhazy de produire un document de grande importance, qui est entre les mains de Tézenas.

Le lendemain, sa fameuse dépêche *en clair* à Tézenas, pour que Cavaignac la connaisse, suprême tentative de chantage.

Le 27, à la seconde audience, il produit la lettre de Du Paty, dite aux deux écritures, avec les instructions à lui données pour l'enquête Pellieux.

Mais n'a-t-il, ce jour-là, dénoncé que Du Paty? Qu'a-t-il dit d'Henry? et de Boisdeffre?

La mise en réforme ne fut votée qu'à une voix de

majorité, sur un seul chef, l'inconduite, parce que ce bandit avait une maîtresse. Par quatre voix contre une, pas de faute grave contre l'honneur. A l'unanimité, point de faute contre la discipline ; donc, pour le conseil tout entier, Esterhazy avait agi par ordre.

Le lendemain, transmettant le procès-verbal au ministre de la guerre, le général Zurlinden, gouverneur de Paris, lui écrivait : « En se rapportant aux usages de l'armée, il y aurait lieu d'user d'indulgence... »

LXVII

Ici, l'historien entre dans la nuit. Il ne sait rien des circonstances qui amenèrent la découverte du faux d'Henry, les aveux du misérable et sa mort. Il a, sur ces événements, des notes officielles, un procès-verbal officiel, des témoignages officiels : c'est rien. Les grands coups d'éclair, qui firent la lumière pour des milliers de dupes, ne la font pas pour l'histoire. Quand elle n'en connaît pas les causes, les faits lui semblent plus obscurs.

Les documents lui font autant défaut que les témoignages. Les papiers d'Henry, qui furent, paraît-il, mis sous scellés, n'ont pas été soumis à la Cour de cassation ; sont-ils encore intacts ? où sont-ils ? Aucun des témoins essentiels n'a été entendu, les officiers, les soldats du Mont-Valérien, les hommes de l'art qui constatèrent la mort d'Henry. Point de procès-verbal d'autopsie. Cuignet, souvent véridique, mais esprit étroit ; Roget, qui n'entend que ce qu'il veut avoir entendu ; Cavaignac, trop intéressé à faire oublier sous les apparences d'un justicier la dupe complaisante qu'il a été, ont déposé sans contrôle. Aucune question ne leur a été posée. Gonse et Boisdeffre, bien qu'auteurs principaux, n'ont témoigné d'aucun des faits du drame. Ils se bornent à l'apprécier. Acte fâcheux, dit Gonse, « mauvais, très mauvais ». Boisdeffre, pour avoir eu le malheur d'affirmer l'authenticité d'une pièce fausse, s'est condamné à la retraite ! Conscience bien délicate ou terriblement troublée.

Cuignet mérite d'être cru quand il raconte qu'il a découvert la matérialité du faux, un soir, à la lampe, les quadrillés en rouge lie de vin qui ne concordaient pas avec d'autres quadrillés en gris bleuté. Mais c'est le 14 août que Cuignet, chargé de vérifier le dossier secret a fait cette découverte. Et Cavaignac a attendu jusqu'au 30 pour interroger Henry !

De ce long intervalle entre la découverte de faux et l'arrestation du faussaire, aucune justification n'a été fournie. Il s'y est passé quelque chose, qu'on cache.

Un rapprochement s'impose : Esterhazy a été frappé le 27 par le conseil d'Enquête ; le 29, Cavaignac se décide à agir. Furieux de sa défaite, d'avoir été abandonné par Henry, par Boisdeffre, perdu irrévocablement, Esterhazy n'a-t-il rien tenté pour se venger ? Il connaissait le faux, la façon dont il avait été fabriqué, celui qui l'avait forgé.

Cuignet n'avait rendu compte de sa découverte qu'au ministre et à Roget. Quoi ! le chef et le sous-chef de l'État-Major général, Boisdeffre et Gonse, n'ont point été informés tout de suite ? Pourquoi ?

Gonse déclare n'avoir connu la découverte de Cuignet que « huit jours avant les aveux d'Henry » ; donc, le 21 ou le 22. C'est Roget qui lui en parla. (*Rennes, dép. Gonse, 19 août.*) Et Boisdeffre raconte (*Rennes 19 août*) que, « toujours malade, il était parti pour la campagne, où il reçut, le dimanche 28 août, un télégramme de Cavaignac le priant de venir à Paris le plus tôt possible. » Quoi ! Gonse ne l'a point averti plus tôt !

Boisdeffre part le lendemain, « pensant qu'il s'agissait toujours de l'affaire Esterhazy. » Il arrive chez Cavaignac qui lui révèle la terrible trouvaille, lui montre « ce qui avait fait sa certitude ». « Il n'était pas possible, dit Boisdeffre, de le voir à l'œil nu. »

Le général, selon son propre récit, commença par discuter avec le ministre. « Si la matérialité de faux est prouvée, il sera bien obligé de s'incliner. Mais *a priori*, il se refuse absolument à croire qu'Henry soit un faussaire. Il faut attendre ses explications. Boisdeffre est persuadé qu'Henry pourra expliquer comment il se fait que ces deux lettres soient collées ensemble et comment des morceaux sont mélangés. »

Par une rencontre vraiment singulière, Gonse, à Rennes, se défendant d'être le complice d'Henry, formulera exactement le même système :

Si, dit-il, j'avais été le complice d'Henry, j'aurais trouvé une explication absolument normale. Cette explication toute simple me serait venue à la tête et elle est la suivante ; j'aurais dit : « Ce sont des papiers que j'ai mélangés. Au lieu de les reconstituer à leur date, je les avais oubliés. Je me suis trompé. » La chose aurait pu être racontée ainsi, et personne n'y aurait rien vu, si j'avais été le complice d'Henry. Je n'insisterai pas là-dessus. J'aurais donné cette explication et l'affaire aurait été arrangée.

Malheureusement, cette explication, si simple et absolument normale, selon Gonse, — misérable et parfaitement stupide, mais qui témoigne, chez ses inventeurs, d'une belle habitude du mensonge, — Henry n'y pensa point.

D'ailleurs, Cavaignac lui-même s'y serait-il laissé prendre ?

Henry était aux bains de mer, à Berck. Il en revint le 29. Le 30, il était au ministère, à son bureau. Cavaignac chargea Gonse de le lui amener, « sans, bien entendu, lui rien laisser soupçonner ». (*Dép. Boisdeffre.*)

S'il avait été prévenu d'avance, cela ne lui aurait servi de rien. Prendre la fuite, c'était avouer. Nier le faux était impossible devant les preuves matérielles de Cuignet. Un seul moyen, sinon de se sauver, du moins d'atténuer son crime : alléguer quelque mystérieux *par ordre*.

Boisdeffre et Gonse assistèrent à l'interrogatoire d'Henry. Se sont-ils enfermés dans un sombre silence ? Et Henry ne leur aurait pas fait appel !

Quoi ! il ne leur a rien dit, rien ? Quoi ! le ministre ne les a pas interpellés sur l'introduction subreptice de la pièce dans le dossier, à l'insu de Picquart ?

Quand Henry s'écrie : « Quel malheur d'avoir rencontré de pareils misérables ! » — de qui parle-t-il ? Quand il écrit à sa femme : « Tu sais dans l'intérêt de qui j'ai agi ? » — à qui pense-t-il ?

Cavaignac l'envoie au Mont-Valérien : pourquoi pas au Cherche-Midi ? On laisse à Henry ses rasoirs : pourquoi ?

Non seulement on lui laisse ses rasoirs, mais on lui met sous les yeux les journaux, *ses* journaux, *l'Éclair* qui écrit que son nom sera à jamais flétri, qu'il a commis le plus abominable des crimes. Pourquoi ? Quelle visite a-t-il reçue avant de mourir ?

Un soldat, vers le soir, le trouve étendu par terre, baigné de sang, son rasoir à la main. On se borne à constater sa mort. Les récits qu'on en fait sont contradictoires, tels au surplus que les hommes de science déclarent que, si l'un ou l'autre de ces récits est exact, il n'y a pas eu suicide, mais meurtre.

Pendant deux jours, tout juste, ceux qui furent ses amis le traitent, ce mort, comme le dernier des misérables. Puis, tout à coup, il passe héros ; son faux, hier le plus abominable des crimes, devient patriotique : pourquoi ?

Cavaignac, qui a porté le faux à la tribune de la Chambre, qui a trompé la France entière, se cramponne au pouvoir. Boisdeffre, qui n'a pas même porté le faux à la cour d'assises, qui n'a trompé, à la suite de l'incartade de Pellieux, que le jury, a donné sa démission, « dès que l'interrogatoire d'Henry a été fini » ; séance tenante, il l'a rédigée « sur le bureau même du ministre » ; aussitôt, il disparaît dans l'ombre : pourquoi ce contraste ?

Et Esterhazy, qui refusait à Tézenas de déserter, n'a pas plutôt appris la mort d'Henry qu'il prend la fuite !

Et jamais soldat tombé sur le champ de bataille, mort à l'ennemi, n'a été plus glorifié devant la justice, civile ou militaire, par ses chefs, et, dans la presse, par tous les professeurs de patriotisme, que ne l'a été ce faussaire : pourquoi ?

Esterhazy, dans ses innombrables écrits, outrage tous ses camarades, tous ses chefs ; le seul Henry, « un vrai soldat, incapable de la moindre pensée basse », échappe à ses injures : pourquoi ?

LXVIII

J'ai dit les faits. Il n'est pas, de 1894 au 31 août 1898, un seul épisode de l'affaire Dreyfus où n'apparaisse Henry, des fausses pièces à la main et des faux serments à la bouche. Quel immense intérêt a poussé cet homme à de tels crimes, à de tels périls, jusqu'à la mort ?

APPENDICE

APPENDICE

I

LE PROCÈS HENRY

8 décembre 1898.

J'ai reçu de Mme Henry la lettre suivante :

Paris, le 7 décembre 1898.

Monsieur,

Au lendemain de la mort de mon pauvre mari, j'étais décidée à garder, quoi qu'il arrivât, le silence, à éviter tout bruit autour du nom que je porte ; mais, en présence de calomnies infâmes, il me devient impossible de contenir mon indignation et de ne pas protester.

Vous avancez contre la mémoire de mon mari des allégations d'autant plus abominables qu'il n'est plus là pour y répondre et que je reste seule avec un enfant de quatre ans.

Je pense établir, démontrer quelle était l'existence modeste du colonel Henry et les grands services qu'il a rendus à son pays. Aujourd'hui que, sans l'ombre de preuves, vous prétendez que mon mari, n'ayant que 8,500 francs de solde par an, en dépensait beaucoup plus, je viens vous sommer de donner cette preuve. Si elle n'est pas fournie, et elle ne le sera pas, toutes les personnes de bonne foi feront justice d'accusations odieusement mensongères.

Veuillez agréer, Monsieur, l'assurance de la considération que je vous dois.

Veuve Henry.

Je vous prie et, au besoin, vous requiers d'insérer la lettre ci-dessus.

Je m'incline devant la douleur profondément respectable de madame Henry, mais sa lettre s'est trompée d'adresse.

Le fait précis qu'elle relève n'a été allégué dans aucun de mes articles ni dans aucun article du *Siècle*.

Joseph Reinach.

II

Le *Radical* de la veille, 7 décembre, avait en effet, publié la note suivante :

Il paraît que nous allons avoir l' « affaire Henry » !

En effet, si nous en croyons les renseignements que nous tenons de *gens fort au courant de l'* « *Affaire* », il résulterait aujourd'hui, clair comme le jour, de l'enquête à laquelle se livre la Cour de cassation, que le traître qui a transmis à l'étranger les documents du ministère de la guerre ne serait autre que le colonel Henry, dont l'inattendu suicide avait si fort impressionné l'opinion publique au mois d'août dernier.

Racontons textuellement, mais sous toutes réserves cependant, ce qui nous a été dit :

« Les juges de la Cour suprême auraient déjà fait connaître les résultats de leur enquête en ce qui concerne plus spécialement cette nouvelle piste, s'ils n'avaient le devoir de s'entourer de tous les éléments capables de dicter leur décision.

» Il a été établi que le colonel Henry dépensait trente mille francs par an, alors qu'il en gagnait à peine sept à huit mille; et l'on a été amené à rechercher la source de ce « supplément » de recettes. C'est toujours l'éternelle question : *d'où vient l'argent?* et, lorsqu'on peut la résoudre, on a mis la main sur une portion de la vérité.

» On a fait état des dépenses considérables que le colonel Henry effectuait si délibérément, et l'on en est arrivé à cette conclusion qu'il recevait de l'argent de l'étranger. On a également recherché parmi les personnes qui gravitaient autour de l'auteur du *faux patriotique* celle susceptible d'avoir pu lui servir d'intermédiaire et l'on s'est naturellement arrêté au nom d'Esterhazy.

» L'affaire est claire et tout s'explique : et le bordereau, et les fuites du ministère, et la condamnation de Dreyfus, même — et surtout — le suicide du colonel Henry. A cette heure, on comprend l'affaire Dreyfus. Il y avait, à la tête du bureau des renseignements, un officier de fortune, besogneux, ne possédant, pour toutes ressources, que les appointements de son grade. Cet homme a fait argent des pièces dont il avait la garde.

» Le colonel Henry avait besoin d'un intermédiaire, sorte de facteur destiné à assumer la responsabilité des pourparlers compromettants ; il s'accoupla Esterhazy. Ce fut donc Esterhazy qui remplit le rôle de télégraphiste et qui communiqua à l'étranger les documents que lui remettait Henry. Les deux compères agissaient de compte à demi.

» Au moment où l'on découvrit les « fissures », les deux associés songèrent à désigner une bonne tête susceptible de servir d'exutoire aux soupçons ; leur dévolu tomba sur Dreyfus, et ce dernier fut dès lors l'objet et le but de toutes leurs machinations. C'est ainsi que le colonel Henry fut amené à créer de toutes pièces le dossier contre Dreyfus : il a été l'inspirateur du fameux bordereau et Esterhazy ne l'a, pour ainsi dire, écrit que sous sa dictée. Ces deux hommes, résolus à perdre Dreyfus, ont à l'avance préparé l'alibi qui devait les mettre hors de cause. »

III

9 décembre 1898.

Nous recevons la lettre suivante :

Paris, le 8 décembre 1898.

Monsieur,

En réponse à ma lettre d'hier, vous dites ce matin : « Le fait précis qu'elle relève n'a été allégué dans aucun de mes articles ni dans aucun article du *Siècle*. »

Vous manquez singulièrement de mémoire.

On lisait, en effet, dans votre article du 6 décembre : « Henry se remet à l'œuvre avec Esterhazy. C'est pendant cette année que les deux traîtres et Schwarzkoppen firent leurs plus belles récoltes, Schwarzkoppen de renseignements, Henry et Esterhazy d'écus, près de cent mille francs. »

Vous êtes donc, si vous ne prouvez pas que mon pauvre mari a reçu de l'étranger la somme ci-dessus, le plus criminel, le plus odieux, le plus lâche des diffamateurs, sachant surtout que vous n'avez à craindre d'autre réponse que celle d'une femme.

Quoi que vous fassiez, vous n'échapperez pas à la responsabilité que vous avez encourue, et je ne vous permettrai pas de vous dérober.

Veuve Henry.

Tout le monde comprendra à quel sentiment nous obéissons en déclinant toute controverse avec la malheureuse signataire de cette lettre.

La loi lui offre le moyen d'établir que le colonel Henry n'aurait pas été le complice des trahisons du commandant Esterhazy ; c'est de nous poursuivre en Cour d'assises, où la preuve est admise.

Joseph Reinach.

IV

11 décembre 1898.

On lit dans le *Soir* :

Nous sommes en mesure d'annoncer que Mme veuve Henry poursuit M. Joseph Reinach en cour d'assises.

D'autre part, l'*Agence Havas* communique la lettre suivante, adressée par Mme veuve Henry au bâtonnier de l'ordre des avocats :

Monsieur le bâtonnier,

Depuis quelques jours, la mémoire du lieutenant-colonel Henry est attaquée et diffamée de la plus odieuse façon.

M. Joseph Reinach affirme que mon pauvre mari, qui n'a failli que par folie patriotique, est un traître avéré.

J'ai, paraît-il, le droit de conduire le calomniateur en cour d'assises et d'étaler là, aux yeux de tous, l'infâme lâcheté de ceux qui, pour réhabiliter leur riche client, s'essaient à déshonorer, après sa mort, un fils du peuple sorti du rang, dont tous les grades ont été conquis sur les champs de bataille. Mais M. Reinach et ses amis ne sont pas seulement puissants par l'influence, ils le sont aussi par l'argent.

Comment pourrai-je, seule, sans appui, sans ressources, entreprendre et poursuivre un pareil procès contre de tels adversaires ?

On me dit que c'est vous qui accordez d'office des défenseurs au pauvre, à la veuve et à l'orphelin ; je suis pauvre, monsieur le bâtonnier, je suis veuve, et c'est l'orphelin du lieutenant-colonel Henry que je viens mettre sous votre protection.

Votre dévouée servante,

Veuve Henry.

V

Le 14 décembre 1898, la *Libre Parole* ouvrit une souscription « pour Mme Henry contre le juif Reinach ». Les listes se succédèrent jusqu'au 15 janvier 1899. Le total de ces dix-huit listes s'éleva à 131,110 francs 15 centimes. Pendant tout ce temps, un transparent, aux fenêtres de la *Libre Parole*, sur le boulevard, annonça la souscription. « Ce fut, écrit M. Pierre Quillard dans la préface du *Monument Henry*, un débordement inouï de férocité, de sottise, de crapuleuses injures ».

M. Pierre Quillard écrit plus loin :

Les hurlements de la meute s'accrurent de jour en jour ; la

scatologie, les appels au massacre collectif et au meurtre individuel augmentèrent. Juifs, protestants, francs-maçons, républicains étaient voués à tous les supplices, et si, parmi les particuliers, M. Joseph Reinach fut honoré d'injures plus nombreuses, plus variées et plus ordurières, M. Hervé de Kérohant, catholique et royaliste, ne trouva pas grâce non plus ; il fut, comme un immonde Zola, un vil Clemenceau et un odieux de Pressensé, traité de vendu, d'espion et de traître.

Pendant plus de cent pages, les pourvoyeurs de bagne et de guillotine aboient à la mort ; ils dénomment leurs victimes futures : chancres rongeurs, vomitifs, cloportes, crotales, vermines, poux, punaises, cochons, singes, orangs-outangs, gorilles, hamadryas, mille-pattes, amphibies à corps orbiculaire, verruqueux et sale.

Leur fantaisie sauvage est telle que je crains d'avoir omis quelques-unes des inventions qu'elle leur a suggérées contre les juifs et les hommes libres dans ce catalogue à la manière de Rabelais. Ils voudraient :

Les bouter hors de France,
Les envoyer au Sahara,
Les envoyer à l'île du Diable,
Les fesser,
Les jeter à l'égout,
Les loger dans les tinettes,
Les revêtir d'une robe jaune,
Leur administrer des lavements au vitriol,
Leur casser la gueule,
Leur couper les jambes,
Leur crever les yeux,
Leur écrabouiller la tête,
Leur écraser le nez à coups de talon,
Leur fumer les jambons,
Leur faire cracher les dents,
Leur assouplir la carcasse en rétablissant la torture,
Leur raboter le nez,

Leur tanner la peau,
Leur truffer la peau,
Les bistourner,
Les détruire avec de l'onguent gris,
Les passer à l'huile bouillante,
Les passer dans la chaudière,
Les convertir en hachis,
Les circoncire jusqu'au-dessus des épaules,
Les couper en deux,
Les pendre,
Les écorcher vifs,
Les massacrer en masse dans une nouvelle Saint-Barthélemy,
Les donner à dévorer aux chiens,
Les donner à dévorer aux chats, qui mangeraient le foie de Reinach s'il n'était pourri,
Les incinérer dans le brasero de Carrara,
Les rôtir,
Les farcir,
Les faire cuire dans les fours de cristallerie,
Les flamber avec de la paille,
Les étriper,
Les écraser entre le marteau et l'enclume,
Les chaponner,
Les empoisonner avec de la strychnine,
Les empoisonner avec de la mort-aux-rats,
Les distiller,
Les saigner,
Les manger en salade,
Les guillotiner,
Les fusiller,
Les embarquer sur des bateaux à soupape,
Les piquer à coups d'épingle jusqu'à ce qu'ils crèvent,
Les assommer à coups de matraque en gayac,
Les mettre mariner dans la saumure, etc, etc.

Ils voudraient :

> *Étrangler le dernier des francs-maçons avec les boyaux
>   du dernier des juifs,*
> *Accrocher leur tête à la devanture d'un charcutier,*
> *Faire du bouillon de chien avec les cartilages de leur
>   nez,*
> *Jouer aux quilles avec leur tête,*
> *Faire des tambours avec leur peau,*
> *Faire des bottes ou du parchemin avec leur peau,*
> *Faire des cordes à violon avec leurs boyaux, etc., etc.*

Ces listes de souscription de la *Libre Parole* ont été publiées en volume par la « Ligue française pour la défense des droits de l'homme et du citoyen » sous ce titre : *Le Monument Henry, — Listes des souscripteurs classés méthodiquement et selon l'ordre alphabétique, par Pierre Quillard. (Stock, éditeur, Paris, 1899.)*

VI

DÉCLARATION DE LA LIGUE FRANÇAISE POUR LA DÉFENSE DES DROITS DE L'HOMME ET DU CITOYEN

2 janvier 1899.

La Ligue française pour la défense des Droits de l'Homme et du Citoyen,

En présence du procès intenté à M. Joseph Reinach et de la manifestation à laquelle a donné lieu la souscription de la *Libre Parole*, croit devoir affirmer que M. Joseph Reinach n'a point outrepassé son droit d'historien en cherchant à établir que l'auteur du faux de 1896 était également le complice du traître qu'il voulait sauver ;

Constate que M. Joseph Reinach n'a jamais mis en cause la veuve et l'orphelin du colonel Henry et que c'est par une manœuvre aisément percée à jour que les souscripteurs de la *Libre Parole*, sous prétexte de venger une femme et un enfant, ont tenté l'apothéose du faussaire patriote déjà entreprise par la *Gazette de France*;

Exprime le vœu qu'une justice impartiale fasse la lumière sur la question soulevée par M. Joseph Reinach et que l'on sache enfin si, en dehors d'Esterhazy qui avoue et qui essaye simplement d'excuser sa trahison, il y a eu au deuxième bureau de l'État-Major un complice dont la solidarité avec le traître expliquerait tant de faits incompréhensibles et réduirait, pour le soulagement de la conscience nationale, le nombre des criminels proprement dits.

La Ligue ose espérer que justice sera faite et que le procès du 27 janvier se déroulera sans que les provocations systématiques auxquelles nous assistons depuis quelques semaines troublent le calme si nécessaire à tous.

En attendant, la Ligue adresse à M. Joseph Reinach l'expression de sa sympathie.

VII

NOTIFICATION DES TÉMOINS DU « SIÈCLE » ET DE M. JOSEPH REINACH

L'an mil huit cent quatre-vingt-dix-neuf et le quatorze janvier,

APPENDICE

A la requête de :

1° M. Chambré, imprimeur-gérant du journal le *Siècle*, demeurant à Paris, 4, rue Chappe,

Lequel fait élection de domicile au siège dudit journal, 12, rue de la Grange-Batelière;

2° M. Joseph Reinach, demeurant à Paris, avenue Van-Dyck, n° 6, lequel fait élection de domicile en sa demeure;

J'ai, Florimond-Alfred Baitry, huissier soussigné, demeurant à Paris, 52, rue des Pyrénées, signifié :

1° A monsieur le procureur général près la cour d'appel de Paris, en son parquet, au Palais de Justice, à Paris, où étant et parlant à monsieur l'avocat général de service qui a visé l'original du présent;

2° A madame Berthe-Amélie Bertincourt, veuve Henry, ladite dame prise tant en son nom personnel que comme mère et tutrice légale de Louis-Paul-François Henry, son fils mineur, demeurant à Paris, avenue Duquesne, n° 13, au domicile par elle élu à Paris, rue Saint-Honoré, 332, en l'étude de M. Couronne, avoué près la cour d'appel de Paris, où étant et parlant à......

Que mes requérants sont assignés à comparaître devant la cour d'assises de la Seine le vendredi 27 janvier 1899, suivant exploit de Dupuis, huissier à Paris, en date du 10 janvier 1899, — pour s'entendre « aux droits de madame veuve Henry, » agissant tant personnellement qu'ès qualités, déclarer cou- » pables du délit de diffamation commis contre le colonel » Henry dans les termes et conditions prévus et punis par » l'article 34 de la loi du 29 juillet 1881 »;

I. Que, tout en protestant qu'ils n'ont jamais entendu mettre en cause madame veuve Henry et son fils, ainsi que cela résulte et des articles intitulés « Henry et Esterhazy » et du passage même publié dans le numéro du *Siècle* du 9 décembre 1898, sous la signature de M. Reinach, à la suite de la lettre de madame Henry, passage visé dans la citation et ainsi conçu ; « Tout le monde comprendra à quel sentiment » nous obéissons en déclinant toute controverse avec la mal- » heureuse signataire de cette lettre », ils entendent être admis, en tant que besoin, à prouver la vérité des imputations diffamatoires qui leur sont reprochées, conformément aux dispositions de l'article 35 de la loi du 29 juillet 1881 ; qu'en conséquence, et pour se conformer aux exigences de l'article 52 de ladite loi, ils articulent et offrent de prouver les faits suivants, articulés et qualifiés dans la citation ainsi que tous autres faits connexes avec les premiers ou indivisibles d'avec eux :

1° Article du *Siècle* du 26 novembre 1898, 1re page, 1re colonne. — « M'expliquant, il y a quelques jours, à cette place,
» sur le cas du colonel Henry, sur son faux et sur son suicide,
» j'écrivais que deux hypothèses seulement sont possibles : Henry-
» Curtius, faussaire et parjure par dévouement à l'État-Major,
» héros criminel, — ou Henry espion et traître, complice d'Ester-
» hazy »

2° Même article. — « Et, sans doute, je n'ai pas encore, mal-
» gré tant d'indices et même de preuves, le droit d'affirmer que
» Henry était le complice d'Esterhazy. Il faudrait d'autres faits
» encore pour permettre une pareille assertion. Mais j'ai le droit
» de dire que, du premier jour où il vit le bordereau, Henry a su
» que le traître c'est Esterhazy. »

3° Article du *Siècle* du 6 décembre 1898, 1re page, 1re, 2e et 3 colonnes, commençant par ces lignes : « M. Paul Déroulède a
» poussé avant-hier à Champigny, une fois de plus, son cri de
» guerre : « Vive l'armée ! A bas les traîtres ! » Ce cri nous le
» poussons tous ; il n'a pas cessé d'être le nôtre depuis le début
» de cette campagne » — et se terminant par ces lignes : « et il
» n'y a plus de traîtres en France, monsieur Déroulède, puis-
» qu'Esterhazy est en fuite... »

« Il s'agit seulement de savoir qui sont les traîtres. Or, jus-
» qu'à présent il n'y en a que deux avérés : Esterhazy et Henry.
« Je crois pouvoir dire de mon hypothèse qu'Henry fut le com-
» plice d'Esterhazy, qu'elle devient, qu'elle est devenue une
» vérité. »

4° Même article. — « Et Henry se remet à l'œuvre avec Ester-
» hazy. C'est pendant cette année que les deux traîtres et
» Schwarzkoppen firent leur plus belle récolte : Schwarzkoppen
» de renseignements, Henry et Esterhazy d'écus, près de cent
» mille francs. »

II. Qu'en outre et d'autre part les requérants feront entendre les témoins suivants, tant au point de vue de la moralité et pour établir leur bonne foi que pour faire la preuve des faits articulés :

M. le capitaine Cuignet (L.-B.-C.), capitaine d'infanterie hors cadre, au 4ᵉ bureau de l'État-Major général, au ministère de la guerre.
M. le général Roget, au ministère de la guerre.
M. Godefroy Cavaignac, député, 47, rue de Verneuil.
M. Jaurès, ancien député, 15, rue Madame.
M. Vallé, sénateur, 11, rue Marbeuf.
M. Trouillot, député, 76, rue Notre-Dame-des-Champs.
M. Henri Brisson, député, 9, rue Mazagran.
M. le commandant Walter, chef d'escadron au 16ᵉ bataillon à pied d'artillerie, à Rueil (Seine-et-Oise).
M. Ernest Vaughan, publiciste, 12, rue de Bellevue, à Boulogne-sur-Seine.
M. Monantheuil, commissaire de police du quartier de la Goutte-d'Or, 23, rue Stephenson.
M. Bajard, 13, avenue Duquesne.
M. le commandant Lauth, chef d'escadron au 28ᵉ régiment de dragons, à Vincennes.
M. le capitaine Junck (A.-E.), capitaine de génie hors cadre, au 2ᵉ bureau de l'État-Major général, au ministère de la guerre.
M. Genteur, maire de Suresnes.
M. le docteur Lagelouze, directeur de l'*Opinion médicale*, médecin, 64, rue de Sèvres.
M. le docteur Paul Reclus, médecin, 9, rue des Saints-Pères.
M. le docteur Gley, médecin, 14, rue Monsieur-le-Prince.
M. le docteur Hervé, 8, rue de Berlin.
M. Danjou, commissaire de police, 74, avenue de Breteuil.
M. le comte Walsin-Esterhazy, commandant en réforme, en fuite, à Rotterdam (Hollande).
M. Cabanès, avocat, 30, avenue de l'Observatoire.
M. le comte Casella, 3, rue Berryer.
M. Michel, maire de Dommartin-la-Planchette (Marne).
M. Marcel Hutin, publiciste à l'*Écho de Paris*, 2, rue Taitbout.
M. Chincholle, publiciste, 41, rue de la Chaussée-d'Antin.
M. Gaston Vuilliet, ingénieur, 3, rue d'Alexandrie.
M. le colonel Moulin, attaché militaire à Saint-Pétersbourg (Russie).
M. Jules Huret, publiciste, 106, boulevard de Clichy.
Mme de Boulancy, 22, boulevard des Batignolles.
M. Gérard, concierge, 49, rue de Douai.
Mme Gérard, concierge, 49, rue de Douai.
Mme Chouanet, cité Véron.
M. Arousch, sous-officier au 74ᵉ régiment d'infanterie, à Rouen.

M. le docteur Alban, médecin-major de 1re classe au 74e régiment d'infanterie, à Rouen.
M. le lieutenant Bacquet (L.-H.-A), lieutenant au 74e régiment d'infanterie, à Rouen.
M. le lieutenant Cahn (J.), lieutenant, au 74e régiment d'infanterie, à Rouen.
M. le colonel Gruau, lieutenant-colonel au 130e régiment d'infanterie, à Mayenne.
M. le colonel Allard, lieutenant-colonel au 74e régiment d'infanterie, à Rouen.
M. le commandant Curé, chef de bataillon d'infanterie hors cadre au 3e bureau de l'État-Major général, au ministère de la guerre.
M. le général Abria, commandant la 47e brigade d'infanterie, à Bergerac.
M. le général Guerrier, 17, rue Chaptal.
M. Albert Billot, ancien ambassadeur, à Beaulieu, Alpes-Maritimes.
M. Jules Herbette, ancien ambassadeur, 65, rue d'Amsterdam.
M. Gavary, ministre plénipotentiaire, 14, rue Alfred-de-Vigny.
M. Eugène Dufeuille, 42, rue d'Anjou.
M. le colonel Girard-Pinsonnière, lieutenant-colonel du génie, attaché militaire à l'ambassade de France à Rome.
M. le colonel de Foucauld (C.-L.), lieutenant-colonel d'état-major hors cadre, attaché militaire à l'ambassade de France à Berlin.
M. le commandant de Berckheim, attaché militaire à l'ambassade de France à Vienne.
M. Albert Fabre, juge d'instruction, 18, avenue de l'Observatoire.
M. Couder, archiviste, 20, rue d'Harlay.
M. Étienne Chavaray, 62, rue Saint-Placide.
M. Varinard, expert en écritures, 62, rue Bonaparte.
M. le docteur Héricourt, médecin, 6, rue Blanche.
M. le général Billot, sénateur, 2, rue Pierre-Charron.
M. le colonel Picquart, lieutenant-colonel en réforme, à la prison militaire du Cherche-Midi.
M. le général de Galliffet, 15, rue Lord-Byron.
M. Alfred Dreyfus, ancien capitaine d'artillerie, à l'île du Diable (Guyane).
M. le commandant Forzinetti, 11, rue Ernest-Renan.
M. le général Saussier, château de Thimécourt (Seine-et-Oise).
M. le général Mercier, 15, rue Saint-Dominique.
M. Guérin, sénateur, 113, rue de Rennes.
M. Louis Barthou, député, 7, avenue d'Antin.
M. Poincaré, député, 32, rue des Mathurins.
M. Casimir-Perier, ancien président de la République, 23, rue Nitot.
M. le colonel Cordier, 68, avenue Bosquet.

APPENDICE

M. le marquis Du Paty de Clam, 17, avenue Bosquet.
M. Emile Zola, 21 bis, rue de Bruxelles.
M. F. de Rodays, publiciste, 103, rue Saint-Lazare.
M. Louis Vignon, 152, rue de la Tour.
M. le colonel Zimmer, lieutenant-colonel au 93ᵉ régiment d'infanterie de ligne, à la Roche-sur-Yon.
M. Emile Martin, commissaire spécial à Biarritz.
M. Corentin Guyho, conseiller à la cour d'appel de Paris, 166, rue du Faubourg Saint-Honoré.
M. Cleftie, ancien préfet, 98 ou 93, rue Jouffroy.
M. Papillaud, publiciste à la *Libre Parole*, 14, boulevard Montmartre.
M. Hayard, éditeur, 5, rue Saint-Joseph.
M. Roger Danglar, publiciste, 18, rue Laffite.
Mme Pessen, 13, avenue de la Liberté, à Bécon-les-Bruyères.
M. Albert Hans, ancien officier d'artillerie, membre du syndicat de la presse militaire, 67, rue de la Victoire.
M. le colonel Deport, attaché à la Compagnie des forges de Châtillon-Commentry.
M. Gobert, expert en écritures, 18, rue Daunou.
M. Alphonse Bertillon, chef du service de l'identité à la préfecture de police.
M. Pelletier, expert en écritures, 3, rue de Valois.
M. de Castro, 22, avenue de la Grande-Armée.
M. Couard, expert en écritures, 2 ter, rue Carnot, à Versailles.
M. Belhomme, expert en écritures, 27, rue Casimir-Perier.
M. A. Molinier, archiviste paléographe, 40, boulevard Saint-Germain.
M. Giry, archiviste paléographe, 4, rue des Chartreux.
M. Louis Havet, membre de l'Institut, 5, avenue de l'Opéra.
M. E. Molinier, archiviste paléographe, 40, boulevard Saint-Germain.
M. Paul Meyer, membre de l'Institut, 16, avenue de la Bourdonnais.
M. le capitaine Brô, capitaine au 23ᵉ régiment d'artillerie (4ᵉ batterie), à Toulouse.
Mᵉ Demange, avocat, 13, rue Jacob.
Mᵉ Collenot, avocat, 90, rue de Rennes.
M. le commandant Bexon d'Ormescheville, commissaire rapporteur près le conseil de guerre du 4ᵉ corps d'armée, au Mans.
M. le commandant Brisset, au ministère de la guerre, rue Saint-Dominique.
M. Valecalle, greffier au 1ᵉʳ conseil de guerre de Paris.
M. Stock, éditeur, 11, galerie du Théâtre-Français.
M. le commandant Gallet, chef d'état-major de la 4ᵉ division d'infanterie de ligne, à Compiègne.

M. Roche, capitaine adjudant-major au 39ᵉ régiment d'infanterie de ligne, à Rouen.
M. le capitaine Freystætter, au ministère de la guerre, rue Saint-Dominique.
M. le commandant Patron, major de réserve au 76ᵉ régiment d'infanterie, à Saint-Brisson, par Gien (Loiret).
M. le colonel Echemann, commandant le 120ᵉ régiment d'infanterie, à Verdun.
M. le colonel Maurel, en retraite, au ministère de la guerre.
M. Flach, procureur général, à Caen.
M. Berteaux, député, 115, avenue des Champs-Élysées.
M. Guillemet, questeur de la Chambre des députés, au Palais-Bourbon.
M. le docteur Gibert, 41, rue de Pery, au Havre.
M. Octave Lebesgue, dit Montorgueil, publiciste, 14, rue Beauregard, et 10, Faubourg-Montmartre.
M. Guil. Sabatier, publiciste, 169, boulevard Malesherbes, et 10, faubourg Montmartre.
M. le général de Boisdeffre, au ministère de la guerre, 38, rue de Grenelle.
M. le général Gonse, 15, avenue de Villiers.
M. Jules Méline, député, 4, rue de Commailles.
M. Hanotaux, de l'Académie française, 258, boulevard Saint-Germain.
M. Darlan, ancien député, à Nérac (Lot-et-Garonne), et 22, rue Bellechasse.
M. G. Cochery, député, 33, avenue d'Iéna.
M. Lannes de Montebello, député, 30, rue Boissière.
M. Maurice Paléologue, 5, boulevard Malesherbes.
M. Jules Develle, ancien ministre, 131, rue du Faubourg-Saint-Honoré.
M. Pauffin de Saint-Morel, chef d'escadron d'artillerie, au ministère de la guerre.
M. Daniel Cloutier, publiciste, 53, rue Blanche.
M. le comte de Montholon, ambassadeur de France à Berne, 1, rue Magellan.
M. G. Clémenceau, ancien député, 8, rue Franklin.
M. Maillet, publiciste, 5, boulevard des Italiens, au *Temps*.
M. Bernard Lazare, publiciste, 20, rue Juliette-Lamber.
M. Léon Bourgeois, député, 50, rue Pierre-Charron.
M. Jacques Dhur, publiciste à la *Petite République*, 4, rue Paul-Lelong.
M. F. de Pressensé, publiciste, 85, boulevard de Port-Royal.
M. Géant, publiciste, 48, avenue Daumesnil.
Père Du Lac, 35, rue de Sèvres.
M. Henry Leyret, publiciste, à Villiers-sur-Marne.

M. A. Schiller, publiciste, 9, rue Edouard-Detaille.
M. I. Lambert, 14, rue des Pyramides.
M. Paul Brulat, publiciste aux *Droits de l'Homme*, 142, rue Montmartre.
M. Philippe Dubois, publiciste, 10, rue Rochechouart.
M. Maurice Weil, 47, rue du Faubourg Saint-Honoré.
M. René Dubreuil, publiciste, 9, rue de l'Orient.
M. Guénée père, au ministère de la guerre, rue Saint-Dominique, et 10, rue Marie-Louise.
M. Guénée fils, au ministère de la guerre, rue Saint-Dominique, et 10, rue Marie-Louise.
M. Scheurer-Kestner, sénateur, 8, rue Pierre-Charron.
M. Ranc, sénateur, 5, place des Vosges.
M. Leblois, avocat, 96, rue de l'Université.
M. Gribelin, archiviste militaire, 45, avenue Bosquet.
Mlle Marguerite Pays, 49, rue de Douai.
M. Autant père, architecte, 21, rue de Bellefond.
M. Autant fils, 21, rue de Bellefond.
Père Bailly, publiciste, directeur de la *Croix*, 103, rue de Rennes.
M. Sainsère, conseiller d'Etat, 30, rue de Miromesnil.
M. Viguié, directeur de la Sûreté générale au ministère de l'intérieur, rue des Saussaies.
M. Trarieux, sénateur, 4, rue Logelbach.
M. le général de Pellieux, commandant la place de Paris, aux Invalides.
M. Aymard, commissaire de police, aux Invalides.
M. Ravary, rapporteur près le 1er conseil de guerre, de Paris, 120, rue Lafontaine.
M. le commandant Hervieu, commissaire du gouvernement près le 1er conseil de guerre de Paris, au Cherche-Midi, rue du Cherche-Midi.
M. le commandant Rivals, chef d'escadron d'artillerie, directeur adjoint de l'Ecole centrale de pyrotechnie militaire, à Bourges.
M. le commandant Leguay, chef de bataillon au 113e régiment d'infanterie.
M. le commandant Cordin, au 28e régiment d'infanterie, à Evreux.
M. le colonel Bougon, 1er régiment de cuirassiers, à Paris.
M. le général de Luxer, commandant la 14e brigade d'infanterie, à Paris.
M. Maurice Barrès, ancien député, 100, boulevard Maillot, à Neuilly-sur-Seine.
M. Alexandre Nathanson, publiciste, au *Cri de Paris*, 1, rue Laffite.
M. Valentin Simond, publiciste, 75, rue Michel-Ange.
M. Teyssonnières, expert en écritures, 4, rue Laferrière.
M. Bunau-Varilla, publiciste, 22, avenue du Trocadéro.

M. Paul Marion, publiciste, 129, rue des Bourguignons, à Bois-de-Colombes (Seine).
M. Pierre Quillard, publiciste, 10, rue Nollet.
M. Pierre Lefèvre, publiciste, 8, rue Dumont-Durville.
M. Octave Mirbeau, publiciste, 3, boulevard Delessert.
M. Henry Bauer, publiciste, 51, rue de Prony.
M. Gast, maire de Ville-d'Avray.
M. Courtier, professeur au lycée de Versailles.
M. Charles Raffard, publiciste, 23, boulevard du Montparnasse.
M. Emile Berr, publiciste, 10, rue Thimonnier (54, rue Rochechouart).
M. le colonel Sever, ancien député, 11, passage Duclaux.
M. Victor Simond, publiciste, 127, rue de la Tour.
Mme Séverine, publiciste, 14, boulevard Montmartre.
M. Cavard, contrôleur général des services extérieurs de la Sûreté générale, au ministère de l'Intérieur, rue des Saussaies.
M. Hamard, commissaire de police, sous-chef de service de la Sûreté, à la préfecture de police, 7, boulevard du Palais.
M. Puibaraud, directeur des recherches à la préfecture de police, 7, boulevard du Palais.
M. Thoms, à la direction de la Sûreté générale, ministère de l'intérieur, place Beauvau.
M. Thys, directeur de l'agence P. du *Crédit Lyonnais*, 16, rue de Clichy.
Mlle Léontine Le Robucc, boulevard des Italiens, 18.
M. le docteur Socquet, médecin, 6, boulevard Richard-Lenoir.
M. Sarrien, député, 22, avenue de l'Observatoire.
M. le commandant Brochain, chef de bataillon au 82e régiment d'infanterie, à Paris.
M. le commandant de Savignac, chef d'état-major de la 9e division d'infanterie, à Paris.
M. le colonel Kerdrain, commandant le 82e régiment d'infanterie, à Paris.
M. le général Langlois, commandant la 17e brigade d'infanterie, à Paris.
M. le général Florentin, commandant la 9e division d'infanterie, à Paris.
M. Maurice Tézenas, avocat, 2 rue de Lisbonne.
M. Vazeille, député, 98, boulevard Beaumarchais.
M. Rabier, député, 11, avenue Lamothe-Picquet.
M. F. Caillol, 15, rue Damrémont.
M. le général Campionnet, en retraite, à Saint Jean-de-Luz (Basses Pyrénées).
M. Gaston Grenier, 9, place des Ternes.
M. Marquès di Braga, 200, rue de Rivoli.
M. Labeyrie, Directeur du Crédit foncier, 19, place Vendôme.

M. Jules Roche, député, 84, boulevard des Batignolles.
M. J. de Weymes, à Morges, canton de Vaud (Suisse).
M. Paul Degouy, publiciste au *Voltaire*, 24, rue Chauchat.
M. Bertulus, juge d'instruction, 21, rue de Berlin.
M. Camille Barrère, ambassadeur de France à Rome.
M. le général baron de Rosen, major général, attaché militaire de Russie, à Berne (Suisse).
M. le baron Yonine, conseiller privé, ministre de Russie à Berne (Suisse).
M. Gabriel Monod, membre de l'Institut, 18 *bis*, rue du Parc-de-Clagny, à Versailles.
M. Lavisse, membre de l'Académie française, 5, rue de Médicis.
M. Anatole France, membre de l'Académie française, 5, villa Saïd.
M. Jules Claretie, membre de l'Académie française, 10, rue de Douai.
M. Duclaux, membre de l'Institut, directeur de l'Institut Pasteur, 35 *bis*, rue de Fleurus.
M. Albert Sorel, membre de l'Académie française, 17, rue de Vaugirard.

VIII

Audience du 27 janvier 1899.

Compte rendu sténographique in-extenso.

L'audience est ouverte à douze heures quinze.

M. LE PRÉSIDENT. — Messieurs les jurés, veuillez vous asseoir. La veuve Henry est-elle présente ?

MME VEUVE HENRY. — Oui.

M. LE PRÉSIDENT. — Veuillez me donner vos nom et prénoms, votre âge ?

MME VEUVE HENRY. — Vingt-six ans.

M. LE PRÉSIDENT. — Votre profession ?

MME VEUVE HENRY. — Sans profession.

M. LE PRÉSIDENT. — Votre domicile ?

Mme veuve Henry. — 13, avenue Bosquet.

M. le Président. — Chambré, vos prénoms ?

M. Chambré. — Auguste.

M. le Président. — Votre âge, votre profession et votre domicile ?

M. Chambré. — Soixante ans, employé au journal *Le Siècle*, 4, rue Chappe.

M. le Président. — Reinach, vos nom, prénoms, âge et profession ?

M. Reinach. — Joseph Reinach, quarante-deux ans, homme de lettres, 6, avenue Van-Dyck.

M. le Président. — Les administrateurs du journal sont-ils présents ou représentés par des conclusions ?

Me Labori. — Ils sont représentés par des conclusions.

M. le Président. — La parole est à M. l'avocat général.

M. l'avocat général. — Vu la longueur possible des débats, j'ai l'honneur de demander à la Cour d'ordonner l'adjonction d'un conseiller supplémentaire et de deux jurés supplémentaires.

M. le Président. — Avez-vous une observation à faire sur ce point, Messieurs les conseils des parties ?

Me Labori. — J'ai l'honneur de vous avertir qu'avant le tirage du jury j'aurai des conclusions à prendre.

M. le Président. — Pas sur ce point ?

Me Labori. — Non, monsieur le Président, mais j'ai l'honneur de vous avertir.

M. le Président. — Ouï le ministère public,... La Cour ordonne qu'il sera adjoint un conseiller supplémentaire et que, pour remplacer ceux de MM. les jurés qui pourraient se trouver empêchés, deux jurés supplémentaires seront adjoints.

Huissier, veuillez prévenir M. le conseiller Geoffroy et l'inviter à venir prendre séance.

Je veux le silence le plus complet et je donne l'ordre le plus formel au chef de la garde républicaine d'expulser toute personne, quelle qu'elle soit, qui ferait le moindre bruit. A la moindre résistance, veuillez l'amener aux pieds de la Cour.

Je préviens qu'il va être procédé au tirage des jurés. Toutefois, avant ce tirage au sort, toute demande en renvoi pour quelque cause que ce soit, tout incident sur la procédure suivie devraient être présentés à peine de forclusion aux termes de l'article 54 de la loi de 1881.

Aussitôt que le tirage aura été consommé, le défaut ne sera plus possible.

M⁰ LABORI. — J'ai l'honneur, monsieur le Président, de déposer sur le bureau de la Cour des conclusions tendant au renvoi de l'affaire.

M. LE PRÉSIDENT. — Maître Labori, vous avez la parole.

M⁰ Labori donne lecture de conclusions qui sont ainsi conçues :

Conclusions de M⁰ Labori.

Pour :
1° M. Joseph Reinach,
2° M. Chambré, gérant du journal le Siècle.

Contre madame veuve Henry, agissant tant en son nom personnel qu'ès qualités,

Plaise à la Cour :

« Attendu que les concluants sont assignés devant la Cour d'assises de la Seine, suivant exploit de Dupuis, huissier à Paris, en date du 10 janvier 1899, pour s'entendre « aux droits » de madame veuve Henry, agissant tant personnellement » qu'ès qualités » déclarer coupables d'un prétendu délit de diffamation « commis contre le colonel Henry dans les » termes et conditions prévus et punis par l'article 34 de la loi du 29 juillet 1881 » ;

» Attendu que, tout en protestant à nouveau qu'ils n'ont jamais entendu mettre en cause personnellement madame veuve Henry et son fils, ils entendent assumer toute la responsabilité des articles incriminés ;

» Mais, attendu qu'il existe une connexité manifeste et certaine entre les faits qui font l'objet de la plainte de madame veuve Henry et ceux sur lesquels la Chambre criminelle de la Cour de cassation poursuit actuellement une enquête à la suite de l'arrêt rendu par elle le 29 octobre 1898 et déclarant recevable en la forme la demande en revision dans l'affaire Dreyfus;

» Attendu, en effet, que l'enquête dont il s'agit a pour objet de faire la lumière non seulement sur les actes qui ont motivé la condamnation du capitaine Dreyfus, mais sur les actes du commandant Esterhazy qui a été dénoncé comme un traître et notamment comme l'auteur du bordereau faussement imputé à Dreyfus, et aussi sur les actes du lieutenant-colonel Henry qui, en dehors du rôle important joué par lui, en 1894, dans l'affaire Dreyfus, lequel — du moins, au point de vue judiciaire, reste encore insuffisamment éclairci, — a, en 1896, ainsi que cela résulte de ses propres aveux, commis le crime de faux, et cela dans le dessein d'innocenter Esterhazy et de faire maintenir au bagne le capitaine Dreyfus;

» Attendu que ladite enquête, qui s'effectue de la manière la plus large et la plus complète, grâce à la communication de tous les dossiers sans exception, relatifs aux affaires Dreyfus, Esterhazy, Henry et à toutes les affaires connexes, et grâce aux dépositions faites librement par tous les témoins, fonctionnaires, magistrats ou officiers, entièrement déliés du secret professionnel, est sur le point d'aboutir à un arrêt de la Cour suprême;

» Attendu que dans ces conditions il appartient à la Cour d'assises de surseoir aux débats du procès engagé par madame Henry contre les concluants jusqu'à l'issue de l'affaire de revision actuellement pendante;

» Attendu qu'il serait contraire à l'équité et à la raison, comme au texte et à l'esprit de la loi du 29 juillet 1881, de poursuivre simultanément et parallèlement devant deux juridictions différentes l'examen des mêmes faits;

» Attendu, d'ailleurs, que le débat se présenterait actuellement devant la Cour d'assises dans les conditions les plus défavorables, en raison des instructions officielles desquelles il résulte que « divers fonctionnaires des affaires étrangères et
» de la guerre ayant demandé des instructions à leurs mi-
» nistres respectifs en vue du procès Henry-Reinach, le gou-

» vernement a été d'avis qu'il n'y avait pas lieu de déroger à
» la règle du secret professionnel »;

» Attendu, en conséquence, que le sursis s'impose nécessairement, tant au point de vue des intérêts de la défense qu'au point de vue de l'ordre public et du respect dû à la Cour de cassation ;

» Attendu que la Cour d'assises a toujours qualité pour renvoyer toute affaire, soit à une prochain session, soit au premier jour, dans l'intérêt d'une bonne administration de la justice;

» Attendu, d'ailleurs, que les concluants sont fondés à invoquer contre la demanderesse, qui ne saurait être considérée comme une personne « qualifiée » aux termes de l'article 35 de la loi du 29 juillet 1881, les dispositions du paragraphe 4 dudit article qui accorde aux prévenus le droit de demander qu'il soit sursis aux poursuites durant l'instruction, lorsque le fait imputé est l'objet de poursuites commencées à la requête du ministère public ou d'une plainte de la part de l'inculpé;

» Attendu qu'à la vérité il n'y a pas, dans l'espèce, à proprement parler, de poursuites commencées contre le lieutenant-colonel Henry, mais qu'il y a manifestement lieu d'appliquer par analogie, à raison de l'enquête ouverte par la Cour de cassation, les dispositions de l'article 35.

» Par ces motifs,

» Dire et ordonner qu'il sera, dans l'intérêt d'une bonne administration de la justice et dans l'intérêt de l'ordre public, sursis à statuer sur la demande de madame veuve Henry jusqu'après le prononcé de l'arrêt de la Cour de cassation dans l'affaire de revision Dreyfus ;

» Subsidiairement et en tous cas, dire que les débats seront ajournés de droit, à raison de ce que les concluants invoquent à cet effet les dispositions de l'article 35, paragraphe 4, qui édicte le sursis obligatoire dans le cas où, comme dans l'espèce actuelle, se rencontrent les conditions prévues par ledit paragraphe 4 ;

» Dire, en conséquence que l'affaire sera renvoyée soit au

premier jour, soit à telle session et à telle date qu'il plaira à la Cour désigner ;

» Sous toutes réserves, et ce sera justice. »

M. LE PRÉSIDENT. — Maître Labori, vous avez la parole pour développer vos conclusions.

Plaidoirie de M° Labori.

M° LABORI. — Messieurs, permettez-moi, en effet, de développer rapidement devant la Cour mes conclusions et de vous dire les raisons essentielles pour lesquelles le sursis s'impose, soit qu'on envisage les conditions spéciales dans lesquelles ce procès s'engage, soit qu'au contraire on considère la situation d'ensemble créée actuellement aux diverses affaires qui se rattachent à celle-ci et qui préoccupent à si juste titre l'opinion publique.

Au milieu de tant d'événements si étranges qui se déroulent depuis plus d'une année, aucun, messieurs, et je ne crois pas que mes paroles surprennent beaucoup personne, aucun ne m'a paru fait pour étonner la raison, et l'imagination même, plus que le procès actuel.

Sous l'apparence d'une manifestation destinée à défendre l'honneur d'une femme et d'un enfant, dont personne n'a jamais parlé qu'avec la plus respectueuse pitié, il n'est en réalité que l'œuvre d'un parti politique aux abois, qu'une tentative désespérée, pour détourner les coups de la justice enfin prochaine, et, s'il faut tout dire, qu'une entreprise audacieuse organisée par ceux-là mêmes que l'aveu et le suicide du colonel Henry ont un moment justement atterrés, et qui, par une témérité audacieuse, n'ont rien trouvé de mieux que de faire à leur héros, et à eux-mêmes qui le suivent, un titre de gloire du crime même dont la révélation les a perdus.

Et j'ai déjà le droit de parler ainsi quand je vois ce procès devenir le prétexte de la souscription, dans son principe, la plus scandaleuse, dans son expression, la plus bruyante, la plus haineuse, la plus cynique, comme si le monopole du patriotisme appartenait dans ce pays aux hommes de guerre civile et de proscription, comme si les mots de violence et de mort étaient les plus français de la langue française, comme si enfin il suffisait, — laissant même de côté, en ce qui concerne le lieutenant-colonel Henry, l'accusation de trahison sur laquelle je ne me permettrai pas de m'expliquer aujourd'hui, — comme s'il suffisait d'être un menteur, un faux témoin, un faussaire avéré et de s'être fait justice pour représenter l'honneur de la France et de l'armée française.

Me DE SAINT-AUBAN, *calmant Mme Henry qui interrompt.* — Ne dites rien, madame; cela ne signifie rien.

M. LE PRÉSIDENT. — Si vous souffrez, madame, vous feriez peut-être mieux de vous retirer de l'audience.

MME VEUVE HENRY. — Je reste.

M. LE PRÉSIDENT. — Alors, il faut rester parfaitement tranquille.

Me LABORI. — Je savais bien, messieurs, que ce procès serait cruel à Mme Henry; voici que mes premières paroles sortent de ma bouche et voici que déjà je l'atteins et je la blesse sans le vouloir. (*Me Labori se tourne vers Mme Henry.*) Je m'en excuse auprès de vous, madame, respectueusement; mais vous sentez que les intérêts engagés ici sont trop considérables et trop élevés pour que je puisse me préoccuper de votre présence, que vos amis auraient peut-être mieux fait de vous épargner.

Vais-je trop loin, messieurs, et mes adversaires qui représentent ici, j'ai le droit de le dire, autant le parti antisémite et la *Libre Parole* que Mme veuve Henry, mes adversaires ont-ils raison d'interrompre pour dire : « Cela ne signifie rien ? » A-t-on glorifié le colonel Henry ? A-t-on glorifié son crime ? Ecoutez ce qu'écrit dans la *Libre Parole* du 18 décembre 1898, et c'est un exemple entre cent, M. Edouard Drumont, au milieu d'un article intitulé : « Vive l'argent ! »

« La France avait compris » — M. Drumont parle de la souscription — « et dans un élan, spontanément, sans entente préalable, elle fait tout ce qu'il fallait faire. Comme au temps où les grandes dames et les fileuses s'unissaient pour payer la rançon de Duguesclin, la France a envoyé assez d'or pour que le nom du brave homme qui s'était sacrifié pour tous fût vengé des calomnies d'un Reinach devant un tribunal de citoyens. »

Cela est bien, déjà, n'est-il pas vrai ? Ailleurs on va plus loin : « Le lieutenant-colonel Henry a été assassiné par les juifs. »

Voici ce qu'on lit notamment, et cela se retrouve ailleurs, dans un entrefilet de la *Libre Parole* du 17 décembre 1898, intitulé : « A nos souscripteurs » : « C'est pour un petit goy de France *dont les juifs ont tué* le père que nous implorons » ; et plus bas : « Haut les cœurs, Français de France, et continuez à souscrire en masse pour un petit goy fils d'officier français *assassiné par Israël.* »

Quant à l'esprit de la souscription, messieurs, me permettrez-vous, pour vous le faire juger, de prendre au hasard quelques spécimens de la littérature de ceux qui souscrivent ?

Sans parler même de ces attaques odieuses contre les juifs, qui peuvent ne point troubler l'égoïsme de beaucoup, parce qu'après tout les juifs sont une minorité et qu'on peut encore les persécuter sans inquiéter les autres ; sans donc me préoccuper d'envois comme celui-ci : « un groupe d'officiers qui attend impatiemment l'ordre d'essayer sur les 100,000 juifs qui déshonorent le pays les nouveaux explosifs et les nouveaux canons, 25 fr. », — ne semble-t-il pas, pour le dire en passant, que ces armes et ces munitions méritent un meilleur emploi ? — sans me préoccuper de cela, je vous livre ce qui suit, pris au hasard :

« Au mur, les sectaires rouges, 50 centimes ; »
« Un lieutenant de dragons pour le sabre avec ou sans goupillon, 5 fr. ; »
« A bas les ganelons de la Cour de cassation, 25 centimes ; »
« De l'or aujourd'hui, du fer demain, 2 francs ; »
« De l'or en attendant du plomb, 20 fr. ; »
« Dormez en paix, mon colonel, vous serez vengé, 5 fr. ; »
« Une cuisinière qui serait enchantée de faire une gibelotte de Bard, de Manau et de Lœw, pour être servie à Picquart, 2 francs ».

Voilà, messieurs, l'esprit de cette souscription.

Il était bien nécessaire, puisque je me préoccupe ici du caractère général de ce procès pour vous en demander le renvoi, que je vous signalasse ces détails.

Si encore il s'agissait seulement de soutenir dans leur détresse une femme et un enfant infortunés, tous et même les adversaires les plus passionnés ne pourraient que s'incliner respectueusement et en silence; encore qu'il fût permis de faire remarquer combien de femmes d'officiers plus dignes, morts au service ou sur les champs de bataille, héros, non pas du crime glorifié, mais du devoir obscur, sont réduites à la pension infime et à la misère silencieuse.

Mais tel n'est pas l'esprit qui a inspiré la souscription et qui, par suite, inspire le procès.

Glorifier le colonel Henry comme faussaire au nom de la Patrie et de l'Armée, telle est l'intention hautement exprimée. Tout tient à cet égard entre la comparaison que fait M. Drumont du colonel Henry avec Duguesclin et la lettre envoyée par un « patriote de Bretagne », qui a été publiée elle aussi par la *Libre Parole* à l'appui de sa souscription et dont je veux vous donner lecture, car il me semble que de pareils documents méritent de devenir historiques.

Le « Patriote » écrit au fils du colonel Henry :

« Mon cher enfant, je vous fais remettre, par l'intermédiaire de la *Libre Parole*, une épée.

» Veuillez l'accepter, la conserver et vous souvenir, en la regardant parfois, de votre père bien-aimé *mort pour la Patrie*.

» Vous ne connaîtrez pas mon nom ; en tout cas, souvenez-vous dans vos prières du patriote breton qui vous offre cette épée ; vous serez digne d'en porter plus tard une autre plus grande et plus moderne. Travaillez pour cela ; *rendez-vous digne du colonel Henry.* »

Je ne me lève pas à cette heure pour plaider le fond du procès, je ne veux pas le plaider, je n'en ai pas le droit et, au début de ces observations qui seront courtes, je ne veux retenir que ceci, qui résume ce que je viens d'avoir l'honneur de vous dire ; le caractère étrange de ce procès purement politique, fait juridiquement par Mme Henry, mais en réalité imaginé, organisé et dirigé par d'autres, cela — ici j'entre dans le fond même de ma discussion — dans le dessein uniquement de déplacer l'action de la justice, d'arracher indirectement (comme ailleurs on le tente directement par des lois de circonstance), l'affaire Dreyfus à la Cour de cassation, restée debout au milieu de tant de ruines et dont on entend se débarrasser parce qu'on a tout à craindre de son impartialité, de sa clairvoyance et de sa justice.

Tandis que, pendant une année, nos adversaires ont reculé devant le grand jour de la Cour d'assises comme les oiseaux de nuit fuient la lumière du soleil ; tandis que ni le colonel Henry vivant — et aujourd'hui nous savons pourquoi, — ni le commandant Esterhazy, ni le colonel Du Paty de Clam, ni tant d'autres que la justice immanente marquera bientôt comme les premiers et à leur heure ; tandis que tous ceux-là n'ont jamais osé affronter la libre discussion, on essaie aujourd'hui, pour donner le change, en s'abritant derrière un deuil respectable, de nous provoquer à un débat — inutile, puisque la justice poursuit enfin dans une autre enceinte son œuvre intégrale, puisque, pour la première fois, tous les témoins, impuissants à se dérober, déliés du secret professionnel, déposent complètement et librement devant la juridiction suprême !

En même temps, on annonce officiellement que les témoins ne seront pas ici déliés du secret professionnel.

Voici, en effet, ce qu'on lisait hier soir dans le *Temps* :

A propos de ce procès — le procès actuel — le Conseil des Ministres a statué sur la ligne de conduite que devaient suivre les fonctionnaires et militaires cités comme témoins. Une note communiquée fait connaître dans les termes suivants la décision qui a été prise :

« Divers fonctionaires des affaires étrangères et de la guerre ayant demandé des instructions à leur ministre respectif en vue des débats du procès Henry contre Reinach, le Gouvernement a été d'avis qu'il n'y avait pas lieu de déroger à la règle du secret professionnel. Il ne s'agit en effet que d'un différend entre particuliers. »

Voilà qui est bien entendu : tous ceux qui détiennent les

secrets, tous ceux qui trouveront dans une fonction quelconque un prétexte pour se taire, tous ceux-là se tairont.

Alors que veut-on et que sera le procès ?

On espère sans doute encore rétrécir le débat et le faire dévier, faire obstruction à la défense, affirmer la culpabilité de Dreyfus et nous défendre de prouver son innocence ; éblouir aussi sans doute le jury et le pays par l'abus sacrilège de ces mots de Patrie et d'Armée qui sont sacrés pour tout le monde, mais dont certains énergumènes savent faire un si impudent usage ; jeter ainsi la perturbation dans l'enquête, faire une fois de plus une œuvre d'équivoque et d'hypocrisie.

Eh bien, ce procès, à l'heure actuelle, dans de pareilles conditions, il est impossible. Nous ne le voulons pas ; la Cour ne le permettra pas.

Qu'on ne parle ici ni d'expédients, ni de fuite, ni de maquis de la procédure, selon le joli mot de M. le Procureur général. Le maquis est à notre disposition et il ne tient qu'à vous, messieurs, de ne pas nous contraindre à nous y retirer.

Nous pourrions aujourd'hui invoquer l'incompétence de la Cour d'assises et personne ne me démentira si je dis que ce serait ou la fin du procès ou le sursis inévitable : le sursis inévitable, puisque le pourvoi sur un arrêt d'incompétence serait en tous cas nécessairement suspensif ; la fin du procès si l'incompétence était admise, puisqu'il faudrait alors rechercher devant une autre juridiction la diffamation commise par M. Joseph Reinach contre Mme Henry personnellement et que nos adversaires eux-mêmes savent bien qu'on ne la trouverait nulle part. Il faut avouer, en effet, qu'en présence de l'article 34 de la loi de 1881 qui dispose que les peines prévues contre la diffamation ne seront applicables aux diffamations envers les morts que dans le cas où les auteurs de ces diffamations ou injures auraient eu l'intention de porter atteinte à l'honneur ou à la considération des héritiers vivants, qu'en présence de la circulaire du Garde des sceaux qui interprète et commente la loi de 1881, qu'en présence enfin de la jurisprudence antérieure, la question serait au moins délicate. M. Reinach pourrait donc vous demander son renvoi en police correctionnelle. Peut-être seriez-vous embarrassés pour le lui refuser; et, comme il n'a jamais, dans les articles incriminés, prononcé le nom de Mme Henry, qu'il ne l'a jamais mise en cause, ni visée ; que, lorsqu'il en a parlé dans le *Siècle* du 8 et du 9 décembre 1898, il n'a rien dit que ceci : une première fois : « Je m'incline devant la douleur profondément respectable de Mme Henry »; — et une autre fois ceci : « Tout le monde comprendra à quels sentiments nous obéissons en déclinant toute controverse avec la malheureuse signataire de cette lettre »; comme enfin on ne fera jamais que M. Joseph Reinach mette en cause Mme Henry ou son fils, ni lui, ni aucun de ceux qui s'expriment en son nom, ou qu'il parle d'eux autrement qu'avec déférence, il faut bien reconnaître que son rôle serait singulièrement facile devant le tribunal correctionnel.

Mais, je le dis hautement, à l'heure présente, telle n'est pas sa pensée.

M. Joseph Reinach ne recule pas devant les responsabilités qu'il a assumées, mais encore faut-il — et là-dessus il sera inébranlable — qu'il ne soit pas placé par les circonstances, ou dans l'impossibilité de se défendre, ou dans la nécessité de nuire à la cause même à laquelle, avec d'autres, il s'est si profondément et si passionnément dévoué.

Je sais bien que, théoriquement, dans tous les cas devant le tribunal comme devant la Cour, il faut, pour que le délit soit établi, qu'on trouve dans les articles poursuivis l'intention de nuire aux vivants ; que toujours, au point de vue du droit strict et même au point de vue de la pure équité, une question devrait se poser devant le jury comme devant le tribunal correctionnel : M. Joseph Reinach a-t-il voulu nuire à Mme Henry ? Et il est bien clair que non.

Mais, pour les adversaires, et, désireux de les mettre à l'aise, je m'empresse de dire pour tout le monde, la question devant la cour d'Assises, ne se pose pas ainsi.

Perdant de vue Mme Henry, on nous dira : « Prouvez que le colonel Henry est un traître, qu'il est le complice d'Esterhazy; que, comme traître, il a touché des sommes considérables. » — « Prouvez-le, ajoutera-t-on, non pas par l'ensemble des preuves qu'accumule une enquête approfondie et sans entraves; prouvez-le sans le concours des dépositions de fonctionnaires, de magistrats, d'officiers; prouvez-le par une preuve instantanée et qui ne soit qu'à vous, qui n'exige ni intelligence, ni raisonnement, dégagée de toute la complexité de l'affaire. »

Du même coup, négligeant l'instruction qui se poursuit ailleurs; profitant de ce que l'enquête n'est encore qu'incomplète et surtout de ce qu'elle est encore secrète; trop heureux de ce que certains témoins seront ici obligés d'invoquer le secret professionnel et de ce que ni le dossier secret, ni le dossier diplomatique où sont toutes les preuves dont nous avons le plus grand besoin ne seront sur la barre; tirant parti de tout cela, nos adversaires prétendront ici, devant le jury qui ne connaîtra de l'affaire que le petit coin qu'on lui en aura laissé voir, reviser d'avance la revision; car il ne s'agit pas d'autre chose!

Cela, c'est tout à fait inacceptable. Ce procès précis sur les responsabilités du lieutenant-colonel Henry, c'est exactement celui qu'il ne plaît, quoiqu'il soit un peu boiteux en droit, ni à M. Reinach ni à ses amis de décliner; mais c'est aussi celui qu'il n'est pas permis de laisser s'engager aujourd'hui.

Quelles seraient donc, au point de vue de la vérité et de la justice, au point de vue des intérêts sacrés dont nous-mêmes et tous ceux qui marchent avec nous nous avons la garde, quelles seraient à l'heure actuelle la justification et l'utilité du débat? Depuis un mois, on dit et on écrit partout : « Voilà le procès Zola qui recommence. » Comme s'il suffisait pour cela d'appeler d'innombrables témoins et que, de près ou de loin, il s'agit de l'affaire Dreyfus!

Les deux procès n'ont rien de commun que les apparences extérieures. C'est ici sans doute un procès en diffamation, se rattachant à l'affaire Dreyfus, appelé devant la Cour d'assises où sont convoqués des témoins en foule; ce sont les mêmes partis en présence; mais en quoi le fond des choses, les événements, les circonstances sont-ils donc semblables?

Il y a un an, la sentence qui avait acquitté le commandant Esterhazy, faussée par la plus incroyable des instructions, par une accumulation de complaisances et de mensonges aujourd'hui indéniables, par le crime révélé depuis du lieutenant-colonel Henry; cette sentence, l'information qui l'avait précédée, les procédés inouïs employés à l'égard du colonel Picquart, suspect dès qu'il est témoin, arrêté dès qu'il a parlé; tout cela, recouvrant l'illégalité de 1894 et le vide du rapport d'Ormescheville; tout cela avait créé chez les hommes de bonne foi qui avaient suivi l'affaire, chez tous ceux qui avaient seulement regardé et compris, un état d'inexprimable angoisse. La lettre géniale d'Emile Zola, si justement comparée par M. Gabriel Séailles — je veux me servir ici de ses expressions mêmes — au mouvement « d'un homme qui, enfermé avec beaucoup d'autres, dans une chambre où l'air devient étouffant, se précipite vers la fenêtre et, au risque de s'ensanglanter, enfonce le vitre pour appeler un peu d'air et de lumière », fut pour tous ceux-là un immense soulagement; son procès, terrible effort pour délivrer une vérité que tant de puissances publiques s'obstinaient à étouffer, en était la suite logique, rationnelle, indispensable.

Aujourd'hui, après une année d'une lutte surhumaine, pendant laquelle plus d'un, sans perdre jamais l'espérance, parce que l'espérance en la vérité est éternelle, plus d'un s'est demandé pourtant quand et comment sera enfin soulevé le monceau d'iniquités, l'aveu du colonel Henry, sa mort sont venus, lentement, obscurément, mais définitivement ouvrir un nouvel ordre de choses.

Avec courage, un ministère auquel il sera beaucoup pardonné et dont cet acte restera l'honneur, a décidé la revision.

Dès lors (je m'adresse en même temps qu'à la Cour aux citoyens de bonne foi et de bonne volonté) tout doit rentrer dans le calme, et peu à peu, je veux l'espérer encore, tout y rentrera.

La Cour suprême a ordonné une enquête. En butte aux plus abominables outrages, elle poursuit son œuvre avec une admirable grandeur, avec une sérénité que ne parviennent à troubler ni la violence des attaques ni le caractère révolutionnaire des mesures qu'on prémédite.

Je sais bien que tous les efforts, toutes les colères, toutes les haines sont ligués contre elle.

Il y a quelques semaines, c'était un des plus hauts magistrats de ce pays qui, se faisant le centre du mouvement, essayait de l'atteindre par un coup dont l'éclat n'avait d'égal que la puérilité.

Aujourd'hui on ne craint pas d'utiliser contre elle les plus basses délations.

Tout cela sera vain. Il faut que ce soit vain ; ce n'est pas de la justice, c'est de la politique, cela, et tout serait perdu dans ce pays le jour où la justice serait subordonnée à la politique, à une politique surtout que je ne crains pas d'appeler misérable et ruineuse.

Dieu merci ! les paroles récentes de M. le garde des sceaux nous permettent de garder quelque espoir. Je ne suis pas en dehors de mon procès en vous demandant la permission de vous rappeler ce qu'il disait à la séance du Sénat du 19 janvier 1899. Il faut que je vous montre que, si je m'appuie sur l'enquête commencée par la Cour de cassation pour solliciter le sursis, nous avons le droit de penser que cette enquête se poursuivra régulièrement.

Voici comment M. le garde des sceaux, dont ces paroles sont la louange, s'exprimait à la tribune, — il semble qu'il ait dit cela pour appuyer les conclusions mêmes que j'ai l'honneur de déposer sur le bureau de la Cour :

« Il y a jusqu'ici assez d'incidents dans cette affaire, ils ne l'avancent en aucune manière ; ils ne font qu'augmenter les divisions dont nous souffrons tous. Il serait sage, il serait patriotique de laisser la justice accomplir sa mission sans chercher à intervenir directement ou indirectement dans son action, mais au contraire en nous réclamant de ce principe fondamental de notre droit public, je veux parler du principe de la séparation des pouvoirs. »

Je souhaite que des séances prochaines, si la question est encore soulevée, nous apportent un écho de ces paroles devant lesquelles il faut s'incliner.

Au surplus, qu'importe ce que feront les pouvoirs publics ?

Que la justice poursuive son œuvre dans des conditions encore dignes d'un pays libre, au moyen de la haute juridiction qui est actuellement saisie et qui, en dépit des outrages, se couvre à l'heure actuelle d'honneur devant le monde et devant l'histoire ; ou bien que des lois de tendance et de circonstance, foulant un peu plus aux pieds les principes, viennent arracher l'affaire à ses juges, qu'importe ? La vérité restera la même.

Qu'importe qui, juridiquement, l'appréciera, puisque dans ce pays de suffrage universel, dont il ne faut jamais désespérer, c'est l'opinion publique qu'il faudra bien un jour éclairer, qui statuera la dernière !

Que ce soit la chambre criminelle qui juge, la chambre criminelle dans sa composition ordinaire ou présidée par M. le Premier Président que nous n'avons pas de raison pour ne pas associer à notre respect pour la Cour suprême; que ce soit la Cour de cassation avec toutes ses chambres réunies, où je ne puis pas m'attendre à trouver autre chose que des magistrats ; que ce soit le Conseil de guerre dont je ne me défie pas, pourvu que nous puissions librement l'éclairer ; que ce soit, si vous voulez, une commission spéciale, même une commission d'exécution réunie pour une besogne ordonnée, pourvu qu'elle statue publiquement, qu'importe ? puisque la vérité est là, impassible, définitive, et que bientôt, coûte que coûte, il faudra bien qu'on la montre !

Et c'est maintenant, avant la publication de l'enquête, quand nous rencontrerions ici tous les obstacles qui vont se dresser sur notre route, c'est maintenant qu'on nous convie au débat !

A quoi donc, dans ces conditions, le procès peut-il servir ? A faire la lumière ? Evidemment non. A agiter le pays et la rue ? Nous ne nous y prêterons pas.

Tout le monde sent bien que le sursis s'impose, que c'est le bon sens, la raison même qui l'exige. Toutes les juridictions l'ont compris. Le 21 septembre 1898, le colonel Piquart comparaissait devant la 9e chambre du Tribunal correctionnel de la

Seine; à ce moment-là, malgré tous nos efforts pour plaider — et vous savez pourquoi nous les faisions : pour éclairer l'affaire, pour que le colonel Picquart fût entendu au grand jour avant le secret qui, nous le sentions, allait s'appesantir sur lui et qui moralement dure encore, puisqu'on peut le calomnier sans que nous puissions ouvrir son dossier qui, à lui tout seul, le défendra, — eh bien, à ce moment-là, quand nous demandions qu'on retînt l'affaire, le Tribunal nous imposa le sursis, et cela non pas seulement parce que l'autorité militaire réclamait le colonel Picquart ; le Tribunal, c'est un fait qui ne peut être dénié (j'avais eu l'honneur avec mes confrères d'entretenir à ce sujet à l'avance M. le président), le Tribunal ne voulait pas juger l'affaire Picquart avant d'être fixé sur la solution de l'instance qui allait être transmise à la Cour de cassation.

Dans les affaires secondaires, il y a quelques semaines, dans l'affaire Judet-Zola qui ne touche que de bien loin à l'affaire Dreyfus, avant-hier encore devant le Tribunal correctionnel, dans l'affaire du colonel Picquart contre *Le Jour*, le renvoi a été ordonné. Sans le règlement de juges, j'aurais, le 12 décembre dernier, par les mêmes raisons que je fais valoir aujourd'hui, sollicité du Conseil de guerre le renvoi, et je ne lui fais pas l'injure de croire qu'il me l'eût refusé. Et nous-mêmes, nous qui sommes ici, et les autres, nous tous qui luttons ensemble, eussions-nous donc imposé à l'admirable Émile Zola l'exil volontaire dont il souffre et qui, à mon sens, lui fait autant d'honneur que tout le reste ? L'eussions-nous tenu loin de la lutte où il est impatient de se mêler ? Dédaignerions-nous, nous-mêmes, — je parle au nom de M. Joseph Reinach qui est ici, du lieutenant-colonel Picquart et de tant d'autres, — dédaignerions-nous donc les odieuses calomnies et les infâmes diffamations qui sont déversées sur nous tous les jours, si nous étions mûs par un autre mobile que par le respect d'une justice régulière et loyale ?

Aussi bien M. Joseph Reinach a, lui aussi, le courage de la modération et de la patience. Il a le courage de vous demander le sursis.

Sa demande est conforme à l'esprit de la loi.

La Cour sait, en effet, que l'article 35, après avoir énuméré les cas dans lesquels la vérité du fait diffamatoire peut être admise, continue en ces termes, en son paragraphe 4 :

« Dans toutes les autres circonstances et envers toutes autres personnes non qualifiées, lorsque le fait imputé est l'objet de poursuites commencées à la requête du ministère public ou d'une plainte de la part du prévenu, il sera, durant l'instruction qui devra avoir lieu, sursis à la poursuite et au jugement du délit de diffamation. »

Mme Henry est-elle une personne qualifiée ou non et M. Reinach peut-il invoquer contre elle le paragraphe 4 de l'article 35 pour obtenir de la Cour le sursis obligatoire ? Si j'ai inscrit cette prétention dans mes conclusions, je ne la développerai pas à la barre. C'est sur un terrain plus large que je me place, c'est le sursis de la vérité, du bon sens et de la raison que je vous demande.

Tout le monde est d'accord pour admettre que, dans tous les cas, même dans les affaires où la preuve est permise, la Cour d'assises peut ordonner le renvoi, si elle le juge utile.

J'entends bien qu'il n'y a pas à proprement parler, dans notre affaire, de poursuites commencées contre le lieutenant-colonel Henry ou de plainte déposée. Les poursuites sont même impossibles, puisque le colonel Henry est mort. Mais il est incontestable que l'analogie s'impose entre le cas prévu par l'article 35 et la situation qui vous est offerte. En tout cas, c'est l'intérêt supérieur de la justice, qui exige le sursis, et, cet intérêt, M. Reinach le place au-dessus de tout.

Qu'il me permette, d'ailleurs, de lui dire qu'en agissant ainsi il ne fait rien que tous nous n'ayons fait nous-mêmes. Qu'avons-nous donc voulu et qu'avons-nous réclamé depuis le commencement ? L'observation de la loi, la vérité et la justice. On nous a calomniés, nous avons suivi notre route. On nous calomniera encore, et nous continuerons de la suivre.

On a dit que nous faisions une besogne de révolution et d'anarchie. Rien n'est moins vrai. Nous avons fait une besogne de justice, qui ne pourrait devenir que par la résistance des coupables et par l'incroyable complaisance de trop de puissances, si elle se prolongeait, une œuvre de régénération politique et sociale.

On a dit que nous insultions l'armée. C'est une infâme calomnie. J'ai dit que je le proclamerai toutes les fois que je me lèverai à la barre. Je le proclame, et je puis — pardonnez-moi de parler de moi-même — je puis sans inquiétude regarder en arrière, car je défie qu'au plus fort de la tourmente on trouve sur mes lèvres un mot qui ne soit pas — je ne dis pas envers quelques-uns qui sont indignes de l'armée, mais envers l'armée tout entière, soldats et chefs, je ne les sépare pas ! — une parole de respect et de confiance.

Nos cœurs ont connu, il y a un an, une heure d'indignation qui, alors, a éclaté, souveraine. La glorieuse lettre d'Émile Zola en a été l'expression magnifique, et cette indignation s'est prolongée sourdement jusqu'au jour où le gouvernement a remis enfin cette affaire judiciaire entre les mains de la Cour suprême.

Il convient d'attendre aujourd'hui en silence et respectueusement.

Nous avons voulu une enquête libre et complète.

Elle ne peut se faire ici, et les décisions du gouvernement que je vous signalais tout à l'heure en apportent une preuve surérogatoire. Elle se fait ailleurs, elle est faite, nous touchons au but. Il faut donc bien qu'à cette œuvre-là tout se subordonne.

A quelques aventures que la justice soit encore exposée, rien ne l'arrêtera plus. La vérité n'est pas seulement dans les cerveaux ou dans les cœurs des membres de la chambre criminelle de la Cour de cassation. Qu'on dessaisisse la chambre criminelle, qu'importe? La vérité est dans les dépositions, elle est dans les dossiers, secrets ou non secrets, diplomatiques ou non diplomatiques, et tout cela, il faudra bien qu'on le montre.

Je conclus au sursis.

Plaidoirie de Mᵉ Saint-Auban

Messieurs,

Je ne viens pas répondre à la plaidoirie que l'avocat de M. Reinach vient de prononcer en faveur de la Chambre criminelle, donnant lieu de croire, à ceux qui n'ont pas le bonheur d'être des intellectuels, qu'elle a besoin d'être défendue. Je ne veux pas non plus plaider contre des juifs, ni rééditer à cette barre quelques-unes des formules passionnées que jadis, et encore à des époques assez récentes, on a trouvées sous la plume de quelques-uns qui sont aujourd'hui les témoins de M. Reinach.

Simplement, d'une voix modeste, qui n'a pas la prétention, croyez-le bien, de lutter avec les foudres d'un organe olympien, je viens non pas répondre à une discussion juridique qui n'existe pas et qu'on n'a même pas essayé d'aborder à votre barre, mais de préciser, s'il est possible, la question qui nous occupe.

J'ai, pour être plus bref que Mᵉ Labori, une double raison : la première, c'est que j'estime qu'après de si foudroyantes éloquences vous devez éprouver quelque fatigue, et que j'ai à cœur de ne pas y ajouter. La seconde, c'est que je suis loin d'avoir préparé une harangue de réunion publique qui aurait pu répondre à celle que vous avez entendue, et qui s'est trompée de lieu et de théâtre. La question n'est pas celle qui vous a été posée, la question est celle que je vais essayer de préciser. J'avoue d'ailleurs, Messieurs, que j'ai été profondément surpris en entendant le discours de tout à l'heure. Là, vrai ! je ne m'y attendais pas. On m'avait bien dit qu'on allait nous le servir. Ce matin encore, en ouvrant l'*Aurore*, — car le matin, la lecture de l'*Aurore* est, depuis une quinzaine de jours, une de mes occupations professionnelles, — j'avais bien été frappé du lyrisme de cette invocation, adressée par M. Clemenceau à l'avocat de M. Reinach :

« O Labori ! »

Et, ici, un point d'exclamation haut comme mon éloquent confrère.

« O Labori ! j'ai besoin de faire grand fonds sur ta subtilité naturelle !... »

On tutoie, dans le lyrisme, les dieux et M⁰ Labori !

« J'ai besoin de faire grand fonds sur ta subtilité naturelle, pour compter que par toi la vérité apparaîtra tout de même. »

Vous voyez, Messieurs, la façon qu'elle a d'apparaître : c'est de s'en aller quand on l'invite à entrer. J'avoue que, tout de même, et malgré toutes les surprises qui m'avaient frappé depuis quelque temps, ce nouveau produit de la subtilité de M⁰ Labori m'a tout de même profondément étonné.

Comment ! M. Joseph Reinach, étant donnée la façon dont il a lui-même posé le débat, essaie de le fuir ! Comment ! un homme démonétisé, chassé de la Chambre, chassé de l'armée, banni de la vie politique et militaire, cherche, dans l'agitation de nos pires disputes, un moyen de rappeler à la France qu'il y a encore des Reinach ! Comment ! après que l'oncle a essayé de souiller l'honneur des parlementaires, voilà que le neveu se charge de souiller l'honneur des militaires ! Cet homme, suivant le mot de M. Millerand : « il essaie de réhabiliter un nouveau Calas, alors qu'il aurait peut-être, dans sa famille, d'autres réhabilitations à poursuivre ! » Et celui qui devrait fuir les cimetières, qui devrait éviter de parler des suicidés et d'engager avec les tombes des conversations délicates, le voilà qui remue la terre fraîchement tassée par des fossoyeurs et, comme les officiers vivants ne lui suffisent plus, le voilà qui brise des cercueils pour essayer de souiller le cadavre des officiers morts ! Et quand la veuve pousse un cri de douleur et de rage, il lui dit : « Je te défie de venir en Cour d'assises ! »

Et alors la veuve ainsi défiée, ainsi provoquée, prend son enfant, l'amène ici et dit : « Me voilà ! », et M⁰ Labori lui dit : « Allez-vous en ! » Et, avec une impudence qui atteint les dernières limites de l'inconscience, M. Joseph Reinach ose prétendre que c'est Mme Henry qui lui fait un procès !

Mais, voyons, laissons un peu les phrases, laissons un peu toutes ces folies, tous ces délires, que les magistrats et les jurés excuseraient, après la fatigue de quinze audiences, mais qui sont inexcusables, alors que, commençant, on peut supposer que nous avons encore quelques bribes de sens commun ! Ne cherchons pas de phrases creuses ! Voyons la procédure, et voyons en définitive quel est le procès !

Il ne faut pas qu'il y ait de doute ici. Est-ce que l'assignation de Mme Henry était lancée, est-ce que Mme Henry se préparait à lancer une assignation, est-ce qu'elle comptait s'envelopper dans le crêpe de son voile, pour affronter la douloureuse émotion de ce débat, lorsque, dans le *Siècle*, M. Joseph Reinach a écrit ces lignes sacrilèges dans lesquelles, en accentuant la diffamation, il a donné une consultation : « Madame, la loi vous offre le moyen d'établir que le colonel Henry n'aurait pas été le complice de la trahison du commandant Esterhazy ; c'est de nous poursuivre en Cour d'assises, où la preuve est admise. » Eh bien ! voyons, quelles que soient ici les opinions de chacun sur Dreyfus, sur Picquart, sur les autres, je les laisse toutes de côté, je prends les choses humainement, je les juge de même : Vous êtes des veuves, vous êtes des pères de famille ; on accuse de faux celui qui dort au cimetière, on accuse celui ou celles qui sont endormis dans le grand silence des tombeaux, on brise leur cercueil, on les couvre de boue, on vous défie de venir en Cour d'assises et on vous dit : « Si vous y venez, nous ferons la preuve ; si vous n'y venez pas, c'est que vous avez peur de la preuve. » Qu'est-ce, veuves, pères de famille, vous tous qui avez le souci de votre honneur et de l'honneur des vôtres ? N'avez-vous pas peur, si vous restez tranquillement au domicile où coulent vos larmes, d'avoir l'air de fuir le fardeau de la preuve qu'on vous offre ?

Et puis, est-ce que vous ne vous sentirez pas défiés ! Et quand, après cette provocation, interviendra la procédure que vous ferez, que dans cette procédure M. Joseph Reinach, rééditant sa diffamation et en assumant toute la responsabilité, comme il le répétait tout à l'heure, déclare qu'il est prêt à administrer, par tous les moyens et par tous les témoignages qu'il invoque et auxquels il fait appel, la preuve de la démonstration qu'il a dit qu'il apporterait, ne voyez-vous pas là l'accentuation, la perception aussi nette, aussi formelle, aussi catégorique que possible de l'intention qui s'était manifestée dans l'article, dont je viens de faire passer quelques lignes sous vos yeux ? Et quand, le jour où on publiera l'assignation lancée par Mme Henry, on verra cette assignation précédée, dans le *Siècle*, de quelques lignes ainsi conçues :

« Il ne dépendra pas de nous que les débats du 27 janvier
» n'aient toute l'ampleur désirable, grâce aux témoignages
» que nous apporterons. »

Mais, enfin, voyons ! à quels gens avons-nous donc affaire, quand aujourd'hui on se lève et quand on dit que c'est Mme Henry qui fait le procès ?

La vérité, messieurs, c'est qu'on a reculé des infamies dont nous croyions avoir atteint le dernier terme, et, s'il y a quelque chose de plus vil que cette diffamation, c'est bien cette reculade ! Voilà, messieurs, ce que tous les honnêtes gens diront.

Mais, est-ce qu'il n'y a que nous qui le disons ? est-ce qu'il n'y a que la procédure de M. Reinach ? Prenons donc ces organes étrangers où M. Reinach aime à faire ses confidences, que M. Reinach chérit, parce que ce sont les organes de sa pensée intime. En voilà un qui chante ses louanges, qui s'appelle *Le Genevois*. C'est un de ces reptiles qui sifflent sur le bord des lacs ou des fleuves où on ne nous aime pas. Qu'est-ce que j'y vois ? D'abord une glorification de M. Reinach, une louange entonnée en faveur de M. Reinach. Voyons ces lignes pour le glorifier et pour le grandir :

« C'est lui d'ailleurs qui a réclamé de Mme Henry les
» poursuites devant la cour d'assises, où il présentera son af-
» faire en pleine lumière, et où il apportera la preuve. »

Il est véritablement extraordinaire que, dans ces conditions-là, on vienne reprocher à Mme Henry d'avoir intenté le procès d'aujourd'hui, et il est vraiment extraordinaire qu'on accuse les braves gens qui ont apporté peut-être trop de colère quelquefois, mais qui y ont apporté tout leur cœur et toute leur conviction, d'avoir donné à cette malheureuse femme, par une souscription publique, le moyen de faire les frais d'un procès qui coûtera assez cher, si l'on en juge par le peuple de témoins assignés par M. Reinach.

Ah! dans cette liste de souscription, il y a des choses qui ont choqué M⁰ Labori! Ah! dans cette liste de souscription, il y a des cris de colère! Et où donc n'y a-t-il pas des cris de colère dans la bataille d'aujourd'hui? Est-ce qu'on n'a paradé dans les journaux que pour la veuve Henry? Est-ce qu'on n'a pas paradé pour Picquart et, dans ces parades publiques pour Picquart, que lisons-nous?

Ouvrons donc l'*Aurore* du lundi 28 novembre. C'est un M. Eugène Soyard, 34, rue des Trois-Frères — pour qu'on n'en ignore — qui envoie une souscription avec cette souscription : « A bas les culottes de peau et les vieilles badernes armées du sabre et du goupillon! Vive la révolution sociale! »

Vous pourriez croire que cela est une opinion politique. Mais écoutez la suite. Voilà comment écrivent les admirateurs de Picquart, quand ils lui envoient de l'argent ou qu'ils lui envoient des adhésions. On suppose un officier qui est dégoûté de l'armée, qui est dégoûté de ses camarades, qui envoie son salut à Picquart et qui l'envoie avec cet exorde :

« Un capitaine d'infanterie, élevé chez les jésuites et qui souffre physiquement d'être obligé, pour faire vivre sa famille, de rester dans cette association de malfaiteurs qu'est actuellement l'armée française! »

La voilà, la campagne! Les voilà, les cris que vous poussez! les voilà vos colères! les voilà vos pensées!

Eh bien, savez-vous pourquoi vous demandez le sursis? Je vais vous le dire, moi! Ce sera vite fait. Vous le demandez parce que vous avez besoin à l'heure actuelle d'un délai pour achever votre œuvre de destruction! Vous le demandez, parce que derrière Dreyfus, qui est un homme, il y a autre chose, qui est une théorie; parce qu'il y a des appétits, parce qu'il y a des rancunes, parce qu'il y a la ligue de toutes les colères et de toutes les bassesses qui se sont coalisées contre nous! Vous le demandez? Je vais vous le montrer, c'est vous-même qui l'avez dit, j'en trouve l'expression sous la plume de l'un de vos témoins.

« Je ne sais ce qu'on décidera du capitaine Dreyfus »... et ce n'est pas lui qui vous préoccupe...

M⁰ LABORI. — J'espère que cette fois-ci ce n'est pas à moi que vous parlez ?

M⁰ DE SAINT-AUBAN. — Je n'ai pas autant de voix que vous; mais, soyez tranquille ! quand je parlerai, vous me comprendrez !

..... « Je ne sais ce qu'on décidera du capitaine Dreyfus, si le prochain procès de Dreyfus sera le dernier acte du gouvernement revisionniste. Le premier acte est joué, il se nomme le haut personnel. Le second mettra en lumière le milieu militariste et on pourra l'intituler : *l'Armée professionnelle*. Qu'on ne fasse pas tomber le rideau avant l'heure. »

Eh bien ! il ne faut pas que le rideau tombe aujourd'hui; il ne faut pas que le rideau tombe demain, parce que, derrière un officier qui n'est pas un traître, et contre l'accusation de trahison duquel toute la vie proteste, mais qui a eu une minute d'égarement et de faiblesse, que moi, l'avocat de sa veuve, je n'excuserai pas ici, parce que, derrière, il y a l'abominable campagne qui se répercute là-bas, de l'autre côté du détroit, du fleuve ou de la montagne, parce que, dans vos journaux, on lit, à côté de chroniques qui font pleurer des patriotes, des choses commes celles-ci :

« Bruxelles. — Le correspondant parisien du *Soir* affirme que la Cour de cassation de Paris a constaté... »

Ecoutez-bien ! Vous allez voir pourquoi on ne veut pas que le procès se plaide aujourd'hui, et pourquoi on veut un nouveau sursis.

« ..... La Cour de cassation de Paris a constaté dix-sept faux commis par Henry et ses complices ! »

Il ne s'agit là encore que des faux, il ne s'agit que d'Henry; écoutez la suite :

« ..... Des documents authentiques prouvent la trahison de personnages militaires haut placés, auxquels Esterhazy servait seulement d'intermédiaire. »

Et voilà, Messieurs, la longue théorie de nos officiers, de nos colonels, de nos généraux, de nos soldats, de tous grades, qui est atteinte par la suspicion présente, et qu'on annonce devoir être atteinte demain par la suspicion future.

Eh bien! que ceux qui choisissent un pareil moment, l'heure où nous vivons, pour mener une pareille campagne, que ceux qui ne respectent pas la seule force vive que le Panama a laissée peut-être debout, l'Armée française, que ceux qui choisissent un pareil moment pour s'enorgueillir des éloges, des témoignages, des sympathies venues des bords du Tibre, de la Tamise ou de la Sprée, je dis que ceux qui choisissent un pareil moment pour citer en Cour d'assises des veuves de colonels, afin d'y traîner derrière elles des théories de généraux, afin de les asseoir sur la sellette par tous les moyens, et pour dire ensuite : « Maintenant que tu es venue, va t'en, je te mets à la porte », je dis que ceux qui choisissent un pareil moment pour faire une telle besogne, je dis que ceux-là n'ont pas le souci de la Justice, que ce n'est pas la Justice qui les anime ; je dis que ceux-là, consciemment ou inconsciemment, à propos de Dreyfus, innocent ou coupable, prêtent la main à un vaste complot contre une collectivité qui s'appelle la nation française ; je dis que ceux-là, consciemment ou inconsciemment, attaquent le patrimoine matériel ou moral, cet ensemble de coteaux, de vallées et de plaines, de joies et de tristesses, d'espérances et de regrets, de berceaux et de tombes qui s'appelle *la Patrie* ; je dis que ceux qui choisissent un pareil moment pour faire une tâche innommable comme celle-là, je dis que ceux-là, consciemment ou inconsciemment, ruinent l'énergie française et font le jeu de l'étranger!

Messieurs, voilà pourquoi on demande le sursis! Y a-t-il lieu, en droit, de l'admettre? Quelles sont donc les raisons de l'accueillir? On nous dit : Mais il y a connexité, il y a indivisibilité. A la Chambre criminelle, on s'occupe de Dreyfus, et, pendant qu'on s'occupe de Dreyfus, on ne peut pas ailleurs s'occuper d'Henry. — Qu'est-ce qu'il y a de commun entre Dreyfus et Henry?

Ah! je vois bien que si Dreyfus est coupable, comme le

principe et la base de votre diffamation est de poser en postulat l'innocence de Dreyfus, ce qui vous oblige, puisqu'aussi bien il y a un traître, à en chercher un autre, et, puisque Esterhazy ne vous suffisant plus, il faut absolument que vous en trouviez un second, — je sais bien que s'il ressort d'une décision de justice inattaquable et qui a d'ailleurs toujours été attaquée par vous, que Dreyfus est un coupable, la question de savoir si Henry est un traître ne se posera pas. Mais supposez que, par impossible, à raison du doute que je ne connais pas, que je n'ai pas à prévoir... je n'ai pas étudié l'affaire Dreyfus... que Dreyfus soit proclamé innocent ou qu'il sorte innocent de cette affaire, est-ce que cela prouvera que le colonel Henry a fourni des documents à une puissance étrangère, et que, pendant une seule année, en échange de ces documents, il a fait une ample moisson d'écus, soit cent mille francs qu'il a partagés avec Esterhazy ? Allons donc ! la connexité ?... mais elle vous est venue plus tard, cette idée !

Tout à l'heure, j'ai évoqué toute votre procédure ; avez-vous pensé à la connexité, puisque vous avez défié Mme Henry de venir à la Cour d'assises ? M. Reinach savait ce qu'il faisait lorsqu'il a lancé sa diffamation contre la veuve ; quand la veuve a poussé son cri de douleur, qu'a donc fait M. Reinach ? Est-ce qu'il a dit : « Permettez, je regrette profondément d'être obligé d'atteindre votre mari, mais votre mari n'est pas dans une situation isolée, la situation de votre mari est connexe avec la situation de Dreyfus ; le procès de votre mari, c'est en quelque sorte une annexe et un compartiment du procès Dreyfus. Le procès Dreyfus, il est à la Chambre criminelle ; je ne puis plaider votre procès à vous, madame Henry, avant que le procès Dreyfus ait été plaidé devant la Chambre criminelle ? » A-t-il dit cela ? Il lui a dit : « Madame, vous n'avez qu'une chose à faire ; si cela ne vous plaît pas venez à la Cour d'assises, et là, je ferai la preuve. » Et quand il a signifié sa procédure, quand il a eu recueilli les conseils de ceux qui l'assistent, a-t-il fait une réserve, a-t-il parlé de la connexité, a-t-il parlé de l'indivisibilité, a-t-il soulevé la question qu'il soulève aujourd'hui ? Pas une réserve, pas un mot, rien ! Accentuation de la diffamation épouvantable, accentuation de la provocation procédurière encore plus épouvantable, nouveau défi, et, alors qu'on sait que le procès viendra le 27, ces lignes imprimées dans le *Siècle*, en tête du libellé même de la citation :

« Madame, nous vous avons citée en Cour d'assises, nous vous avons défiée, nous vous défions encore, et il ne tiendra pas à nous que le procès n'ait toute l'ampleur qu'il mérite ».

Eh bien, vous avez assigné vos témoins; ils sont tous là, ils peuplent l'audience; la trahison n'est pas difficile à prouver, si elle existe. Croyez-vous que douze braves gens vont vous suivre dans les déductions fielleuses des polémiques courantes ? Croyez-vous qu'il vous suffira d'articuler que vous croyez qu'elle est possible, qu'elle est probable, qu'Henry a commis une trahison, juste exprès afin de vous fournir un argument qui vous permettra d'innocenter Dreyfus ? Croyez-vous que ces hommes, quand ils auront prêté le serment solennel qu'on leur demandera tout à l'heure, iront lire les articles de M. Reinach ou les articles de Jaurès ? Croyez-vous que ces hommes s'occuperont d'autre chose que de leur devoir, qu'ils invoqueront, quand ils seront réunis, autre chose que la preuve que vous devez apporter ici ? Ils se diront : « Un colonel dort dans la tombe; on a dit de ce colonel et on l'a crié à sa veuve, qu'il avait trahi; on a dit qu'il avait livré des documents à une puissance étrangère, on a dit que, grâce à lui, cette puissance étrangère avait fait une ample moisson de documents et, qu'en échange de cette ample moisson de documents, elle lui avait permis de faire une ample moisson d'écus. »

C'est bien simple, il y a deux questions : Est-ce que le colonel a livré des documents à une puissance étrangère ? Est-ce qu'en échange il a reçu des écus de cette puissance étrangère ?

Arrière les raisonnements ! arrière les systèmes fanatisés ! Qu'est-ce que cela apporte aux uns et aux autres ? Ce qu'il nous faut, c'est la preuve; et la preuve, vous l'apporterez aujourd'hui, ou vous ne l'apporterez jamais, parce qu'à la dernière minute vous avez senti qu'elle vous échappait, qu'elle vous glissait entre les mains, que vous avez eu ce sentiment, qui montre que vous êtes digne de combattre l'armée française, et c'est parce que vous avez eu peur que vous avez apporté à cette barre les conclusions que nous avons eu la honte d'entendre tout à l'heure.

Eh bien, nous voulons les entendre, vos témoins! vous les avez fait venir, nous désirons qu'il parlent. Entendons-les ces fanatisés, entendons-les, ces systématiques! entendons-les, ces anarchistes en redingote, ces propagandistes par le fait, plus dangereux que les autres, parce que leurs bombes, chargées… d'encre…, ne dynamitent pas seulement la terrasse d'un restaurant, mais, en sapant l'armée française, sapent quelque chose de plus précieux, de plus grave : le domicile national, la maison même de la France! Entendons-les, ces théories d'avant-garde que j'aimais, parce qu'en elles je voyais le frémissement du futur; entendons-les venir, attentifs, dociles et complaisants, se pencher sur le bord du coffre de M. Reinach ; entendons ces libertaires qui, aujourd'hui, mettent leur main dans la main de celui qui, autrefois, caressa le rêve de les envoyer, sans forme judiciaire, vers une de ces régions plus ou moins voisine de l'*Ile du Diable*, pour une traversée difficile que j'ai peut-être un peu contribué à leur éviter! entendons-les, ces anarchistes qui se mettent à pleurer de tendresse aujourd'hui quand ils aperçoivent le liseré d'or de la toque d'un conseiller de la Chambre criminelle! Qu'ils viennent, avec leur colère et leur ridicule ; que tous, à cette barre, insultent une dernière fois les généraux de la France et disent : « Voilà notre preuve, c'est la preuve de Joseph Reinach. »

Eh bien! ce sera symbolique cela et, dans des heures où vous avez eu raison de le dire, Maître Labori, il faut que chacun assume la responsabilité des paroles qu'il prononce! J'aime les choses symboliques, et j'aime autre chose qui marque bien la situation! Entendons-le, M. Picquart! qu'il nous parle longuement! qu'il nous renouvelle les conférences que jadis il faisait au cours du procès Zola ! Il doit avoir un bel organe, il a bu assez de grogs chauds pour cela ! Entendons-le;

le Père Du Lac, que vous avez cité à cette barre! Nous entendrons aussi M. Zadoc-Kahn, le grand rabbin de France, que je n'ai pas seulement cité dans un esprit concordataire, afin que tous les cultes fussent également représentés à cette barre!

Entendons-les tous, et, quand leur défilé sera terminé, quand leur théorie aura parlé, on entendra ceux de nos témoins qui ont pu venir, M. le ministre de la guerre ayant eu la délicate attention de les laisser libres, de ne pas les laisser affronter en vain les tourmentes d'une traversée, à l'époque où nous vivons!...

Il y en aura un certain nombre; il y aura des généraux, il y aura des officiers de tous grades; ceux-là voudront parler de leur camarade et après qu'il sera établi que rien ne prouve que cet homme ait trahi, alors qu'il sera établi que, dans son passé, dans sa vie, tout prouve au contraire qu'il n'a pas trahi, alors que, non seulement vous n'aurez pas fait la preuve, mais que nous aurons assumé une tâche qui n'est pas la nôtre, et que nous aurons fait une *contre-preuve*, alors qu'il sera établi que, pendant trente ans, il a vécu comme un soldat, et que, malgré un vertige qui est encore inexplicable, il est mort comme un soldat, faisant couler au milieu de la boue qui nous inonde un filet de sang français, quand ils seront venus raconter à Reinach ses héroïsmes, ses blessures, le loyalisme avec lequel il répondait aux appels de la Patrie, chaque fois qu'il fallait se battre, signant chacun de ses actes d'obéissance de quelques gouttes de son sang; comment, une nuit, dans une admirable escarmouche, il surprit l'ennemi; quand les témoins auront raconté ce trait à M. Reinach, dont le beau-père n'a jamais surpris que des actionnaires, quand tout cela aura été dit, quand tout cela aura été raconté, quand on aura déposé de tout cela, nous aurons la satisfaction d'entendre autre chose que des cris d'énergumène, et alors nous verrons à cette barre ces saintes choses auxquelles nous voulons tenir, et auxquelles nous voulons croire, nous verrons de l'abnégation, nous verrons du dévouement, et, après tant de colère, tant de systèmes et tant de haines, nous verrons luire un peu de lumière, un peu de souffle et de Patrie!

Incident.

M. LE PRÉSIDENT. — La parole est à M. l'avocat général.

Me LABORI. — Je désire répondre un mot.

M. LE PRÉSIDENT. — Il n'y a pas de réplique à la Cour.

Me LEVY-SALLES. — Comme avocat du gérant du *Siècle*, je voudrais dire un mot !

M. LE PRÉSIDENT. — Maître Labori, il est bien entendu que vous aurez la parole après M. l'avocat général : il faut suivre l'ordre logique.

Me LABORI, *à M. le président*. — Voulez-vous me permettre de vous dire un mot ? — Si, chaque fois que je me lève, je dois être accueilli, de votre part et de la part de la Cour, par des défenses qui se produisent alors que la Cour ne sait pas ce que je veux dire, je crois que nous arriverons à des conditions de discussion impossibles. Je ne vous demande la parole que comme la Cour croira devoir me la donner ; mais, si la Cour me la refuse, je prendrai les conclusions.

M. LE PRÉSIDENT. — Vous prendrez les conclusions comme vous voudrez.

Plaidoirie de Me Lévy-Salles.

Me LÉVY-SALLES. — Puisque je puis parler, je le ferai pour confirmer de la façon la plus absolue les conclusions que vient de développer devant vous mon éminent confrère, Me Labori, et je dois avouer que ce ne sont pas les développements dans lesquels s'est complu mon confrère Saint-Auban qui me pourraient faire changer d'avis sur ce point.

Et, soit dit en passant, Me de Saint-Auban s'est un peu calomnié. Je ne sais pas s'il a consommé beaucoup de ces grogs dont il parlait tout à l'heure, mais, ce que je lui puis assurer, c'est que ses déclarations sont tout aussi sonores que l'excellente plaidoirie de Me Labori.

Messieurs, je le répète, je confirme les conclusions déposées devant vous, et, au nom de mon client, M. Chambré, gérant du *Siècle*, je demande à la Cour qu'il soit sursis aux débats, qui devaient s'ouvrir aujourd'hui. Mon confrère Labori vous a dit pourquoi nous agissions ainsi, et il l'a fait si complètement, si brillamment et, je puis même le dire, si noblement que, parlant après lui, je n'aurai qu'un devoir, c'est celui d'être bref et je n'y faillirai pas.

Messieurs, le procès qu'intente aujourd'hui la veuve du colonel Henry au journal *le Siècle* et à M. Reinach est un procès qui ne peut pas et ne doit pas être plaidé en ce moment. Qu'on ne vienne pas dire, comme on l'a soutenu tout à l'heure de l'autre côté de la barre, que nous fuyons le débat, que c'est une reculade. Cela, c'est une erreur, cela n'est pas vrai, car nous ne reculons pas, nous ne fuyons pas ; ce que nous demandons à la Cour, c'est d'écarter pendant un moment ce débat, c'est de ne pas le faire se produire à une époque où il ne doit pas avoir lieu, et nous le demandons, non seulement parce que c'est notre droit, mais aussi parce qu'il ne peut pas en être autrement, ni en fait ni en droit.

En ce qui concerne le droit, messieurs, n'y a-t-il pas l'article 35 de la loi du 29 juillet 1881 sur la presse? Est-ce que cet article ne dit pas en termes formels que lorsqu'une action en diffamation est intentée et qu'au cours de cette action en diffamation des poursuites ont lieu, une instruction est ouverte à raison de faits qui sont relevés comme diffamatoires, le sursis doit être accordé? Est-ce que cet article n'est pas formel? est-ce que Me de Saint-Auban, un seul instant, a essayé de contredire notre thèse sur ce point? En aucune façon, messieurs. L'article 35 de la loi du 29 juillet 1881 sur la presse ne laisse aucun doute ; il n'a pas voulu que lorsqu'un individu en a diffamé un autre, que lorsque les faits qu'il a allégués contre cet autre individu sont des faits délictueux ou criminels, et que ces faits sont l'objet d'une poursuite ou d'une instruction, il n'a pas voulu que l'enquête se fît à l'audience et qu'on pût entraver l'œuvre de la justice qui se poursuit d'un autre côté.

N'est-ce pas le cas actuellement? N'y a-t-il pas, là-bas, tout près d'ici, dans une autre chambre, des magistrats, les plus hauts du pays, qui sont occupés précisément à faire la lumière sur les faits qui doivent être apportés à cette barre? Avons-nous le droit de troubler leur œuvre? Et puis, est-ce que véritablement la lumière peut être faite ici complètement en ce moment? Non! Mᵉ Labori vous l'a dit, on empêchera nos témoins de parler, ils se retrancheront derrière le secret professionnel, et les douze citoyens qui sont appelés à nous juger ne pourront pas savoir la vérité. D'un autre côté, étant donné que la lumière se fait, qu'elle sera éclatante, d'un jour à l'autre, nous sommes en droit de vous demander le sursis pour lequel sont posées des conclusions devant vous.

Messieurs, nous ne fuyons pas; le débat reviendra plus tard, nos adversaires peuvent en être certains; nous nous expliquerons alors avec la veuve du colonel Henry, nous serons devant elle tête haute, mais aussi tête nue, parce qu'elle est une femme, parce qu'elle est une veuve; nous nous expliquerons avec elle tout en songeant peut-être à une autre femme qui elle aussi est habillée de noir et qui a pleuré longtemps, peut-être à cause du mari de Mme Henry; nous nous expliquerons devant elle et nous lui dirons que jamais nous n'avons entendu l'outrager, ni elle ni son enfant, le malheureux petit être qui, subissant la loi commune, supporte, victime irresponsable, les fautes de son auteur.

Nous lui dirons tout cela; nous lui dirons aussi que si nous avons parlé de son mari, c'est que les droits de l'histoire sont peut-être supérieurs à ceux de la famille et, suivant une expression même de l'éloquent rapporteur de la loi sur la presse, celui qui fait l'histoire a le droit de la faire défiler tout entière devant le peuple, et l'histoire ne serait qu'une lanterne magique si elle ne pouvait être en même temps une leçon.

Non, nous ne fouillons pas un cercueil, non, nous ne secouons pas la poussière d'un tombeau; nous voulons simplement que l'histoire connaisse la vérité, que la lumière éclate au grand jour. C'est notre but unique et c'est pour cela que nous vous demandons de décider que ces débats n'auront pas lieu quant à présent; voilà, messieurs, ce que nous sollicitons de la Cour.

Nous croyons que la Cour, en nous accordant un sursis, aura véritablement fait un acte de justice et d'équité.

Tel est l'acte auquel nous vous convions, et il ne vous sera peut-être jamais donné, messieurs, d'en accomplir un qui sauvegardât davantage les droits de la justice et servît en même temps plus utilement les intérêts du pays.

M. l'avocat général.

La Cour sait à l'avance que je n'imiterai pas l'exemple qui m'a été donné de l'autre côté de la barre. On a échangé des réflexions amères, des récriminations violentes, on a même plaidé le fond du procès sans que nous ayons encore entendu un seul témoin et avant même la constitution du jury. Bref, nous avons eu ici, depuis une heure, le spectacle en raccourci, mais le résumé saisissant, de ce qui, depuis un an ou deux, se passe dans notre pays.

Messieurs, on a déposé des conclusions. Qui les va motiver en fait et en droit? Je vais m'expliquer très rapidement sur le fait et je vous demanderai ensuite la permission de vous dire quelques mots du droit dont personne ici, si je ne me trompe, n'a encore parlé.

En fait, on vous dit dans les conclusions qui sont soumises à votre appréciation que l'affaire aujourd'hui ne peut être soumise à votre appréciation et cela pour plusieurs raisons.

D'abord, il me paraît résulter de certaines notes parues dans les journaux qu'un certain nombre de témoins se considéreront comme liés par le secret professionnel; puis vous dites: « Il y a une instance en revision engagée devant la Cour de cassation; nous n'en connaissons pas encore les résultats, il faut les attendre; » et même on a été jusqu'à dire à la Cour qu'elle manquerait de respect envers la Cour de cassation, si elle se permettait de statuer sur les faits qui lui sont aujourd'hui déférés.

Je vous demande, messieurs, la permission de répondre très brièvement à ces différents ordres d'idées.

Il y a d'abord une réflexion qui s'impose; c'est que la plaignante, la partie civile, n'a guère à entrer dans cet ordre de considérations ; elle a été lésée, ou elle se prétend lésée ; elle demande justice, suivant les formes régulières, en s'adressant à la juridiction qu'elle estime la juridiction compétente. Elle se plaint d'une diffamation et d'une diffamation telle que la preuve est possible contre elle.

Est-ce qu'elle n'a pas le droit de répondre au diffamateur : « Mais c'est au moment où vous diffamiez la mémoire de mon mari et où vous m'attaquiez moi-même, et c'est ma prétention, moi-même et mon enfant ; c'est à ce moment-là qu'il fallait avoir la preuve dans les mains, et vous êtes mal venu lorsque vous me dites : « J'ai écrit, mais c'était une sorte de précaution que je prenais par avance, et j'attendais que la lumière fût faite par la Cour de cassation ; je vous ai diffamée par anticipation et ne sachant pas encore ce que les débats, engagés devant la juriction suprême de notre pays, allaient établir contre vous ou contre votre honneur. »

C'est là un langage que Mme veuve Henry a le droit de ne pas accepter ; elle a le droit de dire à l'homme qu'elle considère comme un diffamateur : « Vous avez diffamé mon mari, la loi vous donne le moyen de prouver les faits outrageants et déshonorants que vous avez allégués contre lui. Si vous n'aviez pas la preuve entre les mains lorsque vous avez écrit la diffamation, si vous n'avez pas la preuve dans les mains lorsque vous comparaissez devant la Cour d'assises, que voulez-vous que je dise ? Vous êtes un diffamateur et je demande contre vous l'application de la loi. »

Je crois donc, messieurs, que cette considération que je viens de développer en quelques mots doit, sur la question de fait, retenir l'attention de la Cour et influer grandement sur sa décision.

En ce qui concerne le respect que nous devons à la Cour de cassation, qu'il me soit permis de dire que, sur ce point comme sur l'autre, nous n'avons besoin des leçons ni des indications de personne ; qu'il me soit encore permis d'ajouter que la meilleure façon de prouver, et à cette juridiction supérieure, et au pays tout entier, notre respect de la loi, c'est de tenir strictement la main à son respect et à son application religieuse.

On a encore parlé du secret professionnel. Que voulez-vous, messieurs, que je réponde à une pareille objection? D'après ce que je puis comprendre, les témoins qui se retrancheraient derrière le secret professionnel, qui seraient-ils? Ce seraient les témoins cités par M. Reinach lui-même. Ici encore la plaignante n'a-t-elle pas le droit de lui dire : « Mais cela ne me regarde pas ! Que vos témoins parlent ou ne parlent pas ! Je soumets à la justice de mon pays une prétention, que je soutiens conforme à la loi. Si vous rencontrez des obstacles pour faire votre preuve, ce n'est pas ma faute ! » Et, messieurs, si cette objection est faite au nom de Mme Henry, je me demande comment, dans un arrêt, vous pourriez y faire une réponse satisfaisante?

Et puis, en allant au fond des choses, est-ce que le secret professionnel est une chose en quelque sorte passagère, provisoire, et transitoire? Si le secret professionnel peut être opposé par les témoins, dans l'audience d'aujourd'hui ou dans les audiences des jours qui vont suivre, est-ce que, dans trois semaines, dans deux mois, dans trois mois, lorsque la Cour de cassation aura terminé l'œuvre pénible qu'elle a entreprise, est-ce que le secret professionnel aura disparu?

Est-ce que les questions que vous poserez aux témoins ne seront pas les mêmes? Est-ce qu'elles ne toucheront pas, de la même façon, à l'existence ou à la non-existence de ce secret professionnel? C'est un point sur lequel les prévenus sont plus en état d'être éclairés que nous, et plus particulièrement que la partie civile.

Je crois donc, messieurs, que les raisons de fait qui sont invoquées à l'appui de la demande de sursis ne peuvent pas être accueillies par la Cour.

Sans doute, il est profondément regrettable de voir des poursuites judiciaires engagées dans de pareilles conditions et au milieu d'une pareille effervescence des esprits; sans doute, nous tous, vieux magistrats, nous déplorons le spectacle que nous a offert, dans des procès précédents, le Palais que nous aimons et tous les quartiers environnants; nous regrettons aujourd'hui d'être obligés de nous défendre, pour ainsi dire, contre les assauts du dehors; mais, messieurs, cela ne vous empêchera pas de rendre la justice suivant les règles auxquelles votre conscience s'est toujours conformée.

Pour moi, j'ai trop de confiance dans les jurés qui assistent en France la juridiction criminelle, pour croire un seul instant que leur décision puisse en quelque sorte être affectée par les bruits du dehors qui viendront mourir devant eux, avant d'avoir franchi les portes de cette salle.

Maintenant, messieurs, un mot du droit — il faut bien en parler, puisqu'on vous demande de rendre un arrêt de droit. On invoque l'article 35 pour obtenir ce sursis, et remarquez bien que cet article, on ne vous l'a pas lu.

L'article 35 est ainsi conçu :

« La vérité du fait diffamatoire, mais seulement lorsqu'il est relatif aux fonctionnaires, pourra être établie par les voies ordinaires, dans les cas d'imputation contre un corps constitué, les armées de terre ou de mer, les administrations publiques et contre toutes les personnes énumérées dans l'article 31.

» La vérité des imputations diffamatoires et injurieuses pourra être également établie contre les directeurs ou administrateurs de toutes entreprises industrielles, etc...

» Dans les cas prévus aux deux paragraphes précédents, la preuve contraire est réservée.

» Si la preuve du fait diffamatoire est rapportée, le prévenu sera renvoyé des fins de la plainte. »

Puis alors vient ce dernier paragraphe sur lequel les conclusions sont fondées :

« Dans toute autre circonstance et envers toute autre personne non qualifiée, lorsque le fait imputé est l'objet de poursuites à la requête du ministère public ou d'une plainte de la part des prévenus, il sera, durant l'instruction qui devra avoir lieu, sursis à la poursuite et au jugement du délit de diffamation. »

Eh bien, messieurs, il s'agit tout simplement, et c'est une question très terre à terre, de savoir si nous sommes dans le cas prévu par le dernier paragraphe de l'article 35. Je dis, messieurs, que c'est une question très terre à terre; elle est pourtant, au fond, et les auteurs des conclusions ne peuvent pas l'ignorer, plus importante peut-être qu'elle n'en a l'air, car, en réalité, c'est la question de compétence qui, d'une manière indirecte, se soulève devant la Cour. Il était peut-être un peu embarrassant, après le défi retentissant lancé par certain des prévenus, il était peut-être embarrassant et piteux de venir devant la Cour, au moment où le débat allait s'engager et où la partie civile se rendait au défi, au cartel qui lui avait été adressé, de s'en aller sans faire aucune manifestation et en demandant purement et simplement l'incompétence de la juridiction qu'on avait soi-même désignée.

Alors on a pris le biais que vous connaissez maintenant, et on s'est appuyé sur le dernier paragraphe de l'article 35 ; c'est un peu la question de compétence, et tout le monde sera de mon avis, puisqu'il s'agit de savoir si la diffamation qui est reprochée, à tort ou à raison, — c'est ce que les débats nous diront, — si la diffamation qui est reprochée à M. Reinach est une diffamation envers une personne qualifiée, ou envers une personne non qualifiée.

Eh bien! messieurs, ceci revient à apprécier l'article 34, ou, en d'autres termes, pour ceux qui ne connaissent pas la loi sur la Presse, cela revient à demander quelle est ici la personne diffamée: si c'est purement ou simplement Mme Henry, qui à coup sûr n'est pas une personne qualifiée, qui n'a rien de commun avec un fonctionnaire, ou bien si c'est la mémoire d'Henry, ancien officier et, de son vivant, incontestablement chargé de fonctions publiques.

Eh bien, messieurs, puisque la question de compétence n'est soulevée que d'une façon indirecte, je ne veux pas, moi, la discuter complètement, mais je profite de la circonstance pour dire tout haut mon opinion très réfléchie et très arrêtée: c'est que la personne diffamée ici, ce n'est pas Mme Henry, ce n'est pas la partie plaignante qu'il faut considérer pour apprécier le caractère de la diffamation; c'est la personne du mort, c'est celle dont il est question dans la première partie de l'article 35.

A mon sens, et je ne suis pas seul à penser ainsi, car la

doctrine, entre partis, s'est prononcée dans ce sens, à mon sens la diffamation qui a été commise par M. Reinach serait, si elle vient à être établie, une diffamation non pas contre Mme Henry qui ne fait ici que mettre en œuvre le droit qui lui est donné par le dernier alinéa de l'article 35, mais contre la mémoire du mort qu'elle vient défendre devant le jury.

Je dis donc, messieurs, que ces principes étant posés, il n'est pas douteux que la fin de non-recevoir, ou plutôt les motifs de sursis qu'on tire de l'article 35, dont je vous ai donné lecture, ne peuvent pas être accueillis par vous. En effet, il suffit de vous reporter à ce texte pour voir qu'il est applicable uniquement au cas où la personne diffamée est une personne non qualifiée.

Puis, messieurs, il y aurait encore une autre raison, s'il était nécessaire de pousser plus loin l'examen de ce texte après les raisons décisives que je viens de vous donner, et cette autre raison s'impose tellement que je l'entendais tout à l'heure tomber des lèvres de Me Labori. Il faut, pour que le sursis soit acceptable en de pareilles conditions, et pour qu'il s'impose à la juridiction saisie, il faut qu'on se trouve en présence de poursuites commencées.

Eh bien ! Me Labori le disait lui-même, il n'y a pas ici de poursuites commencées, il n'y a de poursuites contre personne ; car tous les jurisconsultes qui sont ici savent bien que, quel que puisse être le résultat de l'instance en révision engagée devant la Cour de cassation, cela n'a rien de commun avec ce que nous appelons en droit des poursuites.

Donc, messieurs, pour cette raison encore, la demande de sursis en droit ne me paraît pas fondée, et c'est pourquoi je conclus à ce que la Cour rejette les conclusions qui viennent d'être prises au nom de la défense.

Réplique de Me Labori.

M. LE PRÉSIDENT. — Maître Labori, vous avez la parole.

Me LABORI. — Je vous remercie, monsieur le président, de me faire l'honneur de me l'accorder...

M. LE PRÉSIDENT. — C'est votre droit absolu.

Me LABORI. — Oh! je sais bien que si ce n'était pas mon droit, ce n'est pas sur une particulière faveur que je pourrais compter.

M. LE PRÉSIDENT. — La Cour n'accorde pas de faveurs, elle respecte les droits de chacun.

Me LABORI. — *Summum jus, summa injuria!*

M. LE PRÉSIDENT. — Continuez votre plaidoirie.

Me LABORI. — C'est entendu... Mais si nous nous engageons dans des dialogues,... comme je vous répondrai,...

M. LE PRÉSIDENT. — Arrivez au fait.

Me LABORI. — J'y suis, c'est précisément le fait. Cependant, monsieur le président me permettra de lui dire encore, avant d'aller plus loin, que je ne m'attendais pas, tant les temps sont changés, tant il s'est passé de choses depuis un an, à retrouver ici l'écho de paroles que j'avais déjà entendues au procès Zola.

J'ai le plus profond respect pour tous les magistrats qui se succèdent sur le siège élevé de la présidence des assises; mais je vois bien que les traditions sont les mêmes chez eux tous. L'année dernière, on disait: « La question ne sera pas posée... »

M. LE PRÉSIDENT. — Maître Labori, si nous ne discutions pas les présidents d'assises, si nous discutions votre affaire, nous gagnerions du temps.

Me LABORI. — Monsieur le président, je rends hommage aux présidents d'assises ; vous serez certainement satisfait d'être comparé à M. le président Delegorgue. Je ne dis rien qui puisse atteindre ou choquer personne... Je disais que l'année dernière, quand je posais une question, on me disait : « La question ne sera pas posée »; à Versailles, quand je posais mes conclusions, on me disait : « C'est le maquis de la procédure »; ici, monsieur le président m'adressant la parole, me dit : « Il n'y a pas de réplique à la Cour. » Dieu merci, nous sommes à la Cour d'assises, et tant qu'il y aura un Code et qu'on l'appliquera — et nous avons fait la preuve, depuis un an, qu'il sert à quelque chose — ce sera, malgré tout, le prévenu qui aura la parole le dernier.

Je comprends très bien qu'on ne s'habitue pas facilement au respect des privilèges de la défense; depuis quelque temps, on a pris l'habitude de les compter pour peu. Que l'on s'étonne de voir que la défense, grâce à des prérogatives qui sont sa garantie stricte, peut à peu près conduire les affaires comme elle l'entend, je le veux bien ; mais ce ne sera certainement pas l'honorable président auquel j'ai l'honneur de m'adresser qui ne respectera pas de la manière la plus large et la plus complète les droits de la défense.

Cela dit, j'ajoute encore que peu m'importe le moment où j'ai la parole pourvu qu'on me la donne, et qu'au contraire je dois des remerciements à M. le président pour me l'avoir refusée d'abord, car je pourrai répondre d'un coup — ç'a été, je n'en doute pas, sa pensée gracieuse quand il m'a tout à l'heure empêché de parler — et à M. l'avocat général et à M⁰ de Saint-Auban.

C'est avant tout à M⁰ de Saint-Auban que j'ai l'intention de répondre, mais ce ne sera pas long.

D'abord un mot sur l'objection qui consiste à dire que nous n'avons pas fait de réserves sur la question de sursis dans nos notifications.

J'avoue que c'est là une observation qui m'étonne de la part d'un juriconsulte. M⁰ de Saint-Auban sait fort bien pourquoi nous avons fait nos notifications : ce procès, comme d'autres, car nous en avons d'autres sur la planche! viendra un jour ou l'autre au fond, et alors, quand il viendra, il faudra bien que nous ayons à notre disposition tous les témoins que nous avons notifiés.

Quant à des réserves à fin de sursis, je me serais bien gardé d'en faire : d'abord, j'aurais averti les adversaires de mon moyen, ce n'était pas urgent; et surtout je me serais mal adressé en m'adressant à Mme Henry ou à ses conseils, puisque c'est à la Cour que je dois demander la remise et que je la demande en effet.

Sur le fond, je serai bien plus bref encore. M⁰ de Saint-Auban m'a véritablement trop mis personnellement en cause...

35

Mᵉ DE SAINT-AUBAN. — Je n'en ai pas eu l'intention.

M. LE PRÉSIDENT. — N'interrompez pas, je vous en prie.

Mᵉ LABORI. — ...il a été trop violent, et trop gratuitement violent à l'égard de M. Reinach, à qui on ne peut reprocher quoi que soit et auquel on jette tous les jours des tombereaux d'ordures qui consistent surtout à lui dire qu'il a eu un oncle... Vous parlez de défoncer des cercueils ? C'est une métaphore qui est très familière dans le milieu où vous fréquentez, mais que voulez-vous ? Votre façon de parler à M. Reinach, c'est encore une manière de défoncer un cercueil ou de déterrer un cadavre, suivant qu'on emploiera la métaphore qu'on voudra... — Mᵉ de Saint-Auban a été trop violent à l'égard de M. Reinach, et en ce qui concerne le côté moral de ses dernières observations, il s'est, qu'il me permette de le lui déclarer avec toute la déférence que j'ai pour le grand talent auquel il m'a habitué,...

Mᵉ DE SAINT-AUBAN. — Et que je vous rends...

Mᵉ LABORI. — ...beaucoup trop cantonné dans les lieux-communs ordinaires de la presse antisémite, pour que je croie nécessaire de lui répondre.

J'arrive donc immédiatement à la réponse que je dois à M. l'avocat général.

Je ne suis pas peu surpris, messieurs, de voir l'organe du ministère public — lui qui, à coup sûr, ne manquera pas de nous reprocher, si le procès vient au fond, de troubler encore cet ordre social dont il a la garde, — je ne suis pas peu surpris de le voir se lever pour demander que l'affaire suive son cours. Si on va jusqu'aux entrailles de son argumentation, on trouve qu'elle peut à peu près se résumer en ceci : C'est une affaire entre particuliers, elle n'intéresse ni le gouvernement ni le ministère public.

C'est déjà ce que le gouvernement a dit hier soir : M. Reinach fera sa preuve ou il ne le fera pas, cela nous est bien indifférent. On pourrait même aller jusqu'à dire qu'on aimerait mieux qu'il ne la fît pas.

Pardon ! ce procès est un procès entre particuliers, soit ! Comme tous les procès ! seulement il engage les questions les plus hautes, les plus générales, et si on trouve qu'il ne se rattache pas de très près à l'enquête de la Cour de cassation, eh bien! on le dira, et j'avoue que je ne serais pas, pour ma part, fâché, pour la beauté de la chose, de l'entendre dire.

Même en me tenant sur le simple terrain que M. l'avocat général lui-même a délimité d'un procès entre particuliers, je ne puis pas accepter les raisons qu'il donne de son opinion et qu'il trouve, je n'en doute pas, excellentes.

« Les témoins, nous dit-il, seront liés par le secret professionnel. Eh bien, qu'est-ce que cela fait? C'est habituel! » Quand l'affaire viendra au fond, nous nous demanderons si les témoins peuvent, sur certains points, invoquer le secret professionnel : seulement, comme les gouvernements sont très puissants en France, je sais bien une chose, c'est que, quoi que nous puissions faire, quelques conclusions que nous puissions déposer, toutes les fois qu'un monsieur quelconque, fût-il expert, simple particulier ou concierge — car le secret professionnel des concierges peut se défendre — viendra ici invoquer le secret professionnel, le ministère public se lèvera..., je n'ai pas à préjuger du sentiment de la Cour... le ministère public se lèvera, — peut-être ne se lèvera-t-il pas, — mais s'il se lève, ce sera pour dire que la personne qui invoque le secret professionnel a raison.

Je ne puis, pour ma part, prendre les choses aussi légèrement.

Ah! si l'affaire Dreyfus ne devait pas être prochainement examinée au grand jour, je sais bien ce que nous ferions ; nous recommencerions le procès Zola ! Mais, comme elle va être éclaircie de la façon la plus complète, comme les témoins déposent ailleurs sans entrave d'aucune sorte et qu'ils sont déliés du secret professionnel, la raison qu'invoquait tout à l'heure M. l'avocat général ne peut plus tenir, puisque, si on attend trois semaines ou un mois, on pourra tout dire à cette barre.

C'est par erreur que M. l'avocat général disait il y a un instant: « Mais le secret professionnel se dressera comme un obstacle à la preuve dans quelques mois comme aujourd'hui. » Mais non, monsieur l'avocat général ; non, parce que l'enquête sera publiée; parce que, voyez-vous, il y a, il ne faut pas se lasser de le dire, une puissance plus forte que tout: c'est la vérité ; parce que c'est le besoin du pays, qui sent bien qu'il ne voit pas clair, de voir clair enfin, et qu'il saura imposer la lumière. Par conséquent, quoi qu'on fasse, quoi qu'on dise, avant qu'il soit trois mois on saura tout. Eh bien, ce jour-là nous nous expliquerons, ou plutôt nous n'aurons plus besoin de nous expliquer; nous n'aurons plus besoin de ces théories, comme dit M⁶ de Saint-Auban, de ces théories de témoins de toute sorte, anarchistes et généraux. Nous aurons probablement alors à notre disposition un petit volume de 150 à 200 pages dans lequel se trouvera la substance des choses, et nous aurons épargné au pays encore de nouvelles et d'inutiles agitations. Comme il est piquant de voir que ce soit nous qui voulions les lui épargner ! Comme il est piquant aussi de voir les anarchistes servir de soutien à M. Joseph Reinach et à la Cour de cassation elle-même ! Cela prouve, messieurs, qu'il peut y avoir, en dépit des opinions et des doctrines, au fond de l'âme des braves gens de tous les partis, des sentiments communs qui les réunissent à de certaines heures où les principes les plus élevés de la civilisation sont en péril.

M⁶ de Saint-Auban, il vous le rappelait tout à l'heure, marchait à côté des anarchistes à l'époque du procès des Trente; moi aussi, j'ai eu l'occasion de me trouver près d'eux, tout en faisant à l'égard de leurs théories et de leurs actes les plus absolues réserves.

J'ai plaidé, il y a quelques années, pour Vaillant, qui avait commis un crime que j'ai hautement réprouvé, mais un crime pourtant qui était inspiré peut-être par des sentiments plus sincères qu'on n'a voulu le croire ; dans ce temps-là, j'ai rencontré à côté de lui des hommes dont je n'approuvais ni les œuvres ni les opinions, mais qui m'ont fait éprouver pour leur personne des sentiments d'estime. Ils sont là aujourd'hui... Que voulez-vous? S'ils défendent la vérité et le droit, je les remercie et je les salue.

Au surplus, et c'est le danger de l'improvisation, me voilà un peu loin de ma réplique à M. l'avocat général ; aussi bien, j'ai fini et je m'excuse d'être un peu sorti du sentier étroit que j'avais voulu m'imposer.

Ce qu'il y a de certain, c'est que nous défendons ici la sagesse, la prudence, la modération, comme nous avons la prétention de ne défendre que la vérité, la justice, et je vais plus loin, — vous verrez que bientôt mon mot sera prophétique, — l'armée elle-même. Sur ce terrain nous serons irréductibles, et en finissant je dis à la Cour : Je vous supplie de m'accorder le sursis que je vous demande par des raisons très nettes, très loyales, et qui me paraissent s'imposer à tout esprit de bonne foi. Et si vous nous le refusez, je vous l'affirme, ayant de l'ordre public, de l'administration, de la justice un souci que je crois aussi haut que celui que s'en attribue M. l'avocat général, pourtant, je vous l'affirme, ce procès ne se fera pas.

M. LE PRÉSIDENT. — Maître Lévy-Salles, demandez-vous la parole ?

Mᵉ LÉVY-SALLES. — Je m'en rapporte à ce que vient de dire Mᵉ Labori.

M. LE PRÉSIDENT. — La Cour se retire pour délibérer; l'audience est suspendue.

L'audience, suspendue à 2 heures 15, est reprise à 2 h. 40.

Arrêt de rejet de sursis.

La Cour :

Attendu que l'affaire dont est saisie la Cour d'assises par la citation de la veuve Henry est distincte, quant à son objet, de celle de la revision du procès Dreyfus soumise à la Cour de cassation ;

Que le sursis sollicité n'est justifié ni par les nécessités d'une bonne administration de la justice, ni par l'ordre public ;

Que les inculpés n'ont qu'à s'en prendre à eux-mêmes d'avoir effectué les publications incriminées avant la clôture de l'enquête de la Cour suprême ; que la veuve Henry ne saurait être tenue d'attendre le moment où il leur conviendra de discuter les imputations qu'elle prétend diffamatoires et de subir le sursis sollicité ;

Sur le moyen tiré du dernier alinéa de l'article 35 de la loi du 29 juillet 1881 :

Attendu que la demande de la veuve Henry a pour objet de faire déclarer les inculpés coupables d'une diffamation commise envers son mari; que celui-ci est *personne qualifiée* au sens du quatrième alinéa de l'article 35 de la loi du 29 juillet 1881;

Que les faits imputés sont relatifs à ses fonctions; que de ce chef la matière est, quant à la preuve desdits faits, régie par les trois premiers alinéas de l'article 35 et que le quatrième est sans application dans la cause;

Attendu, d'ailleurs, et d'autre part, qu'il ne peut être question d'aucune poursuite exercée contre feu Henry; qu'aucune poursuite n'est exercée ni aucune plainte déposée contre la partie civile poursuivante;

Qu'à ce point de vue encore et dût-on considérer qu'il s'agit d'une diffamation commise à raison d'un fait étranger aux fonctions à l'encontre d'une autre personne non qualifiée au sens de l'article 35 précité, on se trouverait encore, et de tout point, en dehors du cas qu'il prévoit;

Pour ces motifs,

Dit qu'il n'y a lieu au sursis conclu; ordonne qu'il sera passé outre aux débats.

Mᵉ LABORI. — Monsieur le président, nous formons un pourvoi en cassation contre l'arrêt que vient de rendre la Cour et j'ai l'honneur de déposer des conclusions dans lesquelles j'invoque un arrêt de 1882 cité par Barbier qui considère que, lorsqu'une demande est fondée sur le paragraphe 4 *in fine* de l'article 35, le pourvoi est suspensif.

Mᵉ CHENU. — Est-ce que vous développez vos conclusions ?

Mᵉ LABORI. — Non, je les dépose simplement.

Mᵉ COURONNE. — J'ai l'honneur de déposer sur le bureau de la Cour les conclusions suivantes :

Conclusions de Mᵉ Couronne.

« Attendu que le pourvoi en cassation contre l'arrêt qui vient d'être rendu ne saurait avoir d'effet suspensif;

» Qu'en effet un arrêt rendu sur des conclusions à fin de sursis n'a que le caractère d'un arrêt préparatoire; qu'aux termes de l'article 46 du Code d'instruction criminelle, le recours contre l'arrêt préparatoire n'est ouvert qu'après le jugement ou l'arrêt définitif;

» Qu'il doit donc être passé outre au débat jusqu'à l'arrêt définitif;

» Par ces motifs,

» Dire que, le pourvoi en cassation ne pouvant avoir d'effet suspensif, il sera passé outre aux débats. »

M⁰ DE SAINT-AUBAN. — Messieurs, à l'appui des conclusions que M⁰ Couronne vient de vous lire et qui expriment notre pensée tout entière à M⁰ Chenu et à moi, j'ai l'honneur de faire passer sous vos yeux un passage d'un livre que vous connaissez bien et qui, je crois, fait autorité dans la matière : c'est le *Traité d'instruction criminelle* de Faustin-Hélie.

Ce passage, qui condense et qui résume en quelques lignes tous les arguments que je pourrais apporter à la Cour à l'appui de nos conclusions, est ainsi conçu :

« Le pourvoi n'est pas suspensif lorsqu'il est formé contre les arrêts incidents rendus par une Cour d'assises dans le cours des débats.

» Ce point avait été consacré par la jurisprudence avant toute modification au texte du code. Il avait été décidé... — et ce qui suit est le résumé d'un certain nombre d'arrêts de la Cour de cassation qui constituent la jurisprudence et que vous trouverez énumérés au bas de la page — il avait été décidé qu'il résulte de l'ensemble et de la combinaison des articles 243, 251, 260, 271, 272, 291, 222, 306, et 405 du code que lorsqu'un arrêt de renvoi a saisi la Cour d'assises et lorsque l'affaire, se trouvant en état, y a été portée, il doit être procédé à l'examen et au débat jusqu'au jugement définitif; que les Cours d'assises sont seules juges des motifs qui, dans les prévisions de l'article 406, pourraient déterminer le renvoi de l'affaire à une autre session ; que l'effet suspensif n'est attaché par la loi qu'au pourvoi formé par l'arrêt de renvoi, mais que le recours formé contre les arrêts rendus par la Cour d'assises, quel qu'en soit le caractère, ne peut retarder le jugement des faits renvoyés au jury.

» Cette jurisprudence avait été consacrée en matière de délits de presse poursuivis par citation directe par l'article 20 de la loi de 1849 qui, reproduisant l'article 26 de la loi du 9 septembre 1835, portait : « Qu'aucun pourvoi en cassation sur les arrêts qui auront statué sur les demandes en renvoi, soit sur un incident de procédure, ne pourra être formé qu'après l'arrêt définitif? »

» Cette disposition a été généralisée en matière de grands criminels par le dernier paragraphe de l'addition faite à l'article 301 par la loi du 10 juin 1853. »

Vous vous trouvez, messieurs, et c'est ce que j'avais à vous dire, et quelle que soit l'origine de la poursuite intentée en Cour d'assises, que la Cour d'assises soit saisie de la question par un arrêt de renvoi ou par une citation directe — car il n'y a rien, au point de vue juridique, qui permette de distinguer entre les deux situations — vous vous trouvez en présence d'un principe qui est présenté par M. Faustin-Hélie comme un véritable postulat, qui avait été à maintes reprises proclamé sous l'empire de la législation générale, et auquel les lois relatives aux délits de presse antérieures à la loi du 29 juillet 1881 n'avaient pas pensé qu'il y eût lieu de déroger au régime du droit commun.

Par conséquent, ce principe demeure debout, et ce principe, c'est que l'effet suspensif n'est jamais attaché par la loi aux arrêts rendus par la Cour d'assises, quel qu'en soit le caractère.

Par conséquent, messieurs, la seule question qui pourrait être délicate dans un débat de cette nature, c'est celle de savoir quel est le caractère juridique de l'arrêt, *préparatoire* ou *interlocutoire*...

M. LE PRÉSIDENT. — Vous êtes bien d'accord, maître Labori? Est-ce un arrêt *préparatoire* ou arrêt *interlocutoire* ?

Mᵉ LABORI. — Il faut qu'il soit *interlocutoire* pour que le pourvoi soit suspensif... C'est la question que la Cour a à trancher.

Mᵉ DE SAINT-AUBAN. — Cette question ne se pose pas d'après les principes que je viens de lire. Je ne me suis peut-être pas bien fait comprendre : la question est celle de savoir si l'arrêt a un caractère préparatoire ou un caractère interlocutoire. Or, Faustin-Hélie nous dit qu'en Cour d'assises on n'a pas à se préoccuper du point de savoir si l'arrêt est *préparatoire* ou s'il est *interlocutoire*, et il nous dit que l'effet suspensif n'est attaché, dans ce cas, par la loi, qu'au pourvoi formé par l'arrêt du renvoi, mais que le recours formé contre les arrêts rendus par les Cours d'assises, quel qu'en soit le caractère, qu'ils soient d'ailleurs préparatoires ou interlocutoires, ne peut retarder le jugement des faits renvoyés au jury.

Voilà le principe qui est mis en lumière par M. Faustin-Hélie, que je précise, qui a été adopté par un certain nombre d'arrêts rapportés par l'auteur, que vous jugerez, et sur lequel je n'insiste pas davantage. Ce principe est étendu naturellement aux poursuites sur citations directes, parce que, lorsqu'il s'agit de statuer sur le caractère d'un arrêt, on n'a pas à se préoccuper de l'origine des poursuites qui ont amené le juge à rendre l'arrêt.

A cet égard, je crois que c'est de saine logique et qu'il ne saurait y avoir de discussion, étant donné ce principe qui est absolu. Nous n'avons donc pas à nous préoccuper de savoir si l'arrêt est préparatoire ou interlocutoire. Jamais le pourvoi n'est suspensif en pareille matière.

Cette jurisprudence, qui avait consacré le principe d'après les règles du droit commun, était étendue aux délits de presse avant la loi de 1881 qui ne contient aucune disposition dérogatoire qui permette d'y faire échec.

Voilà, messieurs, en faisant abstraction de toute autre question de fait, les principes sur lesquels je me fonde et que j'invoque à l'appui des conclusions dont vous êtes saisis.

M. l'avocat-général.

Messieurs, décidément nous assistons une fois de plus à la retraite sur toute la ligne. Nous voici aujourd'hui cantonnés dans une question de procédure pure et simple que nous ne pouvons pas juger avec nos sentiments personnels. Il s'agit de savoir (quoi qu'en dise la partie civile, je suis obligé de faire cette réserve et cette observation), il s'agit de savoir uniquement si l'arrêt que la Cour vient de rendre est *préparatoire* ou *interlocutoire*.

La jurisprudence qu'on vient de lire est parfaitement fondée lorsqu'il s'agit de conclusions qui sont prises et d'arrêts qui sont rendus, une fois l'affaire engagée devant le jury. Ici aucune difficulté. Mais M. Reinach, je suis obligé de lui faire ce compliment, a bien pris ses précautions, et il a amené la Cour, par des conclusions sur lesquelles il fallait bien statuer, à rendre un arrêt sur le caractère duquel la Cour va se prononcer. Est-ce un *préparatoire*, est-ce un *interlocutoire*?

Tout à l'heure, lorsque j'indiquais à la Cour les véritables raisons sur lesquelles étaient fondées les conclusions, et les motifs à l'aide desquels ces conclusions devaient être rejetées, j'indiquais que, d'une façon détournée et déguisée, c'était en réalité la question de compétence qu'on soulevait. Eh! oui, messieurs, nous le voyons bien maintenant, et si cela avait peut-être paru obscur au début, à l'heure qu'il est, les faits se sont chargés de démontrer l'exactitude de ce que je disais.

Qu'y a-t-il dans les conclusions qui sont aujourd'hui déférées à la Cour? On fait ressortir que la Cour a déclaré que le dernier paragraphe de l'article 35 n'était pas applicable à l'espèce. Qu'est-ce que rejeter l'application de l'article 35? C'est dire qu'un certain nombre de preuves, derrière lesquelles M. Reinach entendait ou feignait de pouvoir s'abriter, lui est enlevé et ne peut pas être appliqué dans la circonstance. La conclusion que nous sommes bien obligés d'admettre, c'est que l'arrêt de la Cour a un caractère interlocutoire. C'est du moins mon sentiment, et je m'en remets sur ce point, messieurs, à votre appréciation.

Réplique de Mᵉ Labori.

Mᵉ LABORI. — Voulez-vous me permettre de vous dire un seul mot?

La Cour comprend à merveille quelle est la raison de la procédure que nous avons introduite devant elle. J'ai très longuement expliqué à la Cour pourquoi le sursis, par des raisons supérieures, me paraissait indispensable; la Cour n'a pas partagé notre sentiment, et nous désirons cependant employer un dernier moyen pour tâcher d'obtenir ce que nous souhaitons.

M. Reinach désire que ce procès vienne un jour au fond, et il faut ici que je précise une parole que je prononçais à la fin de ma réplique, quand je vous disais : « Ce procès ne viendra point. » Mon client lui-même me faisait, avec infiniment de raison, observer que j'aurais dû dire, et c'est ce que j'ai voulu dire : « Ce procès ne viendra pas aujourd'hui. »

M. Reinach, d'un autre côté, tient infiniment à ne pas soulever la question de compétence, parce que, en réalité, il est tout prêt à accepter le débat devant la Cour d'assises, et il n'est pas exact, comme M. l'avocat général le disait, il y a un moment, et comme il le répète, que M. Reinach ait soulevé..

M. L'AVOCAT GÉNÉRAL. — Oh !...

M⁰ LABORI. — Permettez, monsieur l'avocat général, que va-t-il se produire ? Je veux vous mettre bien à l'aise, j'ai l'habitude de parler bien franchement — c'est à peu près la seule qualité qu'on s'accorde unanimement à me reconnaître — eh bien ! si la Cour n'accepte pas le moyen que je viens d'employer, je n'hésiterai pas, tant je mets l'intérêt de la justice au-dessus d'une attitude, et tant M. Reinach en fait autant, je n'hésiterai pas à aller jusqu'à des conclusions d'incompétence...

M. L'AVOCAT GÉNÉRAL. — C'est ce que je disais !

M⁰ LABORI. — Oh ! vous triomphez bien facilement, mais il faut que je m'explique.

Je trouve que toutes les explications que nous avons fournies, que toute l'attitude que nous avons prise nous donne le droit de soulever l'incompétence, mais je ne la soulève pas, voilà le point, et j'espère que la Cour ne me mettra pas dans la nécessité de la soulever, car enfin, quand l'affaire viendrait devant la Cour de cassation, Chambre criminelle, on nous opposerait la réponse qu'a tout à l'heure présentée monsieur l'avocat général, sur l'application de l'article 35 § 4, et la Cour de cassation nous dira sans doute : « Heu ! Heu ! le moyen n'est pas fameux ! » Je ne me le dissimule pas, je ne suis pas fâché de pouvoir le dire devant les honorables jurisconsultes qui m'écoutent, parce que je ne voudrais pas compromettre après tout ma réputation.

Seulement, si la Cour nous accorde le sursis, comme le disait un jour M. le premier président Périvier, avec sa bonne humeur habituelle, eh bien ! nous aurons ce que nous voulons ; mais nous n'aurons pas soulevé l'incompétence. Comme d'ici là la Cour de cassation aura probablement statué sur l'affaire Dreyfus, nous n'aurons plus les mêmes raisons à faire valoir. Mais peu m'importe qu'on rejette mon moyen à la Cour de cassation : ce n'est qu'un procédé indirect pour obtenir ce que je demandais tout à l'heure.

Reste une seule question. Mon attitude morale, et juridique aussi, étant expliquée, il s'agit de savoir si nous sommes en face d'un pourvoi suspensif. Eh bien ! je crois que votre arrêt préjuge le fond. Et pourquoi ? Ici, nous rentrons dans les explications générales que je fournissais au début même de l'audience. Votre arrêt empêche M. Joseph Reinach de profiter, au point de vue de sa preuve, d'une instruction ouverte, que j'assimile pleinement à une instruction sur des poursuites ? Vous compromettez sa défense, vous la réduisez et vous exposez M. Reinach à être condamné, comme ayant proféré des diffamations qui, en réalité, peuvent n'être que des vérités dans un mois ou dans six semaines. Voilà certainement pourquoi la Cour de cassation a dû être amenée à décider qu'un pourvoi fondé sur le paragraphe 4 de l'article 35 avait un caractère suspensif. Je lis, en effet, dans Barbier, page 488 :

« Sont interlocutoires les arrêts susceptibles d'un recours en cassation avant l'arrêt définitif. »

Suit un certain nombre de décisions et Barbier continue :

La décision qui accorde ou qui refuse au prévenu de diffamation le sursis prévu par l'article 35 *in fine* : Cassation, criminelle, 7 juillet 1882, *Lois nouvelles*, année 1883, 3e partie, page 98.

M. LE PRÉSIDENT. — Auriez-vous l'obligeance de lire l'arrêt lui-même ?

Me LABORI. — Je ne l'ai pas, monsieur le président, mais voici les références : Je vois que c'est un arrêt Cancalon qui se trouve au Dalloz 1883, 1re partie, page 143 ; je n'ai pas l'arrêt ; mais il est d'ailleurs formel, la Cour le verra. (*Signe d'assentiment de M. l'avocat général.*) Je suis très heureux d'avoir l'appui de M. l'avocat général.

M. l'AVOCAT GÉNÉRAL. — Pardon, vous avez mon appui, en

en ce sens que je constate que vous soulevez là un mauvais moyen de procédure pour en profiter.

Mᵉ Labori. — Oh! monsieur l'avocat général, il n'y a pas de mauvais moyen en droit. Tout le monde sait bien que les questions se discutent indéfiniment et que les juridictions reviennent parfois sur leurs décisions antérieures. Je ne dis pas qu'il soit mauvais, sans quoi je ne l'aurais pas invoqué, mais vous pouvez dire peut-être qu'il est délicat...

M. L'AVOCAT GÉNÉRAL. — Eh bien! disons qu'il est délicat, très délicat!

Mᵉ Labori. — Mais il n'est pas du tout délicat au point de vue du but que je veux atteindre. Je suis tout à fait d'accord avec vous à cet égard. Sous le bénéfice de ces observations, je persiste avec confiance dans mes conclusions.

L'audience, suspendue à trois heures est reprise à quatre heures.

Incident.

M. LE PRÉSIDENT. — Monsieur l'avocat général, vous avez la parole.

M. L'AVOCAT GÉNÉRAL. — Messieurs, un incident douloureux vient de se produire : M. le conseiller Andrieux ayant été subitement indisposé et ayant été obligé de quitter le palais, j'ai l'honneur de requérir qu'il plaise à la Cour de vouloir bien s'adjoindre M. le conseiller Geoffroy.

M. LE PRÉSIDENT. — La Cour,

Considérant que M. le conseiller Andrieux, subitement indisposé, a dû quitter le palais,

Excuse le dit conseiller et ordonne que M. le conseiller Geoffroy prendra rang comme troisième membre de la Cour d'assises.

L'audience est de nouveau suspendue, puis reprise à 4 heures 10 minutes.

M. le président donne lecture de l'arrêt suivant :

Arrêt de suspension des débats.

« La Cour,

» Attendu qu'un sursis a été sollicité, non simplement à titre de mesure d'ordre et d'administration, mais par application du quatrième alinéa de l'article 35 de la loi du 29 juillet 1881 ;

» Que l'arrêt qui a refusé ce sursis est définitif et de nature à faire grief aux inculpés en ce sens qu'il prononce sur une exception tirée d'un droit qu'ils prétendaient leur appartenir et qui, s'il avait été reconnu, aurait dû modifier les conditions de leur défense en leur permettant de recourir à un mode de justification particulier ;

Que cet arrêt ne constitue pas un interlocutoire, et que le pourvoi formé contre lui est en conséquence suspensif ;

» Pour ces motifs,

» Donne acte aux inculpés du pourvoi de cassation par eux formé contre l'arrêt qui a rejeté la demande de sursis, ordonne qu'il sera sursis aux débats jusqu'à ce que la Cour de cassation ait examiné ledit pourvoi. »

L'audience est levée.

Dès que la Cour de cassation eut clos son enquête sur l'affaire Dreyfus, M. Joseph Reinach se désista de son pourvoi devenu inutile (6 mai 1899).

De nouvelles assignations furent lancées. L'affaire, qui avait été successivement indiquée au 26 juin et au 25 août, fut renvoyée, d'un commun accord des parties, à une date ultérieure qui fut fixée, par le président de la Cour d'assises, au jeudi 21 décembre 1899.

Le 14 décembre 1899, une ordonnance de M. Mercier, président d'assises, ajournait les débats à une date indéterminée « attendu que les faits visés par la citation paraissent être de ceux qui doivent être couverts par le projet d'amnistie déposé sur le bureau du Sénat ».

On trouvera, dans un prochain volume, les articles de M. Joseph Reinach contre le projet d'amnistie.

II

QUELQUES LETTRES

LES INVENTIONS DE M. BARRÈS

I

Au gérant du « Journal ».

16 mars 1899.

Monsieur,

Je lis, dans un article de M. Barrès, qui a paru ce matin dans le *Journal*, que j'aurais, en 1896-1897, recommandé ou fait recommander Esterhazy au ministre de la guerre pour le faire entrer au bureau des renseignements.

J'oppose à ce récit ridicule un démenti catégorique.

Je n'ai jamais connu Esterhazy; je ne l'ai jamais recommandé ni fait recommander à qui que ce soit.

JOSEPH REINACH.

II

Au même.

Paris, le 19 mars 1899.

Monsieur,

J'userai, jusqu'au bout, du droit de réponse qui m'est conféré par la loi.

M. Barrès allègue, dans le *Journal*, que M. Jules Roche et, sans doute aussi, M. de Montebello, ont agi à mon instigation en parlant d'Esterhazy au général Billot.

Je lui oppose un nouveau démenti.

J'ai entièrement ignoré ces démarches au moment où elles ont été faites; les honorables députés qui les ont faites ne savaient rien, alors, est-il besoin de l'ajouter? des soupçons qui pesaient déjà, du moins au ministère de la guerre, sur Esterhazy et qui m'étaient, comme à eux, inconnus. Je n'ai su l'incident que bien plus tard, après la dénonciation d'Esterhazy par M. Mathieu Dreyfus.

« Il aurait suffi, écrit M. Barrès, que les fuites continuassent au cours du séjour d'Esterhazy au bureau des renseignements; c'est toujours facile de créer des fuites, on aurait eu contre lui le témoignage de Picquart. »

J'engage M. Barrès à demander à M. le général Billot à quelle date ces démarches ont été faites auprès de lui. Il apprendra de lui qu'elles ont eu lieu à la fin de l'année 1896, c'est-à-dire après que le colonel Picquart, qui venait de révéler au général Billot la trahison d'Esterhazy, eut quitté le ministère de la guerre et remis la direction du service des renseignements au colonel Henry.

Si donc le général Billot avait appelé Esterhazy au ministère de la guerre, celui-ci y aurait été sous les ordres directs de l'homme dont il disait l'autre jour : « Henry et moi, nous n'avions rien de caché l'un pour l'autre, rien ! »

Ainsi ces dates confirment mon démenti, elles réduisent à néant et la nouvelle accusation que M. Barrès dirige contre le colonel Picquart et l'absurde roman où il me fait jouer un rôle.

JOSEPH REINACH.

A M. MAZEAU

Premier président de la Cour de Cassation.

I

5 avril 1899.

Monsieur le Premier Président,

J'ai publié dans le *Siècle* du 2 avril 1899 une lettre par laquelle le colonel Henry, à la date du 28 octobre 1894, annonçait à la *Libre Parole* l'arrestation du capitaine Dreyfus qu'il avait opérée lui-même, qui n'était alors que provisoire et que le ministre de la guerre entendait encore garder secrète.

L'objet manifeste de cette lettre était de déchaîner la tempête des haines contre un officier alsacien, qui appartient à la religion juive, et de sauver ainsi les véritables auteurs de la trahison.

M. Papillaud a reconnu, dans la *Libre Parole* du

4 avril, qu'il avait, en effet, reçu cette lettre ; il en donne le texte qui est identique à celui que j'ai publié.

La *Libre Parole* a annoncé, la première, le 1er novembre 1894, l'arrestation du capitaine Dreyfus. M. Papillaud, averti par la lettre d'Henry, s'était rendu au domicile, indiqué, du capitaine Dreyfus et avait constaté son absence. La révélation de l'arrestation du capitaine Dreyfus, en violation formelle des ordres du ministre de la guerre, est donc bien l'œuvre du colonel Henry.

Il vous paraîtra certainement indispensable de rechercher quels mobiles ont fait agir cet officier qui était l'ami d'Esterhazy, pour lequel celui-ci, de son propre aveu, n'avait rien de caché et qui, par la suite, a commis, dans le dessein d'éviter la revision d'un jugement à la fois illégal et inique, une longue série de faux.

Il résulte des divers témoignages et d'un article publié dans la *Fronde* du 4 avril que M. Papillaud, accompagné d'un témoin, le commandant Biot, se rendit, le 29 octobre 1894, au ministère de la guerre, auprès du colonel, alors commandant, Henry. Il lui communiqua la lettre qu'il avait reçue de lui, à la date du 28 octobre, au sujet du capitaine Dreyfus. Henry déclara vouloir procéder à une enquête, afin, disait-il, que l'auteur du faux fût connu. Il alléguait, en effet, qu'il n'était point l'auteur de la lettre signée de son nom. Il eût voulu en avoir l'original ; M. Papillaud ne lui en remit qu'une copie. Il ne fut procédé à aucune enquête.

Le marquis Du Paty de Clam a été, par la suite, accusé d'être l'auteur de cette lettre ; il aurait contrefait l'écriture d'Henry. Il a traité cette accusation de calomnie et de roman.

J'ai l'honneur, monsieur le Premier Président, de

vous prier de bien vouloir verser ma lettre au dossier de l'affaire Dreyfus.

Veuillez agréer, monsieur le Premier Président, l'assurance de ma plus haute considération.

JOSEPH REINACH.

II

7 avril 1899.

Monsieur le Premier Président,

M. le général Roget, dans sa déposition du 3 février, devant la Cour de cassation, traite « d'infâmes calomnies » mes études historiques sur les rapports d'Henry et d'Esterhazy.

Un peu plus loin, il dit qu'Esterhazy lui apparaît « comme un agent du syndicat ». Ainsi, j'aurais accusé Henry d'être le complice d'un agent du « syndicat », — donc, d'être lui aussi, sans doute, l'agent d'une association qui n'a jamais existé et qui ne me paraît plus subsister que dans l'imagination de M. le général Roget.

Les propos qui me visent directement seraient négligeables s'ils n'avaient été tenus devant la Cour de cassation.

Je n'adresserai pas, actuellement, des témoins à M. le général Roget ; un duel n'aiderait en rien à la manifestation, qui seule importe, de la vérité.

Je demande à être confronté avec M. le général Roget.

Veuillez agréer, monsieur le Premier Président, l'assurance de ma plus haute considération.

JOSEPH REINACH.

A M. DE FREYCINET

Paris, 13 septembre 1899.

Monsieur le sénateur,

La lettre que votre collègue, M. Trarieux, vient d'adresser à M. le général de Galliffet, ministre de la guerre, nous apprend que le bureau de statistique, qui employait, en 1897, les deniers de l'État à fabriquer des faux, s'en servait, en 1898, pour exercer des filatures contre deux sénateurs et un ancien député.

Vous étiez ministre de la guerre quand j'ai fait à M. l'ambassadeur d'Italie, à la fin de 1898, les visites qui font l'objet des rapports du bureau des renseignements, rapports qui ont été versés dans un des dossiers secrets et communiqués, à huis clos, au conseil de guerre de Rennes. C'est donc à vous que je m'adresse.

J'ignore si l'agent du 2ᵉ bureau qui était chargé de ma filature s'est contenté de me suivre dans la rue ou s'il était en mesure d'écouter aux portes de l'ambassade d'Italie.

Dans ce dernier cas, il a dû entendre M. le comte Tornielli me faire le récit que voici :

» Lorsqu'Esterhazy proposa ses services au colonel de Schwarzkoppen, l'attaché militaire allemand eut des soupçons : cet homme, qui s'offrait ainsi, appartenait-il vraiment à l'armée française ?

(On retrouve un écho de ces perplexités de l'attaché militaire allemand dans la fameuse pièce : « Doute. — Preuve. »)

« Schwarzkoppen n'avait point à se gêner avec Esterhazy ; il lui dit nettement qu'il ne le prendrait à ses gages qu'après avoir eu la preuve qu'il était vraiment officier français, non un simple aventurier.

« Et Esterhazy, qui tenait fort à être engagé, ne se formalisa point. Il donna à Schwarzkoppen un rendez-vous où l'attaché allemand put le voir défiler à cheval, en uniforme d'officier supérieur, la croix sur la poitrine, à côté d'un général également en uniforme, avec lequel il s'entretenait familièrement.

« Schwarzkoppen fut convaincu, prit Esterhazy à son service. »

Tel est l'un des récits que me fit le comte Tornielli dans l'une de ces visites où j'ai été suivi par un agent du 2ᵉ bureau. Vous regretterez, comme moi, qu'il ne l'ait pas fait également à M. Trarieux. Votre éminent collègue l'aurait reproduit dans sa déposition, qui est à la fois une grande page d'histoire et un noble plaidoyer pour la justice.

Et, certes, monsieur le sénateur, j'ai la conviction que cette indigne filature a été engagée et s'est exercée à votre insu. Vous conviendrez, d'autre part, que je suis fondé à vous demander si elle a été portée à votre connaissance. J'aime à penser qu'il n'en a rien été ; ce ne serait alors qu'une preuve de plus de l'anarchie qui règne dans certains services.

Je vous prie de croire, monsieur le sénateur, à tous mes sentiments les plus distingués.

JOSEPH REINACH.

RÉPONSE DE M. DE FREYCINET

Thounne, le 15 septembre 1899.

Mon cher ancien député,

Je n'ai jamais donné l'ordre d'exercer sur vous et sur mes deux honorables collègues du Sénat la filature dont vous vous plaignez par votre lettre du 13 septembre reçue aujourd'hui.

Vous n'avez été, à ma connaissance, l'objet d'aucune surveillance spéciale. Si votre nom a été relevé, ce ne peut être qu'accidentellement, comme celui des personnes en vue qui entrent dans un tel lieu sur lequel l'attention se trouve appelée.

J'ai, moi-même, étant ministre, figuré dans des rapports de cette nature et ne m'en suis point étonné.

Agréez, mon cher ancien député, l'expression de mes meilleurs sentiments.

C. DE FREYCINET.

FIN

TABLE DES MATIÈRES

Lettre-Préface.	v
Les complices d'Esterhazy	1
Henry et Esterhazy.	10
« Arcades ambo... »	43
Les deux traîtres	48
Le Bordereau.	56
Autres faux.	61
A M. le comte de Mun	66
A M. Maurice Barrès	69
Leurs contradictions	73
Henry contre Picquart	79
Le complot contre la justice	88
L'estime du Uhlan	98
La genèse d'un crime.	108
Deux amis.	117
Du Paty, Henry et Esterhazy	119
La *Libre-Parole*, Henry et Esterhazy.	130
La grande lumière.	142
Essai de psychologie	162
Le fusil Bousquet.	172
L'arrivée du Bordereau.	176
Autres faux :	
La première pièce Cavaignac	200
« Ce canaille de D... »	205
La lettre Gonse.	211

Henry ou Du Paty	215
Henry, Guénée père et fils et Cⁱᵉ	226
La chronologie du crime	234
La dépêche du 2 novembre 1894	247
Le crime de Mercier	291
« Bâle-Cuers : »	
Nisus et Euryale	304
Le « leit-motiv » de Lauth	310
Henry, Lauth et Esterhazy	314
Henry, Lauth et Cuers	320
Le faux Otto	335
Enquête nécessaire	341
Paulus II	347
La légende du pompier	352
Gonse-Pilate	356
L'inextricable	362
La peur du spectre	378
Les petits mystères du bordereau :	
Le sophisme du bordereau	385
Trois hypothèses	387
Henry *versus* Henry	389
La déchirure artificielle et l'enveloppe du bordereau	391
Le bordereau n'est pas venu par le cornet	395
Au bureau des renseignements	403
La date d'arrivée	411
Le rôle d'Henry	415
APPENDICE	553
I. Le procès Henry	555
II. Quelques lettres	627
TABLE	635

ÉMILE COLIN, IMPRIMERIE DE LAGNY (S.-ET-M.)

www.ingramcontent.com/pod-product-compliance
Lightning Source LLC
Chambersburg PA
CBHW071151230426
43668CB00009B/912